21世纪旅游管理学精品图书

本书获"蜂窝·神农"美丽乡村学院资助

# 休闲农业与乡村旅游

骆高远　主编

ZHEJIANG UNIVERSITY PRESS
浙江大学出版社

**图书在版编目（CIP）数据**

休闲农业与乡村旅游/骆高远主编. —杭州:浙江
大学出版社，2016.9（2023.1重印）
ISBN 978-7-308-16173-2

Ⅰ.①休… Ⅱ.①骆… Ⅲ.①观光农业－中国－教材
②乡村－旅游业－中国－教材 Ⅳ.①F592.3

中国版本图书馆 CIP 数据核字（2016）第 206363 号

**休闲农业与乡村旅游**

骆高远　主编

---

| | | |
|---|---|---|
| **责任编辑** | 王元新 | |
| **责任校对** | 董凌芳 | |
| **封面设计** | 春天书装 | |
| **出版发行** | 浙江大学出版社 | |
| | （杭州市天目山路 148 号　邮政编码 310007） | |
| | （网址:http://www.zjupress.com） | |
| **排　　版** | 杭州青翊图文设计有限公司 | |
| **印　　刷** | 杭州杭新印务有限公司 | |
| **开　　本** | 787mm×1092mm　1/16 | |
| **印　　张** | 15.25 | |
| **字　　数** | 403 千 | |
| **版 印 次** | 2016 年 9 月第 1 版　2023 年 1 月第 8 次印刷 | |
| **书　　号** | ISBN 978-7-308-16173-2 | |
| **定　　价** | 33.00 元 | |

---

# 作者简介

　　骆高远，男，汉族，1964年生，浙江义乌人。浙江商业职业技术学院二级教授、博士，浙江省高校教学名师；浙江师范大学硕士生导师，浙江师范大学非洲研究院兼职研究员。主要从事地理学、旅游资源评价、规划与开发等方面的研究与教学。已发表学术论文150多篇，出版学术著作10多部。曾应邀访问德国、法国、荷兰、韩国和新加坡等，并应邀赴南非和肯尼亚做学术报告和考察调研。

# 内容简介

　　作为全国第一部以高校教材的形式全面而系统研究农业与乡村旅游发展的重要科学论著《观光农业与乡村旅游》,于 2009 年 3 月由浙江大学出版社出版发行,在业内引起强烈反响,受到全国高校旅游类专业的热捧,至今已经重印多次。它是浙江省高校重点建设教材,也是浙江省高校旅游专业(包括高职高专旅游类专业)系列教材之一。多年来,该著作已经为培养旅游管理人才,特别是休闲农业与乡村旅游方面的人才做出了应有的贡献。时隔 7 年以后,由于国际、国内休闲农业与乡村旅游的发展突飞猛进,特别是我国作为以农业为主体的发展中国家,休闲农业与乡村旅游的发展更是日新月异,故迫切需要对原有的《观光农业与乡村旅游》进行重编、改编和提升,以确保教材内容不落后、有创新,并在国内培养休闲农业和乡村旅游人才方面起到引领和示范作用。

　　该教材主要内容分为绪论、休闲农业与休闲经济、创意农业与乡村景观、都市农业与现代农业、生态旅游与民俗旅游、乡村旅游发展与中外现状、休闲农业规划开发及经营管理、民俗旅游区的开发模式及经营管理、农业科技示范园的开发与经营管理九个方面的内容,最后以几个休闲农业典型案例作为教材的终结。新教材充分体现了国际、国内在休闲农业和乡村旅游发展变化及创新方面的最新成果,对休闲农业和乡村旅游的发展与经营、乡村旅游人才的培养与培训等都具有重要的指导意义和很强的针对性。

# 前　言

农业丰则基础强，农民富则国家盛，农村稳则社会安。加强"三农"工作，积极发展现代农业，扎实推进社会主义新农村建设，是全面落实科学发展观、构建社会主义和谐社会的必然要求，是加快社会主义现代化建设的重大任务。

进入 21 世纪以来，我国的"三农"问题越来越受到世人关注，城乡差异、农民工问题、农村体制改革等都需要党和政府认真对待，否则将影响改革的进程。2015 年 10 月 26—29 日召开的党的十八届五中全会提出的"十三五"规划《中共中央关于制定国民经济和社会发展第十三个五年规划的建议》，专门提出了农业现代化、农村扶贫等利好政策，从而为"三农"的发展带来了更多的机遇。其主要体现在以下三个方面：

## 一、农业发展迎来新契机

### 1. 粮食问题由"危"转"安"

在农业现代化发展的道路上，粮食安全是首当其冲的重要问题。而对于当前农户普遍关注的粮价下跌情况，国家有望出台相应调整政策。在未来 5 年，一方面，国家会继续大力支持适度规模农业的发展，加大防范土地非农化、非粮化；另一方面，会适时推出对糖类、油料、玉米等产品的差价补贴政策，进一步扩大"绿箱"支持，同时也会提高农业保险的补贴力度等。

### 2. 农业新型经营主体获发展

根据农业部发布的最新数据显示，我国农业现代化效果已逐步显现，生产方式调整取得成效。目前家庭承包耕地流转面积比重已超过 30%，种养大户、家庭农场等经营主体大幅提升。未来我国的农业发展中，合作社、农企、家庭农场、种养大户等新型主体将发挥主要带动作用，国家对此的扶持力度也会更大。

### 3. 生态农业倍受青睐

农业生产的环境负效应日益突出，如农业资源过度开发、农业投入品过量使用、地下水超采以及农业内外源污染等，不但阻碍了农业发展，而且相互叠加。因此，"十三五"期间，国家将加大对农业资源环境保护和生态建设的支持，与之相关生态农业盈利空间将得到扩大,有志于进军农业的人们也将更加青睐于生态农业。

## 二、农村扶贫引发无限商机

### 1. 光伏产业挑起农村扶贫重担

能源是制约农村地区致富的因素之一,产业的发展需要能源支撑。《建议》指出,能源扶贫是 5 年内农村地区实现小康社会的必要举措。在这方面,光伏产业将挑起能源扶贫的重担。在 2014 年 10 月,国家能源局、国务院扶贫办领导小组便印发了《关于实施光伏扶贫工程工作方案》,明确提出要利用大约 6 年时间组织实施光伏扶贫工程,通过建设安装分布式光伏发电系统、光伏电站等,增加贫困人口收入。可见,未来光伏产业将炙手可热。

### 2. 乡村旅游业前景广阔

《建议》指出,"十三五"期间,国家层面将加强对乡村旅游重点扶贫村的政策支持。在 2015 年 8 月 11 日印发的《关于进一步促进旅游投资和消费的若干意见》中,已经明确提出将扶持 6000 个旅游扶贫重点村开展乡村旅游,实现每个重点乡村旅游年经营收入达到 100 万元,力争到 2020 年实现全国每年通过乡村旅游带动 200 万农村贫困人口脱贫致富。可见,采摘园、农家乐等休闲农业将得到极大发展。

### 3. 农村金融市场发展壮大

农村扶贫离不开农村金融的发展。如今,政策扶持农村金融,如央行对涉农贷款符合条件的商业银行与城商行实行定向降准与额外降准、财政部注资农发行等。在大量的农村金融服务需求前,金融机构若能做好理论研究与实践调研、完善风险定价机制、做好风控工作,就有望分得农村金融的一杯羹。

## 三、农民生活将更加幸福

### 1. 收入增加更快捷

到 2020 年,国内生产总值和城乡居民人均收入比 2010 年都将翻一番。

### 2. 人口政策更科学

促进人口均衡发展,坚持计划生育的基本国策,完善人口发展战略,全面实施一对夫妇可生育两个孩子政策。

### 3. 教育政策更公平

普及高中阶段教育,逐步分类推进中等职业教育免除学杂费,实现家庭经济困难学生资助全覆盖。

### 4. 环保法规更严格

加大环境治理力度,以提高环境质量为核心,实行史上最严格的环境保护制度。

5. 健康建设更重视

推进健康中国建设,深化医药卫生体制改革,建立覆盖城乡的基本医疗卫生制度和现代医院管理制度,实施食品安全战略。

6. 就业制度更灵活

坚持就业优先战略,实施更加积极的就业政策,完善创业扶持政策,加强对灵活就业、新就业形态的支持,提高技术工人的待遇等。

7. 社保范围更全面

建立更加公平更可持续的社保制度,实施全民参保计划,实现职工基础养老金全国统筹,全面实施城乡居民大病保险制度,重点解决上亿农民工的养老保险问题等。

休闲农业与乡村旅游在我国的迅速兴起,是我国经济社会发展由温饱到小康转变过程中大中城市城郊结合部特有的一种经济现象。这种现象的产生不是偶然的,它是社会经济发展到一定阶段的必然产物,是社会需求与供给相互作用的必然结果。"农家乐"现象,是一种旅游现象,表现为"吃农家饭、住农家屋、干农家活、享农家乐",重在崇尚自然、返璞归真;"农家乐"现象,更是一种城乡协调发展的现象,从中可以看到一种"以城带乡、统筹城乡、城乡互动、相互促进"的新型乡村发展模式的雏形。如今,"农家乐"、民宿、乡村酒店等不同阶段、不同层次的乡村旅游形式和旅游设施已经呈燎原之势,遍布我国的大江南北、长城内外。深入研究这种现象产生和发展的规律,分析这种现象对城乡发展的价值,进而大力开发、推广和规范休闲农业与乡村旅游,无论是对加快全面小康建设的步伐,还是对寻找解决"三农"问题的途径,都将大有裨益。

作者长期从事旅游管理、旅游地理、旅游资源评价与开发、旅游规划等方面的科研与教学工作,已经积累了丰富的经验,取得了丰硕的成果。近年出版了《当代非洲旅游》、《南非入境旅游客源市场研究》、《寻访我国的"国保"级工业文化遗产》等学术专著,还撰写出版了《旅游资源评价与开发》、《旅游资源学》、《旅游美学》和《国际旅游学》等重点建设教材。

本教材由作者单独完成全部的策划、撰写和修改。由于作者水平有限,鲁鱼亥豕在所难免,希望读者批评、斧正,以便在再版时有进一步的提高。

骆高远

于杭州钱塘江畔浙江商业职业技术学院

2016 年 3 月 15 日

# 目　录

# 第一章 绪 论

我国是以农业为主体的发展中国家,乡村地域广阔,乡村人口众多。自改革开放以来,我国经济取得了举世瞩目的成就,城镇化发展突飞猛进,其中城市人口基本保持每年1个百分点的速度递增。截至2015年年底,我国城市和农村人口的比例约为56:44。

改革开放近40年来,城市是我国经济发展最快的地区,城市景观已经发生了根本性的变化。与此同时,乡村是我国经济改革最早的地区,在农业经历联产承包责任制和乡村经历乡镇工业的高速发展之后,乡村经济获得较快发展,乡村经济水平显著提高。改革开放以来,中央下发了18个关于"三农"问题的一号文件,其中1982—1986年的连续5个中央一号文件,可以说谱写了中国改革进程的5个辉煌篇章,因为波澜壮阔的中国改革事业,发端于农村。所以,研究中国经济体制改革,不能不研究农村改革。而2004—2016年的连续13个中央一号文件,可以说是统筹城乡进程中的13座新丰碑。中央持续把支持"三农"作为一号文件的主题,从增加农民收入到提高农业综合生产能力,从建设社会主义新农村到加强农业基础设施建设,可以看出中央对解决"三农"问题越来越清晰的思路。连续出台13个中央一号文件,着眼点不仅在于解决农民的生计问题,更是统筹城乡经济社会发展的重大方略。继2015年中央一号文件提出"推进农村一二三产业融合发展,挖掘乡村生态休闲、旅游观光、文化教育价值"之后,2016年中央一号文件再次提出"大力发展休闲农业和乡村旅游","使之成为繁荣农村、富裕农民的新兴支柱产业"。这无疑凸显了旅游在农业、农村、农民工作中的地位和作用。我国旅游业界应积极响应2016年中央一号文件要求,推动乡村旅游真正成为繁荣农村、富裕农民的新兴支柱产业。

2016年的中央一号文件一经发布,立即引起社会各界瞩目。旅游业界更是对文件中提出的"大力发展休闲农业和乡村旅游"高度关注,并就如何推动休闲农业和乡村旅游成为繁荣农村、富裕农民的新兴支柱产业展开热议。

## 一、站位更高,意义更大

2016年中央一号文件,从乡村建设、农业供给侧改革、城乡一体化、新农村建设的高度,提出要大力发展休闲农业和乡村旅游,站位更高,更加凸显了乡村旅游在"三农"工作中的重要地位。一是发展乡村旅游可以促进农村环境整治、农村建筑风格规范和农村人居环境改善;二是能直接有效地提高农民的年人均收入,特别是贫困地区农民的收入;三是能直接为农副产品提供广阔的市场,刺激农业经济体规模不断发展壮大。休闲农业与乡村旅游不仅可以促进农民增收致富,更能提升农民的文明素质,让农民就地实现城市化,实现向市民的转变。

发展乡村旅游,有利于优化农业资源的配置,扩大农产品的有效供给,提升农产品附加值;有利于推进农村一二三产业的融合发展;有利于转移农村剩余劳动力,解决农民就业问题,特别是农民工回乡就业问题,推进贫困地区的精准扶贫;有利于促进生态环境保护、乡土文化传承、基础设施改善、公共服务提升,整体改善乡村面貌。可见,乡村旅游发展对农村环境改善、农民增收致富、农业转型升级等都具有积极意义。此外,乡村旅游发展还可以与美丽乡村建设相结合,改善农村整体环境;可以拓展农民增收渠道,让外出务工农民返乡就业,不离土、不离乡,实现脱贫致富;可以延长农业产业链,带动相关产业发展。一句话,乡村旅游是做增量,与其他产业是互促并进的关系。

二、内容更细,政策更实

与以往多年的中央一号文件相比,2016年中央一号文件中关于旅游的内容,单列一条,且条文内容更加细致、政策措施更加实用。

文件首次提出要使乡村旅游成为繁荣农村、富裕农民的新兴支柱产业,进一步明确了乡村旅游发展的定位。此外,还提出积极扶持农民发展休闲旅游合作社,引导和支持社会资本开发农民参与度高、受益面广的休闲旅游项目,将乡村旅游细化为旅游观光、养生养老、创意农业、农耕体验、乡村手工艺等,将休闲农业和乡村旅游项目建设用地纳入土地利用总体规划和年度计划合理安排等内容。

文件首次明确鼓励发展乡村休闲度假、养生养老、乡村手工艺等;首次提出开展农业文化遗产普查与保护;提出了房屋、土地、森林、文化等农村资产资源的旅游发展利用方式;提出了以奖代补、先建后补、财政贴息,设立产业投资基金、合作社,引进社会资本等推进乡村旅游发展的财政金融具体措施。文件最大的亮点是提出通过大力发展休闲农业和乡村旅游,让有条件的农村景区化、资源产品化和农民就业多元化。同时强调"建设一村一品、一村一景、一村一韵的魅力村庄……有规划地开发休闲农庄、乡村酒店、特色民宿、自驾露营、户外运动等乡村休闲度假产品",这些举措都将快速改变当前农村特别是贫困农村面貌,有效延长农业产业链,带动农村运输、餐饮、住宿、商业等服务业的发展。

文件的一个重点是强调因地制宜、突出特色、加强基础建设。同时,文件提出了乡村旅游发展的一揽子政策措施。如设立产业投资基金,以缓解乡村旅游发展的资金瓶颈;支持有条件的地方通过盘活农村闲置房屋、集体建设用地、"四荒地"、可用林场和水面等资源发展休闲农业和乡村旅游;将休闲农业和乡村旅游项目建设用地纳入土地利用总体规划和年度计划等。明确乡村旅游不再是农业部门或旅游部门单个部门的事情,呼吁多部门共同参与,让农业、旅游、住建、文化、林业等部门都能从中找到工作抓手和着力点。

三、主动作为,推动发展

文件提出,各地区各部门要牢固树立和深入贯彻落实创新、协调、绿色、开放、共享的发展理念,大力推进农业现代化,确保农民与全国人民一道迈入全面小康社会。

作为乡村旅游发展的重要指导部门,旅游部门要积极贯彻文件要求,把乡村旅游作为"十三五"旅游发展规划的重要内容予以重视;以高度的责任感,主动作为,全面参与乡村旅游的全过程、全链条,使乡村旅游办起来、办下去。要与农业等部门精诚合作、密切配合,发挥各自优势,做好乡村旅游发展的服务保障工作。同时,应当在引领消费新热点、扩大消费导向、促进旅游投资等方面做好相关工作。要立足自然资源条件和农业特色优势,从市场需求入手,把休闲农业规划与乡村旅游规划结合起来,统筹引领生态休闲农业的发展;要探索市场化的运作机制,形成政府引导、市场化运作、多元化投入的机制;要积极引进先进的休闲旅游理念,加强自主创新,探索特色休闲农业发展模式,注重休闲农业和乡村旅游品牌打造。

旅游部门要更好地发挥乡村旅游在解决"三农"问题、促进产业融合发展中的协调作用;要以旅游为切入口,加强研究和推进农村产权制度的改革创新;要坚持乡村旅游与农产品生产、乡村生态保护、乡土文化传承"四位一体"的绿色高效发展模式;要将"乡"和"村"共同作为乡村旅游发展的整体开放空间;要统筹乡村基础设施与旅游服务设施建设,实现乡村公共服务的主客共享。

乡村旅游发展涉及部门众多,旅游部门需要主动作为,协调各方,用市场的力量推动乡村旅游发展。要主动承担一些查漏补缺工作,重视人才培养、服务标准制定、市场营销等工作,更好地保障乡村旅游健康发展。此外,乡村旅游发展尤其要注意平衡工商资本参与和农民权益保障的关系。相关部门应制定明确的规则,确保两者的良性互动,从而为乡村旅游提档升级创造良好的发展环境。

休闲农业的发展是当今我国乡村经济发展的一个新的增长点,是重新认识乡村和拓展农业经济的重要领域,也是高效和深层次开发农业景观、聚落景观、乡村文化景观和乡村田园景观的重大举措。它兼顾农业生产、乡村风貌与景观塑造及观光、休闲、度假等功能,使乡村转化为重要的游憩地,同时也促进了乡村文明的进步。我国一些经济发达地区如长三角、珠三角和京津冀等的都市圈地区,休闲农业和乡村旅游的发展起步较早,发展较快,已经形成了一大批较有特色的休闲农业园区和乡村旅游景区,并取得了良好的社会、经济和生态效益。

现代生活的节奏日益加快,城市人越来越追求一种与城市繁华截然不同的生活方式,以此来弥补城市生活中所缺失的淳朴、简单、原始的民风,释放日常的压力,而休闲农业与乡村旅游恰恰能满足这种需要,弥补这种缺失。因此,在我国,休闲农业与乡村旅游虽然发展时间不长,但在市场需求的强力拉动和各级政府的大力推动下,全国休闲农业与乡村旅游快速发展,形成了"发展加快、布局优化、质量提升、领域拓展"的良好态势。截至2015年年底,全国各类休闲农业与乡村旅游的经营主体已超190万家,年接待旅游人数已近10亿人次,经营收入达3500亿元,并带动3000万农民受益。2015年以来,在国家政策利好的带动下,休闲农业与乡村旅游继续保持快速健康发展,成为农业农村经济新的增长点和亮点,为农业提质增效、农民就业增收和稳增长、调结构、惠民生做出了积极贡献。在国家的"十三五"甚至更长远的发展规划中,休闲农业与乡村旅游将被置于我国社会经济发展更加重要的地位加以扶持。

## 第一节 休闲农业与乡村旅游的概念及意义

### 一、休闲农业与乡村旅游的概念

休闲农业是指利用农业景观资源和农业生产条件,发展观光、休闲、旅游的一种新型农业生产经营形态。它是深度开发农业资源潜力、调整农业结构、改善农业环境、增加农民收入的新途径。在综合性的休闲农业区,游客不仅可观光、采果、体验农作、了解农民生活、享受乡土情趣,而且还可以住宿、度假、游乐等。休闲农业的基本属性是以充分开发具有观光、旅游价值的农业资源和农业产品为前提,把农业生产、科技应用、艺术加工和游客参与及农事活动等融为一体,供游客领略在其他风景区欣赏不到的大自然的浓厚意趣和现代化的新兴农业艺术的一种农业旅游活动。它是一种新型的"农业+旅游业"性质的农业生产经营形态,既可发展农业生产、维护生态环境、扩大乡村游乐功能,又可达到提高农业效益与繁荣农村经济的目的。

乡村旅游则是以旅游度假为宗旨,以村庄野外为空间,以人文无干扰、生态无破坏、游居和野行为特色的村野旅游形式。它包括传统乡村旅游与现代乡村旅游。随着乡村旅游的迅速发展,近几年围绕乡村旅游提出的很多原创新概念和新理论,如游居、野行、居游、诗意栖居、第二居所、轻建设、场景时代等,使乡村旅游内容更丰富、形式更多元,从而有效地缓解了乡村旅游同质化日益严重的问题。

从以上的概念可知,休闲农业本质上是一种新型的农业经营形态;而乡村旅游本质则是一种新型的旅游活动形态。其目标市场、消费心理和行为特征等都有一定的区别,但其发生的地点、依托的资源和现实的功能等都基本一致。从其外延范围而言,乡村旅游包括休闲农业,休闲农业是乡村旅游的一个重要组成部分。休闲农业与乡村旅游的契合点就是"农家乐",即城市居民离开日常居住的环境,到农村的庭院或田园去欣赏、体验民族风情和民俗农事,尽情享受休闲时光,并通过一系列感官刺激和心灵感受,获得精神成长的活动。其实质是在地域的跨越中,在与自己习惯的城市文化和环境存在差异的农村文化和环境的体验中,寻求审美和愉悦等精神享受的活动。它是旅游主体(以城市游客为主)与客体(以"三农"为主)角色互动的产物。

## 二、开展休闲农业与乡村旅游的意义

休闲农业是传统农业与现代农业和旅游业相结合的一种新型产业。它主要是利用农业资源环境、农田景观、农业生产、农业产品、农业文化、农家生活等为人们提供观光休闲、体验农业、了解农村的一种农业经营活动。乡村旅游主要是利用乡村人文景观、村落建筑、民风民俗、传统文化、节庆活动等为人们提供休闲、娱乐、体验乡村情趣的一种旅游活动。

（一）开展休闲农业的意义

(1)可充分利用开发农村旅游资源,调整和优化农业结构,拓宽农业功能,延长农业产业链,发展农村旅游服务业,促进农民转移就业,增加农民收入,为社会主义新农村建设创造更好的经济基础。

(2)可促进城乡统筹,增加城乡之间互动,让城市游客把现代化城市的政治、经济、文化、意识等信息辐射或传播到农村,使农民不用外出就能接受现代化意识观念和生活习俗,提高农民素质。

(3)可挖掘、保护和传承农村文化,并且进一步发展和提升农村文化,形成新的文明乡风。

（二）开展乡村旅游的意义

相对而言,发展乡村旅游比单纯开展休闲农业的意义要广泛而深刻得多。其意义主要体现在以下八个方面:

(1)发展乡村旅游,不仅可以丰富我国的旅游资源,充分利用乡村的河流水库、林场牧场、田园风光、自然保护区、民族风情、民居建筑、地方土特产或工艺品等资源;还可以调整和优化农村产业结构,拓宽农业功能,延长农业产业链,发展农村旅游服务业,促进农民转移就业,增加农民收入,为新农村建设创造较好的经济基础。

(2)发展乡村旅游,可以使农村自然资源、人文资源等提升价值;也可以使农村生产的特色产品、农副产品等就地消费,提升知名度,既降低了运输成本,提高了市场价格,又能促进地方乡村经济的繁荣,加快农民增收致富。

(3)发展乡村旅游,可以使农村自力更生,靠自身力量得到发展,从而减少国家对农村的扶持资金。同时,可转移农村剩余劳动力,不但可解决劳动就业问题,而且也可引导农民参与投资、经营旅游业,使其更快致富。

(4)发展乡村旅游,可以促进城乡统筹,增强城乡互动,把城市的政治、经济、文化、意识等辐射到农村,使农民不用外出就能感受现代意识和城市文明,有利于改变乡村原有的落后习俗,快速提高农民整体素质。

(5)发展乡村旅游,有利于挖掘、保护和传承农村文化。以农村文化为吸引物,可发展农村特色文化旅游。同时,通过旅游,乡村可以吸收现代文化,形成新的文明乡风。

(6)发展乡村旅游,有利于保护乡村生态环境。旅游对环境卫生及整洁景观的要求,将大大推动农村村容的变化和卫生条件的改善,加快环境治理的步伐,实现村庄整体建设的目标。在旅游追求个性化、特色化、原生态、唯一性的过程中,形成了不同乡村独特的村容和村貌,从而也有利于打破我国新农村建设中"千村一面"和同质化现象等。可以说,发展乡村旅游,有利于农村乃至全国加快建设资源节约型、环境友好型社会,有利于保护农村资源和环境,促进农村科学规划,彰显乡土特色。

(7)发展乡村旅游,有利于实现"管理民主"。在发展乡村旅游的过程中,借鉴国内外先进经验,提高旅游业在当地社区的参与度,在尊重农民意愿的前提下进行农村建设,提高当地农民的民主、法治意识,实现"管理民主"。

(8)发展乡村旅游,有利于缓解旅游淡旺季和旅游冷热不均现象。到目前为止,我国的法定假日(包括双休日)虽然已达115天/年,但由于多数单位尚未实现带薪休假制度,从而导致在旅游旺季的旅游热点景区,游客往往"人满为患";反之,则常常是门可罗雀。这不利于旅游业的健康、可持续发展,对旅游的主体和客体都不利。而乡村旅游,由于其地域广阔,景点分散,活动空间大,特色产品多,可以在很大程度上分流游客,缓解热点景区的旅游压力,提高游客的旅游满意度。

# 第二节　休闲农业与乡村旅游研究的内容和思路

## 一、研究的主要内容

### (一)休闲农业研究的主要内容

### 1.观光休闲种植业

观光休闲种植业是指具有观光功能的现代化种植业。它有利于现代农业技术的发展,开发具有较高观赏价值的作物品种园地,或利用现代化农业栽培手段等向游客展示农业科技的最新成果。如不少地方果蔬的采摘、高科技农业科技成果的展示等。

### 2.观光休闲林业

观光休闲林业是指具有观光功能的人工林场、天然林地、林果园、绿色造型公园等。开发林业人工森林与自然森林所具有的多种旅游功能和观光价值,为游客观光、野营、探险、避暑、科考、森林浴等提供活动空间。如各地的森林公园、自然保护区等。

### 3.观光休闲牧业

观光休闲牧业是指具有观光价值的牧场、养殖场、狩猎场、森林动物园等,可为游客提供观赏并参与牧业生活或互动的场所。如各地的跑马场、狩猎场等。

### 4.观光休闲渔业

观光休闲渔业是指利用滩涂、湖面、水库、池塘等水体,开展具有观光、参与功能的旅游项目,如观赏或参与捕捞、驾驶渔船、水中垂钓、品尝水鲜等。如各地的休渔节、开渔节、捕鱼节、全鱼宴等。

### 5.观光休闲副业

观光休闲副业是指与农业相关的具有地方特色的食品、工艺品及其加工制作的过程,其中的品尝、使用及制作的过程等都可以作为观光副业项目进行开发。如地方特色产品、工艺品、人工编制的饰品等。

### 6.观光休闲生态农业

观光休闲生态农业是指通过建立农、林、牧、渔及土地综合利用的生态模式,增强生产过程的生态性、趣味性、艺术性,生产丰富多彩的绿色保健食品,为游客提供观赏和研究的良好生产环境的场所。如各地的生态公园、湿地公园、生态农庄等。

### (二)乡村旅游研究的主要内容

### 1.乡村旅游发展模式

国外乡村旅游的发展主要有政府推动型、市场驱动型和混合成长型三种模式。而我国乡村旅游发展基本呈现出"大规模扩张、低水平发展"的状态,并存在缺乏特色、商业化味道浓与环境污染等重要问题。

近十年来,我国学者在乡村旅游发展模式方面不遗余力地研究,成果颇丰,并因地制宜地提出了生态观光型、乡村体验型、休闲度假型、时尚运动型、康体疗养型、教育学习型、民俗文化型、民俗风情型、休闲度假型、回归自然型等不同的发展模式。

### 2.利益相关者与社区参与

早期的研究多是探讨乡村旅游中利益主体的关系问题、利益相关者对旅游影响的态度以及各群体在乡村旅游中的定位等。随着社会经济的发展、法制的不断完善及利益相关者共同目标的达成,乡村旅游的利益分享机制不断完善,并通过为旅游行业提供公共服务,对旅游市场实施行业管理,向当地社区提供财政支持和转移支付等措施,达到以旅游业发展促进农村居民等弱势群体增权的目的,进而实现区域旅游业的和谐发展。

### 3.品牌形象与市场需求

一些学者通过对乡村节事旅游活动品牌形象等的研究,获知游客对类似活动的尊重度、熟悉度、关注度、归属度、信任度、忠诚度和发展度等品牌形象因子,并针对其中的问题提出相应的改善举措;还有学者通过研究乡村旅游市场细分与旅游动机、满意度调查(问卷调查和聚类分析等），获得家庭团聚、被动旅游、纯旅游、学习和兴趣探索四类不同的细分市场，从而对了解游客的动机需求、更好地开展旅游有重要的启发。

#### 4. 乡村旅游产业融合

各行各业的发展都离不开农业的支持，乡村旅游即是在乡村地区展开的旅游。因此，旅游业和农业的产业融合研究就是一项重要的课题。为此，国内外学者从宏观和微观两个不同的视角研究旅游和农业之间的关系，结果表明旅游能给农业带来额外的收益。对游客而言，虽然在农场中从事农业活动似乎没有直接收益，但农民在农业中能更有效获利；旅游业发展对农业发展的需求拉动作用要大于旅游业对农业发展的推动作用。同时，旅农耦合对农村的第一产业、第三产业有明显的牵动效应，旅农耦合模式可成为我国乡村旅游业发展战略的可靠途径和主导模式。此外，根据旅农特色不同，可实施差异化品牌战略。

可见，旅游业和农业的融合发展对乡村旅游有积极的推动作用。很长一段时间内，旅游业和农业被看作是基本没有关系的。然而，随着经济的发展，产业之间的边界越来越模糊，旅游业和其他产业的融合也越来越受到各界的关注，学者们的研究也推动了旅游业和农业的融合发展。可以预见，未来乡村旅游的旅游业和农业的融合还会不断深化。

### 二、研究的主要思路

#### (一)休闲农业研究思路

休闲农业的兴起有其客观必然性。目前，我国绝大部分城市周边和旅游景点附近都已经出现了为数众多、类型不同、规模不等的休闲农业项目或休闲农业园区。纵观国内外休闲农业发展的过程和成效，其研究思路或方法主要集中在以下五个方面。

#### 1. 现场踏勘和资料收集

现场踏勘和资料收集的主要内容包括气候、日照、水文、降雨量、土壤条件、地形地貌、环境污染、人口、劳动力、经济条件、交通条件、生物资源及重大农业项目、周边旅游项目、农业资源，旅游资源数量、类型、档次等，还包括所在区域城乡建设总体规划、土地利用规划、新农村建设规划、农业发展规划、旅游发展规划等相关的规划文本和图件等。

#### 2. 现状调查和SWOT分析

根据上述踏勘和收集的情况，对本区域条件、农业资源、已有的休闲农业、休闲农业发展环境进行分析和评价。通过SWOT分析，来确定该区域发展休闲农业项目的优势、劣势、机遇和威胁等，并根据其内部的优势、劣势以及外部环境，来了解本项目面临的机遇和挑战，从而为本项目的战略定位提供依据。

#### 3. 明确目标和战略定位

目标就是某一发展时期及其分时段景区景点的游客量、销售额、利润等，主要是在调查—分析—综合的基础上提出的。战略定位包括功能定位、发展方向、形象定位、主题策划、市场定位和目标客源等。功能定位主要围绕"吃、住、行、游、购、娱"六大要素展开，并结合农业观光休闲方式来确定主体功能，如休闲娱乐型、观光鉴赏型、农事体验型、疗养度假型、民俗节庆型、会议餐饮型等；形象定位就是根据项目的特点，导入人们熟知的人文、生态、生物、科技等形象概念，提出清晰独特、引人入胜的主题；市场定位则是分析确定目标市场和目标客源，并按照功能区、营销时序、客源类别构造等三维营销战略的框架来确定。

#### 4.分区策划和单体规划

规模较大的观光休闲农业旅游区一般要进行功能分区。功能分区要根据农业生产布局、资源分异与游客观光休闲的要求和特点来确定,每个功能区都要有一个形象定位,并确定一个主题;同时要对每个功能区的重要单体进行策划,对标志性单体如雕塑小品、园艺、建筑、牌坊等进行设计。观光休闲农业在策划阶段还要绘制功能区布局图、效果图等。

#### 5.营销策划和节事活动

营销策划包括品牌策划、宣传策划、促销策划等。促销策划包括促销策略、节事等促销活动的安排、针对不同目标市场和目标客源做出具体的促销方案等。节事活动往往是推广观光休闲农业产品、招商引资的重要形式,它是吸引旅游者、树立旅游形象、提高知名度、增加客源的重要手段。节事活动应该围绕主题开展,其表现形式要活泼、时尚,并实行市场化运作,同时将节事活动与观光休闲农业推广、农产品销售、企业宣传和冠名等结合起来。此外,观光休闲农业策划内容还包括融资策划、招商策划、管理策划、保障策划等。

### (二)乡村旅游研究思路

#### 1.要创新,更要"守旧"

乡村旅游的主要特色在于自然的乡村风貌和淳朴的民俗风情,所以乡村旅游的开发和经营并非一味地破旧立新,而是在"守旧"基础上的创新,尤其要避免盲目追求社会所谓的新潮或简单以开发者的主观喜好为出发点来搞建设。新建筑、新景观不仅要与乡村的整体基调相协调,还要保持乡村"返璞归真"的气息。坚持"守旧创新",必须在尊重和维护乡村文化特色的同时来创建新的事物。

可见,开发和管理乡村旅游要充分认识到乡村的真正价值和内涵,要充分挖掘农村旅游资源,将乡村旅游与农村的生产生活有机融合,使乡村旅游成为推动农村经济发展的重要手段。不仅如此,创新还必须不断加强乡村旅游地的相关配套设施建设,为游客提供更好的服务。总之,只有坚持"旧"与"新"的有机统一,才能推动乡村旅游的健康、快速发展。

#### 2.坚持可持续发展

1995年在西班牙加那利群岛召开的"可持续旅游发展世界会议"上通过并颁布了《可持续旅游发展宪章》,其成为世界各国旅游业可持续发展的理论依据或人类共识。世界人口的不断膨胀和活动强度的不断增加,势必会使资源、能源、环境等面临更为严峻的压力,经济发展与资源环境的矛盾会越来越突出,特别在我国。"可持续发展"务必要成为全人类的共识,乡村旅游也不例外。

乡村旅游业的发展离不开乡村旅游资源,而乡村旅游资源属于不可再生资源。因此,乡村旅游业的发展必须要坚持可持续发展的思路,以科学发展观为指导,促进农村旅游经济和资源环境的协调发展,让人与自然和谐相处,努力建设资源节约型、环境友好型农村生态旅游产业,坚持生产发展、生活富裕、生态良好的文明发展之路。

#### 3.把握新时期市场的新需求

乡村旅游的市场需求随着国民经济的发展不断发生变化。随着生活水平的普遍提高,市民愿意为"乡村情调"、"浪漫感觉"支付更多的钱,为此,乡村旅游经营者一定要敏锐地把握新需求,有针对性地设置一些体验性的活动,充分调动游客视觉、听觉、嗅觉、触觉和味觉等感官,将乡村旅游的体验做足、市场做透。

近年来,被社会各界强烈关注的食品安全问题、亲子教育问题、养老问题等,也给乡村旅游带来了无限的商机。乡村休闲,也逐渐从单纯的吃喝玩乐的休闲方式,慢慢演变成包括农事参与、生态种植、果蔬采摘、城乡互动、知识获取、食品安全应对等在内的一个庞大的产业。同时,也有利于人们形成对生命的敬畏、劳动的尊重和健康人格的培养。

4.发挥农民专业合作组织的作用

我国的"农家乐"一直处于"低、小、散"的状态,始终难成"大器"。究其原因主要是缺乏组织化的管理。乡村旅游要上新台阶,不必也不应该排斥外来资本,但如果不能将农民有效地组织起来,就不可能在社会化大发展的浪潮中保证自身的权利。此外,外来资本也缺乏对接的组织,难以落地。而农民专业合作社就是重要的组织,是发展农村集体经济的新型实体,是创新农村社会管理的有效载体。

按照2013年中央一号文件"积极发展、逐步规范、强化扶持、提升素质的要求,加大力度、加快步伐发展农民合作社,切实提高引领带动能力和市场竞争能力"的要求,鼓励农民兴办专业合作和股份合作等多元化、多类型的合作社,并从服务"一产"向服务"三产"转变。

# 第三节　休闲农业与乡村旅游的模式和特点

## 一、休闲农业与乡村旅游的模式

### (一)休闲农业模式

#### 1.田园农业模式

田园农业模式是指以农村田园景观、农业生产活动和特色农产品为旅游吸引物,开发农业游、林果游、花卉游、渔业游、牧业游等不同特色的主题旅游活动,以满足游客体验农业、回归自然的心理需求。其中主要包括田园农业游(以大田农业为重点,开发欣赏田园风光、观看农业生产活动、品尝和购置绿色食品、学习农业技术知识等旅游活动,让游客了解和体验农业)、园林观光游(以果林和园林为重点,开发采摘、观景、赏花、踏青、购置果品等旅游活动,让游客观看绿色景观,亲近美好自然等)、农业科技游(以现代农业科技园区为重点,开发观看园区高新农业技术和品种、温室大棚内设施农业和生态农业等旅游活动,让游客了解和增加现代农业知识)、务农体验游(通过参加农业生产活动,与农民同吃、同住、同劳动,让游客接触实际的农业生产、农耕文化和特殊的乡土气息)四种类型。

#### 2.民俗风情模式

民俗风情模式是指以农村风土人情、民俗文化为旅游吸引物,充分突出农耕文化、乡土文化和民俗文化,开发农耕展示、民间技艺、时令习俗、节庆活动、民间歌舞等乡村文化,以增加乡村旅游的文化内涵。其中主要包括农耕文化游(指利用农耕技艺、农耕用具、农耕节气、农产品加工活动等来开展的农业文化旅游)、民俗文化游(指利用地方民居、民族服饰、饮食文化、传统礼仪、节气时令、游戏娱乐等开展的民俗文化旅游)、乡土文化游(指利用民俗歌舞、民间技艺、民间戏剧、民间表演等开展的乡土文化旅游)、民族文化游(指利用民族风俗、民族习惯、民族村落、民族歌舞、民族节日、民族宗教等开展的民族文化旅游)四种类型。

### 3. 农家乐模式

农家乐模式是指农民利用自家庭院、自己生产的农产品及周围的田园风光、自然景点，以低廉的价格吸引游客前来吃、住、玩、游、购、娱等旅游活动。其中主要包括农业观光（指利用田园农业生产及农家生活等，吸引游客前来观光、休闲和体验）、民俗文化（指利用当地民俗文化，吸引游客前来观赏、娱乐、休闲）、民居体验（指利用当地古村落和民居住宅，吸引游客前来观光旅游）、休闲娱乐（指以优美的环境、齐全的设施、舒适的服务等，为游客提供吃、住、玩等旅游服务）、食宿接待（指以舒适、卫生、安全的居住环境和可口的特色饭菜等，吸引游客前来观光、休闲）、农事参与（指以农业生产活动和工艺技术等，吸引游客前来休闲旅游）六种类型。

### 4. 村落乡镇模式

村落乡镇模式是指以古村镇宅院建筑和新农村格局为旅游吸引物开发的观光旅游。其中主要包括古民居和古宅院旅游（多指利用明、清时期村镇建筑来发展的观光旅游）、民族村寨旅游（指以民族特色的村寨发展旅游业）、古镇建筑旅游（指利用古镇房屋建筑、民居、街道、店铺、古寺庙、园林等来吸引游客）、新村风貌旅游（指利用现代农村建筑、民居庭院、街道格局、村庄绿化、工农企业开展的旅游形式）四种类型。

### 5. 休闲度假模式

休闲度假模式是指依托自然优美的乡野风景、舒适怡人的清新空气、独特的地热温泉、环保生态的绿色空间等，结合周围的田园景观和民俗文化，兴建一些休闲、娱乐设施，为游客提供休憩、度假、娱乐、餐饮、健身等的服务。其中主要包括休闲度假村（指以山水、森林、温泉为依托，以齐全、高档的设施和优质的服务为支撑，为游客提供休闲、度假等服务）、休闲农庄（指以优越的自然环境、独特的田园景观、丰富的农副产品、优惠的餐饮和住宿，为游客提供休闲、观光、度假等服务）、乡村酒店（指以餐饮、住宿为主，配合周围自然景观和人文景观，为游客提供各种休闲服务）三种类型。

### 6. 科普教育模式

科普教育模式是指利用农业观光园、农业科技生态园、农业产品展览馆、农业博览园或博物馆等，为游客提供了解农业历史、学习农业技术、增长农业知识的旅游服务。其中主要包括农业科技教育基地（指以科研设施为景点，以高新农业技术为教材，向游客展示农业技术教育，形成集农业生产、科技示范、科研活动为一体的新型科教农业园）、观光休闲教育农业园（指利用当地农业园区的资源环境、现代农业设施、农业经营活动、农业生产过程、优质农产品展销等，开展农业观光、参与体验、实践活动等）、少儿教育农业基地（指利用当地农业种植、畜牧、饲养、农耕文化、农业技术等，让中小学生参与休闲农业活动，接受农业技术知识的教育）、农业博览园（指将当地农业技术、农业生产过程、农业产品、农业文化进行展示，让游客参观、学习等）四种类型。

### 7. 回归自然模式

回归自然模式是指利用农村优美的自然环境、奇异的山水景观、绿色的森林草原、静荡的湖水河流等，开展观山、赏景、登山、滑雪、滑水、滑草等项目，开发日光浴、森林浴等，让游客亲近大自然、回归大自然、返回大自然。其中主要包括森林公园、湿地公园、水上乐园、露宿营地和自然保护区五种类型。

（二）乡村旅游模式

乡村旅游发展，国外已经有了不少成熟的模式，如欧美的"度假农庄"模式、新加坡的"复合农业园区"模式、日本的"绿色旅游"模式等，都有一定的借鉴意义，但我国由于国情、文化和消费习惯等与国外的差异，形成了独具特色的一些乡村旅游发展模式。主要可归结为以下七种模式。

1. 城市依托型：环城市乡村旅游发展模式

城市依托型源于北京大学吴必虎教授提出的"环城游憩带"理论。根据环城游憩带理论，旅游渐渐成为环城市乡村的主要功能之一，依托于城市的区位优势、市场优势等，有利于在环城市区域形成一批规模较大、发展较好的环城市乡村旅游圈。

2. 景区依托型：景区周边乡村旅游发展模式

成熟景区巨大的地核吸引力，可为区域旅游在资源和市场方面带来发展契机，有利于周边的乡村地区借助这一优势，抢先成为乡村旅游优先发展区。

3. 产业依托型：特色庄园乡村旅游发展模式

特色庄园模式以产业化程度极高的优势农业为依托，通过拓展农业观光、休闲、度假和体验等功能，开发"农业＋旅游"产品组合，带动农副产品加工、餐饮服务等相关产业的发展，促使农业向二、三产业延伸，实现农业与旅游业的协同发展。该模式适用于农业产业规模效益显著的地区，以特色农业的大地景观、加工工艺和产品体验作为旅游吸引物，开发集观光、休闲、体验等为一体的乡村旅游产品，从而带动餐饮、住宿、购物、娱乐等产业的延伸，最终形成强大的产业经济协同效应。

4. 历史文化依托型：古村古镇乡村旅游发展模式

古村古镇旅游是当前我国旅游开发的一个热点问题，也是乡村旅游体系中一个比较独特的类型。古村古镇以其深厚的文化底蕴、淳朴的民风和古色古香的建筑遗迹等受到游客的喜爱。但在旅游开发过程中产生的保护与开发的矛盾、传承与商业化的博弈等，也给景区发展带来了诸多困惑和限制。因此，古村古镇旅游要实现高效、可持续发展，就必须探索一种既能最大限度保护历史文化风貌，又能弘扬、传承其传统文化，充分发挥旅游经济效益的发展模式。

5. 民俗依托型：乡村文化活化与社区发展模式

随着民俗旅游的蓬勃发展，民俗文化在旅游中常常会受到冲击，有时甚至湮灭。面对民俗文化保护和旅游开发的矛盾，面对地方居民与旅游经济的博弈，目前国内外尚未找到公认合适的路径。民俗依托型乡村旅游未来该如何发展、如何实现利益共享，寻找发展平衡点对于推动类似景区的发展具有积极的现实意义。

6. 创意主导型：传统民间艺术助推乡村旅游发展模式

民间艺术是区域大众生活的具体体现和主要特征，主要包括微雕、陶瓷、布艺、木艺、果核雕刻、刺绣、毛绒、皮影、泥塑、紫砂、蜡艺、文房四宝、书画、铜艺、装饰品、漆器等，代表了一个民族或一个地方的文化特征，具有区域的独特性。正因为这一特性，民间艺术逐渐成为乡村文化创意旅游的一个重要载体。通过传统艺术创新，不仅丰富了乡村旅游体验，更强化了旅游目的地的品牌形象。

7. 科技依托型：科技引导现代乡村旅游发展模式

现代科技在生产生活中体现着越来越重要的作用。目前，发达国家如荷兰、新加坡、日本等地科技引导的现代农业建设和乡村旅游已经为我国乡村旅游指明了方向。近年来,我国启动的国家科技园区建设项目,已经促进了我国一批科技园区的建设,也加速了我国现代农业科技的发展。由现代科技引导的、展现农业风貌的项目,已经逐渐成为集教育、体验、观光、展示为一体的现代乡村旅游产品,从而成为我国乡村旅游未来发展的重要方向。

## 二、休闲农业与乡村旅游的特点

### (一)休闲农业的特点

#### 1.休闲农业与居民收入、消费增长呈正相关

休闲旅游是一种重要的文化活动。伴随着社会经济和文化生活水平的提高,它日趋成为人们不可或缺的生活方式。人们收入水平的稳步提高,增强了旅游市场的消费能力,对旅游质量提出了更高的要求,从而也为行业的快速发展提供了前提条件。我国的休闲农业就是在这样的社会背景下迅速发展壮大起来的。

#### 2.休闲农业的定位具有可变性

产业定位实质上是涉及产业归属的问题。一般来说,产业归属、核心竞争力和运营模式等是产业发展的核心要素,其中产业归属最为重要。确立休闲农业的产业定位,可以明确休闲农业的发展方向,深化休闲农业的内涵。休闲农业属于新兴产业,内涵不断发生变化,随着产业的积累,功能也在发生改变。因此,休闲农业的定位具有十分明显的可变性,在不同的发展阶段或不同的地域定位可以不同,从而形成不同的模式或种类。如观光型、度假型、教育型、科普型、参与型等。

#### 3.休闲农业具有继承性和拓展性

休闲农业有别于观光农业。观光农业先于休闲农业发展,休闲农业继承和发展了观光农业的内容,可以看作是观光农业的高级形式,并由传统观光型向休闲度假型农业转变。观光农业吸引越来越多的游客,游客在体验农事活动的过程中,对农业文化、农村环境和农民具有的习俗产生浓厚的兴趣。观光农业外延的不断扩大,催生了休闲农业。

休闲包括休闲生活、休闲行为和休闲需求等,休闲农业是农业产业结构调整过程中出现的一种全新的农业生产经营方式。它利用农村设施与空间,结合农林牧渔生产、农业经营活动、农村文化及农家生活等,经过规划设计与建设,成为一个具有农业经营特色的经济区域。休闲与观光是休闲农业的重要内容,形成了鲜明的农业旅游特色,并丰富了现代农业旅游的内涵。

发达国家的休闲农业发端于19世纪二三十年代,而我国的休闲农业则出现于20世纪后期,有近200年的滞后,但原因却是一样的:休闲农业是工业化革命后对农业的回归与补偿,即工业革命加速了城市化进程,城市人口急剧增加,城市高楼林立、绿地减少、环境恶化,生活节奏紧张忙碌,使得人们身心疲惫。为了缓解都市生活的压力,人们渴望到农村享受暂时的悠闲与宁静,欣赏田园风光、体验乡村生活。农业休闲具有使游客深入体验乡村氛围和田园生活的诸多功能,休闲农业产业应运而生,也说明休闲农业具有继承和发扬光大观光农业的特点。

### (二)乡村旅游的特点

#### 1.景观独特

我国乡村地域广阔、种类多样,加上受工业化影响相对较少,多数地区仍然保持自然风

貌,还保持了风格各异的风土人情、乡风民俗等,旅游产品或旅游景观独具特色。如古朴的村庄作坊、原始的劳作形态、真实的民风民俗、土生的农副产品等。这种在特定地域所形成的"古、朴、真、土"的产品,具有城镇无可比拟的优势,为游客回归自然、返璞归真增加了吸引力。

2.时空分散

中国的乡村旅游资源,相隔五千(公)里、上下五千年,资源差别很大,且大多以自然风貌、劳作形态、农家生活和传统习俗为表现形式。乡村旅游时间的可变性和地域的分散性,可满足游客多方面的需求。

3.主体参与

乡村旅游不是单一的观光游览项目和活动,还包括休闲、娱乐、康疗、民俗、科考、访祖等在内的多功能、复合型的旅游活动。乡村旅游的复合型特点导致游客在主体行为上具有很大程度的参与性,它可以让游客体验乡村民风民俗、农家生活和劳作形式,在劳动的欢愉之余,购得满意的农副产品和民间工艺品等。

4.高的文化品位

乡村文化属于民间文化。我国乡村绚丽多彩的民间文化具有悠久的历史和丰富的内涵,标志着我国乡村旅游在文化层次上具有高品位的特点。乡村的各种民俗节庆、工艺美术、民居建筑、民间文艺、婚俗禁忌、趣事传说等,大多蕴涵深厚的文化底蕴。当然,乡村社区的这种"浓厚的区域本位主义和家乡观念特色的非规范性",更让民间文化具有深刻的淳朴性、神秘性甚至诡秘性,对城市游客往往具有更大的诱惑性或吸引力。

5.雅俗共赏

以朴素的产品给游客带来高雅的体验,呼吸乡间清新的空气,品尝原生态、无污染的农家果蔬,感受农家居民的淳朴等,这些都可以给游客带来净化心灵、沉淀烦躁的效果。在这个繁忙、浮躁、快节奏的世界,乡村旅游赢得社会各界的普遍认同和接受,从而使乡村旅游变得独一无二、雅俗共赏。

6.可持续发展

一方面,现代乡村旅游融乡村自然意象、文化意象和现代科技于一体,融旅游发展与农业生产于一体,融城市旅游与乡村旅游于一体,有利于可持续发展;另一方面,"可持续发展"作为全人类的共识,只有"绝不例外",没有"下不为例"。

# 第四节　休闲农业与乡村旅游发展的历史和现状

## 一、休闲农业与乡村旅游发展简史

### (一)休闲农业发展简史

1.国外休闲农业发展简史

(1)起步阶段。19世纪五六十年代,以法国巴黎贵族返乡游、意大利成立"农业与旅游全国协会"等为标志。

（2）发展阶段。20世纪40年代中后期第二次世界大战结束以后，其标志是观光农园的大量涌现。

（3）扩张阶段。20世纪60年代初开始，具体表现为休闲项目加入农场、庄园规划的兴起和观光休闲农业的日益繁荣。

（4）成熟阶段。20世纪80年代以后，以度假农庄、教育农园、市民农园等兴起为标志。

2.国内休闲农业发展简史

我国的休闲农业发端于20世纪八九十年代，之后短短20多年，获得了快速发展，迅速繁荣，并以于2013年3月26日在南昌召开的"全国休闲农业与乡村旅游现场交流会"为标志。其中农业部乡镇企业局局长张天佐做主题报告，指出了休闲农业与乡村旅游的发展拓展了农业功能，提高了农业综合效益，正在并已经成为繁荣农业农村经济、促进农民就业增收、拉动国内消费和推动城乡经济社会一体化发展的重要途径。

（二）乡村旅游发展简史

传统乡村旅游出现在工业革命以后，主要源于一些来自农村的城市居民以"回老家"度假的形式出现。虽然传统乡村旅游对当地会产生一些有价值的经济影响，并增加了城乡交流机会，但它与现代乡村旅游有很大的区别：传统乡村旅游活动主要在假日进行；没有有效地促进当地经济的发展；没有给当地增加就业机会和改善当地的金融环境。实际上，传统的乡村旅游在世界发达国家和发展中国家都广泛存在。在我国，常常把这种传统乡村旅游归类于探亲旅游。

现代乡村旅游是在20世纪80年代出现在农村区域的一种新型的旅游模式，尤其是在20世纪90年代以后发展迅速，旅游者的旅游动机明显区别于"回老家"的传统旅游者的旅游动机；旅游的时间不仅仅局限于假期；旅游者充分利用农村区域的优美景观、自然环境和建筑、文化等资源；对农村经济的贡献不仅仅表现在给当地增加了财政收入，还表现在给当地创造了就业机会，同时还会给当地赢弱的传统经济注入新的活力。

1.国外乡村旅游发展简史

国外乡村旅游起源于1855年的法国，19世纪80年代开始大规模发展。与此同时，乡村旅游在德国、奥地利、英国、法国、西班牙、美国、日本等发达国家已具有相当的规模，并走上了规范化发展的轨道。乡村旅游对推动经济出现不景气的农村地区的发展作用巨大，对地方经济的贡献和意义已经得到了充分证明。因此，在许多国家，乡村旅游被认为是一种阻止农业衰退和增加农村收入的有效手段。如美国就有30个州有明确针对农村区域的旅游政策，其中14个州在它们的旅游总体发展规划中就包含了乡村旅游；以色列也把乡村旅游开发作为对农村收入下降的一种有效补充，乡村旅游企业数量不断增多。此外，加拿大、澳大利亚、新西兰、东欧和太平洋地区在内的许多国家和地区，都认为乡村旅游业是农村地区经济发展和经济多样化的动力。

2.我国乡村旅游发展简史

（1）起步阶段。我国的乡村旅游与休闲农业的发展基本同步。以20世纪80年代后期深圳举办的"荔枝节"为标志。之后乡村旅游在我国蓬勃兴起。1998年，国家旅游局将当年的旅游主题定为"华夏城乡游"。

（2）发展阶段。跨世纪的大约十年间，以"三农"为主题的中央一号文件及国家旅游局不时将农业旅游列为年度工作重点，从而催生了乡村旅游发展的热情。

(3)热潮阶段。近十年来,中央持续把一号文件定格在"三农"问题上,国家旅游局及各级政府纷纷出台相应的乡村旅游扶持政策,全国涌现了一大批具有乡土风貌和时代特色的乡村旅游地,深受广大城乡居民的喜爱和欢迎。可以说,我国乡村旅游已经出现了发展的热潮。

## 二、休闲农业与乡村旅游发展现状

### (一)休闲农业发展现状

从 20 世纪 90 年代开始发展的我国休闲农业,到 21 世纪初,已进入全面发展时期。其主要表现为旅游景区、景点不断增多,规模迅速扩大,功能日益拓宽,呈现出良好的发展态势。截至 2014 年年底,全国休闲农业特色农户(农家乐)已发展至 150 多万家,具有一定规模的休闲农业园区发展至 12000 多家,直接从业人员近 300 万人,年接待游客超过 7 亿人次,接近国内旅游人次的 1/5;年经营收入超 1000 亿元,已经带动上千万农民受益。

我国的休闲农业产业已成为农业和农村经济发展的亮点之一,彰显了广阔的发展前景,必将成为中国特色农业现代化建设和农民增收的重要途径。当前,应着力解决好基础设施条件差、人才队伍短缺、规划滞后、特色不明显、管理不规范、服务水平不高等问题。

### (二)乡村旅游发展现状

根据《2014 年全国旅游业投资报告》显示,2014 年我国旅游投资热点主要集中在乡村旅游、在线旅游、旅游综合体项目、自驾车和房车旅游这四个领域。其中,乡村旅游投资增速最快,2014 年全国乡村旅游实际完成投资 1634 亿元,同比增长 69%,增速为历年最高;全年乡村旅游接待游客近 10 亿人次,占国内旅游接待总量的近 1/3。近年来,全国城市居民周末休闲和节假日出游,有 70%以上选择周边的乡村旅游点,全国主要城市周边的乡村旅游接待人数年均增长高于 20%。

在乡村旅游一年比一年火热的背景下,如何进一步拓展其发展空间? 于 2015 年 8 月 18 日在安徽黄山市召开的"全国乡村旅游提升与旅游扶贫推进"会议上,国家旅游局传递出一个新的信号:乡村旅游发展要以农为本、以乡为魂,不断创新乡村旅游产品和业态,着力促进乡村旅游提质增效,积极鼓励乡村旅游创业就业,全面提升乡村旅游的发展质量和服务水平,着力打造"农家乐"升级版。这个利好消息昭示着,我国乡村旅游将迎来新一轮投资与消费的热潮。

# 第二章 休闲农业与休闲经济

## 第一节 休闲农业

休闲农业是指利用田园景观、自然生态及环境资源，结合农林渔牧生产、农业经营活动、农村文化及农家生活，以提供民众休闲、增进民众对农业及农村生活体验为目的的农业经营形态。休闲农业作为一种产业，兴起于20世纪二三十年代的意大利、奥地利等国，随后迅速在欧美国家发展起来。日本、美国等发达国家的休闲农业已经进入其发展的高级阶段——租赁。而我国的休闲农业，作为一个新兴的产业，经过20多年的发展，虽然发展前景较好，发展速度也较快，但仍然处于发展的初级阶段，在产品、经营、管理等方面仍然存在诸多的问题，在一定程度上阻碍了产业竞争力的形成，与新农村建设的要求也不相适应。

休闲农业是在经济发达的条件下为满足城里人休闲需求，利用农业景观资源和农业生产条件，发展观光、休闲、旅游的一种新型农业生产经营形态。休闲农业也是深度开发农业资源潜力、调整农业结构、改善农业环境、增加农民收入的新途径。休闲农业的基本属性是以充分开发具有观光、旅游价值的农业资源和农业产品为前提，把农业生产、科技应用、艺术加工和游客参加农事活动等融为一体，供游客领略在其他风景名胜地欣赏不到的大自然情趣。休闲农业（又称观光农业或旅游农业）是以农业活动为基础，农业和旅游业相结合的一种新型的交叉型产业，也是以农业生产为依托，与现代旅游业相结合的一种高效农业。

我国各地休闲农业的发展实践证明，休闲农业与乡村旅游的发展不但可以充分开发农业资源，调整和优化产业结构，延长农业产业链，带动农村运输、餐饮、住宿、商业及其他服务业的发展，促进农村劳动力转移就业，增加农民收入，使农民致富，而且可以促进城乡人员、信息、科技、观念的交流，增强城里人对农村、农业的认识和了解，加强城市对农村、农业的支持，实现城乡协调发展。

### 一、国内外休闲农业的发展

#### （一）国外休闲农业的发展

农业景观在城市园林中的应用由来已久，在欧洲关于伊甸园的神话描述中，便记录下了人们对于梦想与神秘的极乐世界的向往，而这个极乐世界是与外界分离的、安全性很好的空间，里面种植了奇花异果。在古埃及和中世纪欧洲的古典主义花园里不仅种植着各式各样的花卉和蔬菜，而且还有枝头挂满果实的果树，以供贵族们观赏食用。在这一时期，园林中也相继出现了葡萄园、橘园、蔬菜园、稻田、药圃或规则或不规则的园中园。在16世纪以后的二三百年里，"农业景观是漂亮的"这一思想逐渐盛行。到最近 100 年里，伴随着教育和休闲活动的普及，国外对农业生产景观的欣赏逐渐为各阶层所接受。这样的理念，即景观可以同时具有观赏性和生产性，启迪了许多西方的景观设计。如今天的英国东茂林生态园，就是利用各类果树作为植物造景材料，大大丰富了园区景观，并为旅游者提供了果品观光、采摘等其他城市公园所不能开展的活动，取得了很好的效益。

19 世纪二三十年代，欧洲已开始出现农业旅游。然而，这时"休闲农业"并未被正式提出，只是从属于旅游业的一个观光项目。到 20 世纪中后期，旅游不再是单纯对农田景观的欣赏，代之相继出现了具有观光职能的观光农园，农业观光游逐渐成为人们休闲生活的趋势之一。20 世纪 80 年代以来，随着人们旅游度假需求的日益增大，休闲农业园由单纯观光的性质向度假、休闲等功能扩展。1982 年，欧洲 15 个国家共同在芬兰举行了以农场观光为主题的会议，探讨并交流了各国休闲农业的发展问题。目前一些国家又出现了观光农园经营的高级形式，即农场主将农园分片租给个人家庭或小团体，让他们管理和享用。如德国城市郊区设有"市民农园"，规模不大（一般为 2hm²，分成 40～50 个单元），出租给城市居民，让市民从事家庭农艺、种菜、养花、种树等，以达到参与生产、体验农事等的乐趣，满足回归自然、康体休闲的需求。

### （二）我国休闲农业的发展

我国的休闲农业是近 30 年来兴起的一种新兴产业，是在传统农业基础上发展起来的与现代旅游业相结合的一种农游交叉产业。由于其高效性，发展十分迅速。休闲农业的兴起，为旅游业、农业的发展提出了新的方向。目前，在一些发达国家和地区，休闲农业已具有相当的规模。但休闲农业在我国仍处于起步阶段。

我国是一个古老的农业国，悠久的农业历史孕育了丰富的农耕文化。在我国园林发展初始阶段的周朝的苑、囿中，便栽有大量的桃、梅、木瓜等农作物。《诗经·周南》中就有颂桃的诗句："桃之夭夭，其叶蓁蓁。之子于归，宜其家人。"生动地描述了桃花盛开、枝叶茂盛、硕果累累的美景。《周礼·地官司徒》记载："场人，掌国之场圃，而树之果、珍异之物，以时敛而藏之。"郑玄注："果，枣李之属。瓜瓠之属。珍异，蒲桃、枇杷之属。"其意是说："场人，掌管廓门内的场圃，种植瓜果、葡萄、枇杷等物，按时收敛贮藏。"

我国是一个农业大国，旅游农业资源极其丰富。我国地形复杂，气候四季分明，农作物多种多样。我国生物资源丰富，野生生物种类繁多，种子植物达 3 万多种，脊椎动物近 2000 种，栽培作物约有 600 种。把这些作物资源充分利用，形成区域特色农业，使之转化为旅游资源，并针对我国各地不同的景观和农业生产形式，设计出形式和内容多样的农业观光园。我国不仅有高山、丘陵、盆地、平原等类型齐全的地貌，十分有利于农、林、牧、渔的全面发展，而且农业生产历史悠久，孕育了丰富的水乡、平原、草原、高原、高山文化内涵和民俗风情，为开发旅游农业产品提供了良好的条件。各地应因地制宜地发展休闲农业，为农业经济再上新台阶进行不懈的探索和实践。

我国的休闲农业是在 20 世纪 80 年代后期兴起的，改革开放较早的深圳首先开办了荔枝节，主要目的是招商引资。随后开办了采摘园，取得了较好的社会、经济和生态效益。于是各地纷纷效仿，开办了各具特色的休闲农业项目。1998 年，国家旅游局推出的旅游主题是"华夏城乡游"，其中"吃农家饭，住农家院，干农家活，看农家景"成了旅游的重要内容。之后，在我国的大江南北、长城内外，休闲农业的发展可谓是轰轰烈烈、红红火火。

## 二、休闲农业的分类

由于自然资源、人文资源、农业资源和经济状况的差异，各地休闲农业发展类型与模式就表现出多样性。由于休闲农业是把观光旅游与农业结合在一起的一种旅游活动，它的形式和类型更为多样。根据分类标准的不同，可分为不同的种类和名称。

（一）按功能划分

1. 观光农园

观光农园主要是指在城市近郊或风景区附近开辟特色果园、菜园、花圃等，让游客入内摘果、拔菜、赏花、采茶，享受田园乐趣。这是休闲农业最普遍的一种形式。

2. 农业公园

农业公园即按照公园的经营思路，把农业生产场所、农产品消费场所和休闲旅游场所结合为一体。如日本有一葡萄园公园，将葡萄园景观的观赏、葡萄的采摘、葡萄制品的品尝以及与葡萄有关的品评、绘画、写作、摄影等活动融为一体。除了果品、水稻、花卉、茶叶等专业性农业公园外，目前大多数休闲农业旅游的开发都是综合性的，包括服务区、景观区、草原区、森林区、水果区、花卉区及活动区等。农业公园的面积，因性质和功能而异，既有迷你型（袖珍型）的 0.3 公顷的水稻公园，又有几十公顷的果树公园。

3. 教育农园

教育农园是兼顾农业生产与科普教育功能的农业经营形态，即利用农园中所栽种的作物、饲养的动物以及配备的设施，如特色植物、热带植物、农耕设施、栽培技术、传统农具展示等进行农业科技示范、生态农业示范、农业知识传授等，游客不但能获得美的享受，更能获得知识的增长。具有代表性的主要有法国的教育农场、日本的学童农园以及我国台湾地区的自然生态教室等。

4. 森林公园

森林公园是一个以林木为主，具有多变的地形、开阔的林地、优美的林相和山谷、奇石、溪流等多景观的大农业复合生态群体。在树种结构上，针叶树、阔叶树与果树树种相结合；在土地资源利用和空间布局上，林、果、渔、菜、花相结合，以森林风光与其他自然景观为主体，配套一定的服务设施，必要的景观建筑，在适当位置建设有狩猎场、游泳池、垂钓区、露营地、野炊区等，是人们回归自然、休闲、度假、旅游、野营、避暑、科学考察和进行森林浴的理想场所。

5. 民俗观光村

在具有地方或民族特色的农村地域，利用其特有的文化或民俗风情，提供可供夜宿的农舍或乡村旅店之类的游憩场所，让游客充分享受浓郁的乡土风情以及别具一格的民间文化和地方习俗。

（二）按开发模式划分

1. 传统型休闲农业

传统型休闲农业以都市人所不熟悉的农业生产过程为卖点来吸引游客参观、参与、品尝、购买。如法国农村的葡萄园和酿酒作坊，游客不但可以参与酿造葡萄酒的全过程，而且可以在作坊里品尝，还可以将自己酿好的酒带走，向亲朋好友炫耀。在日本，目前很时兴务农旅游，从而促使日本的一些旅行社每年以春天的插秧、秋天的收割为契机，组织都市人去农村体验农民的生活;在沿海地区还组织游客参加捕捞和海带的采集及加工活动,使都市人直接享受大自然的恩赐。

### 2.都市科技型休闲农业

都市科技型休闲农业主要是在城内小区和郊区建立小型的农、林、牧生产基地,既可以为城市提供部分时鲜农产品,又可以取得一部分观光收入。例如新加坡,在这座花园城市里兴建了10个农业科技公园。公园里不仅合理地安排了作物种植,而且还精心布置了一些名优花卉、观赏鱼、珍稀动物、名贵蔬菜和水果生产过程演示,同时也相应建有娱乐场所。游人漫步其中不仅可以心旷神怡,还可以得到知识的教育和乐趣,有时还能大饱口福。

### 3.度假型休闲农业

度假型休闲农业主要是利用不同的农业资源,如森林、牧场、果园等,以吸引游客去度假,享受回归大自然的无限乐趣。如澳大利亚人常在周末或假日自己驾车,带上家人,选一个离家不远的牧场小住几天,大人可以放松身心,孩子则可以了解都市里无法见识到的牧场生活。

### (三)按发展趋势划分

#### 1.农业娱乐型

农业娱乐型仍以农业生产收入为主,主要通过农作物在开花、收获季节吸引游客来观光、采摘、品尝、垂钓、野餐等发展起来的。如郑州郊区的樱桃沟,通过成片发展樱桃种植,在收获季节吸引游客前去采摘、品尝。这种类型非常简单,也不需大量的投资,它主要满足了城市工薪阶层周末散心和休闲的需求。因此,目前只有在城市近郊,才有游客的到来。

#### 2.农场化型

农场化型主要是通过有计划的规划、设计和调整农业布局,向旅游业延伸而发展起来的。如湖南的君山农场,把有观赏价值的经济作物和养殖业结合起来,通过作物栽培成片化、植树造林风景化、规模养殖庄园化、果蔬基地园林化、农村住户别墅化设计来带动当地旅游业的发展。这种类型有一定的规模,主要满足人们观光、休闲、散心需求,但必须有良好的规划设计和包装宣传才能吸引游客的到来。

#### 3.高科技农业示范园

高科技农业示范园是在引进国际先进的现代农业设施的基础上,通过展示电脑自动控制温度、湿度、施肥、无土栽培和新特农产品品种而发展起来的。如上海的孙桥现代农业园区、北京的锦绣大地农业观光园、无锡的大浮休闲农业园和珠海农业科技基地等。这种类型既是现代农业科技的缩影,也是人们参观、学习、教育的基地。由于设施先进、品种优良,初期投入往往较高,但由于有良好的农业收益作保障,所以这种类型有很好的发展前景。

#### 4.农家乐型

农家乐型是利用当地特有的自然资源、农业资源和独特的民俗文化,经专门的包装设计发展起来的。如杭州市富阳区的农家乐旅游,游客不仅可以乘竹筏遨游美丽的富春江,坐牛车环绕岛屿悠然地观看田园风光,还可以进农家学做千百年流传下来的造土纸、编织草鞋、缫制丝绵等技术,同时还有斗鸡、斗山羊等有趣的表演。这种带有中国江南农村浓郁特色的风土人情,既满足了人们的怀旧情结,还带有较强的趣味性,很受国内外游客欢迎。但这种类型没有独特的资源优势,单靠人文景观设计是无法长期发展下去的。

（四）按投资主体划分

1.以分散农户为主

以分散农户为主模式主要是城市近郊的农户,利用自己种植的果园、菜园、花圃和小型养殖场,通过自主开发、分散经营吸引城市居民前来观光、采摘、品尝、垂钓等。这种模式开发的休闲农业大多规模小、季节性明显、服务功能单一,吸引的游客也往往是小批量、近距离、短时间的。

2.以政府为主导

以政府为主导模式主要是各级地方政府依托特定的农业项目(如农场、林场、无公害蔬菜基地、花卉基地、特种禽畜与渔业养殖场等),按照农业产业化、旅游化的发展要求经扶持发展起来的。该模式既有政府引导、农户参与经营的休闲农业带,如江苏盐城市利用城郊卫星城镇,通过推出"一镇一品"的特色农业而发展起来的休闲农业带;也有经政府规划并通过招商引资发展起来的农业示范园区;还有政府租赁农民的土地通过承包经营而发展起来的休闲农业项目,如广州番禺区化龙镇政府开发的农业大观园。这种模式因由政府扶持,大多成功率较高,但最忌政府为了工作政绩,不经认真调研、科学论证而盲目开发。

3.以企业集团为主体

以企业集团为主体模式主要是一些企业集团,以市场需求为导向,以获利为目的,通过自主投资、自主开发、自主经营发展起来的休闲农业项目,如占地200公顷,总投资1亿元的苏州"农林大世界",就是由新加坡维信集团、沈阳华新国际实业有限公司和苏州市吴中区浦庄农工商总公司合资组建的休闲农业项目。这种模式开发的休闲农业大多经过科学的论证、有一定的规模和科技含量,并按照现代企业制度进行科学的运营和管理,因此容易成功。

## 三、休闲农业的功能分区和特点

（一）休闲农业的功能分区

休闲农业区是以农业观光、农业休闲功能为主,兼有度假、文化娱乐、体育运动等多功能的综合性游览区。按其不同的性质和功能进行空间区划,可划分为四个分区。

1.观赏区

观赏区由观赏型农田带、瓜果园、花卉苗圃、珍稀动植物饲养场构成,使游客身临其境,感受真切的田园风光和自然生态。如珠海的蝴蝶公园、随州的银杏公园、武汉市黄陂区木兰川的五彩田园等。

2.示范区

示范区由农业科技示范、生态农业示范、科普示范构成,以浓缩的典型农业模式展示特色农业生产景观与经营模式,传授系统的农业知识,使游客增长教益。如东莞年丰山庄的桑基鱼塘、苏州"农林大世界"、日本高效精细农业和以色列节水农业系列等。

3.休闲体验区

休闲体验区由当地乡村民居、乡村活动场所构成,营造游客能深入其中的乡村生活空间,使游客参与农耕活动,学习农作物的种植技术、农产品加工技术以及农业经营管理等,体验农村生活。如井冈山的农民客栈、公社食堂等。

4.产品区

产品区由可采摘的直销果园、乡村工艺作坊、乡村集市构成,让游客通过自采自制自买的方式亲身体验农产品制作过程,并购买乡村旅游产品,推动乡村经济发展。如东莞的动手果园和木兰川"吱吱"土布坊。

(二)休闲农业的特点

1.投入少,效益高

休闲农业旅游的收入包括农业收入和旅游收入,其效益优于传统农业效益,还减少了运输和销售的环节和费用,不会给地方或企业增加负担和投资风险。而且一经开放营运,即可边生产边收益,具有显著的效益回报。我国地域广阔,气候类型、地貌类型不同,拥有丰富的农业资源和景观各异的农业生态空间,具有发展休闲农业旅游的天然优势和区域性特色。

2.综合效益显著

传统农业在经营上一般是单一模式,即只生产或提供粮食和原料,生产与经营相脱节。休闲农业改变了单一粗放经营模式,创造性地向综合经营模式和集约型经营模式转变。集农作物种植和管理、生产与经营于一身,既提高了经济效益,又美化了环境,同时还取得了生态效应,获得了综合效益,即经济、社会、生态效益。如湖北随州炎帝神农故里的农业旅游区,其规划、设计的主题是再现炎帝神农"创耕耘、植五谷、驯畜禽、尝百草、创编织、兴贸易"的历史功绩,架起一条长达10km的生态农业走廊——葡萄长廊,寓科研、生产、加工、销售、观赏、娱乐、文化于一体,充分体现了其综合经营的特点,吸引了四面八方的游客。

3.产出大,附加值高

休闲农业采取一种综合经营模式,可以产生多种效益,因而它要比传统农业单一经营模式产生的效益大得多。如自助式农场,不仅能观赏,而且能品尝,同时还能出售,使传统的农业生产获得较高的附加值。因此,可以认为,休闲农业实际上是一种综合集约型的新经济形式。

4.潜在客源市场广阔

休闲农业以城市居民为主要客源。据农业部2014年10月发布的数据显示:截至2013年年底,全国有8.5万个村开展休闲农业与乡村旅游活动,休闲农业与乡村旅游经营单位达170万家,其中农家乐150万家,规模以上休闲农业园区超过3万家,年接待游客7.2亿人次,其中以城市人口为主,年营业收入达到2160亿元,从业人员达2600万人。

5.生活的自然性

休闲农业以独具特色的田园风光和原汁原味的生活方式与文化风俗来吸引旅游者。这种朴素的民风民情很适宜都市人。农业观光,能使人充分地感悟到一种回归自然的轻松和惬意,这也正是休闲农业发展的动力所在。

6.多功能性与相互关联性

休闲农业集科研、科普、生产、销售、加工、观赏、娱乐、度假等于一体,参与性、知识性和娱乐性是其最显著的特征。在农业园区内,人们不仅可以观赏农业,还可参与其中,进行劳动操作,体验农民生活。它不仅拓宽了农业的生产空间,为农业经济的发展寻找到了一个亮点,还为旅游业开辟了新的发展途径。休闲农业还将城市和乡村的相互排斥、对立关系转化为互补、融合的关系,使城市与乡村的经济相互促进,共同发展,缩小城乡差异,使区域农业经济的发展获得更大动力。休闲农业涉及农业、生物工程、电子技术、旅游规划设计、生态环境等多学科和多领域，是一个复杂的系统工程。不仅如此，它还指向技术市场、信息市场、资本市场、人才市场等。因此，它的健康发展不仅需要各专业的携手合作，还需要与科研院所、信息机构、企业集团等共同形成多种模式的"产学研联合体"。

### 7.区域差异性与经济互补性

中国地域辽阔，气候、地形等区域差异很大，各地的农业生产习惯和土地利用方式差异也很大，而且不同地区有着不同的文化内涵和民族风俗。这就决定了休闲农业的开发要根据农业区域的特点，充分利用当地的农业资源，形成独具特色的开发模式。

休闲农业将农业生产与旅游开发有机结合在一起，两者在经济效益上具有很强的互补性。如在某种不确定因素条件下，农业常会减产减收而减效，此时可以通过农业观光旅游来提高农业的附加值。而在旅游淡季，农业生产收入可弥补旅游收入的下降。由此可以看出，发展休闲农业具有高效益、低风险的优势。

## 四、我国发展休闲农业的意义与优势

### (一)我国发展休闲农业的意义

#### 1.提高农业效率，形成农业和旅游业新的增长点

休闲农业作为一个在传统农业基础上提升发展的现代农业模式，随着上海、北京、江苏、云南等地的一批集生产示范、观光旅游、科普教育、产品配销于一体的"现代都市农庄"而不断走红。有关专家指出，休闲农业的兴起，将为21世纪农业和其他相关产业创造出新的经济增长点。无数实践表明，休闲农业项目往往以不菲的业绩回报投资者。产业经济学家乐观预言，休闲农业的流金淌银将使其提升到户外休闲市场"大哥大"的位置。可见，休闲农业的合理设计，可增加区域旅游资源，延长游客滞留时间，提高旅游收入。

#### 2.有利于农村产业结构调整和农业产业化发展，解决农村剩余劳动力的就业问题

旅游农业与其他旅游活动一样，是一种服务性极强的劳动密集型产业，发展旅游农业，需要一整套服务设施，不仅需要导游、管理人员、服务人员，还需要有住宿、饮食、商场、交通、文化行业等，能带动农村地区第三产业的发展，从而能吸纳大量农村剩余劳动力。休闲农业区的度假村、饭店、餐饮、商店、游乐设施等，需要大量的服务员、厨师、售货员、保安人员、后勤人员、维修人员等。无论固定工或旺季的季节工，都可优先在区内农民中招聘，降低经营成本。旅游农业投入不大，就业成本低。而旅游农业的发展又与其他行业的发展有着不可分割的联系，根据乘数效应估算，一般认为，旅游业每创造一个直接就业岗位，就将产生另外三个关联就业机会。这将在一定程度上解决农村剩余劳动力的就业问题。

#### 3.有利于加强城乡文化交流，改变农业生产者的落后观念

城市居民的参与活动，可以把先进的科技知识带到农村，利于科技推广；城市居民在生产劳动中也可以把自己关于农业生产的思考进行实践和探索。旅游者的观光活动将有利于促使农业生产者封闭保守思想的改变，形成商品及市场意识。通过对休闲农业基地的管理，可以提高管理水平和适应市场的能力，实现土地的合理开发和经营走向多样化，提高用地效益。

#### 4.有利于生态农业的持续发展，改善环境质量，提高生活水平

休闲农业的兴起展示了生态农业和内容的一个方面，其产品除一般有形的产品外，还

包括无形产品即良好的生态环境。生态农业是以生态学理论为依据,在特定区域内所形成的经济、社会和生态效益相统一的农业,是人们自觉地按照生态学规律、生态经济学规律和系统工程方法建立起来的农、林、牧、渔各业相互结合而又各有侧重的高功能、高效率的知识密集型的集约化农业。发展生态农业是我国实施可持续发展战略、建设现代农业的方向。它既弥补了传统农业生产目标单一、生产技术落后以及投入少、产出低的自然经济型农业的不足,又避免了"石油农业"以高投入追求高产出、高经济效益所带来的生态破坏和农业环境恶化等弊病。

休闲农业不仅以农业生产方式、多种参与活动、民俗文化吸引游客,而且以优美的环境给游客以美的享受。因此,植树种草、美化环境是其必要的投入,在客观上起到了环境保护的作用,特别是在水土流失严重的地区,其意义更大,对于我国发展生态旅游也有积极的促进作用。在我国台湾地区,休闲农业在政府的引导下,发展了"三生"农业,即把农业的发展引向"生产、生活、生态"相结合,促进平衡发展,达到生产企业化、生活现代化和生态自然化的目标。从可持续发展的要求来看,休闲农业走向"三生"农业是其必然趋势。

5.有利于农业由传统的单一功能向集生产、生态、旅游、文化教育等综合功能方向发展

以往人们只是注意农业的生产功能,而忽视了农业在保持和改善生态平衡、净化空气、涵养水源、调节气候方面的作用,也忽视了农业在社区生活环境、人文生活方面调节身心、教化人民、协调人与自然体系的功能。休闲农业具备游憩、休闲、教化、医疗、美化环境等综合功能,代表了人类对300年工业化、城市化历程的一种反思和觉醒,反映了工业化、城市化和农业现代化高度发展以后人类对新时代农业的一种探索。

6.具有吸纳、接收和传播科学技术的动力机制

观光庄园为了在市场竞争中立于不败之地,必然要在选育良种、栽培、管理及加工、贮藏、运输等各个环节,积极采用国内外先进技术,提高农业生产的科技含量。事实证明,凡实施产业化的地方,任何一种先进的科学技术,都可能在最短的时间内迅速普及。

农业庄园经济是知识、技术密集型产业。高科技农业不断应用最先进的科学技术成果,使生产要素的配置日益得到改善。在现代农业中,技术变革已成为生产要素不可分割的有机组成部分。由技术变革所产生的新的生产要素已成为农业增产增收的主要源泉。庄园农业广泛地采用各种高新技术,可以超越常规来提高农产品产量和质量,大幅度增加产品的附加值。如深圳经济特区光明华侨农庄既是一个现代化的大农场,又是一个著名的农业观光农庄,是上述技术创新的一个典型。几十年来,该农庄建起了以鲜活畜禽、食品饮料、林果花卉、生物制品等高技术产品为支柱的集约经营体系,目前,拥有亚洲最大的乳鸽场、全国最大的鲜奶制品出口基地、全国最早引进现代化养猪生产线的万头猪场及广东省最大的血液制品生产基地。

现代农业观光庄园技术创新示范功能还可以体现在许多方面,庄园引进或创造的许多新技术和新成果一旦在市场上获得成功,就会引起区域性模仿浪潮。发展高新技术产业,提供农业新技术产品,建立新技术示范区,是其示范功能的基本内容。农庄还可通过示范培训,培养农业科技人才,强化农业科技队伍的建设,普遍提高农民的文化水平和生产基本技能,培养造就具有一定的科技水平、能基本运用现代技术、了解社会信息的新型农民。

（二）我国发展休闲农业的优势

1.丰富的农业资源

我国地域辽阔,气候类型、地貌类型复杂多样,形成了景观各异的农业生态空间,适宜多种作物的种植和从事多种方式的生产活动。从全国范围来看,可以划分为四个大的农业生态景观区,即东部湿润农耕森林区,西北草原、沙漠戈壁、雪山绿洲农业区,西南高山峡谷垂直农业区,青藏高原高寒农业区。我国生物资源丰富,野生生物种类繁多,种子植物达 3 万多种,脊椎动物近 2000 种,栽培作物约有 600 种。把这些作物资源充分利用起来,形成区域特色农业,使之转化为旅游资源,并针对我国各地不同的景观特点和农业生产方式,设计出形式和内容多样的休闲农业,那么我国休闲农业发展的前景一定非常诱人。

2.深厚的区域文化资源

我国农业生产历史悠久,孕育了我国农业地区丰富的文化内涵和民俗风情。由于区域农业生产条件的差异,各个农业生产地区有不同的农业产业文化和时代特征。在我国,东部的渔猎、西部的放牧、南部的热带风光、北部的冰天雪地,各个地区的农业生产方式和习俗有着明显的差异,50 多个民族的风俗习惯差异,都能成为丰富的文化旅游资源。同时,农村是我国传统文化积淀极深厚的地区,对希望了解中国传统文化的境外游客具有巨大的潜在旅游吸引力。

3.巨大的旅游市场潜力

我国的休闲农业发展除了资源的优势外,还有其他国家和地区无可比拟的巨大市场优势。随着世界经济的发展,旅游水平和旅游形式也在不断地提高和改变。现代旅游已从传统的观光型旅游日益转变为以休闲、参与和康体等为主的旅游,"采菊东篱下,悠然见南山"是现代休闲的一种趋势。随着我国国民经济的发展,人们收入水平的提高,旅游需求也在迅速增加。近年来,我国国内旅游收入和人数都在以较大幅度增加,城市和农村居民的旅游费用均有明显的提高,出游率逐年快速上升。受市民的经济承受能力和度假时间的影响,国内旅游目前最突出的特点是:短程旅游需求急剧升温。

然而,我国城市居民的旅游需求、旅游愿望和现实的反差较大。根据吴必虎等人对上海市民近距离游憩的旅游行为和期望行为的调查显示,旅游愿望占期望行为的比率高达 35%,而在现实生活中此比率不到 5%,两者的差距明显。当然,造成这种差距的原因是多方面的,但不可否认,城市近距离旅游景点的缺失是不可忽视的原因。而休闲农业的发展恰好弥补和适应了这种需求。特别是在我国城市人口已逾 7 亿的今天,以及我国大中城市大多经济较发达,因此休闲农业的国内旅游市场潜力是十分巨大的。

五、我国休闲农业发展面临的问题和应对的措施

（一）面临的问题

1.思想认识不足

由于受我国城市化进程和经济发展水平的影响,人们对休闲农业旅游的认识不足,无论是在城市还是在农村,对农业的多种用途和功能并未多加思考,往往忽视了农业的旅游观光功能。旅游业和农业的决策者们,对开发农业旅游资源的积极性和信心往往不足,从而导致休闲农业投资的严重不足。加上农业部门与旅游部门也往往缺少必要的沟通,休闲农业资源也就得不到有效的开发和利用。

**2.规模狭小,产品项目单一**

国外研究表明,休闲农业的半径为29.5km,才能发挥最佳效益。但由于受短期利益的支配,我国的休闲农业项目大多规模狭小,产品项目单一,没有形成完整的产业链和产业体系。如有的观光果园、垂钓园除供游人观光、采摘和垂钓之外,大多缺乏必要的休息、娱乐、餐饮等配套设施和服务,从而使游客在园区逗留时间短,导致休闲农业的旅游功能未能得到充分发挥。还有的景区,产品项目安排不合理,导致休闲农业受农事季节的影响突出,花期、采摘期一过就无景可观。

**3.开发模式雷同,缺乏特色**

我国疆域辽阔,农业旅游资源类型多样、地域性明显,有利于各地形成自己的特色。但是,目前具有地方特色的农业旅游项目尚不多见,同一区域内休闲农业项目开发的模式往往雷同,开发利用多限于果园、林地等类型,开发项目也多为观光果园、森林公园、垂钓园等。观赏性蔬菜园、花卉园、度假型民宿农庄、民俗观光村等开发较少。耕作、栽培、牧羊、赛马、驾船、捕捞等农事活动以及民俗资源开发不够,导致旅游形象难以确定。更有的农业园区由于决策偏差、投资不到位等,设计的项目既达不到高科技带来的先进、科学、令人叹为观止的效果,又破坏了田园应有的恬静、质朴和悠然自得的风光,造成了雅不雅、俗不俗的尴尬局面。

**4.人工化倾向严重**

休闲农业的基础是农业体系内部功能的良性循环和生态合理性。但目前多数经营者对其内涵和本质属性认识不清,片面追求短期经济利益,过分依赖非自然农业技术手段,大兴土木,城市化、人工化痕迹明显,结果既破坏了生态系统的平衡,失去了休闲农业的"自然"属性,又与休闲农业的可持续发展背道而驰。

**5.人员素质低下,宣传促销不力**

目前,我国许多休闲农业旅游地都是在原有农业基础上自发形成的,经营人员主要以当地农民为主,文化水平较低,服务素质较差,缺乏先进的管理经验和系统的营销知识,致使营销乏力,缺乏系统性。更没能充分利用"绿色营销"、"文化营销"、"网络营销"这些新的营销方式和现代化的传播媒介进行整合营销传播。

**6.季节性明显**

受自然气候条件、农事季节的影响,休闲农业具有明显的季节性,淡、旺季的反差较大。农业旅游资源的季节性变化(例如牧草的冬枯夏荣,果实的春华秋实)会引起旅游的吸引力的季节性差异。如观光果园在夏秋挂果期间游客就会明显较多,而冬季则非常冷清。

**7.管理体制不健全,建设水平低,缺乏精品工程**

目前,我国休闲农业区的立法管理仍然是空白,许多开发和经营行为得不到应有的规定限制。另外,到目前为止,我国实际上还没有一个比较完整的保护资源和环境的体制,现在的管理基本上还是依赖于强制性的行政命令。由于执法渠道不畅或执法手段不严,农业资源和环境遭到破坏的现象时有发生。

我国的休闲农业项目还多是乡村集体或农民个体出资建设的,因而普遍存在建设资金不足的问题,整体建设水平仍然比较低,旅游环境仍然还比较差,卫生条件还达不到应有的标准,管理人员素质较低,急功近利思想严重。有的农业休闲项目还存在"蒙客"、"宰客"以及"脏、乱、差"现象,导致游客来了一次就不想再来第二次,重游率低,甚至出现游客投诉现象,从而给景区甚至整个行业带来负面影响,使休闲农业旅游项目生命力不强,最终在投入与效益的差距中难以生存。

(二)应对的措施

1.科学规划,合理布局

加强自然资源条件和农业特色优势,从市场需求入手,把休闲农业规划与现代农业发展、城市休闲旅游相结合,把工业化、市场化和生态、绿色、高效理念融入休闲农业的发展中,注重挖掘亮点,把握重点,突破难点。

2.强化扶持,正确引导

积极依托政府农业产业化扶持政策平台,进行重点项目立项补助,并予以适当的政策倾斜。探索市场化的运作机制,调动社会力量发展休闲农业的积极性,吸引外资和工商资本的投入,形成政府引导、市场化运作、多元化投入的机制,引进新的理念,采用新的模式,为农业发展注入新的活力。

3.整合资源,形成合力

积极引进先进的休闲观光理念,加强自主创新,探索形成特色休闲农业的发展模式。注重农业结构多元化,从农业产业发展的全面性和协调性出发,加快畜牧业、种子种苗、农产品加工业的发展,提升农业产业层次,提高休闲农业整体素质和综合效益;加强部门间的联系和协调,为休闲农业的健康发展提供积极有效的指导和服务;探索制定休闲农业的管理办法,严格审批程序,强化前期论证,规范经营行为,形成发展合力。

4.广泛宣传,打造品牌

休闲农业是一项新兴农业产业,涉及领域多、覆盖面广。各级政府和行业企业要不断总结和挖掘典型经验,进行大力宣传,并坚持点、面的结合,以典型示范带动休闲农业的发展,调动各类农业经济主体的积极性和创造性,形成全社会关心、支持休闲农业发展的良好氛围。注重休闲农业品牌的打造,大力引进适合休闲农业发展的名、特、优、新、奇农产品新品种,推广高效种养模式、高新农业科技以及先进农业设施,提高休闲农业的科技含量和特色内涵。

5.因地制宜,突出特色

休闲农业存在和发展的基础是独特的农业自然资源和社会文化资源,加上农业生产本身具有强烈的地域性和季节性,因此发展休闲农业应根据各地的农业自然资源、农耕文化、农业生产条件和季节性特点,充分考虑目标市场的特点和交通运输条件,做到因时、因地制宜,从"土"字上做文章,在"新"字上下功夫,突出农业旅游的鲜明特色。在自然资源的基础上,揉进民风民俗的原味,充分体现和发挥本地区的资源特色和文化内涵,才是发展的根本。

中国是个古老的农业国,有悠久的农业史,孕育了丰富的农耕文化;中国地大物博,生物资源异常丰富,这些都是促进我国休闲农业发展的内在因素。广阔的客源市场和旅游需求为休闲农业的发展提供了强有力的外因。观光农园不但会成为地方农民的文化中心,城市居民的休闲地,而且也将会吸引大量的海外游客,因为中国的农耕文化对欧洲等地的国际游客也具有强烈的吸引力。各种独具地方特色的劳动技艺对于外国人甚至外乡人来说都很陌生,各种农业景观也别具一格。中国有众多的少数民族,各种民俗和民间文化绚烂多彩,要把发展休闲农业与民俗风情结合起来,让游客体验各民族的生产和生活。

6.转变观念,加大投入

要正确认识农业的多种功能,促进对休闲农业资金投入和人才投入。目前,政府正在加大对"三农"的投入,并在21世纪已经连续出台了13个有关"三农"的一号文件,但对休闲农业的投入仍然比较少,还满足不了发展休闲农业的需求。因此,应积极加大对休闲农业的宣传力度,吸引各界的资金投入,加强农业和旅游业的联系,携手开发农业旅游资源。另外,还要加强农业基础设施建设。休闲农业绝对不是搞个温室、大棚,或者简单建个围墙、挂个牌子就可以发展的。简单的农舍可以解一时之急,但也会给游客留下不好的印象,造成游客的重游率低。一定要注意旅游大环境的营造,给游客提供洁净的住宿环境、卫生的饮食条件、优美的休闲环境等,才能留住游客,形成良好的口碑;才能提高游客的重游率,吸引更多的游客。

我国具有发展休闲农业的自然景观和农业景观资源,如南方的水乡农业景观,北方平原的旱作农业景观,沿海发达地区及大城市郊区的景观农业,西北干旱区的绿洲农业和草原牧业景观等。同时,还有反映我国农村特色的农耕文化、民俗风情、田园生活、乡村风貌、农果品尝、文化娱乐等。随着城乡经济的发展和人民生活水平的进一步提高,对改善农村环境、提高生活质量、发展农业观光旅游的需求日益增强,这为发展休闲观光农业旅游提供了难得的市场机遇。在这种条件下,应把农业与旅游业有机结合起来,把休闲农业作为农民增收的新领域,充分利用和开发农村自然资源和人文资源的优势,将休闲农业作为重点来抓,因地制宜、因势利导、合理规划、综合开发各种农业旅游资源,发展休闲农业,相信在不久的将来,休闲农业将会在我国大地上进一步显示出它的勃勃生机,成为一项很有生命力的新型产业。

# 第二节　休闲经济

## 一、休闲经济的概念及成因

### (一)休闲经济的概念

休闲经济是以人的休闲消费、休闲心理、休闲行为、休闲需求为考察对象,以满足人的个性化、多样化、多元性发展为目的,以在"生产系统"同"生活世界"之间充当媒介为途径,研究人类休闲行为和经济现象之间互动规律的人文社会科学。其表现形态主要是侧重人的体验、欣赏、情感表达等方式,以及由此传递出的消费需求信息,从而使各类服务、市场、营销、企业策划、产品生产、社会组织的出发点都建筑于这些方面的理论。

### (二)休闲经济的成因

休闲经济是社会发展的新领域,它是社会经济发展的必然结果,也是经济学发展和人类生活水平提高的历史必然。其成因主体表现为以下四个方面。

1.社会经济发展的必然结果

休闲经济首先是建筑于一个高度发展的社会——普遍"有闲"、"有钱",这是构成休闲经济的物质基础。在这样的基础上,休闲经济必然应运而生。

## 2.学科建设的必然

传统经济学在学科范围内对整个社会普遍"有闲"与"有钱"的消费行为的阐释已显得力不从心,只有休闲经济才能诠释这样的社会经济现象。

## 3.人类生活的需要

经济学需要向"以人为本"的方向回归,这也是人类社会奋斗的目标。休闲经济总是与"幸福指数"如影相随。

## 4.休闲供给越来越充足

休闲经济要考察的不仅是物,更重要的是人。它包括人的休闲动机、休闲心理、休闲模式以及非物质形态休闲资源的科学、合理配置等。随着人们高层次的精神需求的不断加强,随着"有闲"、"有钱"群体的不断扩大和休闲设施的不断增多,休闲产业、休闲经济必然来临。

## 二、休闲经济的特征与本质

### (一)休闲经济的特征

### 1.参与经济创造

西方发达国家的历史表明,休闲与经济的关系密不可分。一方面,经济参与"买来"休闲,它是回报中的一部分;另一方面,休闲可以被用来娱乐、消费,用来支持有效的经济参与,正是这种消费的"再创造性"使得休闲变成一种新的社会经济形式。马克思曾经说过:"由于生产力提高1倍,以前需要使用100资本的地方,现在只需要使用50资本,于是就有50资本和相应的必要劳动游离出来。因此,必须为游离出来的资本和劳动创造出一个在本质上不同的新的生产部门,这个生产部门要满足并引起新的需要。"以我国为例,我国现行的休假制度在推动休闲经济的形成、促进休闲产业的发展等方面的作用是巨大的,尤其为促进产业结构的调整、拉动内需、解决失业、盘活经济、繁荣市场立下了汗马功劳。

与传统的经济形式不同,整个社会运营机制,不再仅仅是生产、分配、交换、消费这样一个简单的循环结构,而是由于人的消费行为使劳动者的能力获得了增长,对生产的贡献率也远远高于以往。人们有条件、有意愿花费更多的时间用于物质和文化精神事物的消遣,多余的时间用于最大化的自我价值的发展,从更深的意义上调动自我的内在潜质。

### 2.带动消费、调节再分配

近100年来,随着物质生产的极大丰富,事实上,消费已成为为数众多的人的主要休闲选择。如果没有夜生活和周末,娱乐业将会崩溃;如果没有假期,旅游业将会衰落。实际上,是休闲,而不是劳动使得工业资本主义走向成熟。在这里,"休闲",作为新的合理性被展现了出来。正是由于休闲消费的普遍存在,才使各种休闲产业不断诞生,从而为解决就业创造了条件。应该看到,古典经济学家们当年"既能维护经济价值,又能为非经济的社会价值的实现"的理想正向我们走来。

从经济学的角度看,休闲经济的崛起,能调节国民收入的再分配,降低贫富梯度。在西方发达国家,有闲阶层的消费,一方面,可以使货币回笼,使资本在运转过程中增值。"一批非生产性消费者的特殊作用在于保持产品与消费的平衡,使全国人民辛勤劳动的成果获得最大的交换价值,从而促进财富的增长"。另一方面,有闲阶层的非物质消费,促进了各种服务业的发展,许多新兴产业会应运而生,为社会提供大量的就业机会,财富在再分配中使更多的人受益。同时,缓解了失业和再就业人员对社会的压力。

（二）休闲经济的本质

1.物质与精神的统一

美国著名学者托马斯·古德尔说，人类新的生活方式指引人类返回到健康、平衡的天性上来，返回到一种自然而和谐的状态上来。在这种状态中，每个人都会真正地成为自我，并因此而使生活富有意义。

现实告诉人类，如果仅仅满足于物质生活，那么人类无异于生存在动物世界中。这种新的生活方式让人类认识到家庭、爱情、亲情、友情对每个人的存在之重要，对增进家庭的美满、爱情的弥坚、亲情的真挚、友情的良善而带来的益处，这种关爱和体验温情的机会越多，人类的社会和生活就会越和谐。无论是传统的阖家团圆还是发展中的分享交流，生活中总是越来越欢迎休闲的存在，不仅因为休闲能促进经济发展。

随着每个人生活角色的不断变化，人们可以涉猎更多的新领域，可以为表达、维系及丰富人与人之间的亲密关系，为平衡人类的物质与精神创造更多的条件。休闲，并不仅仅是人们通常理解的空闲时间多了，丰衣足食了（需要说明的是：具有普遍意义的休闲社会当是在丰衣足食的基础上），而是人类的一种精神态度和存在状态的变化。在这种生活方式中，人与人的关系、人与自然的关系、人与社会的关系变得融洽、和谐；人对物的攫取，变得理智通达；人的社会责任感更加强烈，并通过创造性的生活方式来表达自己的追求与理念。

2.注重人与自然的协调

注重人与自然协调的经济形态，让人们开始鄙视炫耀性的消费，鄙视那种仅仅把消费当成"自由"的人生态度，鄙视暴发户心态，鄙视一掷千金的挥霍，鄙视将人与自然割裂开来。休闲并不意味着大规模的消费。大量调查和研究表明，最满意的休闲利用方式与大量消费并不是一一对应的关系，更不是成正比的关系；不是意味着要破坏生态，而是将对自然的索取降到最低的程度。

面对人类在经济领域所取得的骄人成绩，面对日益严重的全球性环境问题，作为新的生活方式的一种表现形式，人类发出了可持续发展的呼唤，并成为这个时代的主流声音。

3.发展生产力的高级阶段

"闲"是同社会生产力密切联系的事物。生产力是人类社会的基础。生产力的发展意味着闲暇的生产和增长。"闲"是生产力发展的根本目的之一，休闲时间的长短和人类文明的进步是并行发展的，与文明是孪生姐妹。"闲"，不仅是生产力和文明发展的结果，反过来说也是促进生产力和文明发展的要素。

发展生产力主要有两条基本思路：一是以社会的方式发展生产力，其途径主要是调整和变革生产关系，发展科学技术，加强管理，完善劳动方式（这是目前我国发展生产力的主要手段）。二是以人的方式发展生产力，即把重心放在个人能力全面而充分的发展上。马克思认为这是发展生产力的有决定意义的根本途径。他说："社会生产力的发展如此迅速，以至于尽管生产将以所有人的富裕为目的，所有人的可以自由支配的时间还是会增加。因为真正的财富就是所有个人发达的生产力。"

马克思所指的真正的财富，一是指休闲也可以发展智力，促进精神自由，腾出更多的时间从事自己喜欢做的事，可以在更广泛的领域进行新探索。如各种体验、经历，接受新知识、新观念、新技巧、新文化、新艺术、新学科的学习，并进行心理、文化素养、智商、情商、享受能力等方面的新投资，由此提升人的价值，使人的素质获得了全面的培养。二是指经过全面培养的高素质的人才是发展社会生产力具有决定意义的最佳途径,而且可以"变废为宝"——最低成本,最节约资源。

合理、科学、健康地利用闲暇时间对一个人的成长与成才至关重要。如一个人如果能合理地安排时间,乐观开朗、积极向上,他就能获得比别人多的知识、技能、情感、才干、能力(认知能力、组织能力、社交能力、理解能力、欣赏能力等),其社会价值就会比别人的社会价值大。如果全社会的人都能积极地利用闲暇时间,那么闲暇时间就变成了财富。

4. 引导一种新的"进步观"

传统意义上的"进步"往往以物质生活水平的提高作为检验标准。时至今日,物质财富的极大满足,促使人们渴望追求充实的精神生活。"进步"的含义将越来越体现在人的自我完善和生命质量提高方面。

"进步"的定义已经发生根本性的变化。传统上衡量人类进步的标准,似乎都显得不够完善,因为人们所有的目标在很大程度上都忽视了对人类生存真正目标的思考。如消除疾病、保持长寿、增加就业、追求"必需性"消费、财富积累等,都把物质文明作为衡量人类进步的尺度。这些尺度固然重要,但它们代表的只是人类进步的某些手段,而并未涉及人类渴望进步的最终目的。

如今,人类的物质生活的确是进步了、丰富了。衡量进步的标准将"人"放在了突出的位置。"人是一切财富的首要和最终的源泉;发展的重点应当从商品转移到人;技术的首要任务是减轻人们的工作负担,使人类生机盎然并发挥自己的能力。"

"进步"将越来越意味着人不断地提高生命质量,讲求生活品位,而且希望以一种更为健康的方式生存下去。千百年来,人类一直在致力于改造世界,而在 21 世纪中,人类将会更多地致力于改造自身。

## 三、休闲经济的标志与意义

### (一)休闲经济的标志

休闲经济的表现形态主要是侧重人的体验、欣赏、情感表达等方式,以及由此传递出的消费需求信息,使各类服务、市场、营销、企业策划、产品生产、社会组织等的出发点都能建筑于这些方面的基础上的理论。

从我国的生产力的水平看,休闲显然已成为人类当今这个时代的特征之一,它标志着人们已经从繁重的体力劳动中解放出来;标志着人们从满足现实的基本生活需要转向对精神生活的向往;标志着人们在从计划经济体制向市场经济体制转变的过程中,已由传统的"生产—消费"模式逐渐地转向"消费—生产"模式;标志着人们开始从有限的发展转向全面地发展自己的历史阶段。

### (二)休闲经济的意义

休闲产业是工业化社会高度发达的产物。它发端于欧美,19 世纪中叶初露端倪,20 世纪 80 年代进入快速发展时期。在 20 世纪 90 年代,西方的未来学家们就极富预见性地指出,当人类迈向 21 世纪门槛的时候,由于人类已经进入一个以知识创造和分配信息为基础的经济社会,其社会结构、生活结构和生存方式也将发生重大的变革。令人惊叹的是,这些预见不但已经成为现实,而且现实生活甚至比预期发展得还要快。1999 年第 12 期美国《时代》杂志的封面文章,描绘的就是 21 世纪初的社会形态:知识经济时代的来临,将使未来社会以史无前例的速度变化着。2015年前后，发达国家将进入"休闲时代"，休闲将成为人类生活的重要组成部分。据美国权威人士预测，休闲、娱乐活动、旅游业将成为下一个经济大潮，并席卷世界各地。专门提供休闲的产业在2015年将会主导劳务市场，在美国的国民生产总值中将占有一半的份额，新技术和其他一些趋势可以让人把生命中的50%的时间用于休闲。

休闲是消费活动的重要条件之一。休闲消费的需求涉及每一个人，它不仅具有经济和营销的意义，而且具有重要的文化和社会意义。这个新的消费需求，不仅仅是物质方面的产品，而更多的是满足休闲消费需要的文化精神产品。因此，它将引起新的产业链和新的社会文化关系的变化。一句话：休闲经济就是人类社会发展到一定阶段的必然产物。

## 四、休闲经济的问题及影响

### （一）休闲经济的问题

#### 1.休闲需求中存在的问题

尽管我国休闲经济有了很大的发展，但实际上人们只是在工作和休闲时间上与世界接轨，而在休闲的意识、形式和内容上仍然在很大程度上沿袭着传统，只是用更多传统意义上的休息（而非休闲）来填充新的闲暇时间。休闲需求指向的相对单一，反映了休闲意识的落后，制约着休闲产业的发展。因此，倡导科学、健康、丰富的休闲活动，清除各种意识障碍，是走向大众休闲时代的前提。

#### 2.休闲供给中存在的问题

（1）供给不足。我国由于长期以来重视劳动，轻视休闲，休闲的供给严重不足。休闲产业是以旅游业、娱乐业、服务业为龙头形成的产业系统，一般涉及国家公园、博物馆、体育（运动项目，设施、设备及其维修等）、影视、交通、旅游部门、餐饮业、社区服务以及由此连带的产业群。其不但包括物质产品的生产，而且也为人们的文化精神生活提供保障。在休闲产业供给上，不仅公共性供给不足，商业性供给也相对匮乏。

（2）传播信息上的不平衡。正如学者张捷等人在《试论城市闲暇业及其持续发展》一文中所指出的，目前我国休闲业发展较为落后，经营性娱乐场所多而公益性的休闲设施少。同时在传播信息方面也表现出明显的不平衡性：娱乐信息多而知识信息少；模拟信息（如主题公园等）、虚假信息和冗余信息（如神怪世界等）多而真实信息（如博物馆）少；人文信息（如民俗、民间故事和文学名著等衍生的主题公园）多而自然信息（如自然历史博物馆）少；感官信息多而深层心理感受信息少；被动接受信息多而可再生信息及共鸣信息少；泡沫信息多而真实信息少；零散信息多而完整信息少等。这种信息传播的不平衡，严重制约了人们休闲活动的多样化与高级化。

此外，我国"黄金周"的消费热潮充分说明了我国休闲经济的发展潜力。加强对休闲以及休闲经济的研究，大力发展休闲产业已成为当前社会的当务之急。休闲产业是一个相互配套的系统工程，涉及社会的各个部门和各个阶层。除了要加强供给、培养和引导需求以外，还需要整个社会支持系统的配套。如政策、立法、制度建设、社会保障、货币流通、结算方式、人才培养、理论研究、观念更新等。

（二）休闲经济的影响

**1.闲暇越来越多**

知识经济社会的来临,使得社会生产力以空前的速度向前发展,人们为物质生产而付出的社会必要劳动时间将越来越少,而闲暇时间将越来越多。

**2.休闲越来越重要**

休闲时代的到来,使得休闲对于人的"成为状态"发挥着其他事物不能替代的作用。

**3.工作与休闲的界限越来越模糊**

休闲时代的到来,使得工作与休闲的界限会越来越模糊。

**4.人文关怀情结越来越明显**

休闲时代的到来,使得整个社会的人文关怀情结将会越来越普遍而明显。

**5.人员越来越多,且工作越来越需要爱心和诚心**

随着休闲产业的不断扩大,在休闲产业从事服务的人员将越来越多,且未来的工作更需要爱心和诚心。

总之,休闲作为一个新的社会经济现象,对人类未来工作方式和生活方式等必将产生深刻的影响。

# 第三节　我国"十三五"时期休闲农业发展展望

## 一、我国"十三五"农业发展规划纲要

2015年10月底在北京召开的党的十八届五中全会,通过了《中共中央关于制定国民经济和社会发展第十三个五年规划的建议》(以下简称《建议》),对大力推进农业现代化提出明确要求。这是从我国经济社会发展全局出发,着眼实现全面建成小康社会宏伟目标做出的重要部署。习近平总书记曾多次说过,小康不小康,关键看老乡。全面建成小康社会,最艰巨、最繁重的任务在农村;同步推进新型工业化、信息化、城镇化、农业现代化,薄弱环节是农业现代化。没有农业现代化,没有农村繁荣富强,没有农民安居乐业,国家现代化是不完整、不全面、不牢固的。农业是全面建成小康社会、实现现代化的基础,必须坚持把解决好"三农"问题作为全党工作的重中之重,加大"强农、惠农、富农"政策力度,大力推进农业现代化。

近年来,我国农业现代化水平稳步提高,有力地促进了农业稳定发展和农民持续增收,为战胜各种困难和风险、保持社会大局稳定奠定了坚实的基础。但随着我国经济发展进入新常态,经济增长从高速转向中高速,经济下行压力加大,对农业现代化提出了新的更高的要求。不但需要稳定农业生产、保障农产品供给,为经济社会发展创造良好环境;而且需要挖掘农村居民消费潜力、用好农业农村投资空间,为稳增长增添新的动力。当前,从农业自身看,资源环境的约束越来越强,国际竞争日趋激烈,大力推进农业现代化也是农业持续发展的内在要求。

在新的历史条件下,推进农业现代化,必须按照《建议》要求,"牢固树立创新、协调、绿

色、开放、共享的发展理念"，破解发展难题，厚植发展优势，"着力构建现代农业产业体系、生产体系、经营体系，提高农业质量效益和竞争力"，加快实现我国由农业大国向农业强国的转变。

（一）积极创新，完善现代农业发展体制机制

创新是引领发展的第一动力。大力推进农业现代化，必须加大创新力度，努力形成适应现代农业发展、契合市场经济要求的体制机制。

1. 创新农业经营方式

创新农业经营方式是农业现代化的客观需要。《建议》强调，"加快转变农业发展方式，发展多种形式适度规模经营，发挥其在现代农业建设中的引领作用"。规模过小是我国农业现代化的最大制约。扩大农业经营规模，可以将更多现代生产要素、经营模式、发展理念引入农业，推进农业机械和科技成果的应用，开拓农产品市场，提高农业组织化、产业化、市场化水平。要积极利用专业合作、股份合作、土地流转、土地入股、土地托管等多种形式，发展农业适度规模经营。着力培育新型经营主体，引导和支持种养大户、家庭农场、农民合作社、农业企业等发展壮大。从我国国情来看，家庭经营在相当长的时期都将占据基础性地位。要加快发展经营性服务，搞好公益性服务，完善农业社会化服务体系，这也是发展规模经营的有效方式。

2. 创新农村产权制度

创新农村产权制度是农业现代化的重要保障。农村产权制度涉及面广，其中最主要的是土地产权。《建议》提出，"稳定农村土地承包关系，完善土地所有权、承包权、经营权分置办法，依法推进土地经营权有序流转，构建培育新型农业经营主体的政策体系"，"深化农村土地制度改革。完善农村集体产权权能"。这就进一步明确了农村产权制度改革的主要任务，对激活农村土地等要素、促进资源优化配置意义重大。要坚持农村土地集体所有，坚持农村基本经营制度不动摇，依法维护农民土地承包经营权；要统筹推进农村土地征收、集体经营性建设用地入市、宅基地制度改革试点，稳妥有序开展农村承包土地的经营权和农民住房财产权抵押贷款试点。积极发展壮大集体经济，探索农村集体经济的有效实现形式。保障农民集体经济组织成员权利，赋予农民对集体资产股份占有、收益、有偿退出及抵押、担保、继承的权利等，建立农村产权流转交易市场，激发农村发展活力。

3. 创新科技等现代要素支撑体系

创新科技等现代要素支撑体系是农业现代化的内在要求。《建议》提出，健全"现代农业科技创新推广体系"，"发展现代种业"，促进农机装备产业发展壮大，"提高农业机械化水平"，"推进农业标准化和信息化"等。促进农业科技创新，必须深化农业科技体制改革，健全科研和基层农技推广人员激励政策。要着力突破一批共性关键技术，加快解决现代种业提升、主要农作物生产全程机械化、农业信息化等突出问题。农业科技等现代要素的应用，必然要求劳动者的现代化，要重视提高农民综合素质，培养新型职业农民，把农业发展转移到主要依靠科技进步和劳动者素质提高的轨道上来。推进农业现代化还离不开金融的支持，要"深化农村金融改革，完善农业保险制度"，通过金融创新，提高信贷、保险等为农服务的能力。

（二）协调推进，提高现代农业产业素质

现代化的农业，必然是内部结构合理、与经济社会发展相适应的农业。因此，大力推进

农业现代化,必须坚持协调发展。

1.促进农业内部协调发展,形成现代化的农业生产结构

我国是一个有近14亿人口的发展中的大国,保障国家粮食安全始终是农业现代化的首要任务。为此,《建议》强调,"坚持最严格的耕地保护制度,坚守耕地红线,实施藏粮于地、藏粮于技战略,提高粮食产能,确保谷物基本自给、口粮绝对安全。全面划定永久基本农田,大规模推进农田水利、土地整治、中低产田改造和高标准农田建设,加强粮食等大宗农产品主产区建设,探索建立粮食生产功能区和重要农产品生产保护区"。稳住了粮食生产,就稳住了农业的大局,保障了口粮供给,粮食安全就有了基本的保障,就可以拿出更多的资源发展多样化的生产。在强调提高粮食产能的同时,《建议》明确指出,"推动粮经饲统筹、农林牧渔结合",这为农业结构调整指明了方向。要鼓励农民立足资源禀赋、面向市场需求,调整农作物种植结构、畜牧水产养殖结构,努力满足社会对农产品多方面的需求,不断提高农民收入。发挥区域比较优势,加快打造具有区域特色的农业主导产品、支柱产业,优化农业区域布局。

2.促进农村一二三产业协调发展,形成现代化的农业产业体系

《建议》提出,推动"种养加一体、一二三产业融合发展","促进农产品精深加工和农村服务业发展","推进产业链和价值链建设,开发农业多种功能,提高农业综合效益"。一二三产业协调发展是农业现代化的新内涵,也是提高农业综合效益、促进农民增收的关键。要注重引入新技术、新业态和新模式,积极推动农产品加工增值,加快发展订单直销、连锁配送、电子商务等现代流通方式,千方百计提高农业附加值,挖掘农业的生态价值、休闲价值、文化价值,发展乡村旅游等现代特色产业,不断拓展农业现代化新领域。

3.促进城乡协调发展,形成城乡一体化发展的格局

其关键是要在破解城乡二元结构、推进城乡要素平等交换和公共资源均衡配置上取得重大突破。要把工业和农业、城市和乡村作为一个整体统筹谋划,促进城乡在规划布局、要素配置、产业发展、公共服务、生态保护等方面相互融合和共同发展。引导城市资金、技术、信息、人才、管理等现代要素向农业农村流动,形成以工促农、以城带乡、工农互惠、城乡一体的新型工农城乡关系,从根本上增强农业农村发展能力,以适应工业化、城镇化对农业现代化的新要求。

(三)绿色发展,促进农业资源保护和可持续利用

1.坚持绿色发展,实现农业的可持续发展

坚持绿色发展,保障农产品的质量安全,实现农业的可持续发展,是农业现代化的基本要求。必须牢固树立尊重自然、顺应自然、保护自然的理念,加快建设资源节约型、环境友好型农业,促进形成资源利用高效、生态系统稳定、产地环境良好、产品质量安全的现代农业发展格局。

《建议》明确提出,"坚持城乡环境治理并重,加大农业面源污染防治力度","扩大退耕还林还草,加强草原保护","开展退耕还湿、退养还滩"等,都是为了让透支的资源环境逐步休养生息,促进农业可持续发展。要加强土地、水、森林等资源的保护和合理利用,把山、水、林、田、湖等作为一个生态系统统筹起来进行保护和修复。鼓励开展轮作和间作、套作等,探索实行耕地轮作休耕制度试点,促进种地养地相结合。大力推广测土配方施肥、农药精准科学施用、农业节水灌溉,推动农作物秸秆、畜禽粪便、农膜等农业废弃物资源化利用;

加快农业环境突出问题治理,实施好重金属污染耕地修复、地下水严重超采区综合治理试点和新一轮退耕还林还草工程。要下决心通过多方面努力,把超过资源环境承载能力的农业生产退出来,把过量使用的投入品、过多的污染物减下来。

2.全面提高农产品质量安全水平

大力推进规模化、标准化、绿色化、品牌化生产,加强产地环境保护,实行严格的农业投入品生产使用和监管制度,实现生产源头可控制。建立全程可追溯、互联共享的农产品质量和食品安全信息平台,健全从农田到餐桌的农产品质量安全全过程的监管体系。加快完善农产品质量和食品安全法律法规,落实生产经营者主体责任,严惩各类食品安全违法犯罪行为,确保人民群众"舌尖上的安全"。

(四)深化开放,统筹利用国际国内农业市场和资源

1.坚持开放发展,着力实现合作共赢

推进农业现代化,必须有战略思维和全球眼光,重视学习国外先进技术和经验,统筹用好国际国内两个市场、两种资源。

我国是全球第一大农产品进口国、第二大农产品贸易国,农业发展已经深度融入国际市场,因此要积极推进农业贸易健康发展。在确保粮食等重要农产品供给安全的情况下,努力扩大特色优势农产品出口,适度进口国内紧缺农产品。扩大农产品出口,是发挥我国资源优势、提高农业效益、增加农民收入的重要手段。适度进口国内紧缺农产品,有利于调剂国内市场、保障供给,更好地满足人民群众多层次需要,还有利于缓解资源环境压力,为我国农业休养生息创造条件。要科学制定农产品进出口规划,把握好时机和节奏,调控好农产品进出口品种和规模,实现满足国内需求、保护国内产业和农民利益的有机统一。

2.推进农业现代化,必须加强国际农业交流与合作

要积极引进、消化和吸收国外先进技术,注重引进国外的优良种质资源、先进设备等,加大引进高层次科研人才力度,充分运用世界现代科技成果,增强农业科技创新能力。加强农业利用外资工作,积极开展国际农业投资合作,学习借鉴国际先进管理经验。不断拓展农业国际合作领域、创新合作方式,充分利用我国农业技术、经验、设备等优势,推进农业走出去,参与国际农业开发,特别是要加强与"一带一路"沿线国家的农业合作,提高合作利用国际农业资源的能力。

(五)共享成果,真正让农民在农业现代化建设中受益

共享是中国特色社会主义的本质要求,也是农民积极投身现代化建设的强大动力,既要引导农民积极参与现代农业建设,也要做出合理的制度安排、形成有效的机制,让农民更多分享现代化建设成果。

1.持续增加农业投入,完善农业补贴政策

"完善农民收入增长支持政策体系"等,目的是让农业现代化的成果真正惠及农民。《建议》强调"坚持工业反哺农业、城市支持农村,健全城乡发展一体化体制机制",也是为了让农民分享工业化、城镇化发展成果。要不断完善农业支持保护政策,保障农民利益。要健全龙头企业与农民利益连接机制,探索农民通过土地入股等形式参与规模化、产业化经营,分享产业链条上的增值收益。建立兼顾国家、集体、个人的土地增值收益分配机制,逐步形成城乡统一的建设用地市场,让农民公平分享土地等资源资产增值收益。完善城乡劳动者平等就业制度,深化户籍制度改革,促进有能力在城镇稳定就业和生活的农业转移人

口举家进城落户,并与城镇居民有同等权利和义务。促进城乡公共资源均衡配置,健全农村基础设施投入长效机制,把社会事业发展重点放在农村和接纳农业转移人口较多的城镇,推动城镇公共服务向农村延伸。提高社会主义新农村建设水平,开展农村人居环境整治行动。总之,要通过推进"四化"同步,让农民与城镇居民一道,在共建共享发展中有更多获得感,朝着共同富裕的方向不断迈进。

2.继续实施脱贫扶贫攻坚工程,努力推进农业现代化

《建议》提出,"实施脱贫攻坚工程",到2020年,稳定实现农村贫困人口不愁吃、不愁穿,义务教育、基本医疗和住房安全有保障,实现我国现行标准下农村贫困人口脱贫,贫困县全部摘帽。这也是让农民共享发展成果的重要体现。要进一步强化责任,加大工作力度,深入实施精准扶贫、精准脱贫,因人因地施策,提高扶贫实效,坚决打赢脱贫攻坚战。

用新的发展理念推进农业现代化,必须充分发挥我国政治优势、制度优势。各级党委和政府要坚持把"三农"工作放在重中之重的位置,切实加强组织领导,加大投入力度,强化责任落实,健全工作机制。加强农村基层党组织建设,打造本领过硬的农村干部队伍。尊重农民意愿,依法保障农民合法权益,发挥农民主体作用,发挥农村集体经济的优越性。要加强农垦在农业现代化中的引领作用,用好供销合作社这个服务农民生产生活的生力军和综合平台,调动各类市场主体参与现代农业建设、服务农村发展的积极性。中国农村情况千差万别,推进农业现代化要因地制宜、从实际出发,大胆探索、积极实践,形成全国多路径、多形式、多层次推进农业现代化的新格局,"走产出高效、产品安全、资源节约、环境友好的农业现代化道路"。

## 二、我国"十三五"规划给休闲农业带来的机遇

休闲农业是促进农业产业升级、增加农民收入的一个有效途径,也是未来农业和旅游业结合发展的一个重要方向。党的十八届五中全会公报(以下简称公报)中的几个亮点,给我国休闲农业的发展带来了难得的机遇。

### (一)网络强国战略

公报指出,实施网络强国战略,实施"互联网+"行动计划,发展分享经济,实施国家大数据战略。国家大力支持"互联网+",政策和资金的扶持将大大扩展农村网络的覆盖范围,对于休闲农业来说,将更好地为消费者提供网络环境,满足游客上网、拍照、分享的需求,进而也会提高其农业休闲园区的宣传效果。

此外,由"互联网+"形成的"O2O"休闲农业产品,也必将促进休闲农业的发展;借助互联网平台也会让消费者有更多的选择,让消费更加便捷。同时,对游客的大数据分析也会促进休闲农业的完善和发展。

### (二)美丽中国建设

公报明确提出,建设美丽中国,建设美丽乡村,也是未来我国社会经济发展的重要目标,而休闲农业的发展,既符合国家绿色、可持续发展的要求,也可在美丽中国、美丽乡村建设中扮演重要角色。

休闲农业除了为消费者提供美丽清新的乡村环境外,其提供的绿色安全农产品也是一大亮点。不同于传统农业产生的农产品,这里的农产品可以高端、有特色,属有机食品。消费者也更能接受在这里消费更高的价钱,非常适合可持续发展的绿色生态农业,能够营造

良好的生态环境。

另外,随着美丽中国、美丽乡村概念的不断扩大和人们对其意识的不断增强,建设富有当地特色的民俗旅游村,保护中国本土的乡村文化,也将更加受到消费者的欢迎和推崇。

**(三)全面实施一对夫妇可生育两个孩子政策**

2015 年年底,第十二届全国人大常委会第十八次会议审议通过了《中华人民共和国人口与计划生育法修正案(草案)》。草案明确指出,全国统一实施全面两孩政策,提倡一对夫妻生育两个子女,并从 2016 年 1 月 1 日起正式施行。

政策的实施随之而来的是人口数量的增长,预计可从以下两个方面拉动休闲农业的发展。

**1.儿童、青少年的增加,需求随之而来**

多元化需求的增加,也会促进休闲农业的多元化发展。如开发亲子乐园、青少年农业科普等休闲旅游项目,以满足市场需求,提高收益;同时,有机采摘园、游客认种认养模式提供的安全放心的绿色食品也一定会受到市场的欢迎,这也是未来休闲农业的发展方向之一。

**2.家庭人口增加带来的经济压力,也促进了休闲农业的发展**

面对人口的增加,家庭的经济压力必然加大,由于休闲农业旅游比传统旅游更加经济、实惠,从而也有利于休闲农业产业的发展壮大。长期来看,人口数量的增多,也将有利于填补农村劳动力的空缺,使越来越多的人才流向农村,回到家乡创业,从而为休闲农业的发展提供了人力保障。

国家旅游局 2016 年春节假日旅游市场信息显示,游客出行需求呈多样化,城市休闲、乡村旅游最受欢迎,假日旅游方式已从传统的观光型向观光休闲复合型转变,旅游拉动消费作用已越来越明显。可见,市场已经对休闲农业发出了强烈的需求信号。

**(四)政策利好**

国务院办公厅 2015 年 8 月 11 日印发的《关于进一步促进旅游投资和消费的若干意见》,明确提出未来几年将扶持 6000 个旅游扶贫重点村开展乡村旅游,实现每个重点乡村旅游年经营收入超过 100 万元,并力争到 2020 年实现全国每年通过乡村旅游带动 200 万农村贫困人口脱贫致富的目标。

总之,市场和政府的双向支持,必然使乡村休闲农业发展迎来春天。

### 三、"十三五"时期我国将迎来休闲农业发展的高峰

近年来,随着政策扶持农业的力度不断加大,在农业技术不断革新以及食品安全意识逐渐提升的背景下,以环保、生态、休闲观光为主要特征的现代农业已经成为创业投资界的新热点。如今,各路资本争先恐后进军我国现代农业,正在抢滩这块诱人的"绿色"蛋糕。

2014 年以来,以休闲、创意农业为主导的现代农业项目如雨后春笋般崛起,如休闲地产、养老地产、旅游地产、红色旅游等休闲创意项目发展迅速。从本质上改变了我国农业休闲就是"农家乐"的吃吃喝喝、采采摘摘的理解。

据 2014 年 10 月 11 日在南京召开的"全国休闲农业经验交流会"公布的数据显示:截至 2013 年年底,全国各类休闲农业经营主体已经超过 180 万家,年接待游客 9 亿人次,营业收入达 2700 亿元,带动 2900 万农民受益,接待人数和经营收入均保持年均 15% 以上的增速。

2014年，仅上半年就接待游客5亿人次，营业收入达1500亿元，有3000万农民受益。这表明，我国休闲农业已经成为农村经济新的增长点，发展呈现"井喷"之势，是极具发展潜力的朝阳产业。

截至2015年4月，我国共创建了149个国家级休闲农业与乡村旅游示范县、386个示范点，推介了140个中国最美休闲乡村、247个中国美丽田园和1万余件创意精品，认定了39个中国重要农业文化遗产，其中全球重要农业文化遗产11个。

我国休闲农业之所以能有这么好的发展势头，得益于顶层设计和多部门的通力合力。在国家层面上，农业部联合国家旅游局开展了全国休闲农业与乡村旅游示范县、示范点创建活动，引导地方农旅系统合力发展休闲农业；与国土资源部联合下发了《关于完善设施农用地管理有关问题的通知》，对休闲农业发展中建设永久性餐饮、住宿等设施用地，要求依法办理建设用地审批手续，切实维护农民的利益。此外，还制定了《全国休闲农业发展"十二五"规划》等，组织了中国最美休闲乡村、中国美丽田园评选认定活动，在全国范围内树立了一批发展典型；组织开展了多次全国休闲农业创意精品推介活动，开展了中国重要农业文化遗产开发、挖掘工作，认定并发布了一批中国重要农业文化遗产。

与此同时，各地政府及相关部门也制定政策措施强力推进地方休闲农业的发展，从资金奖励、项目支持、政策扶持等方面给予保障。

据悉，农业部"十三五"规划已于2014年年底完成初稿，并在2015年3月底前提交最终研究成果。据农业部内部人士所说，农业部"十三五"规划中的14个专题是："十三五"农业农村经济发展面临的形势、推进中国特色新型农业现代化、推进新形势下国家粮食安全、优化农业生产力布局、改善农业基础设施条件、农业可持续发展问题等；50个课题则包含：深化中央农业投资管理体制改革研究、调动民间资本和金融资本参与农业农村基础设施建设机制研究、加快发展现代种业研究、加强农村金融保险支持研究等。

可以预测的是，"十三五"是旅游消费向休闲消费转型的关键时期，休闲农业正在与现代农业、美丽乡村、生态文明、文化创意产业建设融为一体，以农耕文化为魂，以美丽田园为韵，以生态农业为基，以创新创造为径，以古朴村落为形，释放出发展的强大动力和需求的巨大潜力。

# 第三章　创意农业与乡村景观

## 第一节　创意农业

### 一、创意农业的概念及意义

#### (一)创意农业的概念

创意农业是以创意生产为核心,以农产品附加值为目标,指导人们将农业的产前、产中和产后诸环节联结为完整的产业链条,将农产品与文化、艺术创意结合,使其产生更高的附加值,并实现资源优化配置的一种新型的农业经营方式。

随着农业现代化进程的加快,农业玩出的"花样"越来越多,休闲农业、观光农业、体验农业、都市农业等各种"名堂"层出不穷,所有这些都给农民带来一定的增收。近些年来,创意农业更是"风生水起"。有人甚至比喻"能将一只鸡卖出一头猪的价格"。虽然这样的比喻有些夸张,但创意农业无疑给传统农业模式注入了"强心剂"。作为传统的农业大国,发展创意农业对我国农业发展的意义就显得更为重大。它是农业发展的新引擎,存在巨大的发展和效益空间。

#### (二)创意农业的意义

##### 1.促进农业资源优化再生

实践表明,通过充分利用我国各地以往农业废弃物资源,嫁接创意文化艺术,可开发出各具特色的特色工艺品等受外地游客欢迎的旅游商品。可见,创意农业是实现农业资源再生的重要手段。农业生产和消费过程中产生的副产品、废弃物通过创意,可实现回收利用和深度开发,特别是农业跟文化的高度融合,不但能够创造出更高的经济价值,而且还能够衍生出新的农业资源、文化资源和价值。

##### 2.促进农业增效,农民增收

(1)创意农业可以优化农业产业结构。如"冬枣南下、南莓北上"等。我国各种农产品生产的南上北下、东转西移的实践表明,创意农业可以使农业和农村产业结构的调整具备超前意识,以市场需求结构的变动为导向,可保持永不衰竭的强大活力。

(2)创意农业可以优化要素配置。我国万年稻作文化、青田田鱼文化、云南梯田文化等农业文化资源开发的实践表明,创意农业强调对风土人情、历史文化等非物质文化资源,特别是人的智力资源的开发利用,将其开发利用为新的生产要素。这些新的生产要素犹如"催化剂",进入生产经营过程就会与其他生产要素产生"化学反应",从而提高要素配置效率。

（3）创意农业可以拓展农业功能。"水稻田里长出世博印，香草园里飘动婚纱影"。我国上海、北京等地的创意农业实践都表明，创意农业可以开发和拓展农业多样性功能，在推动农业特色精品生产的同时，带动休闲观光农业和生物信息以及其他农业新兴产业的大力发展。创意农业还可以引领农业生产经营主体应用新材料、新技术、新工艺，发展农产品精深加工、农业服务业等，促进农业产业分工合作，建设农业全景产业链，提高农业整体竞争力。

### 3. 促进社会主义新农村建设

（1）创意农业可以促进农业节能减排。创意农业通过技术创意，可以创造和推广各种生态高效的循环农业经济模式，促进低耗、低排放的生态循环农业的创新发展。

（2）创意农业可以促进农业资源利用。创意农业充分融合现代工业、现代信息技术、现代生物技术、现代新能源等现代新兴技术，可以使节地、节水、节材、节能等各种技术在农业生产经营中得到普遍推广，实现资源的明智利用，提高农村土地集约利用水平和农业资源综合利用水平。

（3）创意农业可以实现村庄美化。创意农业特别是农业景观创意、规划设计创意，可以促进村庄绿化美化水平的不断提高，可以优化农村居住环境等。通过发展创意农业，还可以加速科学规划布局、村容整洁、提升农村生态环境，促进社会主义新农村建设目标的实现。

### 4. 促进农村文化建设

（1）创意农业有利于加强基层文化人才队伍建设。通过发展创意农业专业组织，实施创意农业培训。一方面，可以发现和培养乡土文化能人、民族民间文化传承人物，特别是非物质文化遗产项目代表性传承人物，促进他们健康成长、发挥作用；可以增强农村居民和农业从业人员的创意意识，提高其创意能力。另一方面，也可以吸引优秀文化创意人才下沉农村，扎根农业，服务农民。有利于建立有专业文化工作者和社会各界人士参与的农村文化建设和农民群众文化活动，形成专兼结合的农村文化工作队伍。

（2）创意农业有利于激发人民群众文化创造的积极性。发展创意农业，可以引导农民群众在农村文化建设中自我表现、自我教育、自我服务。特别是通过搭建农村公益性文化活动平台，依托农业节庆和农村民间文化资源，组织开展农民群众乐于参与、便于参与的农业和农村文化活动，有利于挖掘农村文化资源，总结来自群众、生动鲜活的文化创新经验，推广农业和农村传统优秀文化，在广大农村营造传承、创造、发展农业和农村文化的良好氛围，充分发挥农村居民和农业从业人员的文化创造活力。

### 5. 促进乡村旅游发展

（1）创意农业能促进旅游业与第一产业的融合发展。创意农业可以加强农林牧渔等相关产业、行业与旅游业的融合发展。通过发展创意农业，可推进休闲农林渔业等的发展，可以因地制宜发展多种形式的乡村旅游，促进乡村生态旅游、休闲度假旅游的融合发展。

（2）创意农业可培育特色鲜明的新型旅游产品。发展创意农业，可以开发建设主题特色鲜明、产品创意独特、游客乐于参与的农业文化和乡村文化体验产品与养生保健产品，可满足消费者需要的各种时鲜农业工艺品等。

## 二、创意农业的现状及问题

### (一)创意农业的现状

**1.引领新型消费潮流的创意农业产品层出不穷**

随着社会经济的发展和生活水平的提高,人们对农产品的需求日趋多样化和优质化,这就为"新、奇、特"的创意农产品提供了市场空间。与传统农产品追求优质、高产不同,创意农产品更注重高品质、高附加值。当前我国农产品的创意主要是利用生物科学技术改变农产品的外观、口味、用途等,增加农产品的外在表现,满足消费者味觉、视觉、触觉、嗅觉等多方面的需求。

(1)改变外观。这是创意农产品最直接的表现形式,它包括色彩、大小、形状等的改变,如种植五彩辣椒、贴字贴图苹果、迷你南瓜、方形西瓜、足球葫芦等。

(2)转化用途。赋予农产品更多、更奇妙的功能。如用谷物、豆类制作的画和饰品以及观赏、食用两用的盆景蔬菜和盆景水果。

(3)变废为宝。将农业生产生活废弃物充分利用,加工制作成工艺品。如麦秸画、蛋壳和果核雕刻等。

**2.融多种功能于一体的创意旅游蓬勃发展**

创意旅游是目前国内创意农业较为成熟的发展模式,主要集中在接近目标市场的都市郊区。经营者通过整合城市现代要素和农村特色资源,开发经营参与性、互动性较强的项目,不断拓展农业功能。

(1)观光采摘。这是创意农业旅游最为常见的形式,主要是以园区为依托,大规模种植创意水果、蔬菜、花卉,供游客欣赏、游玩、采摘、品尝等。如上海嘉定马陆葡萄主题公园、郑州丰乐百万葵园等。

(2)休闲体验。一种是农耕体验型。多指由经营者将土地分割成小块,供市民租种,从中收取租金,租种者可从中体验农耕的乐趣、享受收获的喜悦。目前国内农耕体验型经营比较成功的如成都五朵金花之一的"江家菜地",其一亩(1 亩=1/15 公顷≈666.67 平方米)土地一年的租金高达 8000 元。另一种是游戏体验型。主要是利用农业特性,设计打造迷宫种植园,使游客在探险的同时还可以观赏、采摘。如西双版纳的凤尾竹迷宫、大连的"勇者之旅"玉米迷宫等。

(3)创意乡镇。这是一种将文化创意融入乡村规划建设,打造创意农村、创意农居、创意农民,提升乡镇形象、带动经济发展的经营方式。如成都市锦江区的"三圣花乡"就是中国创意农业乡镇的杰出典范,现已成为国内享有盛名的休闲旅游娱乐度假区,近年接待游客都在 1000 万人次以上,年产超过 5 亿元。

**3.以节庆会展为平台的创意营销广泛开展**

文化搭台,经济唱戏。以节庆会展为平台的营销方式突破了传统的销售模式,通过举办创意农产品发布会、组织创意农业大赛、展示和推广创意产品等,推动了创意农业与消费市场的有效衔接。这些节庆会展不仅仅展览、展示了创意产品,还展示了乡村文化、特色民俗以及先进生产模式和前沿种植技术,宣传了创意农业的理念,提高了创意品牌的知名度,使消费者在购买创意产品的同时领略了农耕文化、农业文明。如山东寿光的菜博会、上海南汇的桃子节、浙江余姚的杨梅节、天津汉沽的葡萄文化旅游节、南京的农业嘉年华等。

（二）创意农业存在的问题

1.发展不平衡

（1）人口分布不均衡。其主要表现为：一是农村人口比例高，城市人口比例低；二是地区不同，城乡人口比例差别大。一般发达地区乡村人口占当地总人数比例小，欠发达地区乡村人口比例大。

（2）经济发展不平衡。其主要表现为：一是农村人均收入和城市人均收入差距悬殊；二是不同地区的农村人均收入相差也较为悬殊。

2.粗放型农业

与发达国家和地区的农业相比，一方面，我国农业仍是一种以粗放型为主的农业增长模式。也就是说，我国农业科技对农业生产贡献率比较低（目前我国农业科技对农业生产的贡献率约为35％，而发达国家这一比率超过60％）。另一方面，我国农业劳动生产率低。这是由我国的农业科技贡献率低、机械化程度低以及水的利用率低而导致的。

3.经营规模较小

发达国家的家庭农场规模都较大，少则几公顷，多则几百公顷。而我国农民仍以单家独户的小规模分散经营为主，难以推广机械化作业，农机拥有量少，农业现代化水平仍然较低，导致农业经济效益低下。

4.政策法规不完善

目前，我国创意农业还缺少知识产权保护机制、创意产品质量论证、人才鼓励政策等相关的法律法规，从而制约了创意农业的品牌管理和市场规范。此外，在政策导向和资金扶持力度方面，还有待进一步加强。

5.农民文化水平较低，农村基础设施差，在很大程度上制约了农业的发展

在中国，"创意农业"一词最早由全国政协副主席厉无畏在2008年的两会上第一次提出。"创意农业的特色及其优势在于能够构筑多层次的全景产业链，通过创意把文化艺术活动、农业技术、农副产品和农耕活动以及市场需求有机结合起来，形成彼此良性互动的产业价值体系，为农业和农村的发展开辟全新的空间，并实现产业价值的最大化。"这是厉无畏对自己提出概念的阐释。

在2009年12月的中国创意农业（北京）发展论坛上，中国创意农业价值研究报告隆重发布，提出了关于实施中国创意农业的富民计划，并给出了如何打造创意农业万亿产业的对策。与会者一致认为创意农业将成为中国高端农产品市场的主力军。然而，在我国广大的农村，留守农民文化水平较低，农村基础设施较差，在很大程度上制约了农业的发展。

6.创牌意识差，技术含量低，市场发育滞后，高层次人才缺乏

在我国广大的农村地区，由于市场发育滞后，品牌运作方面的高层次专业人才缺乏，创意绿色农产品的优质优价难以充分实现；创意农业企业的创牌意识和能力也有待加强；企业商标战略与市场脱节，创意农产品的技术含量和附加值有待进一步提高；发展和保护创意农产品品牌的政策和环境也需要进一步完善。

## 三、创意农业的作用及模式

（一）创意农业的作用

创意农业是将农业资源与创意相结合，打造创意农产品，提供创意农业服务的一种新

型农业发展模式。简单地说,就是给现有农业资源赋予文化创意或创新,从而增加其价值的一种方法。在知识经济时代,发展不仅取决于自然资源禀赋,更取决于知识和创意的智慧。在农业中融入创意的智慧,能进一步提升农业资源的价值,打造农业发展新的增长点。创意农业对"三农"的作用主要体现在以下三个方面。

**1.创意农业有利于促进产业结构优化升级**

发达的第三产业是现代经济的重要特征。目前发达国家第三产业占 GDP 的比重已超过 70%(世界平均水平为 60% 左右),而我国仅为 40% 左右。发展第三产业,是推进产业结构优化升级、加快转变经济发展方式的重要内容。而发展创意农业则有利于提高第三产业比重,可让第一产业和第三产业直接对接。

**2.创意农业有利于配置农村闲置生产要素**

我国农村多数地区存在人多地少、生产率不高、资本与技术投入受限等问题。创意农业通过对风土人情、历史文化等非物质文化资源的挖掘和利用,使其成为新的生产要素。这些新的生产要素与原有生产要素相结合,可提高要素配置效率。如文化要素与农业园区相结合的观光旅游业的发展,不但可以解决耕地稀缺、劳动力过剩等问题,而且在资金吸引和技术投入方面,可能比单纯的农业园更具优势。

**3.创意农业有利于培育新型农民**

创意农业可以把农民从分散型、粗放型的简单劳动中解放出来,使其成为技能型、集约型的复杂劳动者。在这个过程中,农村教育培训得到发展,农民素质得到提升。同时,创意农业所吸引的人才流和资金流又会进一步提升农民的物质和精神文化生活水平,有利于培育高素质的新型农民。

**(二)创意农业模式**

**1.国外经典模式**

(1)法国模式。法国创意农业属于以环保生态功能为主的创意农业,是以大田作物为主,采取较大规模的专业化农场生产,逐步减少小型农场。巴黎的创意农业对城市食品供应的功能并不明显,巴黎的各种食品供应,主要经过四通八达的高速公路网,由各地乃至欧洲其他国家完成。所以,巴黎的创意农业突破了自给自足的生产,而突出农业的生态功能,利用农业把高速公路、工厂等有污染的地区和居民隔离开来,营造宁静、清洁的生活环境。

(2)德国模式。德国创意农业属于生活社会功能性的创意农业,主要形式是休闲农庄和市民农园。市民农园指利用城市地区或近郊区的农地,规划成小块出租给市民收取租金,承租市民可在农地上种花、草、蔬菜、水果等,让市民享受耕种与体验田园生活以及亲近大自然的乐趣。

(3)荷兰模式。荷兰创意农业是以创汇经济功能为主的创意农业,主要是以园艺业和畜牧业为主的出口型农业。荷兰借助于发达的设施农业,集约生产经营花卉、蔬菜及奶制品,使其人均农产品出口创汇居世界榜首,成为世界创意农业的典范。荷兰创意农业重点发展产业链完整的园艺技术、花卉栽培技术、园艺产品集散、农业生态观光和地区专业分工的创意农业生产体系。

(4)日本模式。日本创意农业发展重点是设施农业、加工农业、观光休闲农业、多样化农业,属于综合功能的创意农业,重点开发农业的绿色、环保、体验、休闲和示范功能,建设以高新技术产业和镶嵌式多功能的"绿岛农业"为两大特征。日本的创意农业主要集中在三大都市圈内,即东京圈、大阪圈和中京圈,以蔬菜、水果等多作物、多品种生产为主,主要为市民提供优质农产品和满足绿化环境的需要。

(5)美国模式。美国创意农业的特点:一是重视教育,积极提高国民农业的创意性;二是拥有高科技生产工具,并利用高新技术建立电子信息网络。

2.国内现有模式

创意农业在我国虽然起步较晚,但不少地方积极探索,大胆创新,也出现了一批富有成效、颇具特色的创意农业典型案例。从发展路径的角度看,大致有以下几种主要发展模式:

(1)农产品深度开发模式。通过栽培创意、形色创意、包装创意、用途创意、亲情创意等手段,改变农产品传统的食用功能和常规用途,使普通的农产品变成身价倍增的纪念品、艺术品。如北京以生产西瓜闻名的大兴,通过灌液、密封、装饰等十多道工序制成的"玻璃西瓜",每个售价高达500元。此外,五彩斑斓的盆景蔬菜、盆景水果,趣味盎然的豆塑画、五谷画、异型果、晒字果等,都是在尊重农产品传统功能的基础上,通过文化与创意的完美结合,挖掘出农产品的多重功能与特性,大幅提高了农产品的经济价值。

(2)资源明智利用模式。将以往当作废弃物的农业生产过程中产生的副产品,通过对其形、色、物质材料及精神文化元素的巧妙开发或创作,变废为宝,制作成富有创意的实用品或工艺品。如用农作物秸秆做画、编手提袋、编宠物篮等;用果壳、树叶、树枝粘贴写意画;用鸟蛋或禽蛋壳做蛋雕、彩绘等工艺品;用各种豆类制成手机链、项链、手链等小饰品或作画、做门帘等;用玉米苞叶、棉花壳、柳枝等做干花等。

北京市延庆区八达岭镇开发的农业创意项目——发泄农场,是废物利用的又一杰作。它让游客(主要是压力过大的城市白领)到已采摘过玉米穗的玉米地里肆意打砸玉米秆来达到发泄愤怒和释放压力的目的,收到了很好的效果。

(3)创意农业园区模式。创意农业园区是发展创意农业的主要载体之一。如北京市密云区的"紫海香堤艺术庄园",其核心区占地面积300亩,种植薰衣草、紫苏等珍贵香草200多种,形成集养生、度假、休闲、体验、婚纱摄影、影视拍摄、艺术创作于一体的综合性农业观光旅游区、情景式休闲度假区和文化创意产业区。其中香草园以创意为切入点,以爱情为主题,通过对香草文化的包装利用,极力塑造法国普罗旺斯式的浪漫氛围等,深受游客及婚纱摄影者的欢迎。而浙江杭州的同家乡村乐园,则通过设立精品农业园、精品桂花园、水果采摘园、自助耕种区、创意新天地、世界景观园林、绿野仙踪、动物乐园等功能区,形成集娱乐休闲、餐饮住宿、会务商贸、农耕体验于一体的创意农业园区。

(4)农业文化创造模式。把农业生产作为艺术创作来做,让它承载更多的人类情感和文化内涵;将社会生活中的人文元素与农业资源有机融合,使其转化为经营资源,最大限度地提升产品的附加值。如北京及周边的一些地区,按照事先设计的方案,利用玉米秸秆种植"迷宫阵",建造适宜人们观光休闲的新场所,将"都市"与"农业"真正融为一体,其收益是玉米生产收益的20~50倍;北京门头沟"花露蝴蝶园"与婚庆公司合作的项目——为新人放飞蝴蝶活动,仅此一项就带来了十几万元的年收入。

浙江的一些地方将葫芦等农产品套上各种阴阳模具,生产范制葫芦,利用葫芦与"福禄"谐音及人们求福求禄的传统习俗,刻上花鸟鱼等图案,做成艺术收藏品,拓展了葫芦文化,也深受游客的喜爱。

(5)农业空间拓展模式。通过经营理念和科技手段等方面的创新,在更大范围、更广领域内推动农业生产要素的优化配置。如浙江大学农业试验站研制成功的"阳台农业"种植系统、杭州市建德市一家企业研制成功的智能育菜机等，都使得阳台农业更加专业、简易和普及，在满足城市居民净化空气、美化居室需求的同时，也满足了一部分居民的恋农情结。又如浙江省绍兴市农民彭秋根开创的"绿色、低碳、环保"的"屋顶农业"——屋顶水稻田，2010年5月在上海同济大学举行的世界屋顶绿化大会上，这位"屋顶种稻人"被授予世界屋顶水稻最佳人物金奖。再如浙江省绍兴市一家企业开发的、适宜公务员和白领在办公室体验式进行蔬菜种植的微型智能室内植物种植系统——"Office农场"，解决了室内没有阳光、不能种菜的难题。依托这一系统，浙江的"Office农场"得到了较快的发展。此外，还有形式多样的庭院农业、梯田农业等，不胜枚举。

（6）农业节庆开发。在农业生产活动中形成和开发出的节庆活动，是体验式、休闲式、消费式相结合的农业创意产品，常常兼具吃、玩、赏、教等多项功能。具体包括农作物类节庆、动物类节庆、民俗文化类节庆、综合活动开发类节庆等形式。如南京的"农业嘉年华"，通过农民与市民之间的互动，创新了现代农业的营销理念和方式，打造出全国独有的创意农业品牌。现在每届都能吸引几十万游客参与。

（7）都市农园（又称格子庄园）模式。都市农园也是欧美和日本的都市人最喜欢的一种娱乐休闲方式，大有超过高尔夫的发展势头。其经营方式就是将城市近郊土地分块出租给市民，其面积几十到几百平方米不等，用于种植水果蔬菜或花草树木，通过亲手耕作，市民可以享受回归土地与自然的乐趣，获得新鲜安全的食品。目前，在京津冀、长三角和珠三角城市群的不少地方，这种"格子庄园"正吸引着越来越多的城里人来当"农夫"。

（8）区域品牌组合模式。指将几个地方的特色产品或文化组合起来，让其综合性地展示出来。如成都市锦江区将农业与绘画、摄影、雕塑、音乐创作等艺术形式相结合，创造性地打造了花乡农居、幸福梅林、江家菜地、东篱菊园、荷塘月色五个符合当地民俗风情并各具特色的新村风貌，被称为"五朵金花"模式，其影响力已经远超当初的设想。又如上海市奉贤区依据自身特点，打造了"一核四园十线"的创意农业区域品牌集聚发展模式："一核"就是以上海奉贤区现代农业园区为核心；"四园"即庄行农业园区、柘林绿都园区、青村申隆申亚园区、海湾都市菜园四个创意农业特色园；"十线"就是将"一核四园"等创意农业主体串珠成线，形成十条创意农业观光休闲自助体验路线，目前已经深入人心，深受广大游客的喜爱。

## 四、创意农业发展的理论与实践

### （一）创意农业的理论

创意农业是指利用农村的生产、生活、生态资源，发挥创意、创新构思，研发设计出具有独特性的创意农产品或活动，以提升现代农业的价值与产值，创造出新的、优质的农产品和农村消费市场与旅游市场。创意农业是现代农业发展的新趋势，是都市型现代农业的重要组成部分。创意农业是以市场为导向，将农业的产前、产中和产后诸环节联结为完整的产业链条，将农产品和文化创意相结合，使其产生更高的附加值，以实现资源优化配置的一种新型的农业经营方式。

#### 1.创意农业的创新之处

（1）思维创新。把科技创新与文化创意并举，实现"双创"战略，使科技和文化成为驱动社会主义新农村建设的两大引擎。

（2）模式创新。构建多层次的产业链和价值体系。通过把文化艺术活动、农业技术、农产品和农耕活动，以及市场需求有机联结起来，形成彼此良性互动的产业价值体系。创意农业可以特色农产品和农业园区为核心，形成包括核心产业、支持产业、配套产业和衍生产业的产业群，如此带动一批产业的兴起，让人们充分享受农业价值创新的成果。

（3）功能创新。创意农业以优美的自然农业生态为依托，以高效的农业生产为基础，以提高人们生活品质为依归，从而构建出经济生态、自然生态、文化社会生态"三位一体"的生态文明。

2.创意农业的特征

（1）具有较强的融合性、渗透性。它是多知识、多学科、多文化和多种技术交叉、渗透、辐射和融合的产物。

（2）具有较高的文化品位。它以文化、创意为核心，运用知识和技术，产生出新的价值，是创意灵感在农业中的物化表现。

（3）具有较高的附加值。创意农业不但能够提高农业综合效益，直接增加农民收入，而且能够拓展农民就业空间，实现多环节增收。

（4）具有一定的规模。创意农业要有一定的产业规模和扩大再生产的能力，否则就可能因规模偏小而无法做到可持续发展。

（二）创意农业的实践

虽然创意农业的概念出现时间不长，但创意农业的实践却由来已久。纵观现代世界各地农业的发展成就，无一不是技术创新的结晶，其中也不乏文化创意。其精彩案例很多，从不同的创意角度和发展思路来看，大致可以归纳为以下一些类型。

1.农业节庆开发

农村、农业节庆开发是创意农业的一个重要内容。通过节庆活动的组织，可以提高农业生产者的凝聚力和团队合作精神，也可以在地方掀起旅游农业的高潮，促进农产品的市场销售。如江苏省南京市的农业嘉年华以"农民的节日、市民的盛会"为活动定位，每年在南京市的白马公园举办一次。活动期间，各区县的农业精品和休闲服务在会上亮相，市民来此品尝、体验、选购，并接受最新的农业信息等。此举大大促进了南京市的城乡互动，促进了市民与农民的交流，已经成为南京市休闲农业的一个品牌。

2.农产品用途转化

一种思维方式的转变，有时可"变腐朽为神奇"。农产品用途的转化，前提是在尊重农产品传统功能的基础上，挖掘它的多重特性与其他功能，以提高它的经济价值。如北京市大兴区将农业与艺术、高科技等相结合，研发并制作了玻璃艺术瓜、贴图瓜、造型瓜等系列唯一性的农产品，极大地丰富了该区都市观光农业的内涵。这也是农产品用途转化的一种有意义的尝试，使瓜的用途由食用转向观赏。

3.农业废弃物利用

通过巧妙的构思，制作成实用品或工艺品，实现废物利用，变废为宝。如用废弃的鱼骨作画；用农作物秸秆作画；用秸秆编织草鞋、手提袋、动物、宠物篮、杂物篮等；用树叶或树枝粘贴写意画；用鸟蛋壳或禽蛋壳做工艺品（花盆、彩绘、蛋雕等）；用树根做根雕等；用贝壳做各种造型的工艺品；用核桃壳、杏核、桃核等做雕刻工艺品；用玉米苞叶、松果、棉花壳等做干花等。

休闲农业与乡村旅游

4.农业环境利用

利用农业生产所特有的生态环境,为城市居民提供观光旅游甚至休闲度假的服务。如上海市奉贤区的油菜花节就是典型一例:每年4月上旬前后,上海奉贤农村的油菜花一片金黄,吸引了大量市民参观。当地政府不失时机地举办油菜花节以强化对美丽环境的利用。在2008年的油菜花节中,政府除了推出观赏"油菜花海"外,还推出了田园爱情派对、油菜花写生、奉贤农副产品展销等24项主题活动,效果很好。此外,风靡多国和城市的植物迷宫(如美国的玉米迷宫)也是这一思路的体现。说到底,这是利用农作物或其他植物生长形成对视觉阻隔的环境,设计迷宫,供游客娱乐参与。此举利用了农业生产的环境,又不影响正常的生长,故而增加了农民的收益。

如今,创意农业的发展形势喜人,广大农民投身这项产业的热情越来越高。不但说明创意农业具有广阔的市场空间、丰厚的利润,更预示着一大批用头脑经营、靠文化创业的新型农民将脱颖而出。

# 第二节 乡村景观

## 一、乡村景观概述

### (一)景观与乡村景观的概念

16世纪末,"景观"主要被用作绘画艺术的一个专门术语,泛指陆地上的自然景色。17世纪以后,"景观"一词开始被园林设计师们所采用,成为描述自然、人文以及它们共同构成的整体景象的一个总称。19世纪初,近代地理学创始人亚历山大·洪堡把景观引入了地理学,并从此形成了作为"自然地理综合体"代名词的景观含义。之后,景观的概念又被德国的地植物学家Troll引入生态学并形成景观生态学。Troll认为:"景观代表生态系统之上的一种尺度单元,并表示一个区域整体。"美国学者Forman进一步将景观定义为:"由相互作用的镶嵌体(生态系统)构成,并以类似形式重复出现,具有高度空间异质性的区域。"

景观的最初含义主要关注景观的视觉特性和文化价值;地理学和景观生态学将其进一步拓展,以"地域综合体"的理解作为共同的概念基础,但地理学主要关注景观的要素特征和景观形成过程,而景观生态学则视景观为地方尺度上具有空间可量测性的异质性空间单元,同时也接受地理学中景观的类型含义(如城镇景观、农业景观等)。近年来,我国学者提出了新的景观概念,即景观是一个由不同土地单元镶嵌组成,具有明显视觉特性的地理实体;它处于生态系统之上、大地理区域之下的中间尺度,兼具经济价值、生态价值和美学价值。具体地说,某一地域的景观就是该地域空间中地貌、植被、建筑物、道路、河流等所组成的各种形态的表现;同时,它也包括地方民族特色、文化、习俗、精神风貌等,包含浓厚的生活气息和丰富的精神内容。

乡村景观是乡村地域范围内,经济、人文、社会、自然等多种现象的综合表现。乡村景观是相对于城市景观而言的,两者的区别在于地域划分和景观主体的不同。从城市规划专业的角度看,乡村是相对于城市化地区而言的,是指城市(包括直辖市、建制市和建制镇)建成区以外的人类聚居地区(不包括没有人类活动或人类活动较少的荒野和无人区),是一个空间的地域范围。这一地域范围是动态变化的,并随着城市化水平的不断提高,呈缩小的趋势。乡村不是一个稳定的实体,而是人类和自然环境连续不断相互作用的产物,乡村景观正是这一产物最直接的体现。因此,乡村景观所涉及的对象是在乡村地域范围内与人类聚居活动有关的景观空间,包含了乡村的生活、生产和生态三个层面,即乡村聚落景观、生产性景观和自然生态景观,并且与乡村的社会、经济、文化、习俗、精神、审美密不可分。目前,中国正处于传统乡村景观向现代乡村景观转变的过渡阶段。

研究乡村景观最早从研究文化景观开始。美国地理学家索尔认为文化景观是"附加在自然景观上的人类活动形态"。文化景观随原始农业而出现,人类社会农业最早发展的地区即成为文化源地,也称农业文化景观。以后,西欧地理学家把乡村文化景观扩展到乡村景观,包括文化、经济、社会、人口、自然等诸因素在乡村地区的反映。1974年,联邦德国地理学家博尔恩在《德国乡村景观的发展》报告中,阐述了乡村景观的内涵,并根据聚落形式的不同,划分出乡村景观发展的不同阶段,着重研究了乡村发展与环境、人口密度与土地利用的关系。他认为,构成乡村景观的主要内容是经济结构。20世纪60年代以来,联邦德国乡村环境发生了深刻变化,引起农业地理学家的兴趣。1960—1971年在奥特伦巴(E. O. Ot-renba)的倡议和领导下,出版了《德国乡村景观图集》,土地利用图和农业结构图是其主要组成部分。索尔认为"乡村景观是指乡村范围内相互依赖的人文、社会、经济现象的地域单元",或者是"在一个乡村地域内相互关联的社会、人文、经济现象的总体"。社会地理学家着重研究社会变化对乡村景观的影响,把乡村社会集团作为影响乡村景观变化的活动因素。纵观国外乡村景观研究的经验,其研究内容有:①乡村生态环境条件评价;②乡村土地利用及其变化;③乡村经济结构及地区布局;④乡村人口密度、文化水平对乡村景观的影响;⑤乡村景观类型、主要特点、形成过程及其变化趋势。

(二)我国乡村景观研究溯源

神州大地是中华民族世代繁衍栖息的地方,在5000多年的历史进程中,中华民族的祖先建设了无数的城市、村镇和建筑,留下了非凡的环境理念。乡土景观是一个地方的历史见证,它是"乡土生活和乡土文化的博物馆兼史书库"。历史上我国是较早有意识地关注家园营造,并发现山水田园之美的国家之一。《周易》中提出"观物取象",选址时注重环境的优劣好坏;其辩证思想是"人法天,天法地,地法道,道法自然",从而使乡村景观更多具有生态性;风水学更进一步强化了环境观念,使景观规划一开始就致力于创造良好的小气候。

后人常常惊叹于桃花源般的中国乡村布局及美不胜收的民居,实际上它们多半不是设计师创造的,而是居住者在与自然的长期相处中,在对自然深刻了解的基础上与自然过程相和谐的当地人的创造性设计。在社会意识、人文积淀、自然地理因素共同作用下的传统乡村景观往往具有这样一些特点:①公共性。强调公共空间,比如宗祠、水井、凉亭等。②文化性。延续地方精神,比如牌坊、礼制建筑等。③整体性。布局科学严谨,如《易经》、风水学说等朴素规划思想的运用。④实用性。充分结合生产生活,如开渠引水,用于水产养殖和生活洗涤等。所有这些都促成了一个恬静、舒适、安全、愉悦的生存与生活环境。

自1989年我国召开第一届景观生态学研讨会以来,学术界对景观研究投入了极大的热情,带动了我国乡村景观的研究。近年来随着我国城市化进程的加快,乡村景观面临着前所未有的变化。如何保护乡村景观的特色与完整性,如何挖掘乡村景观的生态、经济和文化价值,如何建设园林式的乡村景观等问题,都涉及乡村的可持续发展。这也是目前国内学者最为关注的问题。我国是农业大国,最大的问题就是"三农"问题,故乡村景观的研究在我国具有重要的理论与现实意义。

由于乡村景观研究在我国是一个比较新的领域,加之景观含义的丰富性,到目前为止乡村景观还没有统一的定义。根据乡村景观是构成乡村地域综合体的最基本单元这一特点,金其铭等提出,乡村景观是指在乡村地区具有一致的自然地理基础、利用程度以及发展过程相似、形态结构及功能相似或共扼、各组成要素相互联系且协调统一的复合体。王云才则从四个方面来界定乡村景观的范畴,即:①城市景观以外的空间;②包括乡村聚落景观、经济景观、文化景观和自然景观;③人文景观与自然景观的复合体,但以自然环境为主;④以农业为主的生产景观、粗放的土地利用景观、乡村特有的田园文化和田园生活。谢花林等从景观生态学角度出发,认为乡村景观是乡村地域范围内不同土地单元镶嵌而成的嵌块体,既受自然环境条件的制约,又受人类经营活动和经营策略的影响;嵌块体的大小、形状和配置具有较大异质性,并兼具经济、社会、生态和美学等价值。刘滨谊从环境资源学的角度提出乡村景观是可以开发利用的综合资源,是具有效用、功能、美学、娱乐和生态五大价值属性的景观综合体。综上所述,虽然各位学者对乡村景观内涵表述不同,但都一致认为乡村景观是带有不同程度自然景观特色的人文景观,具有生态、经济和美学的价值。

## 二、我国乡村景观的现状及前景

### (一)我国乡村景观的现状

长期的农耕生活使农村居民形成对土地强烈的依赖感,但经济的窘迫迫使农民离开土地,寻找收入较高的非农就业机会。但农村地区仍然是农民的终极消费地,建房置业是主要消费途径。改革开放后,国家大力抓村镇规划和建设,但由于村镇规划和建设的重点放在集镇上,广大村庄的规划就相对滞后。

20世纪80年代以后,我国广大农民的住房质量大有提高,但村落景观却出人意料地呈倒退趋势。时至今日,我国大多数的村落还在沿用新中国成立初期建成的篮球场、公共池塘等,由于年久失修或者渐渐失去使用价值而荒废。另外,也有先富起来的村落对人居环境提出了新的要求,兴建了村级公园。但是实际效果并不尽如人意,很多是对城市公园的简单模仿,忽略了乡村景观存在的土壤和服务对象。特色危机、文化断层和邻里功能消失是目前乡村景观营造过程中最突出的问题。就算像宁波滕头村那样较早有意识营造人居景观的村落,也伴随着遗憾:村舍规划像极了城市房地产开发的模式,缺乏农家特色。一些地方经济发展迅速,但在发展过程中不注意保护原有的生态环境和村容村貌,村落似乎成为建筑物群落,聚居的内涵被掏空。

### (二)我国乡村景观的前景

虽然我国乡村景观规划比较成功的个案都与旅游开发有着千丝万缕的联系,但是,通过近30年的发展,我国乡村景观的研究从无到有,还是取得了丰硕的成果。当然其整体水平仍处于初级阶段。下面以一南一北两个乡村景观开发目的不同的例子来加以说明。

1. 以古迹保护为目的旅游开发

绍兴柯岩街道新未庄是以古迹保护为目的的旅游开发的一个例子。其整体风格灵秀、清丽,是一个颇具江南水乡特色的富有观光旅游功能的21世纪农村住宅小区。它创造了比较成功的具有地方特色的乡村景观风貌。首先,在选址时选择了柯岩区内三面临水、一面临路、自然条件优越、交通便利的地块;其次,功能定位时集居住、休闲、观光等功能为一体,在景观中融入绍兴水乡风情,着力营造可游可居的水乡风景;第三,对于地方文化,设计中采用石桥、河埠头、亭台水榭等元素抽象出"一河一街"的布局形式。

作为江南水乡民居点的一个典范,新未庄展示了传统与现代相结合的水乡民居风采,选址和布局有机地结合了当地的自然条件。在先期设计上,设计师把住宅建筑与绍兴特有的水乡风情相结合,营造了一种可住可游的水乡民居意境。"窗含柯岩,门纳鉴湖"的新未庄,建筑格局既保留水乡建筑中的粉墙、黛瓦、坡屋、通风墙等精华,又根据现代农民生产生活方式的要求,创新建筑,完善功能,美化布局,引导农民对源于传统又适应时代要求的建筑文化的认可,避免了农民房屋"千户一样"或"千户千样"的状况。

我国著名的古建筑专家、清华大学教授单德启到绍兴调研县城规划和古镇保护课题时,高度评价新未庄:"不论在规划设计方面,还是在建筑设计及施工方面,新未庄都是非常成功的。黑、白、灰的主色调极符合江南民居风格,具有浓厚的江南水乡特色,与古城柯桥以及景区柯岩深厚的水、石、桥文化十分相吻合。"他说,"新未庄模式"成功地解决了民居建筑与地方文化、旅游开发间的矛盾,值得向全国推广。

2. 以农业生产为目的旅游开发

北京顺义区北郎中村的规划给人们的启示是:首先,提出以科学发展观为指导,遵循"向观念要水、向机制要水、向科技要水"的理念,紧紧围绕循环水务的新思路,按照"饮水安全、用水计量、节水高效、雨洪管理、中水回用"的方针,扎实推进新农村水务基础设施建设,着力解决人民群众最关心、最直接、最现实的农民安全饮水、农业高效节水、农村治污、乡村水环境整治、水土保持清洁小流域、农村水务管理等问题,疏通水网,形成环村中心区的水体长廊;其次,充分利用原有资源,发挥水体、苗木、自然、绿色产业的优势,向用水管理混乱、毁损设施无人维修、生活、养殖、工业污水直接排放、农业灌溉设施老化、居民节水意识不强、村庄大面积硬化、降水入渗效果不好、容易积水、雨水资源未能得到充分利用等老大难问题开刀;第三,将环境美化与发展特色经济有机结合,营造具有北方农村特色的景观,即水体周边开辟带状绿地,结合经济作物进行景观设计,成为观赏价值与经济并重的绿色走廊。这种景观设计模式的关键在于走可持续发展道路,以生态促发展。

生活中的每一寸土地都是有含义的,这种含义是生活在这块土地上的人世世代代在与自然过程的适应和交流中沉积下来的。现阶段,我国乡村景观的塑造主要体现在以下三个方面:

(1)保留聚居传统,营造公共空间。俞孔坚教授曾在他的著作中满怀深情地回忆起儿时穿越风水林的情景:"在我心里,越来越频繁地浮现儿时穿越黄花摇曳的农田和神秘风水林时起伏跳跃的视野,那种广阔,那种深邃、绚丽。"过去的江南水乡,村村必有一口水井、一个池塘、一个大操场。尤其是这个操场简直是全能的:农忙用于晒谷、农闲用于打篮球、殡葬时又可以作道场等,因此规划设计中应该很好地利用这些现有的"公共空间"。同时要与时俱进,在功能上要充分考现时农村、农民的生产生活需要。

(2)尊重地方精神,发掘地方文化。绍兴地区的石文化、水文化、酒文化、桥文化都可以作为乡村景观规划的重点,这些是相对显露的文化,很多设计师都已经注意到这些特质。但另外的一些隐性文化,可以一种更通俗的方式广为人民群众接受,那就是散落民间流传于人民群众口头的那些美丽神话、历史典故和名人逸事等。选择适当的形式来展示丰富的、有价值的历史,可使乡村景观更有内涵。

(3)发挥经济职能,让景观产生效益。经济作物的种植和特色养殖,区域经济和劳动场景等都能成为景观的一部分。乡村的块状经济往往比较显著,比如种植业、养殖业、手工业、工商业等,也有干脆以旅游业为支柱产业。当然,如果规划能充分考虑经济产业布局与景观营造之间的关系,得到经济基础的支持,那么景观规划思想也能贯穿始终。总之,只有当规划思想被证明是经济的、有效的,乡村特色景观之路才能走得更远。事实上,从长远来看,绝大多数成功的规划思想都能引导经济的健康发展,而少部分规划思想,尽管它的经济作用不是那么立竿见影,但只要因地制宜地塑造好乡村景观,也能获得精神上的成功。

## 三、乡村景观规划

随着我国城市化进程加快,乡村景观面临着前所未有的变化。合理的乡村景观规划对促进农村的可持续发展和新农村建设具有重要意义。

乡村景观规划是根据自然景观的适宜性、功能性、生态性、经济性、文化性和继承性等,以资源的合理、高效利用为出发点,以景观保护为前提,合理规划和设计乡村景观区内的各种行为体系,其目的是在景观保护与发展之间建立可持续的发展模式,即乡村景观规划必须合理解决并安排乡村土地及土地上的物质和空间,为人们创建高效、安全、健康、舒适、优美的环境,为社会创造一个整体可持续发展的乡村生态系统。

乡村景观规划是应用多学科的理论,对乡村各种景观要素进行整体规划与设计,保护乡村景观完整性和文化特色,挖掘乡村景观的经济价值,保护乡村的生态环境,推动乡村的社会、经济和生态持续协调发展的一种综合规划。

(一)乡村景观规划的原则和方法

1.乡村景观规划的原则

王云才提出进行乡村景观规划应贯彻以下七原则:第一,建立高效人工生态系统;第二,保持自然景观完整性和多样性;第三,保持传统文化继承性;第四,保持斑块合理性和景观可达性;第五,资源合理开发;第六,改善人居环境;第七,坚持可持续发展。在此基础上,他还进一步探讨了现阶段我国乡村景观意象、景观适宜地带、乡村景观功能、田园公园、乡村主题景观和以聚落为核心的景观规划等乡村景观规划的核心问题。刘黎明、曾磊等提出乡村景观规划的四大原则:第一,整体综合性原则;第二,景观多样性原则;第三,自然景观优先原则;第四,生态美学原则。王锐、王仰麟等提出农业景观生态规划应遵循提高异质性、继承自然、关键因子调控、因地制宜和社会满意五原则。谢花林等认为乡村景观规划设计应体现整体综合性、景观多样性、场合最吻合和生态美学四原则。对于我国高强度土地利用区的乡村景观生态规划,肖笃宁认为必须坚持土地集约经营,保护集中的农田斑块;补偿和恢复景观生态功能;控制和节约工程及居住用地,塑造优美、协调的人居环境和宜人景观;山水林田路统一安排,改土、治水、植树、防污等综合治理。

2.乡村景观规划的方法

针对土地的合理使用和乡村旅游开发的景观规划研究,如包志毅等论述了"集中与分散相结合的生态网络"以及"自上而下"与"自下而上"相结合的乡村景观生态规划模式;王仰麟与陈传康以浙江省金华市休闲农业规划为例,探讨景观生态学方法在休闲农业规划中的应用；谢花林等认为应采用保护乡村生态环境敏感区、完善景观结构、建设生态工程、创造和谐人工景观四种方法来对乡村景观进行规划设计。此外，王石才对现代乡村景观的旅游规划设计、秦嘉远对乡村溪流景观游憩空间设计、王路对传统村落经验对当代聚落规划的启示、赵辉等对村域景观资源的旅游规划、金昌伟对集镇规划中的文化景观设计等进行了深入的探讨。

### （二）乡村景观规划的内容和意义

#### 1.乡村景观规划的内容

乡村景观规划必须体现出乡村景观资源提供农产品的第一性生产、保护与维持生态环境平衡以及作为一种重要的旅游观光资源等三个层次的功能。因为传统农业仅仅体现了第一个层次的功能，而现代农业的发展除了立足于第一个层次的功能以外，越来越强调后两个功能。由于不同地区经济发展和人口资源状况存在差异，故乡村景观规划的侧重点应有所不同。

刘黎明、李振鹏等提出乡村景观规划的主要内容包括景观生态系统分析、景观生态分类、景观空间结构与布局研究、景观生态过程研究、景观综合评价、景观布局规划与生态设计和乡村景观管理七个方面。一些重点区域的应用主要包括乡村景观规划、土地资源调查、农业遥感应用等。

乡村景观规划的重点和难点是在城市近郊区、生态脆弱地区和长三角、珠三角等经济高速发展地区，其规划的目标是建立一种和谐的人工生态系统和自然生态系统相协调的现代乡村景观。

#### 2.乡村景观规划的意义

20世纪80年代以来，乡村城市化的冲击已经对我国的农业与乡村景观产生了前所未有的影响。目前，我国大部分乡村地区正处于由传统农业景观向现代农业景观的转变过程之中。这一过程的特点是大量的化肥、农药、除草剂及现代农业工程设施的使用，同时向土地利用多样化、均匀化、易变性方向发展；其结果是使乡村景观中人类活动过程和自然生态过程交织在一起，生态特征和人为特征的错综镶嵌分布。农村各产业的蓬勃发展和农村城镇化的快速推进，正在不断改变区域内乡村景观格局，从而使农业资源与环境问题日益突出。这种乡村景观时空格局的改变以及随之产生的一系列问题，使得传统的农业生态系统研究不能满足农业或乡村可持续发展的需要。因此，运用景观生态学原理对乡村景观进行整体性的规划设计就显得日益迫切。

综合起来，乡村景观规划的意义不外乎三个方面：

（1）改变观念，有助于改变目前乡村片面追求形式上的城市化现象，保护乡村景观的完整性和田园文化特色，正确引导乡村的建设与发展，加强对乡村居民的景观教育。

（2）转变职能，有助于充分利用乡村景观资源，调整产业结构，发展乡村旅游等多种经济，对长期困扰我国发展的"三农"问题提供新的思路和途径。

（3）提高认识，有助于协调乡村景观资源开发与环境保护之间的关系，重新塑造自然生态平衡的乡村环境，实现乡村的生产、生活、生态三位一体的可持续发展目标。

## 四、乡村景观评价

乡村景观评价既是景观规划的基础，也是开展景观规划的前提，其目的在于对乡村景观资源合理的开发利用,规定人类对不同景观类型的干扰程度与干扰方式,提高人类行为与景观环境的相容性,进而为乡村景观的合理规划、整治与建设提供科学合理的设计方案,以便建设美好的乡村人居环境,推动乡村的可持续发展。

（一）乡村景观整体评价

刘滨谊与王云才把乡村景观评价体系分为5个层次21个指标:即乡村景观的可居度评价(聚居能力、条件、生态环境、社区社会环境、经济条件、成长性、可持续能力);乡村景观的可达度评价(廊道、区域组合、交通);乡村景观的相容度评价(行为与景观价值功能的匹配特征、行为对景观的破坏性、行为对景观的建设性);乡村景观的敏感度评价(生态稳定性和敏感性评价、视觉敏感度评价、古聚落建筑环境的敏感度评价)和乡村景观的美景度评价(客体质量评价、吸引力指标、认知程度、人造景观协调度、景观视觉污染)。同时提出乡村景观评价的景观生态学原则、景观美学原则、景观资源化原则。谢花林与刘黎明则采用3个层次31个指标构建评价体系,包括社会效应(经济活力性、社会认同性等);生态质量(生态潜力性、生态稳定性、异质性等)和美感效果(有序性、自然性、环境状况、奇特性、视觉多样性、运动性等)。同时将评价体系运用于北京市海淀区5个乡镇的景观评价,取得了良好效果。

（二）乡村景观生态评价

目前国内对乡村生态环境评价研究比较深入,从指标体系到评价方法都较为成熟,但主要是从环境保护的角度来建立指标体系。如丁维等从农业生产、居民点生活、乡镇工业系统3个亚系统选择36个指标建立乡村景观生态环境评价模型。肖笃宁认为可以从独特性、多样性、功效性、宜人性和美学价值对景观进行生态评价。阎传海以地貌为基本线索,以植被为标志,建立山东省南部的景观生态分类系统(包括5个景观型、15个景观亚型),并根据景观型之间的相识性与差异性,选取稀疏植被、森林植被景观及旱作、水旱轮作景观两套指标对各景观亚型进行生态评价。卢兵友以山东省西单村为例,从资源利用、生态、经济和社会四个方面对农村景观生态工程建设效益进行评价。

（三）乡村风景资源评价

目前,我国对风景资源评价理论与方法的研究较多,包括景观美学质量评价、景观敏感度评价、景观阈值评价等。谢花林等根据景观的自然性、奇特性、环境状况、有序性、视觉多样性和运动性对乡村景观美感度进行评价。俞孔坚对景观美学质量评价的理论依据、景观审美意识系统的层次结构、评价的方法与程序做了系统性的探讨,并运用 BIB-LCJ (Balanced Incomplete Block Design-Law of Comparative Judgement)审美评判测量法进行风景审美评判测量研究。景观敏感度评价原理主要从影响景观敏感度的因素(相对坡度、景观相对于观景者的距离、景观在视域内出现的概率、景观的醒目程度)出发,根据各单因素评价的敏感度分量函数进行综合。景观阈值是景观对外界干扰(尤其是人为干扰)的忍受、同化能力和遭破坏后自我恢复能力的量度,评价时首先根据各单一因素分别进行阈值评价,并制定阈值的分级分布图,然后将各因素阈值分布图叠置,求得景观阈值的综合值。

（四）乡村景观功能评价

谢花林等根据乡村景观所具有的经济功能、社会功能、生态和美学功能三个方面,初步构建由项目层、因素层和指标层所组成的评价指标体系。在此基础上建立了乡村景观功能综合评判模型,应用于北京市顺义区的多个乡镇,并推广到全国的不少地方。

# 第四章　都市农业与现代农业

## 第一节　都市农业

### 一、都市农业概述

#### (一)都市农业的概念

都市农业是一种崭新的农业形态,其理论源于日本及欧美等一些城镇化程度较高的国家,最早可追溯到19世纪40年代杜能提出的"农业圈"理论。1935年,日本学者青鹿四郎出版的《农业经济地理》一书,首先提出了都市农业(urban agriculture)的术语。到20世纪50—60年代该术语受到美国经济学家的重视。与此同时,都市农业的实践也得以迅速展开。1969年,日本东洋大学教授矶村英一提出了"都市第三空间理论";1971年,我国台湾地区农学家李谋监提出了"城乡互赖理论";1974年,东京大学名誉教授尾孝岭提出了"环境农业理论"等。他们都对都市农业的概念做了精辟的分析。1977年,美国农业经济学家艾伦尼斯在《日本农业模式》一书中明确提出了都市农业的概念。此后,都市农业正式成为一个经济学理论而流行于国际经济学界。

由于都市农业是一个新兴的研究领域,它牵涉面广,涉及的问题错综复杂,所以关于都市农业的内涵,国内外众说纷纭,至今尚无定论。国外一些学者从地理角度、功能及特征等方面对都市农业做了定义。如青鹿四郎给都市农业的定义是:"分布在都市内的工商业区、住宅区等区域内,或者是分布在都市外围的特殊形态的农业,即在这些区域内的农业组织依附于都市经济,直接受都市经济势力的影响。其中主要经营奶、鸡、鱼、鲜菜、果树等,集约化、专业化生产程度很高,同时又包括稻、麦、水产、畜牧等的复合经营。"同时认为,都市农业的范围一般都是都市面积的2~3倍。日本农政经济学家桥本卓尔对都市农业的定义归纳为:①都市农业是都市内部及其周边地区的农村受城市膨胀的影响,或是在农村城市化进程中受席卷而形成的一种农业形态;②都市农业是被都市包容的、位于都市中的农业;③都市农业最容易受城市扩张的影响,但又最容易受城市基础设施完备带来的益处,因此都市农业是双重意义上的"最前线"的农业;④都市农业是城市建设发展占地和居民住宅建设占地等同时并存、混杂、镶嵌的农业;⑤都市农业如果放任自流就有灭亡的危险,因此都市农业是需要加以有计划保护的农业。

我国一些学者从都市农业的本质与特征出发,特别强调都市农业与其他农业的根本区别,指出都市农业是一种位于都市市区或周边地带,与都市的经济、生态、文化等诸方面互利互赖,并具有经济性、生态性和文化性等多种功能的可持续性的现代农业。并认为:①都市农业是一个广义的地域经济概念,它包括都市内镶嵌状的小块农田、庭院和阳台绿化,也包括城乡接合部的近郊农业,还包括远郊甚至环大都市经济圈在内的适应大都市市场需求的农业;②都市农业是一个动态性的而不是静态性的地域经济概念,因为都市农业是随经济、科技、社会进步分阶段而发展的农业;③都市农业是在城郊农业基础上发展起来,又超越城郊农业的一种经营形态,是高级且多样化的农业;④都市农业集中反映了消除城乡差别、消除工农差别、打破城乡二元经济结构的一种发达形态的农业生产力。生态农业、休闲农业、休闲农业等都在某一方面反映了都市农业的发展水平和特点。

联合国粮农组织对都市农业所做的定义为:都市农业就是都市和都市边缘农业,即在大都市内或都市圈周围,利用城市间的间隙,包括耕地、山地、水面等,从事种养业等经济活动,是为城市提供鲜活农产品及生态、旅游、休闲产品的现代农业。

(二)都市农业产生的背景

1.城市社会经济发展的必然趋势

随着城市化和工业化进程的加快,城市一些自然的生态环境和传统文化也遭到了巨大破坏。人口密集、工业集中、交通拥挤、生态环境恶化等导致的"城市综合征"威胁着城市居民的生活与健康。城市居民越来越怀念田园风光,渴望城市与自然和谐共存。建设山水城市、园林城市、生态城市的科学构思已成为人们关注的热点。同时,随着都市居民收入水平的提高和闲暇时间的增加,其必然进一步要求食品的新鲜和安全,乃至经常性地能回归自然、休闲度假,以体验农业文明、教育子孙后代。都市农业作为一种高层次、高科技、高品位的绿色产业,正好迎合了这种需要。都市农业是一种根据城市居民的多种需求建构和培育的融生产、生活、生态、科学、教育、文化于一体的现代化农业体系,它的出现是人类生态文明发展的重要体现,是经济、社会、科学技术发展的必然结果,是城市居民对生活质量的进一步追求,是生存观、生活观、发展观的一种本质的升华。

2.农村城镇化的不断推进

农村城镇化的不断推进是都市农业发展的重要基础。尽管我国农村城市化滞后于农村工业化的发展,其水平也低于世界平均水平。但改革开放以来,特别是进入21世纪以来,我国的城市化速度大大加快。截至2015年年末,我国总人口137462万人(不含港澳台地区),比上年末增加680万人,其中城镇常住人口77116万人,占总人口比重(常住人口城镇化率)为56.10%,比上年末提高1.33个百分点。但我国经济发达的大城市及其所辖地区的城市化率明显高于经济欠发达地区的城市化率。如上海城市化率2015年已达90%。目前,我国的城市化率大约以每年1个以上的百分点在增长。随着现代城市功能的日益多元化和农业生产力的空前发展,加上城市产业结构的不断调整和优化,势必带来农村与城市在生态、经济、社区等方面全方位的融合,形成所谓的"城市郊区化"和"郊区城市化"的局面;同时,随着城市人口的急剧扩张,城市生态系统结构和功能的严重失调与生活环境的恶化,迫使人们将目光转向城郊和农村,期望以此改善城市的生态环境,扩大绿地,体验田园风光,旅游休闲农业、生态农业也由此应运而生。

3.大城市的综合优势

大城市的综合优势是都市农业发展的重要条件。一方面,都市农业可以充分利用大城市的现代工业技术、物质装备以及基础设施、社会化服务条件等来加速农业向资本、科技密集和土地节约型发展;另一方面,由于毗邻城市,城市强大的工业技术和科学技术也十分容易向农业渗透。因此,都市农业拥有其他地区无法相比的优越条件,更易实现集约化、工厂化和规模化。同时,都市农业具有高科技、高投入和科学化管理的优势,对人力资本有着较高的要求。在经济发展不平衡的状况下,农业生产领域的人力资本首先在城市及城市周边地区聚集。此外,大城市低成本运行的要素市场和产品市场是农业产业发展的基本条件。我国都市农业的实践始于20世纪90年代初,其中以上海、深圳、北京等地开展较早。1994年,上海市人民政府就提出建立具有世界一流水平的现代化都市型农业的构想,上海成为第一个将发展都市农业列入"九五"规划和2010年国民经济发展规划纲要中的城市。1995年,上海市和日本大阪府开展都市农业国际合作研究,并于1996年在上海召开了"上海市—大阪府都市农业国际研讨会"。1998年,在北京召开了首次全国"都市农业研讨会"。我国都市农业的提出,有两个基本背景:一是农业发展迈入新阶段,农产品供求关系发生了根本性变化,从以往长期的短缺转向总量的基本平衡,甚至出现农产品相对过剩。在此背景下,大都市的农业发展必须提出新的目标,强调农业发展不仅仅要满足数量的问题,还必须解决质量以及发挥农业的教育、生态等综合功能的问题;二是城市化进程大大加快,如何构筑新的城乡关系和如何寻求农业在迅速扩展的大都市中的定位,如何发挥农业的多功能价值等都是导致都市农业兴起的重要因素。因此,也可以说,都市农业的提出和发展是我国农业现代化过程和城市化进程交融的产物。

2015年9月17—18日,由上海交通大学与中国农学会共同主办的2015全国都市农业发展研讨会在上海举行,来自科研、教学、管理、企业等单位代表300余人参加论坛。论坛还特邀地方政府、专家学者、知名电商、都市农业企业代表,围绕"互联网＋"与未来都市农业新业态主题,以主题报告和访谈互动形式进行研讨。

大会主题为"区域经济协同下的都市农业",与会人员围绕世界都市农业发展动态与趋势、城市群、区域经济与都市农业协同发展路径、都市圈农业产业结构与发展趋势、都市林业生态技术创新战略与发展模式、都市农业可持续发展与城市食品保障供给、都市农业多功能性与多产融合新兴产业战略、国际都市农业先进模式与经验等专题进行研讨。在区域协同发展的大趋势下,都市农业如何突破以城市为单元的局限,通过区域协同,更好地发挥保障供给、保护生态、休闲服务和带动农区的功能,如何通过长三角城市群的协同,更好地发展上海都市现代农业,使都市现代农业更好地服务上海这个拥有2400万人口的超大型城市,成为此次研讨会的中心议题。

4.改善或提高生活、环境、利益和缩小城乡差别的需要

随着人们生活水平的提高,优质、放心且有利于身体健康的食品在人们的食物结构中所占的比例逐渐提高。另外,城市居民可以在周末享受乡村的田野风光,进行娱乐休闲、缓解精神压力;现代城市快节奏的生活和高度竞争的工作环境,使得城市居民长期处于较为紧张的精神状态,利用都市农业来亲近自然、缓解精神压力,已成为市民的内在需求。同时,都市农业对控制污染,创建优美的生活环境,增进城市居民的身心健康都有积极的意义。

随着我国经济的发展和政策的引导,城市就业机会大大增加,农民纷纷涌入城市,城郊农民纯收入也在不断攀升,如果他们再种植一般的作物和单纯依靠农业已不能满足其实现收入不断增长的要求,为此他们必须发展都市农业,生产无公害的绿色农业产品,供应城市

需要以增加自身的收入。

城市经济发展速度快,同时伴随而来的是城乡差距的不断扩大,加上农民大量涌入城市,造成了社会的不稳定因素。发展都市农业对于农村劳动力资源的充分利用、增加农民收入等具有重大的现实意义。另外,发展都市农业还可以促进农民思想观念的转变,对于缩小城乡差距,率先实现农业现代化、农村城镇化、城乡一体化等也具有重大意义。

(三)都市农业的优势和特征

1. 都市农业的优势

(1)科技、人才、资金的优势。城市是科技、人才、教育中心,科研单位、大专院校云集的区域,拥有大批农业科技专家和管理人才,具有突出的科技、人才优势。同时,城市的经济基础雄厚,加上郊区农民收入较高,也积累了一些资金,从而为发展都市农业打下了良好的经济基础。另外,都市农业也可以说是在与工业融合过程中形成的发达农业形态。城市工业装备的强大的科技、经济辐射力和社会文化对农业的渗透等也促进了工业与农业之间的融合,这种融合有利于克服自然环境的不利影响,使得都市农业的工厂化生产趋势越来越明显。

都市农业以不同水平和形式的利益分配方式为纽带,使农户与农产品生产基地或服务园区建立起密切的联系,以卓有成效的方式推进技术进步和促进资金融通,在更大范围上加工和销售农产品,为城市居民提供相关产品等,从而使农民按市场需求组织生产。这样,不仅可以在总体上实现农业的增长,还可延长农业生产经营的链条,大大增强农业抵御市场风险的能力,从而使农业改变其弱势产业的形象,进而使其能参与社会平均利润的分享,实现增值效应。

(2)市场和区位的优势。依托城市巨大的农产品市场,交通运输方便,农民可以直接把生产的农副产品运到城市进行销售,不存在销售问题。同时,有条件的地方可以通过航空运输出口名优珍稀农产品进行创汇,直接面向国际市场。因为都市农业接近市场,其经营不仅可节约农产品上市经费,而且还能比其他产地更快、更直接地获取市场信息以调整生产结构。

都市农业的生产、流通和消费,农业的空间布局和结构安排,农业与其他产业的关系等,必须首先服从城市的需要。这种由城市需要决定农业的发展,有利于实现都市农业的相互依存、相互补充、相互促进的一体化关系。

2. 都市农业的主要特征

第二次世界大战结束以来,随着社会生产力和城市社会经济的巨大发展,都市农业已经成为当代最具活力的一种现代生产力。与传统的城郊农业相比,都市农业在形态、功能和发展水平等方面均显示出自己鲜明的特征。

(1)城乡融合。一般来说,为了有效地利用交通、信息、能源等,工商企业大多集聚在城市,而农业则集中在农村。自古以来,城乡界限分明,特别是在中国,但随着城市化进程的加快,这种传统观念动摇了。除了如许多欧美城市民宅的花园、阳台以及道路旁原先就存在的零星的种植业外,一方面随着城市扩展,在原先城市四周的新城区保留着大块农田,像日本东京、大阪和我国北京、上海等地的"插花型"农业等。这些农业存在于"都市里的村庄",很难说清是在城市还是在农村。另一方面,随着城市群的出现,相互紧密联系的大、中、小城市呈网络状。处于其中的农村无论交通、信息,还是能源利用方面,均享有与城市相同的便利和集聚的好处。

(2)高度集约。都市农业改变了传统乡村农业粗放经营的模式,利用有限的土地资源,精耕细作,集约经营,进而达到高度的农业发展形态和为都市服务的特殊功能。如日本东京、大阪的农业基本实现栽培园艺化、设施现代化、操作机械化等;荷兰海牙周边农业50%为温室,这些温室具有自动喷灌系统和小气候控制设备等。据测算,上海农村单位耕地产值的弹性比例已高于市区单位土地所含工业产值的弹性比例。因为都市农业是资本、设施、科技高度密集,并在生产经营方式上高度企业化、规模化、市场化的农业,所以传统的农业不能与之相提并论。

(3)高智能化。都市农业不但要有现代高科技的设施,而且更应当有高新技术的武装和一大批高智能人才的支撑,如借助现代生物高新技术使农业生物种类得到定向改造,依靠先进的计算机技术和信息技术使农业生产环境、生产过程进行自动优化控制。这样可以从基础设施、生产、系列加工、流通、管理等多方面形成高科技、高品质、高附加值的精确农业体系,从而带动整个农业向智能化、更高层次发展。因此,可以说都市型农业是一种全新的"细、净、雅"的高智能产业。

(4)多功能。都市农业除了生产、经济等功能外,同时还具有生态、观光、文化等多种功能。随着人们对生活质量要求的不断提高,城市对都市型农业的需求也不断上升,不仅要求都市农业要有新鲜、营养、多样化的食物供给功能,而且还要有生态保护、科学实验、绿色文化、科普教育、休闲娱乐的多元化功能。这些功能的协调发展,将使都市农业全方位地为城市居民服务,最大限度地提高城市居民的生活质量和生态文化品位。在欧美、日本的许多城市中,农业不但生产食物,而且成为美化环境、绿化市容,以及观光、休闲、学习的重要产业。如日本的体验农业、英国的绿色城墙、德国的市民农园以及新加坡的农业花园等都充分体现了都市农业不仅有经济功能,而且还具有生态、文化、社会等诸多方面的功能。

(5)高度开放。都市农业突破了小生产的束缚,充分利用都市发达的市场、信息和交通网络,跨越区域和国界,发展农产品和交易,实施全方位的开放。开放范围涉及种植业、养殖业及农副产品深加工;开放方式由过去单纯引进的买卖关系发展到双方共同投资建立合资企业和示范农场;开放项目涉及畜牧、水产、蔬菜、瓜果、粮食、花卉等;开放内容既有引进资金、设备、品种的硬件合作,也有引进技术、管理的软件交流等。

(6)高度产业化。都市农业的发展要以农业系统整体效益最大化为原则,正确处理好眼前利益和长远利益的关系,把都市农业看作是一种基础产业和战略性产业,实现高度产业化。如建立农副产品生产、深度加工和市场销售相结合的生产经营体系,实现都市农业的专业化生产、区域化布局、一体化经营、企业化管理、品牌化决策和社会化服务。农副产品由单一、分散经营向系列化、一体化发展。

(7)脆弱性和环保性。都市农业的生存环境十分脆弱,不但受到城市"三废"的污染,而且由于城市规模的不断扩大而受到吞食,从而最易面临"灭顶之灾"。因此,为了保证都市农业可持续发展,就需对都市农业采取有效的保护,才能避免其成为夕阳农业的厄运。然而,都市农业不但要注重农业生产经营与城市生态环境的协调、互补,并以农业生产过程中的天然色彩,如青山绿水、花果飘香等构造与城市"灰色森林"相补的生态环境;而且要注重为城市居民提供无公害的绿色农产品来满足都市居民提高生活质量的多种需求。所以都市农业又具备环保性。

（四）都市农业的功能

1. 生产功能

生产功能是指都市农业为城市居民生产和提供更多的鲜活、名特优的农产品，以满足城市居民的生活需要，解决人们的"米袋子"、"菜篮子"问题。首先，都市农业在保障城市居民的物质供应的同时，还要确保农民有较高的稳定收入。这就要求农业生产不能停留在初级农产品的生产上，而是应该通过农业产业化的发展，建立农副产品的生产、加工和市场销售的体系，特别是对农产品进行深加工，促进高附加值商品生产的发展，从而不断提高农业的生产效益。其次，都市农业不仅要满足居民的物质需求数量，更要注重质量。积极开发绿色食品和保健食品，以满足城市居民生活质量日益提高和高档消费的需要。

2. 生态和生活功能

充分发挥都市农业的绿化、净化和美化作用，充当都市的绿化隔离带，防止城市无限制扩张，保持乡村的自然景观，使乡村成为市民娱乐休闲的场所；构建园林化城市，建立人与自然、城市和农村和谐的生态环境，使整个城市充满生机和活力，实现城乡经济的共同发展和社会全面进步。其归宿点是为了提高城乡居民的生活水平和生活质量。都市农业不仅要为人们提供鲜活的农副产品，而且还要为城市带来新鲜的空气、洁净的水质和优美的自然风光，成为"城市之肺"。

3. 教育功能

在都市农业区域内的生态园和农业公园等，可让市民及青少年接触农业、体验农业生产劳动的乐趣和农村文化，在回归自然中获得一种全新的生活乐趣，并接受教育。都市农业中的教育农园、观光农园和科技示范农园，可成为新型的青少年教育基地。中小学生到基地不但能体验到普通农家的生活，了解一些简单的农艺知识，而且能培养热爱农业、热爱劳动的思想观念。同时，能激发他们勤奋学习的热情和积极性，也使他们得到传统文化教育的熏陶。

4. 示范创新功能

都市农业凭借城市的经济实力、科技基础和人才优势，在农业设施、高科技开发应用等方面为推进当地实现农业现代化提供经验并起到示范辐射作用。把综合配套技术进行组装，如将滴灌技术、无土栽培技术、智能栽培技术、高效低毒的生物农药防治技术等组合，依靠科技进步，开拓农业生物技术产业，把都市农业建设成现代农业的样板，并成为向各地辐射先进农艺和农业技术的中心，同时依靠科研院所密集的优势积极开发引进优良品种和采用先进的栽培技术、养殖方法等，成为农村的示范创新基地。依靠城市科研单位多、科技成果丰富、农业技术装备先进、社会服务体系健全等优越条件，形成一个系统化、多功能和现代农业经济信息相结合的网络，创造条件成为服务全国的现代农业新技术培训和信息交流中心。

5. 旅游功能

通过开发农业旅游产业，为城市居民和国内外游客提供洁净优雅的休闲、游览场所，提高人们的休闲生活质量。在都市农业区域内开发旅游农业、休闲农业等农业旅游项目，如开辟景观绿地、市民农园、生态园、观光农园等可以让市民体验农耕和丰收的喜悦，既能增进情感和健康，提高城市居民休闲生活的意境和档次，又能展示浓郁的农业文化，并且能提高农业生产效益，增加农民收入。据报道，山东省发展的都市农业中，在某些城郊的温室内,配备了红木桌椅,同时又摆有传统农具,如水车、纺车、牛车、马车和犁耙等,还饲养了一些农家常见的家禽、家畜等。游人一边品尝刚采摘的瓜果,一边欣赏绿色美景、体会普通农家情况;有的种植果树、蔬菜和花卉等;有的营造景观,如小桥流水、绿柳荫荫等。它既满足了市民观光旅游的要求,又使当地取得了较高的经济效益。

总之,都市农业的功能主要是充当城市的藩篱和绿化隔离带,防止市区无限制地扩张和摊大饼式地连成一片;作为"都市之肺",防治城市环境污染,营造绿色景观,保持清新、宁静的生活环境;为城市提供新鲜、卫生、无污染的农产品,满足城市居民的消费需要,并增加农业劳动者的就业机会及收入;为市民与农村交流、接触农业提供场所和机会;保持和继承农业和农村的文化与传统,特别是发挥教育功能。未来,我国的都市农业还应该向"环境友好、功能齐备、技术领先、产业融合、统筹布局、市场先行"的方向建设和发展,即按照人与生态共进的思路,充分发挥农业在调节和改善生态环境方面的潜在能力,在生态功能上体现环境友好,在经济功能上体现农业系统产出(农产品产业链)扩张,在社会功能上体现保障城市农产品供应和具备应付突发性公共危机时的农产品动员和协调能力,以及保存农村民间文化遗产,保护传统农耕文明和民俗文化,提供观光、休闲等为主体的农业休闲项目,具备强大的生态屏障功能、持续稳定的经济社会功能以及领先的技术与完善的服务功能。

## 二、发达国家的都市农业

### (一)发达国家都市农业的模式

发达国家的都市农业,目前已形成了类型多样、功能齐全的都市农业产业体系,并取得了良好的社会、经济和生态效益,但由于世界各国的社会经济、自然条件不同,都市农业发展的模式也不尽相同。综观发达国家都市农业的发展情况,大致可概括为三种模式或类型。

#### 1. 偏重生产、经济功能的模式

该模式在生态经济系统中强化人的主动性而弱化自然环境的能动性,以美国大西洋沿岸的巨型都市农业带和以色列高度集约化的农业为代表。美国大西洋沿岸被公认为是当今世界上最富有的地区之一,以波士顿、纽约、费城、巴尔的摩、华盛顿五大都市圈形成的带状区域,被美国的经济学者 Jean Gottmann 称为"巨型带状都市"。这一南北长约 960km、东西宽 50~160km 的区域里都市和农村相互交错,融为一体,农业如网络一样分布在城市群之中。该区域内的农业由于受都市经济势力的巨大影响,形成了独特的都市农业。

#### 2. 偏重生态、社会功能的模式

该模式强调人与自然环境的和谐相处,要求政府通过制定一系列法律、规章制度和政策措施来规范都市农业的发展,以欧洲城市为代表。如德国的田园化城市、英国的森林城市等。由于经济发达和文化传统等,该模式更重视人与自然环境的和谐相处和生活质量的改善与提高。

#### 3. 生产、经济功能和生态、社会功能兼顾的模式

这种模式强调运用先进的科学技术和耕作技术,把农业生产寓于城市生态环境建设之中,为市民提供一定量的农产品和完美的公共产品,以东亚的日本和东南亚的新加坡为代表。它是兼顾生态和经济功能的模式。日本有许多高集约化的尖端农业,尽管其国内食品需求热量的 60% 以上来自国外,但蔬菜自给率却高达 90% 以上,城市四周有许多土地用于

植树,美化城市,发挥生态功能,国土面积的 60% 以上为森林所覆盖。

（二）几个有代表性发达国家的都市农业

1. 美国的都市农业

在美国,都市农业被称为都市区域内的农业。占美国总面积的 10%。其生产的农产品价值已占美国农产品总价值的 1/3 以上。其主要形式是耕种社区或称市民农园。其采取一种农场与社区互助的组织形式,在农产品的生产与消费之间架起桥梁。参与市民农园的居民,与农园的农民或种植者共同分担生产成本、风险及盈利,农园尽最大努力为市民提供安全、新鲜、高品质且低于市场零售价的农产品,社区为农园提供固定的销售渠道,尽量做到双方互利互惠。学者们认为,市民农园是一种创新与变革,加强了农民和消费者的联系,增加了区域食品供给,促进了当地农业经济的发展。

2. 日本的都市农业

日本的都市农业是指包含在都市内的农业及都市近郊的农业。日本是一个土地资源十分有限的岛国,经过 20 世纪 60—70 年代经济的高速增长之后,城市扩张迅猛,城市周边地区的地价不断上涨。由于土地私有制,为保留土地以达到增值的目的,一些农户不愿过早出卖自己所拥有的土地,于是将继续耕种的土地在高楼大厦林立的城市内保留了下来。之后人们发现,在城市星星点点的耕地上生产的嫩绿的蔬菜、鲜艳的花卉,不但为城市增添了绿色,增加了观赏的景点,而且改善了城市的生态环境,有不可忽视的存在价值。截至目前,日本已开发出三种有代表性的都市农业模式:

（1）观光型都市农业。即设立菜、稻、果树等田园,吸引游人参观体验,其实质是农业与旅游业的结合。

（2）设施型都市农业。即在一定范围内运用现代科技与先进的农艺技术,建立现代化的农业设施,一年四季生产无公害的农副产品。

（3）特色型都市农业。即通过有实力的农业集团建设一些有特色的农副产品生产基地,并依托先进的科技进行深层次开发,形成在国际市场上具有竞争力的特色农业。

由于日本的都市农业兼顾生态和经济功能,从而大受社会各界的欢迎,有强大的生命力,并逐渐出现以下的发展态势:一是生产逐渐规模化,以提高都市农业产品的国际竞争力;二是农业结构逐步调整,效益低、成本高的农产品逐渐被淘汰,绿色保健品的生产大量增加;三是生产手段向全自动化、设施化、智能化方向发展,尤其是蔬菜、水果等特别明显;四是农产品批发市场逐步完善;五是生产经营管理向网络化方向发展。

日本都市农业发展的经验为各级政府出台保护和扶持政策、因地制宜地提出多样化的发展模式、关注农业劳动力素质等问题奠定了基础。

3. 德国的都市农业

德国的都市农业以市民公园为代表。市民公园起源于中世纪德国的 Klien Gorden。那时德国人多在自家的庭院里划出一小部分作为园艺用地,享受亲手栽培作物的乐趣。而德国都市农业的真正发端一般认为始于 19 世纪。19 世纪德国政府为每户市民提供一小块荒丘,市民用作自家的"小菜园",实现生产自给自足。19 世纪后半叶,德国正式建立了"市民公园"体制,其主旨是从建立健康的理念出发,让住在狭窄公寓里的都市居民能够得到充足的阳光和雨露。但近年来建立市民公园的主旨已发生了很大变化,转向为让市民有体验农家生活的机会,使久居都市的市民享受田园之乐。

市民公园的土地主要来源于镇县政府提供的公有土地。每一市民农园的规模约有2hm²，大约每50户市民组成一个集团，共同承租市民农园。租赁者要与政府签订25～30年的使用合同，自行决定如何经营。种花、植草、种菜或栽树、养花等，政府都不加干涉，但其产品却不能出售。如果承租人不想继续经营，可以中途退出或转让，让市民农园的管委会选出新的承租人继续租赁，新承租人要承担原承租人合理的已投入的费用。目前德国市民农园呈兴旺之势，其产品总产值占到全国农业总产值的约1/3。

### 4. 荷兰的都市农业

荷兰是一个欧洲小国，其面积只有4万多平方公里，约为我国河南省的1/4。荷兰自己没有都市农业的说法，但荷兰人口密度大，农业紧靠大中城市，特别是其园艺业和奶牛业，位于大中城市的"都市圈内"。荷兰是农业高度发达的国家，其发展目标不再是追求产量，而十分强调农业与环境、自然的协调发展，重视农业的社会责任，这为荷兰形成"绿色生产力"打下了很好的基础。在荷兰的都市农业中，花卉业和奶牛业是特别重要的产业。荷兰以"欧洲花园"和"花卉王国"而驰名于世。荷兰花卉园艺有悠久的历史和文化渊源，且土壤和气候条件比较适宜。加上荷兰工商业发达，城市繁荣，人口密度大，园艺业产品从农村（相当于郊区）到城市不但距离短，而且不愁销路。这为荷兰的花卉园艺业的发展打下了坚实基础。在经济利用土地问题上，以花卉为代表的园艺业要优于一般的大田种植业，而温室园艺业又优于露天园艺业，且农场的规模也在不断扩大。

荷兰温室产业具有高度工业化的特征。由于摆脱了土地的约束和天气的影响，温室园艺产品可以实现按工业方式进行生产和管理，其种植过程不仅可以安排特定的生产环节和生产周期，在产后的包装、销售方面，也同工业生产如出一辙，真正成了"工厂化农业"。荷兰园艺业和奶牛业的发展又带动了农村合作社和加工业的发展。在"单干"的情况下，每个奶农必须自己把挤出来的奶运送到城市去卖，费时费力，因此奶农特别需要合作销售。花卉业也是一样，需要把大量的鲜花以最快的速度运送到城市消费者手里，没有合作社是难以办到的。

### 5. 新加坡的都市农业

新加坡素有"花园式大都市"之美誉，其农业是典型的都市农业。新加坡由于自然资源贫乏，农产品不能自给，加上城市高度发展后耕地不断减少，因而非常重视都市农业的发展，注重运用高科技生产高附加值的农产品，如蔬菜、花卉、鸡蛋等。新加坡最重要、最有特色的都市农业模式是现代化、集约化的农业科技园。其基本建设由国家投资，然后通过招标方式租给商人或公司，租期为10年。现有耕地约1500hm²，供500多个不同规模农场经营。其中有一个用气耕法种植蔬菜的农场。这个农场在有空调设施的温室内种植蔬菜，蔬菜根部暴露在空气中，每隔5分钟喷洒营养物质和肥料，不喷农药。用气耕法种植不仅比传统的土耕法节省土地，而且比土耕法节省水，因为水可以循环使用。

## 三、发展中国家的都市农业

发展中国家和地区的都市农业与发达国家和地区的都市农业有着截然不同的产生和发展过程。21世纪，人类面临的两个重大挑战是快速城市化和不断增长的贫困。在非洲、亚洲和拉丁美洲的很多城镇中，这两种现象融为一体，形成一种新现象，即"贫困（现象）的城市化"，大量人口涌入城镇，而城镇无法提供充足的就业机会，对于不断扩大的低收入阶层而言,从事都市农业就成为他们必要的甚至是唯一的选择。

在发展中国家,都市农业发展迅速。城市中从事都市农业的家庭占有相当大的比重,并且这一比重呈不断增长的态势。在非洲,20世纪80年代从事都市农业的人口占城市总人口的10%～25%,但到90年代这一比重上升到70%。在亚洲,20世纪90年代从事都市农业的人口比重达到了60%。在肯尼亚和坦桑尼亚有大约3/5的城镇家庭从事都市农业。

都市农业在很多发展中国家的实践中,已经体现出其优越性。如增加食物供给,保障粮食安全;提供更多的就业机会,增加收入;改善生活质量,有利于社会的稳定。同时能化废为宝,节约能源,发展循环经济,改善城市环境,有利于居民的身心健康等。

（一）性质

都市农业,有时也称为"都市内农业"或"环都市农业"。如果不考虑都市农业所处的位置,它与农村地区的农业活动并没有本质的区别。都市农业与普通农业的最主要区别是都市农业与都市经济和生态系统的紧密结合。都市农业为一部分都市居民提供了就业机会和农业产品,并通过自给改善了生产者的营养摄入,直接或间接地增强了生产者的购买力,提高了土地利用率,因此都市农业与都市经济和生态系统有着密切的联系。同时,都市农业与普通的农村农业共同为都市提供各种农产品,在农产品的品种和产量等方面与农村农业存在着互补的关系。

（二）类型

对都市农业类型的划分,可以根据经济活动的类型、产品种类、分布地点、土地类型、生产系统、产品去向和生产规模等进行。从经济活动的类型来看,都市农业通常包含农产品的生产、加工和销售三类活动,但与农村农业相比,这三类活动在时间和空间上的结合更为紧密。根据产品种类,大致可以把都市农业分为种植业和畜牧业两类,但其共同特点是生产高附加值和易腐烂的农产品。根据分布地点,都市农业可分为都市内农业和环都市农业,后者与农村农业关联度高,并且因为都市处于快速城市化时期,因而具有更强的变动性。根据土地类型划分都市农业较为复杂,可以根据生产地点与住所的远近把都市农业分为住所旁的都市农业和距住所较远的都市农业;也可以根据土地取得的方式分为自有、租借、个人协议或非法取得等。还可以根据土地在官方土地目录中的类别分为居住用地、工业用地、行政用地等。根据产品去向,都市农业可分为自给和销售两类,但实际上生产者往往部分自给、部分销售。根据生产系统和生产规模,都市农业可以分为个人或家庭生产、小规模企业和中等规模企业。当然,在实际研究中,通常根据都市农业的分布或综合标准进行分类。

（三）特点

都市农业和《21世纪议程》中提出的贫困、水、健康、环境管理等议题直接相关,因此都市农业是都市可持续发展必不可少的一部分。首先,都市农业与都市社会经济系统紧密结合。都市农业对社会经济的互补性不仅体现在与都市系统各方面的联系上,还体现在与农村农业的互补方面,两者共同生产农产品,满足都市的需求。无论生产者销售还是消费农产品,都市农业都在客观上增加了其可支配收入,缩减了贫富差距,因而利于都市社会经济的可持续发展。其次,都市农业实现了能量和资源的循环和再生利用,因此又是都市环境可持续发展的重要环节。

城市土地与农村土地在利用上存在着不同的特点,其中之一是土地的高利用率即集约利用。都市农业生产的集约性表现在以较高的劳力和资金投入产出高附加值和易腐烂的农产品如蔬菜、水果、花卉、牛奶等,这符合杜能的农业区位论中关于不同土地利用方式的区位和特点的描述,符合土地资源的优化配置。

都市农业又是一个动态现象,具有高度的灵活性和适应性。这种动态性表现在时间和空间两个方面。如在尼日利亚,开发商取得土地后,开发往往会滞后一段时间,此时土地就成为都市农业生产者的劳动场所。都市农业的面积一般由城郊向城市中心递减,随着城市化水平的提高、人口密度的增加,空置土地面积减少,同一地区都市农业的平均生产面积也不断下降。

(四)影响

1.有利影响

(1)粮食安全。随着城市化进展的加快和城市人口的增加,人们对粮食和其他农产品的需求也在不断增长。世界银行的研究表明,城市低收入阶层中的大部分成人和儿童患有疾病,影响了其工作和学习能力。但是,当这些人从事都市农业时,其食物摄入量增加,同时,原本花在这些食物上的钱可用于购买其他食品,利于营养均衡,从而使城市低收入阶层营养不良的状况得以改善。许多喀麦隆人都相信自己生产的食品比购买的食品新鲜、品质好,因而更有利于健康。

(2)经济效益。都市农业的经济效益与其对粮食安全和营养摄入的影响是相联系的。首先,大多数都市农业的产品由生产者自己消费,原本用于购买这部分食物的钱可以用于其他必需的支出,例如教育费用、医疗费用、房租等,从而增加了家庭购买力,平衡了家庭财政预算。其次,都市农业的生产场地通常是都市中暂未利用的土地,通过生产者的开发利用,投入劳力和资金,这些土地有了产出效益。最后,生产规模较大的都市农业,往往需要雇佣兼职或全职工人,为都市创造了就业机会,增加了人均收入。当然,由于目前发展中国家都市农业的研究多集中在微观领域,因此都市农业的宏观经济效益还有待于深入研究。

(3)社会效益。都市农业能够产生一定的社会效益,从而对都市社会可持续发展具有间接的促进影响。例如,通过比较实施激进改革后的喀麦隆与采取了类似措施的其他非洲国家的社会反应,其他非洲国家大多发生了大规模的动乱以及种族冲突,而喀麦隆推行改革后虽然也触动了众多国家公务员的利益,如取消福利、降低薪金等,再加上货币贬值,使改革后国家公务员的薪金水平还达不到改革前的1/5,但总的社会反应较平稳和温和。Ben指出,造成这种差异的关键在于喀麦隆政府在改革的同时鼓励都市农业并放松了不利于都市农业发展的一系列管制,都市农业的经济效益使公务员的经济承受能力增强,从而使改革得以深入。

(4)环境效益。许多发展中国家的城市在养分和能量再循环方面没有可持续的环境政策,而都市农业则可以部分地弥补这一缺憾。首先,种植绿色植物(作物、果树、花卉等),可以通过叶片吸收污染物质从而降低大气中的悬浮物含量。其次,绿色植物通过蒸腾作用可以增加空气湿度,改善局部气候。再次,都市农业可利用都市自身产生的有机废物,实现物质和能量的循环利用。最常见的是用废水灌溉农地。另外,部分生活废水和废物可用于人工鱼塘;其他如墨西哥的都市畜牧业(养牛)为都市种植业提供了肥料等。最后,都市农业在客观上改良了城市景观,增强了城市的生物多样性。

2.不利影响

（1）食品污染。都市农业有利于物质和能量的再循环利用。由于生活废水中含有大量养分且有机物含量高，因此常被用作灌溉水源。废水可能经过完全或部分处理再用于灌溉，但有时也不经任何处理就施用。不经处理的废水的使用，要视作物品种、灌溉技术等因素而定。如果使用不当，废水灌溉的作物和农产品就可能受到污染，影响作物品质甚至危害人体健康。曾有灌溉水因病菌没有及时处理而导致霍乱的例子。另外，城市大气和土壤中铅的含量较高，容易沉积在绿色叶类蔬菜的叶片中，从而对人体神经系统等方面造成危害。

（2）卫生隐患。首先，为保证水源，都市农户大多会开沟挖渠，引水灌溉，暴露在外的水面成了蚊虫滋生地，容易传播疾病。Yas等人在加纳的Kumasi的研究表明，通常按蚊的密度由农村地区向城市中心递减。由于按蚊是疟疾的主要传播中介，因此相应的疟疾发病率也由农村地区向城市中心递减。但在都市农业生产地点，按蚊密度增加，加上都市人口密度较高，在有都市农业的地方疟疾的发病率反较农村为高。其次，都市畜牧业和农村地区畜牧业不同，前者分布在人口密度较高的地区，虽然距道路可能有一段距离，但由于饲养场所的简陋和卫生设施的缺乏，排泄物没有得到及时清理，使得异味影响到过往路人。最终，一些地区为提高产量，都市农业往往会大量使用化肥，对环境造成了潜在的危害。

（五）局限（问题）

1.土地有限

都市农业面临的最大障碍是获取土地途径的有限性。城市化的发展和城市的扩张是以未利用地和农用地转换成城市建设用地为特征的，而农业通常被视为与都市和都市文化相冲突的生产活动。因此，城市土地利用规划往往不会预留都市农业用地，导致许多自给型的都市农业用地都属于非法用地，即使农户暂时占据了空地从事都市农业，他们也会对由此产生的不确定性深感忧虑，从而影响设施、精力和技术的投入。

2.基础设施不足

影响都市农业发展的另一个主要限制因素是都市农业生产基础设施不足，这不利于都市农业的市场化和规模经营。都市农业基础设施不足，首先是农业所需水源不足。水源不足导致使用未处理的废水灌溉，从而影响作物品质和人体健康。而农户自己开挖沟渠又容易造成卫生隐患。基础设施不足导致都市农业存在的品质问题又成为政府官员反对都市农业的理由。除水源之外，道路、交通、能源等基础设施问题不是农户自己能够解决的，只能依靠政府投资。但都市农业往往分布在人口密度较低的地区，政府在投资基础设施建设时往往对这些地区考虑滞后，优先发展人口密度较高的地区，从而导致都市农业在道路、交通、能源等基础设施方面的缺失。

3.缺乏扶持和组织

除上述两种因素外，都市农业的发展还面临着其他一些条件的限制。首先是在培训和推广、信贷、市场销售及建立小企业等方面缺乏政府的扶持和指导。肯尼亚的农户认为，如果能够得到耕作技术的指导，现有产量可以大幅度提高。在农业信贷方面，由于从事都市农业的人大多属于低收入阶层，土地多为非法使用，因此无法从银行获得贷款，从而难以实现集约生产。其次是缺乏针对性的适合都市条件下的农业生产技术指导。最后是普遍缺乏农户组织。农户组织对都市农业的发展具有重要的作用，通过参加农户组织，农户可以获取更多的信息、技术知识及其他方面的帮助,农户间可以协调生产、交流经验等,从而更好地促进都市农业的发展。

4.生产风险

由于许多土地属于非法用地,都市农业往往不受当地政府部门的保护,反而成为其驱除的对象。例如在 20 世纪 70 年代的喀麦隆,出于大众健康的考虑,政府卫生部门的官员常派人不定期地清除都市农业作物。都市农业面临的更大威胁来自日常的小偷小摸。为降低生产风险,农户会缩小种植面积,将其集中在住所周围,便于监督;或者种植生长期短的品种,缩短作物暴露在外的时间,减少被偷窃的可能性,从而导致都市农业质量、产量和品种的下降。

## 四、发达国家与发展中国家都市农业的差异

### (一)发展都市农业的目的不同

在发达国家,一方面,由于社会经济的不断发展,高度城市化的弊端日益显著,人们开始认识到农业的多功能价值;另一方面,随着收入的增加,人们拥有更多的闲暇时间,对城市环境提出文化、教育、休闲等方面的要求。在这种状况下,都市农业应运而生,它被认为是都市可持续发展的必要组成部分,可以调节人与自然的平衡,改善居住环境和休闲环境。而在发展中国家和地区,都市农业更多是作为城市贫民的"灰色"谋生手段,为城市低收入阶层提供必要的食品和收入。

### (二)都市农业的类型不同

发达国家的劳动力素质较高,其都市农业科技含量也较高,大量运用了各种先进技术,如农业生物技术、信息技术等。日本的部分地区甚至实现了机器人下田作业。总体而言,发达国家的都市农业属于技术和资金密集型产业,具有较好的规模效益。而发展中国家的都市农业与传统农业比较相似,其机械化操作水平往往不是很高,主要依靠大量劳动力的投入,仍属于劳动密集型的产业,产品的自给程度高,商品化程度低,主要针对地方性市场,未能实现规模效益。

### (三)政府对都市农业的态度不同

在发达国家,政府的政策支持和规范化管理是都市农业健康发展的重要保证。如德国政府对市民农园就有完整的管理制度,政府对市民农园区域内的日常管理工作、种植和养殖项目的权利、产品和服务的销售不加干涉,但从宏观上加强对市民农园的面积、租赁、出售和规划等的管理和控制,从而引导和规范都市农业的发展。日本政府则采取了一系列激励和保护都市农业的措施,对初次从事都市农业的人员提供无息贷款、资助学习相关农业技术和经营方法等。而发展中国家的政府往往不太重视都市农业,甚至对都市农业持否定态度,认为都市农业与城市的文明生活方式相对立。因此,普遍缺乏对都市农业的规范和引导,导致发展中国家和地区的都市农业的发展遭遇了较多的障碍。其中最大的障碍是土地获取途径的有限性,如在尼日利亚北部城市 Kano 进行都市农业生产的土地中有 20% 是非法取得的。土地资源是都市农业生产必不可少的要素之一,土地有限的可获取性直接影响了农户生产的积极性。

### (四)都市农业的产品不同

发达国家的都市农业生产,往往从本国国情出发,紧密结合国内城市经济、城市生态、

文化风俗、城市农业资源组合等，根据市场需求进行生产，产品的商品化程度较高。如鲜花、牛肉、水果等。而发展中国家的都市农业规模较小，其产品主要用于自给。如在尼日利亚的 Kano，23％的都市农业面积小于 $50m^2$，60％以上的面积在 $50\sim500m^2$，主要产品是自用的粮食和蔬菜。

### （五）都市农业面临的问题不同

发达国家的经济发展水平较高，都市农业的发展已经步入正轨。因此，其未来的发展主要是加强高科技的研究、投入和运用，如在城市广泛使用温室或其他密集型生产系统生产水果和蔬菜，在生产中广泛应用无土栽培法，采用多种替代技术，减少化肥和杀虫剂的使用量等，从而使都市农业步入可持续发展的轨道。而发展中国家都市农业的发展面临的主要问题是经济、社会等方面，至今尚未将都市农业列入城市发展规划行列，土地的可获取性有限；相关配套的道路、交通、能源等基础设施不足；缺乏信贷的支持和法律方面的依据；容易遭受盗窃等。所有这些问题，都亟待发展中国家政府相关部门从法律、法规、规划、基础设施等方面予以扶持。

## 五、我国的都市农业

### （一）我国都市农业的发展现状

我国都市农业的实践最早源于 20 世纪 80 年代末期的城郊农业。在此时期，北京、上海、深圳等一些经济发达的大城市已经将都市农业纳入城市发展规划，而中西部一些城市都市农业的发展也紧随其后。经过 20 多年的发展，我国的都市农业已具有一定规模，发展势头良好。目前，我国共有 700 多个大、中、小城市，城市化率已达到 56％，这些城市规模不一的地区所涵盖的农业都属于都市农业的范畴，但其中至少有一半的中小城市的农业尚处于城郊农业向都市农业的转变过程中。因此，我国各地都市农业的发展模式、发展程度及功能定位不尽相同。

我国都市农业发展的模式可以分为东部城市都市农业、中部城市都市农业、西部城市都市农业三大类。按时间发展顺序来看，我国都市农业的发展由东向西；从国内发展来看，都市农业还处于发展的初级阶段，有区别于国外，特别是发达国家的都市农业，主要突出以经济功能为主。我国的都市农业作为一种形态，只是在某一个城市的某一个地方有了突破，形成了多样的都市农业区域性类型。其主要形式可分为产品型都市农业、服务型都市农业、体验型都市农业和混合型都市农业等。

我国的都市农业主要位于大城市地区，既可以环绕在市区周围的近郊，也可以镶嵌在市区内部。从总体上看，我国的都市农业具有经济、社会和生态三大功能。经济功能实质上是都市农业的产业功能，而社会与生态功能是都市农业所提供的难以替代的公共产品，也称之为社会公益功能。

上海都市农业的发展是基于都市规模扩大，制造业逐步外移，城市环境质量恶化，农业发展面临发展与空间、发展与效益、发展与需求的矛盾而形成的。近些年来，上海在浦东孙桥、闵行马桥、宝山罗店、东海农场以及南江新场等五处设立试点，应用高新技术构建设施农业，分别从荷兰、以色列引进了五套自控温室系统，采用无土栽培、天然雨水灌溉、电脑温控、园艺化生产等当今世界最先进的农业科学技术开展了以种苗工程、温室工程、生物疫苗和生物农药工程、绿色工程等为主要内容的研发和建设，取得了很好的成效。其主要表现为都市农业生产稳步发展、农业科技水平明显提高、农业装备水平显著增强、农业的多功能性逐步显现。同时,上海都市农业已经形成了三圈(内圈、中圈、外圈)、六区(卫星城农业区、海岛农业区等)、十带(市中心通往 10 个区县的快速干道两侧形成的都市农业带)的架构。

北京市明确提出要以现代农业作为"都市经济"新的增长点,其功能定位为食品生产基地功能、生态屏障功能和休闲度假功能。北京的"都市农业"实验区分为生产区、储藏加工区、娱乐区、观赏区和高科技区,并且在日光温室建设方面、灌溉技术方面和测土配方施肥技术的应用方面取得了巨大的进步,为绿色、健康都市农业的建立迈出了坚实的一步。

与此同时,我国的南京、广州、天津、武汉、重庆等城市也都在努力培育"都市农业"。如南京的都市农业在突出生产功能的同时,重视强化和拓展生态、休闲两大功能。其中,休闲农业作为南京市都市农业发展的突破口,成效已经相当显著。

都市农业在我国还是新生事物,处于初级发展阶段,缺少理论指导,缺少系统科学的总体规划。与西方发达国家相比,我国都市农业规模小、产值占农业总产值的比例低,地理分布以沿海发达地区的大中城市周边为主,生产目的以提供新鲜农产品为主,兼顾旅游休闲、农业观光和教育文化,出口创汇能力较小。

(二)我国都市农业的意义

1.有利于促进城乡一体化

都市农业提高了农业市场化的程度,把传统的生产方式与现代的科学技术融合起来,加快了城市郊区农业现代化的进程,把农产品的生产、加工、销售联合起来,提高了城郊农业的综合效益,从而促进了城郊农业向社会化、专业化、现代化的转变。同时,通过把农业纳入城市社会、经济、文化、生态的整体发展规划,形成农业、农村和城市的有机协调发展与相互兼容,既保证了城市本身的可持续发展,又加强了城乡的融合。

2.可以改变传统的农业土地利用方式

都市农业既重视发挥土地的生产性资源功能,又重视发挥由土地、农作物和自然环境共同形成的观光资源功能,同时还发挥土地作为农业休闲、体验农业劳作和度假的场地性资源功能。

3.有助于吸引众多的投资者

都市农业由于具有较高的比较利益和多种功能,从而具有投资主体多元化的特征。除农村居民外,城市居民和企业也可以将农业纳入其投资组合中。由于资源组合空间和规模的扩大,都市农业逐步向资本化、技术化和企业化方向发展。在我国的一些大城市郊区,正是由于都市农业的发展,促进了农业应用科技的发展,遗传工程、自动控制、新材料等尖端科学技术正逐步在农业生产经营中得到广泛的应用。

4.可诱导城市健康发展

都市农业促进了郊区城镇化和城镇郊区化的互动发展。这种发展正在改变传统的农业人口向城市单向流动的格局,促进了城镇人口向郊区和农村流动、农村人口向城镇流动这一双向流动格局的形成。这一格局的形成,为缓解工业化和城市化的过度发展所带来的问题和弊端创造了条件。

5.有利于改变农业的弱势格局

传统观点认为,农业是一个社会效益大而经济效益低、易受自然和市场风险影响的弱势产业。都市农业的发展,改变了农业的弱势格局,使农业处于一个较为有利的经营位置。这是因为都市农业接近市场,经营都市农业不但可节省农产品上市费用,而且能比其他产地农业、大田农业更快、更直接地获取市场销售信息,以及时调整生产结构。此外,都市农业还可以满足饭店、宾馆等一些特殊的需求,享受大城市完备的基础设施带来的益处;同时可贴近都市消费者,随时了解市民的消费潮流。

6.有利于加快农村现代化

都市农业不是简单的菜篮子工程,而是大中城市郊区农业实现农村现代化最有效的途径,也是有效缓解我国农业面临的三大难题(即农民收入低、结构不合理和加入世界贸易组织(WTO)后应对国际农业产品冲击等)最有效的措施。

7.进一步密切了三大关系

所谓三大关系,就是指城乡关系,农业生产、生活、生态功能的关系以及农村第一、二、三产业的关系。都市农业可以说是三大关系的媒介。

8.沿海发达地区率先发展都市农业具有重要的战略意义

沿海发达地区实现城郊农业向都市农业的转变,其重要性体现在三个方面:一是为沿海发达地区在基本实现小康后如何发展农业,提出了更高更新的目标;二是为全国农业结构战略性调整起了排头兵的作用,有利于带动中、西部农业的发展,是我国农业结构战略性调整的重要内容;三是适应了我国加入世界贸易组织的要求,为沿海地区农产品打入国际市场奠定了基础。

9.有利于解决就业问题

都市农业的发展可以解决乡村人口的就业问题和城市人口的休闲娱乐问题。都市农业有比传统农业更长的产业链,不仅具有产品功能,更具有服务功能,这会带来更多的就业机会和更大的发展空间,有助于解决乡村劳动力过剩的问题。同时,城市的拥挤和娱乐场所的不足恰好可以通过观光休闲模式的都市农业来弥补。因此,在我国发展都市农业是城市周边地区的必然选择,而且能实现经济效益、生态效益和社会效益的统一。

(三)我国都市农业的发展策略

我国是一个自然资源相对贫乏,特别是土地资源稀缺的国家,不可能走西方发达国家都市农业以生态和文化功能为主的道路。在未来相当长的历史阶段,粮食和农产品产量的增长仍是我国农业压倒一切的任务。因此,我国都市农业仍然必须以经济功能为主,这不但是因为经济功能是都市农业的主体功能,而且是由我国国情所决定的。此外,都市农业在我国目前还不宜普遍推行,因为都市农业实质上是一种未来农业,它代表着我国农业生产力的最高水平。近年来,我国发展都市农业已经积累了大量的经验,但是距离可持续发展的都市农业的目标尚有差距。我国近、中期都市农业发展的重点仍然应该是经济相对发达的大中城市的周边地区。为此,宜采取以下对策:

1.加强综合研究

我国很多都市农业是借鉴东亚部分国家和地区的经验发展起来的,起初虽然召开了几次国内外的专题理论研讨会,但都市农业发展理论的研究仍十分薄弱,特别是对都市农业发展中的一些重大理论问题,如都市农业发展需要建立在多大的城市规模之上、都市农业发展的机理、政府和市场分别应发挥何种作用等问题均缺乏理论研究。同时,都市农业涉及多学科、多领域,是一个复杂的系统工程,需要各学科专家携手合作,以系统的理论、方法和技术才能有力地推动都市农业健康快速发展。

**2. 加强宏观领导和政策的制定**

将都市农业纳入城市总体规划,建立都市农业相关的政策法规,以法律的形式将都市农业活动合法化。要把都市农业的产业经济纳入城市经济社会发展规划中,同时要把都市农业的空间布局规划纳入城市总体规划。应根据城市经济和社会发展状况因地制宜地制定发展规划,防止规划千篇一律,盲目发展。同时应把大经济发展区域的开发、布局当作整个系统来考虑,而不能单从自身的角度去考虑;要尽快完善政府政策支撑体系,形成强有力的导向和激励机制。发展都市农业应该享受农业开发、高科技企业的优惠政策,鼓励社会各方面的力量参与都市农业开发,鼓励大中型企业、民营企业进入都市农业。在税收、信贷、贸易和投入上给予支持,在社会保障制度、户籍管理制度等方面进行相应变革。政府制定政策时要正确评估都市农业的经济功能与非经济功能的两难冲突,要考虑到消费者食品安全和都市圈内资源环境可持续利用及其环境再生能力的培养问题。当前要重点抓好土地政策、财政政策、农业保险三大政策的制定;管理要到位,如土地管理、科研体制管理等方面。政府在推进都市农业的进程中,要注意解决好农民收入增长,农业结构战略性调整,农业经济、生态、社会效益的统一,农产品竞争力,与国际接轨等问题。

**3. 加大科学研究、信息交流和资金的投入力度**

都市农业是高智能的绿色产业。要在产业区内大力兴办科技型产业,建立高科技园区,实施品种工程、温控工程、生物工程、电子工程等高科技工程项目。同时要培养系列的人才梯队。如由科学实验人才做开创性的工作,由技术推广人才负责应用技术的推广,由技术使用人才负责培育、种植等技术工作;还有通过企业的管理人才、营销人才等去开创都市农业的教育基地,培养出一批高科技水平的都市农业人才。要注重建立一套以农业科技、信息服务为主的都市农业服务体系,并加快建设步伐,架起为农村、农业、农民服务的"金农工程";大力发展农业科技咨询,如天气预报、农资价格、产品开发决策、期货市场行情等信息服务,形成立足都市、辐射全国的信息服务网络体系。都市农业是城市系统的一部分,不可能仅靠农民自身的投入,必须有政府的投入,并且投资要到位。如环保、休闲、生态等方面可以作为政府对公益事业的投入,其具体经营可以是私人,也可以是企业。

**4. 依靠市场导向,积极拓展投资渠道**

加强都市特色农业、品牌农业的建设,因地制宜,走具有中国特色都市农业发展道路。都市型农业的龙头企业集团要加强名特优农产品的研究开发,占领国内外市场,扩展农业休闲观光市场,推动涉外科技、劳务市场的开发等;应以龙头企业集团投资为主,国家可通过有偿投资或增加股份方式予以适当的投资支持,实行企业与国家投资共担、利益共享;高等院校和科研单位也可以技术入股。总之,要以多种形式大力吸引外资。

**5. 加强科学普及宣传**

转变对都市农业的认识,加强政府对都市农业的引导和扶持,做好科学普及宣传,使城市各方面的管理者和城市居民形成共识,确立都市农业是实现城市可持续发展的有效途径的理念。

6.提高外向化程度,形成经营的国际化

产、学、研结合,培养综合性人才,加强专业人员、技术的国际合作交流,通过多方面的引导和努力,实现都市农业的可持续发展,并最终实现城市的可持续发展。在都市农业发展的过程中,利用大都市对外开放的优势,建立以农副产品出口创汇为中心的较高层次的农业生产体系,提高外向化程度;同时都市农业一定要以国际市场为目标,以对外贸易为龙头,实行多种形式的贸工农一体化。只有这样,才能打造国际知名的都市农业发展模式。

(四)我国都市农业的发展方向

发达国家和发展中国家都市农业不同的产生和发展历程、特点,对我国都市农业的发展具有重要的借鉴意义。

1.注意地域差别

中国与欧美发达国家的自然、社会、经济条件有很大差异,在借鉴时应当主要吸取包括日本在内的亚洲发达国家和地区都市农业的发展经验。

2.注意职能差别

中国都市农业将主要承担保证郊区农民粮食自给和提供城市所需副食品这两项基本职能,为此要转变传统观念,不能将粮食生产仅仅视为农村地区的任务。

3.注意模式差别

中国城市郊区的范围比较广,可分为近、中、远郊 3 个层次,其对应的发展模式也应有所区别,因此,中国都市农业的发展应是多层次、多方位的。

4.注意国内差别

要结合中国的具体国情,考虑到区间的差异。未来5～10 年,我国都市农业的发展重点应该是经济相对发达的大城市,且以经济功能为主,兼顾社会和生态功能;在未来 10～15年,应在条件成熟的其他城市推广已有的都市农业发展经验,并注重经济、社会、生态 3 大功能的协调;在 20 年后的中远期,结合实际发展情况,可考虑在全国的各大、中、小城市全方位推广都市农业。

# 第二节　现代农业

## 一、现代农业发展概述

(一)农业发展简史

世界农业的发展可以追溯到 7000 年以前,在经历了以撂荒制为特征的原始农业发展阶段后,传统农业承载了丰富多彩的人类文明,并在亚洲、欧洲、南美洲等地留下了深深的烙印。然而,传统农业文明的共有缺点是生产力水平低下,而且只能维持较低水平数量的人口,一旦超过承载力,就会无法避免地出现饥饿和灾荒,易引起社会文明衰退,甚至是灭亡。

17 世纪后期世界人口的增加对传统农业提出了巨大挑战,加上工业革命成果对农产品原材料的需求大增,在双重压力的共同刺激下,促进了传统农业向现代农业的过渡和发展。

现代农业的产生和发展得助于 19 世纪初的基础理论和学说,如李比希(Liebig)植物营养学说、达尔文(C. Daiwin)的生物进化论、孟德尔(Mendel)的遗传学等。当然,现代农业的产生和发展还得助于工业的发展,从蒸汽机的诞生至以拖拉机和扎棉机为代表的农业机械的逐步使用,加上化学工业的进步等,推动了世界农业的迅速发展,标志着传统农业开始与近代科学技术的结合。农业生产水平的不断提高表明了农业的发展已步入现代农业发展阶段。

随着席卷全球的世界大战噩梦的结束,许多国家集中精力恢复和发展本国的经济建设,把大量的人力、财力和物力以及技术转向以农业为主体的民用产业上,那些在20世纪初已经表明对农业行之有效的技术如机械、化肥、农药、种子等工业产业开始大规模地应用于农业生产,受益最明显的主要是以美国、西欧为代表的发达国家和地区,粮食产量翻番,粮食出口贸易迅速增长,在很长时间一直控制着世界粮食贸易格局。如美国在20世纪80年代中后期玉米、大豆和小麦的出口份额占到全世界同类产品出口额的60%、63%和30%。另外,随着农业科技不断受到先进的科研成果的改造,在农业领域掀起了农业现代化的热潮。如节水灌溉技术系统的应用,以普通温室与先进的玻璃温室以及舍饲养殖场为代表的设施农业的大力发展,各种适合不同作物及不同生长阶段的复合肥与专用肥的广泛应用,各种适合不同家畜(禽)及不同生长期的配合饲料的广泛应用以及高效农药在农作物上的广泛应用,加上畜禽疫苗的发展和基因工程在农作物上的成功应用、电子计算机参与农业系统的经营与管理等,可以说在20世纪20年代至80年代已达到相当高的水平,在人类历史上首次基本解决了饥饿问题,现代农业发展的特点已经相当明确。但严格地说,由于农业的非同步发展,至今仍有占全球人口10%左右的人还未解决温饱问题(实际上这10%的人仍然生存在带有浓厚色彩的传统农业中)。

(二)现代农业的概念

现代农业是继原始农业、传统农业之后的一个农业发展新阶段。从世界范围看,传统农业向现代农业的转变,是在封建土地制度废除、资本主义商品经济和现代工业有了较大发展的基础上逐步实现的。

对现代农业的认识有一个不断深化的过程。20世纪60年代,人们一般认为,现代农业就是机械化、水利化、化学化和电气化。到了20世纪90年代,又有生态农业、可持续农业、集约型农业等提法。从农业发展史来看,农业生产分为原始农业、传统农业和现代农业三个阶段。现代农业是相对于传统农业和不发达农业而言的。现代农业的发展过程就是传统农业和不发达农业转变到现代发达农业的过程。尽管各个国家或地区的条件与情况不同,但现代农业的基本特征是共同的,即现代化的农业技术装备和较高的投入水平与产出水平;高效能农业的产前、产中、产后服务部门的支撑和效益相对较高的非农产业需求的支撑,并采用现代营销方式,提高农产品商品率;现代化的农业技术水平如生物技术、化学技术等,有一定科学文化素质和经营管理才能的农业劳动者,农民的收入水平接近城市居民收入水平,生活、居住方式城乡一体化;农民组织结构的改善与优化,尤其是通过农业产业化,形成较高的农产品加工增值率;有良好的农业资源生态环境并有较高的资源转化率。

建设现代农业的过程,就是改造传统农业、不断发展农村生产力的过程;就是转变农业增长方式、促进农业又好又快发展的过程。现代农业的核心是科学化,特征是商品化,方向是集约化,目标是产业化。

（三）现代农业的本质内涵

1. 以科学技术为强大支柱

现代农业是伴随着科学技术的发展而发展的，并随着现代农业科学技术的创新与突破而产生新的飞跃。20世纪初，杂交优势理论的应用，带来玉米杂交种的产生与大面积推广。杂交种主要应用于多种作物及动物育种，已成为农业一项十分有效的增产手段，而动物人工授精的应用及精液冷冻保存技术的相继突破，又为畜牧业、渔业带来了巨大的经济效益。第二次世界大战期间，滴滴涕等杀虫剂的研制与生产，有力地促进了农药的应用与农药工业的发展。随着现代科学技术的迅速发展及其在农业中的推广与应用，大大拓宽了农业科学技术的领域，带来了农业生产力的大幅度提高。特别是生物技术的进展，为人们定向育种开辟了广阔前景。信息技术的发展和应用，加快了现代农业发展的节奏，尤其对科学技术的传播、市场供求的对接等起到了巨大的推动作用。

2. 以现代工业装备为物质条件

传统农业单纯依靠农业内部的物质循环，而现代农业是依靠增加大量现代工业装备和现代物质投入的、开放的、高效的农业系统。从发达国家的实践来看，主要表现在四个方面：①以工业化带动农业现代化。在钢铁、机械、化工和能源等现代工业的有力支持下，高效农机具、化肥和农药普遍应用，成为加速传统农业改造、大幅度提高农业生产力水平的关键因素。②以机械动力替代人（畜）力、以信息技术控制代替人工操作。这已成为现代农业技术革命的一个主要内容和现代农业的一个主要标志。③以城镇化促进农业劳动力的转移，而农业劳动力的减少和非农产业的扩大，又推动城镇化向更高水平迈进，从而加快了城乡经济的协调发展。④以农业机械化带动农业劳动生产率与土地生产率的提高。评价农业机械化的作用，要辩证地看待农业劳动生产率与土地生产率的关系，着眼于总体生产力与经济效益的提高。

3. 以产业化为重要途径

我国于20世纪90年代初提出了农业产业化经营的发展道路，是符合现代农业发展趋势和要求的。现代农业是伴随着市场经济的发展而发展的。在发达国家，不论农业经营规模大小，家庭农场都是作为农业经营的基本单位，通过社会化服务实现了小生产与大市场的连接。在市场经济迅速发展、市场竞争十分激烈的情况下，家庭经营通过多种形式联合起来，实现产业化生产、一体化经营，使农业生产呈现专业化、规模化、科学化和商品化趋势，这已成为现代农业发展的重要途径。

4. 以统筹城乡经济社会发展为基本前提

当前我国面临农产品需求（包括数量、质量和种类）增长与农业生产力低下的矛盾。在这种情况下，如何协调工农关系，很好地统筹城乡经济社会发展，扶持农业发展与维护农民权益，加快传统农业改造的进程，已经成为一个突出的问题。鉴于农业是"一切人类生存的第一个前提"，具有明显的基础性、公益性、战略性，各国政府在现代农业发展的不同阶段都采取了一系列有力的扶持措施，在价格、信贷、税收、贸易、资源、科技等方面制定相应的政策，推动了现代农业的全面发展。

## 二、现代农业的特点

### (一)可持续农业是现代农业发展的思潮

19 世纪,科学技术与工业的发展成就了农业现代化的思潮,20 世纪 60 年代作物矮秆品种成就了绿色革命的思潮,20 世纪 70 年代针对农业现代化掀起了替代农业思潮即自然农业思潮。20 世纪中后期为抵制工业化所产生的消极影响,与环境保护主义有关的生态危机、粮食危机、资源环境危机、经济膨胀、世界末日等说法风起云涌,以罗马俱乐部为代表的悲观主义席卷全球,在 80 年代很快形成了可持续农业思潮,希望以此作为替代现代化农业的第二次尝试。几种农业思潮从时间发展上不是截然分开的,而是既相容又分离,在交织状态中不同阶段其主导潮流不同。可持续农业在吸取现代农业、自然农业的优缺点和成败教训的基础上,既强调粮食安全与发展农村经济,又强调保护环境资源,实现生产、经济、生态的持续性统一;既强调发展当前农村,又不破坏资源环境,兼顾当前与长远,促使农业与农村的可持续发展。可持续农业思潮一经产生就受到国际相关机构的重视,如联合国粮农组织、开发计划署、环境署,世界银行以及国际农业研究机构等,并作为发展农业的指导思想。许多国家政府或民间组织通过了相应的决议和法律。1992 年,在巴西里约热内卢召开了以"环境与发展"为主题的世界首脑会议,通过了《21 世纪议程》,这是关于可持续发展的重要里程碑。

在可持续农业中,对资源与环境的保护、培育及合理利用就是保护农业生产力。如水资源方面应重视水利设施,确保防洪防潮、灌溉和生活用水;土地资源方面要加强基本农田保护,调整土地利用结构,发展生态农业;草地资源方面实行以草定牧,围栏轮牧。所有农作物要减少化肥和农药的使用量(强调的是减少浪费量,重点是提高利用率)。此外,科学技术也是农业可持续发展的关键因素。低投入低产出的农业是与现代农业格格不入的,不属于可持续农业。进入 20 世纪 90 年代以后,信息和技术是可持续农业的最活跃因素。以生物技术、基因工程技术、计算机技术、信息技术和遥感技术为代表的高新技术在农业中的渗透和扩散加强了农业的可持续经营,特别是在农业生产环节中引入精确或精准化管理(精确农业),大大提高了资源的利用效率,在一定程度上减轻了农业与环境之间的矛盾。

需要特别强调的是,可持续农业极力倡导生态农业。生态农业的思想在 20 世纪 70 年代由美国 Acres 提出,在 80 年代由英国 M. K. Worthington 经过多年实践后在西方确定了生态农业的含义与目标,一开始强调的是低投入,以牺牲农牧业生产力为代价去追求回归自然,这一点与中国生态农业的思想是有区别的,但都主张发展生态农业是相同的。西方在发展生态农业中高新科技的投入力度更大,造就了西方在农业资源利用效率上一直较高,这正是未来发展生态农业应该继承和学习的合理成分,因为节约了资源就是资源合理利用与资源节约型农业,在很大程度上也就是可持续农业发展之路。考虑发展与持续的关系,既要有发展的持续,又要有持续的发展。

### (二)精确化技术和精准化投入是现代农业发展的方向

现代农业对资源近乎掠夺式的经营,给环境造成难以想象的创伤,但面对不可抑制的全球人口增长,生产力的发展不可能停止。现代农业经营中出现的最严重的问题就是大量使用资源和大量浪费资源。如我国农田灌溉水的利用率约为 40%,粮食作物用水产出效益很低(单位耗水量的农作物产量小于 $1kg/m^3$),发达国家农田灌溉水的利用率也只有

50％～70％。我国化肥的当季利用率氮为 30％～50％、磷为 10％～20％、钾为 35％～70％，氮素的利用率低于美国和日本(最高达 70％)，而地域差异和养分不均又进一步减小了肥效，大面积喷施农药对病虫害起作用的只有 0.1％。因此，资源利用效率的提高以及精确利用资源是一项紧迫而十分有意义的工作。精确化促进现代农业，现代农业需要精确化。

20 世纪 80 年代后期至 90 年代初期，在美国、英国、德国、荷兰、意大利等发达国家纷纷兴起了精确农业(精确农业在中国也叫精准农业)。它是通过采用先进的生物技术、化工技术、信息技术和航天技术等使农业生产过程更加精确，它是现代农业与高新技术相结合的产物。面对资源大量浪费，农业技术在进行一场深刻而持久的优胜劣汰的竞争，许多国家和地区一致把目光投向"环保"和"绿色"，大部分落后的农业生产体系需要彻底改造甚至停止。

农业是一个非独立的系统，它的发展与生存要依赖自然生态环境，新的技术和产品应遵守生态规律。由于对自然的尊重，以生态伦理和生态道德为主体的生态文化已经融入了现代农业的发展过程中。美国等发达国家比较早地、主动地投入和开发农业与环境协调的新技术，发展中国家因许多实际问题目前还无法贯彻和实施，但已开始关注并试图有所行动，这就是大势所趋，是无法阻挡的。

(三)农业设施化是现代农业发展的主流

设施农业使许多国家和地区农业生产取得了巨大的收益，并提供了丰富多样的农产品。面对世界人口的持续增长，克服传统生产方式，实行全年生产，是现代农业发展的重要方向。

20 世纪 50 年代初期，农用塑料薄膜的问世迅速推动了地膜和日光温室的普及应用，至今全世界的温室已发展到近百万平方公里，地膜覆盖的面积在 2000 年就超过了 1000 万平方公里。西欧国家由于天气较冷，夏季较短，而且气温不高，以建玻璃温室为主，其保温性能好，透光好，使用年限长。在英国、荷兰、德国、法国和亚洲的日本现代化的温室面积很大，技术先进，结构牢固耐用，还辅助自动化、智能化的装置，能自动控制温度、湿度、光照、通风、二氧化碳，进行有效、定额施肥和灌溉等管理作业，单位面积的产量番茄为 30～50kg/m²、黄瓜为 40～70kg/m²、月季花为 170～350 枝/m²，相当于普通地面产量的 10 倍以上。而我国因技术与管理等原因，温室中番茄的产量仅为 20～30kg/m²，月季花的产量为 150 枝/m²。值得一提的是，以色列有一半土地是沙漠，而且淡水奇缺，但在这样的条件下，以色列不但实现了农产品的自给，而且每年出口创汇超 10 亿美元，鲜花出口量占世界出口量的 6％，还被誉为"欧洲的厨房"，而这些农业成果主要是得益于温室设施与灌溉设施。日本在智能化设施方面达到了较高的水平，被称为"第四高技术农业"的植物工厂已在日本基本普及，通过计算机将温度、湿度、二氧化碳和肥料等将植物控制在最合适的生长发育水平，能做到在寒冷地带、沙漠地带甚至在宇宙空间也能提供新鲜蔬菜。日本公司开发的设施栽培计算控制系统可以较全面地对农业设施内植物所需要的环境进行多因素监测和控制，包括变温控制管理、换气扇控制管理、冷暖空调的控制、灌水的控制、二氧化碳浓度的控制、人工补光的控制等。可以说，设施技术赋予了现代农业更强的生命力。

(四)农产品安全化是现代农业发展的基本要求

农产品安全化是现代农业发展的基本要求，农业发展如果不能提供可安全食用的农产品就失去了"发展"的意义。有机食品、绿色食品和无公害食品是农产品安全化的重要标志,它与病虫害防治、转基因和饲料添加剂等技术息息相关。当前我国在绿色食品开发与病害虫治理的协同研究方面要做的工作还很多。我国1987年才首次加入FAO(联合国粮农组织)的水稻IPM(有害生物综合防治)项目,1993年蔬菜IPM才正式进入由世界银行支持的IPM项目。农药是IPM的重要组成部分,因此农药的改造和正确使用是非常关键的,农药的改造是避免和降低农产品污染的主要途径。新型农药应该具有高活性、高选择性、高安全性及高兼容性的特点。IPM实现的途径很多,如利用自然界生物之间的关系如辣椒水和鱼藤对害虫的毒性提示人们从植物的初级提取物中可以得到植物农药;利用声、光、波可以物理防治病虫害;通过天敌昆虫、生物制剂控制有害生物,利用生物技术可以育成转基因抗病虫植物;利用植物的化学分泌物抑制作用可以防治病虫害,如烟草、曼陀罗对杂草、荞麦对葡萄冰草等植物化感抑制现象;植物与微生物的化感作用;异源植物次生化合物对寄生害虫具有妨碍趋近、产卵和进食等功效等,在农业上的应用前景十分广阔。随着人们环境意识和健康意识的不断增强,追求食品的安全和无污染已成为当今人们的消费时尚与重要选择,特别是发达国家对此尤为重视。把动物内脏和骨骼粉碎做成的饲料,可调节蛋白质和钙、磷等的水平,提升营养和抗病毒能力。我国农产品在安全、卫生方面与发达国家相比有较大的差距。我国农产品的出口常常受阻于绿色壁垒,已经面临着巨大的压力和挑战。所以,加快安全化食品的发展步伐已是当务之急。

(五)生态农业是现代农业发展的趋势

生态农业的发展具有全球化的趋势和特点。世界各地正在逐渐接受和试验生态农业,生态农业的优势和好处也正在世界各地逐步显现,受益于生态农业的地区和人群也在逐渐扩大,可持续发展的思想在生态农业上表现得日益深刻和生动。在现代化农业阶段,农业生产力的快速提高及发展中存在的问题引起了对农业经营模式和经营理念的反复思考,对农业的发展之路在全世界范围进行了探索,农业文明的持续发展之路让世人密切关注。20世纪的农业思潮和各种替代农业掀起了全球的农业革命,在经历了4次农业思潮和多种替代农业的讨论之后,可持续农业思潮和生态农业已成为当今农业发展的主导思想和最具生命力的农业模式。农业的发展融入了生态文化,已不再是凌驾于自然之上,人类由主宰自然的角色向自然的朋友或自然一分子转变。尽管在有些地区目前还无法真正贯彻和做到与自然和谐平等的共处,但人类在经历了迂回曲折的认识过程之后,总还是要殊途同归的。全世界许多国家的许多地区把农业发展模式定位在生态农业之上,生态农业的最终目标是实现农业的可持续发展。在认识全球化的基础上,对如何实现生态农业的可持续发展问题,在国际上也展开了广泛的探索与研究。

生态农业是现代农业发展的模式,它强调的是农业发展内容;可持续农业是农业发展的思潮,强调的是农业发展的思路。只有生态化的农业才是可持续农业,同时有持续化特征的农业才是生态农业。可持续是现代农业发展的航标,生态农业是现代农业这只"航船"的动力。可见,现代农业既离不开可持续农业来指导航向,也离不开生态农业的核心功能,是形式与内容的有机结合与统一。讲生态农业其本身就包含了可持续农业。因此,生态农业是现代农业发展的重要选择。

从农业的发展道路可以看出这样的规律:随着社会生产力的发展和社会的进步,农业的三大效益在不同阶段其侧重面有所不同。传统农业阶段是社会效益为上;在现代农业初级阶段是经济效益为上;在现代农业高级阶段是生态效益为上,兼顾经济和社会效益,只有在这一阶段才能实现农业发展与生态环境保护的和谐统一,这就是生态农业之所以在诸多替代农业中表现出强大生命力的重要原因。由于不同国家和地区之间的多方面的差异,生态农业在实施时仍然存在较大差别。

总之,生物科学的发展,杂交优势理论的应用,使人类能够通过育种手段,选择和培育出品类繁多、高产优质的农作物和畜禽品种,摆脱了对天然品种的依赖;化学肥料和农药的发明和生产,建立了农用化学工业,提供了农作物所需养分和减轻了病虫草的危害;蒸汽机的发明,促进了机械化和半机械化农具的广泛应用,以现代工业技术和设备武装农业,实行了区域布局、专业化生产和集约化经营,显著提高了劳动生产率和土地利用率。这些技术的交织和综合,为农业生产开创了一个新纪元,为农作物和畜禽产品数量的大幅度增长和质量的大幅度提高提供了保障。

### 三、国外建设现代农业的主要模式

纵观世界各国(特别是发达国家)建设现代农业的发展过程,由于资源禀赋和发展水平不同,农业现代化的发展道路也各有差异。大致可分为以下三种模式。

(一)以美国为代表的规模型、机械化、高技术模式

美国农业资源丰富,可以说是地多人少,农场规模较大。一般认为,美国是从第二次世界大战前后到 20 世纪 70 年代完成了从传统农业向现代农业的转变。这个转变过程又可细分为以下三个阶段。

1. 农业机械化时期

20 世纪 30 年代,拖拉机耕地已在美国普及。到 1959 年,美国的小麦、玉米等主要农业作物的耕、播、收割、脱粒、清洗已达 100% 的机械化。此后,为了适应家庭农场多样化和大型化发展的市场需求,不断推出小型多功能的多品种农机和大功率、高度自动化的大型农机。

2. 农业化学化时期

农业化学化包括大量使用化肥、农药(除草剂、杀虫剂)与土壤改良剂等。第二次世界大战之后,为提高农业产出,美国农业的化肥使用量剧增。同时,为改善土壤的酸碱度和长期施用化肥的不利影响,美国还逐年增大了土壤改良剂的用量。从 1960 年起,除草剂的使用迅速增加,现已超过杀虫剂。

3. 农业良种化时期

20 世纪 70 年代前后,美国为适应不同地区气候和土质要求,培育出许多杂交品种,并开始利用遗传生物学工程的方法,结合核辐射技术和航天工程技术,改造、优化种子的遗传基因,使农产品产量与品质大幅度提高。同时,还培育出了许多畜禽良种,并实行工厂化、规模化养殖。

在经历了以上三个阶段,实现了农业现代化之后,美国农业并没有就此止步。随着计算机技术和生物技术的应用,相继出现了"精准农业"和"基因农业"等方式。特别是许多特大农场走向了"计算机集成自适应生产",即将市场信息、生产参数信息(气候、土壤、种子、农机、化肥、农药、能源等)、资金、劳动力信息等集成在一起,选定最佳种植方案,在生长过程中根据当地不同地块小气候的变化,进行自适应喷水、施肥、撒药等,农业生产更趋向工厂化、自动化,使美国农业的现代化水平不断提高,始终走在世界前列。

（二）以欧洲为代表的生产集约加机械技术的复合型模式

从20世纪50年代开始，欧洲以提高农业生产率为目标，加快了农业现代化的进程。法国是欧洲农业最发达的国家，其农业的经营方式主要是中小农场，其中耕作面积在80hm²以下的农场占总数的81%。在此基础上，法国主要通过农业生产专业化和一体化实现了农业的现代化。法国的农业专业化有三种类型，即区域专业化、农场专业化和作业专业化。区域专业化是充分利用自然条件和农业资源，把不同的农作物和畜禽集中到最适合的地区，形成专业化的农业生产基地；农场专业化是一个农场以专门生产一种农产品为主；作业专业化是将农场的耕种、收获、运输和供应等，交给农场外的专业企业完成，使农场从自给性生产转变为商品化生产。在农业一体化方面，法国也有纵向一体化和横向一体化两种形式。纵向一体化就是农业资本和工商业资本相结合，产、供、销为一体的综合企业，其经营范围很广，组织领导者大多为一些大公司或集团；横向一体化是组织各种类型的农业合作社，其组织形式远比纵向一体化的农业企业集团松散，由于其灵活有效，加上组织自愿、退社自由，因而深受法国农民欢迎。与此同时，法国凭借发达的工业基础，积极促进农业的机械化、自动化，大大提高了农业生产效率。

第二次世界大战之后，英国于1947年制定了新的《农业法》，采取了加强政府支持、改善农业基础设施、提高农产品价格、大力推进农业机械化、实行集约经营等措施，扭转了长期以来农业衰退的局面，大幅度提高了农业的劳动生产率和单位面积产量，到20世纪60年代基本实现了农业现代化。目前英国的农业机械化达到了很高的水平，农业机械齐全，从耕作到收获、进仓，每个程序都有相应的机械。如种植蔬菜的农场和养猪、养鸡的农场都实现了机械化。特别是在英国农业中占有重要地位的畜牧业（其产值约占农业总产值的2/3），其经营规模之大和机械化、集约化、专业化程度之高，在世界上处于领先水平。

荷兰的设施农业是欧洲现代农业的一个典范。第二次世界大战结束之后，经过几十年的探索，荷兰走出了一条适合本国国情特点的农业现代化之路，使农业本身发展成为一个具有市场竞争力的产业，由农产品进口国成为出口国。自20世纪60年代起，荷兰政府以节约土地、提高土地生产率为目标来调整农业结构和生产布局，使农业生产向产业化、集约化和机械化发展。其中，温室设施农业是荷兰最具特色的农业产业，居世界领先地位。温室产品完全可以按照工业生产方式来进行生产、管理和销售，因此也被称为"工厂化农业"。目前荷兰温室建筑面积为11亿平方米，占全世界玻璃温室面积的约1/4，主要种植鲜花和蔬菜，具有自动化程度和生产水平高，集约化、规模化、专业化生产，规范有序的市场经营等特点。荷兰的温室产品中有50%～90%用于出口，其中温室蔬菜占本国蔬菜的外销比例高达90%。另外，荷兰也是世界上四大蔬菜种子出口国之一。与许多欧洲国家一样，荷兰的家庭农场规模一般较小，但农业合作组织类型很多，大体上分为信用合作社、供应合作社、农产品加工合作社、销售合作杜、服务合作社等，为社员（会员）提供产前、产中、产后全程服务，对提高荷兰农业的市场竞争力起到了至关重要的作用。

（三）以日本为代表的资源节约和资本、技术密集型模式

日本、韩国、以色列等国，由于人多地少，农业资源极度匮乏，土地高度紧张，主要依靠技术创新和大量的资本投入来提高有限资源的使用效率，实现农业的现代化。

日本农业的重要特点之一是采用了全盘合作化的土地节约型模式，由农协联合分散农户形成劳动集约经营，其农协的作用闻名世界。1947年日本进行了土地改革和农协重组，

大力推进旨在迅速提高产量的水利化、化肥化、良种化等措施,使日本农业装备水平大为提高,从而使新经营体制得以确立。1961年,日本制定了《农业基本法》,进一步体现了日本农业现代化道路的选择。在目标设定上,把提高农业劳动生产率和缩小工农收入差别作为实现农业现代化的两大目标。在路径选择上,期望通过农业劳动力的大量转移,加上大力推进以机械化为主体的农业技术革命,以形成经营规模不断扩大的独立经营农户,来最终实现上述目标。同时,政府对推进农业现代化提供了大量的财政支持。大体到20世纪70年代初期,农业现代化的两大目标已基本实现,包括水稻在内的农业机械化程度达到90%以上。以机械化为中心的水利、良种和栽培技术达到较高水平;稻谷的劳动生产率提高了近两倍,农户家庭收入与城镇职工家庭收入基本持平。但与此同时,出现了粮食和食品的自给率不断下降、财政补贴负担过重、政府干预过度等问题。对此,日本国会于1999年7月通过了新的农业基本法,以确保食品稳定供给、发挥农业多功能性、强调农业可持续发展为目标,开始了新一轮的农业现代化进程。

以色列耕地少,自然条件恶劣,50%国土降雨少于150mm。但由于实行了正确的战略,农业获得了令世人瞩目的发展。从20世纪50年代起,以色列80%的粮食靠进口。面对这种形势,以色列政府以大量投资支持农业发展,通过全国垦荒和兴修水利,开发沙漠,提高机械化程度,实现了农业大起步。特别是从60年代开始,以色列积极探索科技发展农业的出路,以滴灌技术推动农业革命。国家对推广滴灌技术给予了大力扶持,使农产品产量直线上升,沙漠改造突飞猛进,可耕地持续增加,农业面貌得到根本改观。以色列农业的迅速发展,是同科学技术的应用和推广分不开的。除节水灌溉技术在世界领先外,以色列农业的良种化、机械化、化学化、电子化水平都比较高。近年来,以色列将先进的电子技术应用到农业机械方面,发明并使用了一种安有计算机和自动装置的拖拉机,能完成从犁地、种植到收割的全套田间作业,并以最经济的办法保持燃料消耗和操作速度,既提高了劳动生产率,又提高了经济效益。根据国际市场和其自然条件,以色列从70年代开始改变农业生产结构,大力发展高质量花卉、畜牧业、蔬菜水果等出口创汇的农产品和技术,用高科技、现代管理等手段不断提高农业效益,达成高投入、高科技、高效益、高产出的目标,建成了一整套符合国情的节水灌溉、农业科技和工厂化的现代农业管理体系。目前以色列粮食已基本实现自给,水果、蔬菜和花卉还出口到欧美市场。高效的农业产业体系是以色列现代农业的重要组成部分。

在农业生产组织方面,以色列至今有并驾齐驱的三种形式:公有制集体农庄、合作社和个体农户。它们分别创造着以色列农业总产值的32%、46%和22%,共同创造了以色列的高效农业,政府对它们一视同仁。市场竞争促使以色列的传统农业向农业产业体系转化。农户们根据所签订的产销合同安排种植计划,负责种植。种植之外的加工、采购、财政、购销等烦琐的农业服务由区域合作组织承担。农产品销售依靠专业内销、外销组织,它们均是独立核算的企业。以色列农产品内销组织"努瓦"负责70%以上的农产品收购、加工和批发;农产品出口组织早在1957年就成立了,在国外设办事处,推销产品,反馈市场信息,负责2万农户的出口,收取5%手续费,年底农户参与其利润分成。

### 四、中国现代农业的发展

#### (一)农业资源和农业发展情况

从总体上讲,我国人口众多且农村人口占绝大多数,农业生产力相对落后,城市化水平较低,存在着城乡"二元经济"结构,土地、淡水、森林等重要农业资源的人均占有量较少,而且我国的农业技术落后且对农业资源的利用率较低,长期以来存在着严重的水土流失、土地荒漠化和生态环境恶化等突出问题,加剧了我国农业经济发展和农业资源之间的矛盾。

1. 土地资源短缺

土地资源短缺是我国现代农业发展的一个重要制约因素。目前我国人均耕地不足 1.2 亩,相当于世界人均耕地面积的约 1/4,相当于美国人均耕地的 1/7、加拿大的 1/15、澳大利亚的 1/29。而且我国土地质量也在下降,目前全国有 2/3 的耕地有机质含量下降到 1.5%,缺磷、缺钾的耕地占 60% 以上,缺乏微量元素的耕地更是普遍,土地荒漠化、盐碱化蔓延、草原退化加剧等,因此土地资源紧缺将会长期困扰着我国农业的发展。

2. 淡水资源紧缺

淡水资源紧缺是制约我国现代农业发展的又一个重要因素。我国人均淡水资源占有量仅 2400m³,为世界平均值的 1/4,属于淡水资源严重短缺的国家,而且农业耗用淡水资源量大。据统计,目前全国缺水量超过 400 亿 m³,3000 多万农村人口出现饮水困难,每年因此造成粮食减产 200 多亿 kg。同时,我国水资源利用率很低,对降水的利用率只有 10% 左右,农业灌溉用水利用率不足 40%;而以色列灌溉用水有效率高达 80%。另外,我国水资源浪费现象普遍,引黄灌区下游输水损失率达 30%～50%,河西走廊一些渠道水资源损失率竟高达 60%～80%。

3. 农村人口基数大,增长快

截至 2015 年年末,我国总人口 137462 万人(不含港澳台地区),比上年末增加 680 万人,其中城镇常住人口 77116 万人,占总人口比重(常住人口城镇化率)为 56.10%;农村人口 60346 万人,占 43.90%。由于人口基数大,我国每年新增人口超过 1000 万。从 2016 年 1 月 1 日开始,我国全面实现"二孩"政策,我国人口增长的速度会更快,农村更是如此。

我国属于人口稠密的国家,土地与生态环境承受的压力较大,人均资源占有量持续下降。同时,我国人口分布也很不均衡,94% 的人口居住在占全国总面积 45% 的东南部,而占全国总面积 55% 的西北部仅居住了 6% 的人口。所以,如果不采取积极对策和科学控制人口变化策略,我国农业经济将面临很大的困境。

4. 教育和科技水平仍然偏低

我国农村教育仍然比较落后,全国农民文化和科技素养仍然偏低。2015 年,我国成人文盲数量较 2000 年减少 50% 以上,但文盲人数还有 5000 万以上,文盲率仍然在 4% 以上,其中农村文盲率则高达 7%。目前,我国农村人口中初中及初中以上文化程度的人数仅约占 40%,远低于城市人口中这一群体占大约 70% 的水平;在全国近 5 亿农村劳动力中,高中文化程度的只约占 10%,而初中文化程度的约占 50%,小学文化程度的约占 30%,不识字(文盲)或识字很少的约占 7%。也就是说,初中及以下文化程度的比重高达 87%。我国农村劳动力文化和科技素质的低下,大大制约了农民生产、生活方式和观念的更新,阻碍了农业新技术的推广和应用。

(二)我国发展现代农业的措施

1. 积极发展资源节约型的现代农业模式

由于我国农业资源严重短缺,所以应选择资源节约型现代农业发展模式。要注重节约耕地和水资源,积极发展"精准农业"、"无土栽培农业"、"旱作农业"、"节水农业"等,尽可能提高单位面积的产量和生产经营效益；为了缓解我国水资源短缺和农业需水量增加的双重压力，必须实施高效节水灌溉技术，通过推广使用地表喷灌、滴灌和地下渗灌等节水灌溉技术，一般可以实现节水 40%～60%。要积极发展生态效益型农业，提倡尊重自然规律和按生态规律办事，保持人类生产活动与自然环境的协调发展，合理开发利用自然资源，防止环境污染和生态平衡破坏。如发展立体种植、套种、动植物共生、食物链、产加销一体化等生态效益型农业发展模式，较好地将农业的经济效益、环境效益、生态效益和社会效益有机结合起来。

2.实现农业增长方式的根本转变，实施农业可持续发展战略

具有中国特色的农业现代化建设之路应该是现代集约型的持续农业，即"用现代工业武装农业，用现代科学技术发展农业，用现代经营理论和方法管理农业，用高效便捷的信息系统和社会化服务体系服务农业"。要尽快实现农业增长方式由粗放型向集约型转变，通过提高农业科技水平和对资源的利用率，实现农业生产各个环节的规范化、标准化、精确化，实行精耕细作和产业化经营，提高土地利用率和农业综合效益，增强农业抵御自然灾害的能力。同时，还要注重将现代农业新技术与我国传统耕作、管理技术结合起来，如采用复种、套种、精耕细作、田间管理和作物固氮技术，利用生物链防治病虫害等技术，来适应现代农业发展的需要。

3.积极发展劳动密集型农业和区域特色农业

我国农村劳动力资源丰富，劳动密集型农业具有一定的比较优势，可积极发展蔬菜、水果、花卉、畜牧业和水产业等劳动密集型农业，通过扩大农业出口以取得更多的比较利益和加快我国农业国际化进程。同时，充分利用各地资源优势发展区域特色农业，形成各具特色的农产品种植区和产业带。如我国东部沿海地区海洋资源十分丰富，发展海洋农业应当成为沿海地区现代农业建设的重要特色；我国一些大中城市郊区农村，可以充分利用靠近城市市场和在技术、资金、人才、信息等方面的优势条件，重点发展设施农业、立体农业、精巧农业、园艺农业、休闲观赏农业等高附加值农业，发展农产品加工业，努力提高农产品的科技含量和附加值；我国中西部地区可以根据各自的资源、技术、农业结构和资源环境等特点，开创各具特色的现代农业发展模式，如发展高山农业、绿洲农业、旅游农业等，重点发展名、优、特、新农产品，注重提高农业的整体功能与综合效益。

4.进行农业结构调整和优化，提高农民的文化科技素质

现代农业要求具有合理的产业结构，针对我国目前农业结构不尽合理的现状，今后要积极引导农民围绕市场需求调整优化农业结构，在保证粮食生产与供给的前提下，积极发展林、牧、渔业，扩大经济作物的种植面积，及时调整农业品种和品质结构，提高农产品的优质率，增加农产品的科技含量，努力提高产品的附加值和出口创汇能力，并尽可能延长农业产业链，提高农业的经济效益，增加农民的收入。

大力发展农村教育，逐步提高农民的文化科技素质。没有高素质的农业劳动力，就不可能实现农业现代化。农业发达国家的农业劳动力文化和科技素质普遍较高，不少经营农场的人受过良好的正规高等教育，很多普通农业劳动者都受过专门的职业教育和技术培训。欧洲不少国家规定青年农民必须获得"绿色证书"才有资格从事农业、经营农场和取得优惠的农业贷款等。当前我国农业劳动力文化科技素质整体较差，必须大力发展农村基础教育和职业教育，对农民进行技术培训，进一步搞好农业"绿色证书"教育培训计划，政府有

关部门和社会机构等应开展丰富多彩的科技下乡、科技咨询与科技服务活动,不断提高广大农民的科技文化素质,为我国农业发展创造良好的人力资源条件。

现代农业的最主要特征是充分利用科技条件,采用大规模的投入。在只有百余年的发展历程中,现代农业已经取得了令人瞩目的成绩。现代农业是由农业机械化、化学以及生物学等成就而促成的,从荷兰和以色列等国家的实践证明,只要有雄厚的物质投入为基础,即使是资源极度贫乏的国家,也能实现农产品的自给有余甚至过剩。但这种农业现代化的背后是大量的能源消耗和物质投入。现代农业的发展对能源和物质的巨大消耗引起了农业经营模式及经营思想的转变。为了有效地减少水土流失,减少水质污染、土壤污染和农产品的污染等,从 20 世纪七八十年代开始,西方多数发达国家开始调整农业发展战略,如美国鼓励土地休闲,并对农场主实行补贴,其结果是给国家财政背上了沉重的包袱。然而,现代农业似乎也存在着严重的缺陷与不足,但新的农业思潮正在孕育并即将诞生,并终将对现代农业进行彻底的洗礼与改造。

# 第五章　生态旅游与民俗旅游

## 第一节　生态旅游

### 一、生态旅游的兴起

生态旅游的产生有其深刻的社会、经济和文化背景。第二次世界大战以后,全球性的新技术革命蓬勃兴起,人们的生活方式和思维观念都发生了巨大的变化。顺应这一变化的旅游业在世界各国迅速崛起。旅游业经过几十年的快速发展,进入了空前繁荣的阶段。然而,伴随与此的是环境质量的恶化和各种资源的破坏。如森林草场的破坏、水土流失、土地荒漠化等现象越来越严重。工业化的发展又引发了大气污染、水污染、噪声污染、固体废弃物污染等。最为典型的有伦敦的烟雾事件和洛杉矶的光化学烟雾事件等。

1952 年 12 月 4 日,英国伦敦发生了一次世界上最为严重的“烟雾”事件:连续的浓雾将近一周不散,工厂和住户排出的烟尘和气体大量在低空聚积,整个城市为浓雾所笼罩,陷入一片灰暗之中。期间,有 4700 多人因呼吸道疾病而死亡;雾散以后又有 8000 多人死于非命。这就是震惊世界的“雾都劫难”。而洛杉矶位于美国西南海岸,西面临海,三面环山,是个阳光明媚、气候温暖、风景宜人的地方。早期金矿、石油和运河的开发,加之得天独厚的地理位置,使它很快成为一个商业、旅游业都很发达的港口城市,著名的电影业中心好莱坞和美国第一个“迪士尼乐园”都建在了这里。城市的繁荣又使洛杉矶人口剧增。白天,纵横交错的城市高速公路上拥挤着数百万辆汽车,整个城市仿佛是一个庞大的蚁穴。然而好景不长,从 20 世纪 40 年代初开始,人们就发现这座城市一改以往的温柔,变得“疯狂”起来。每年从夏季至早秋,只要是晴朗的日子,城市上空就会出现一种弥漫天空的浅蓝色烟雾,使整座城市上空变得浑浊不清。这种烟雾使人眼睛发红、咽喉疼痛、憋闷、头昏、头痛等。到了 1943 年以后,烟雾更加肆虐,以致远离城市 100km 以外的海拔 2000m 及以上的高山上的大片松林也因此枯死,柑橘减产。仅 1950—1951 年,美国因大气污染造成的损失就达 15 亿美元;1955 年,因呼吸系统衰竭死亡的 65 岁以上的老人达 400 多人;1970 年,约有 75% 的市民患上了红眼病。光化学烟雾可以说是工业发达、汽车拥挤的大城市的一个隐患。20 世纪 50 年代以来,世界上很多发达国家的城市都不断发生过类似的光化学烟雾事件。

针对人类面临的这种危机,一些有识之士开始认识并关注环境问题。1962 年,美国的女海洋生物学家 R. 卡逊在《寂静的春天》一书中描写了由于人类不顾自然,乱用农药,污染了土壤、水和空气等,导致了一个没有鸟鸣的春天。该书的出版引发了学术界的震动,引起了世人对人与自然的关系的重视。随着人们对环境问题的日益重视，从 20 世纪 60 年代开始，世界范围的"绿色运动"逐渐兴起，并在全世界形成了各种"绿色组织"，汇成了一股"绿色思潮"。旅游业也在这样的氛围中兴起了以自然为旅游对象的"绿色旅游"，即生态旅游。

二、生态旅游的概念

早在 1983 年，国际自然与自然资源保护联合会（IUCN）特别顾问、墨西哥专家谢贝洛斯·拉斯喀瑞（Ceballas Lascurain）首次提出"生态旅游"（ecotourism）一词。当时谢贝洛斯·拉斯喀瑞就生态旅游给出了两个重要的概念：其一是生态旅游的对象是自然景物；其二是生态旅游的对象不应受到损害。1988 年，他又将其定义为"生态旅游作为常规旅游的一种形式，游客在游览和欣赏古今文化遗产的同时，置身于相对古朴原始的自然区域，尽情享受旖旎的风光和野生的动植物"。由此可见：①生态旅游是一种常规旅游；②生态旅游的对象是旖旎的自然风光和野生的动植物。

从谢贝洛斯·拉斯喀瑞对生态旅游定义以后，生态旅游的定义也在不断地发展与深化。在 1992 年的第一届旅游与环境世界大会上，生态旅游被定义为"生态旅游是促进保护的旅行"，即生态旅游的目的不仅在于欣赏自然美景，还在于促进对环境的保护。1993 年，国际生态旅游协会进一步深化了生态旅游的定义，认为"生态旅游是具有保护和维系当地人民生活双重责任的旅游活动"，即生态旅游是负责任的旅游，不仅要对自然环境负责，还要对当地的人民生活负责。

到了 1993 年 9 月，在北京召开的第一届东亚地区国家公园和自然保护区会议上，生态旅游被定义为："倡导爱护环境的旅游，或者提供相应的设施及环境教育，以便旅游者在不损害生态系统或地域文化的情况下访问、了解、鉴赏、享受自然和文化地域。"该定义的创新之处在于对人类的"环境教育"，认为在人类面临生存危机的当今，拯救人类的只有人类自己。要全面提高人类的环保意识，生态旅游就是很好的方式，有助于人们树立正确的生态观，以便更好地促进环境的保护。

之后，国内外学者及相关机构给出了众多的有关生态旅游的定义，如世界银行和生态旅游学会给生态旅游的定义是："有目的地前往自然地区去了解环境的文化和自然历史，它不会破坏自然，而且它会使当地社区从保护自然资源中得到经济收益"；日本自然保护协会（NACS-J）对生态旅游的定义是："提供爱护环境的设施和环境教育，是旅游参加者得以理解、鉴赏自然地域，从而为地域自然及文化的保护，为地域经济做出贡献"。

我国学者给"生态旅游"的定义也有几十种之多。如北京师范大学的卢云亭教授认为，"生态旅游是以生态学原则为指针，以生态环境和自然资源为取向展开的一种既能获得社会经济效益，又能促进生态环境保护的边缘性旅游生态工程和旅游活动"；中国科学院地理科学与资源研究所的郭来喜教授认为，"生态旅游是以大自然为舞台，以高雅的科学文化为内涵，以生态学思想为设计指导，以休闲、度假、保健、求知、探索为载体，旅游者参与性强，品位高雅，形式多样，既使旅游者身心健康、知识增益，又能增强热爱自然、珍惜民族文化、保护环境的意识，弘扬文明精神，实现可持续发展的旅游体系"。我国的《国家生态旅游示范区管理暂行办法》中将生态旅游定义为"以吸收自然和文化知识为取向，尽量减少对生态环境的不利影响，确保旅游资源的可持续利用，将生态环境保护与公众教育同促进地方经济社会发展有机结合的旅游活动"。

综上所述,国内外对生态旅游的定义多种多样,但其内涵是一致的,即生态旅游是旅游和保护环境结合起来的旅游,是旅游者在以不破坏自然环境的前提下,以原生、和谐的生态系统为旅游对象,其目的不仅是使旅游者愉悦身心,更重要的是增强环境的保护意识和当地的经济发展,从而更好地促进社会的可持续发展。

### 三、生态旅游的标准

（一）多样性

1. 注重生态系统完整性

在非生物因子和生态过程等方面加强生态系统完整性建设。

2. 保持生态系统本土性

禁止或慎用引进外来物种,防止生物入侵,保护古树名木和原生的乡土植物群落,防止生态环境退化。

3. 重视生物多样性

要有生物多样性保护和管理计划,将生物多样性纳入监测内容,确保生物生长环境良好,动植物资源丰富,物种的生境类型众多;物种保护措施要有效,珍稀物种和濒危物种能得到重点保护。示范区应设有生物多样性保护专职人员及咨询专家。

4. 无捕猎野生动物和破坏野生动物生态环境的行为

禁止出售野生动物制品;研究和防治生物危害、生物入侵;合理控制原有的林产品采伐规模等。确保保护区内物种的生存环境,结合示范区绿化等生态建设项目,进行适宜生境的扩大设计。

5. 做好记录和台账

调查、记录和监测国家重点保护和省级保护的野生动植物的种类、种群现状、动态分布和生境等,识别野生动物活动廊道,必要时可采取人工廊道设计;在野生动物栖息区内的人工设施要控制夜间照明和噪声,保持天空的自然黑暗,避免惊扰野生动物等。同时也不应对夜行动物造成明显的干扰。

（二）丰富性

要确保旅游区资源的合理结构、规模和种类等,确保生态旅游内容和方式的丰富多彩。

（三）独特性

1. 自然景观独特

生态旅游区内独特的自然景观应具有很高或较高的美学价值、科研价值、文化价值,特定的旅游资源具有典型性、代表性和稀缺性,在旅游市场上有较大的影响。此外,与之密切相关的人文景观价值也要求较高。

2. 旅游价值独特

生态资源游憩价值较高,示范区内的人为干扰较少,大部分为自然区域。

（四）生态性

1. 属常规旅游的一种方式

生态旅游不是一种经营管理方法、管理理念或原则,而是由于具体的旅游目的、方式等不同而有别于其他旅游的一种方式。它是常规旅游活动的一种,具有常规旅游活动的共同特征。

### 2.以原生、和谐的生态系统为旅游对象

生态旅游的定义无一例外地涉及了自然环境。它们往往都提及了生态旅游应以"自然环境为基础",即生态旅游的吸引物主要是自然环境或是以自然环境因素为基础的景观。然而,尽管生态旅游活动的焦点主要集中在自然环境,但也包涵了与自然环境相联系的文化因素。在历史悠久的世界东方,尤其是在中国这样的文明古国,大自然被染上了浓浓的文化味,自然和文化已经无法分开。要想区分某一环境中的"文化因素"与"自然因素"是相当困难的。当然,在自然环境中赋予文化因素,有助于向旅游者提供更全面、更真实的体验,有利于更好地理解自然和文化唇齿相依的人类生存环境,从而给生态旅游者以更好的环境保护与可持续发展教育,使旅游者充分认识到把自身和旅游环境看作是一个整体的旅游生态系统,即"人"是这个系统的有机组成部分,而非独立于风景之外。

### 3.旅游对象应该受到保护

自从1992年联合国世界环境与发展大会的召开,在世界范围内提出并推广了可持续发展的概念和原则之后,生态旅游才作为旅游业实现可持续发展的主要形式在世界范围内被广泛地研究和实践,生态旅游保护性的内涵不断地扩展和深化。生态旅游要保护的是自然的、和谐的生态系统;生态旅游要保护的是优秀的地方文化,尤其是天人合一的传统文化,即"满足人类当前需要的发展同时不应剥夺后代满足他们自身需要的能力"。

### 4.负有"维系当地人民的生活"的责任

不少地方积极鼓励当地人参与旅游业,并直接从中获得利益。如浙江的西塘古镇、江苏的周庄等;还有一些地方把一定的旅游收入投入到一些公共基础设施的建设,从而使地方受益。生态旅游一直鼓励地方居民多参与生态旅游活动,这不仅有"旅游扶贫"的重要意义,可促进当地经济、社会的发展,还有助于增强居民的环境保护意识,促进对和谐生态系统的保护。

### 5.以"教育性"为核心内容

生态旅游是一种在感受自然过程中接受教育的旅游活动。人们在欣赏生态资源及与自然密切相关的文化资源,乃至体验自然环境的变化过程中,进一步认识到大自然是生命的源泉和人类发展的基础,从而学会热爱自然、尊重自然,增强保护自然的意识和责任感,自觉接受自然知识、环保和可持续发展的教育,提高公众保护自然的意识。

## 四、生态旅游的特征

### (一)基本特征

### 1.自然性

生态旅游是以自然环境为旅游对象的。随着工业化和城市化的发展,虽然城市中人们的物质条件越来越好,但其居住的环境却越来越恶化,各种污染变得越来越严重,市民的生活压力也越来越大,精神生活高度紧张和空虚。这些都促使城市人渴望来到没有压力、没有喧嚣的大自然。这就是生态旅游的自然性的根本原因。这里的自然性指的就是旅游生态环境和文化环境的原始自然性。它包括以下两个方面的含义:

(1)指旅游者所到的旅游区人口相对稀少,由于受工业化影响程度较低,具有独特的自然生态风光,保存着生态环境的相对原始状态。

(2)指旅游区由于受工业影响较小,其生活方式和文化模式保留着纯自然原始状态的

系统,对于渴望投入大自然怀抱的旅游者,具有心理文化上的强大吸引力。

### 2.多样性

生态旅游的多样性主要是指旅游形式的多样性。由于生态旅游是建立在现代科学技术的基础上的,与产业革命之前的旅游活动相比,当时的旅游活动受到科学技术以及社会发展的影响,旅游活动形式很不丰富;而当前的生态旅游除了观光、度假、娱乐等形式以外,还有滑雪、探险、科考等一系列特种生态旅游。

### 3.参与性

生态旅游的参与性主要表现在两个方面:一是指可以让旅游者亲自参与到自然与文化生态系统之中。游客可以通过用心听、用眼看,以及步行、骑马、漂流、探险、摄影等活动来体验大自然的奥秘,使其更加热爱大自然,从而有利于自然与文化旅游资源的保护。二是指旅游者、旅游地居民、旅游经营者和政府、社团组织及研究人员广泛参与的一种旅游活动。所以,生态旅游还要求旅游者、旅游地居民、旅游经营者和政府、社团组织及研究者广泛参与旅游决策与管理,提高旅游决策和管理的科学性、民主性,从而有利于地方经济和社会的发展。

### 4.保护性

传统旅游会对旅游资源和旅游环境产生一些负面影响,如噪音、固体废弃物、大气和水体污染等,以及一些旅游者对旅游资源的人为破坏等。而生态旅游就是针对传统旅游活动对旅游资源和环境的这些负面影响而设计的,所以保护性是它区别于传统旅游的最大特点。生态旅游保护性的实质是要求旅游者和旅游业约束自己的行为,以保护旅游资源和旅游环境。

对于游客而言,保护性体现在环境意识和自身素质的提高,从而自觉地保护旅游资源和旅游环境;对于旅游开发者而言,保护性体现在遵循自然生态规律和人与自然和谐相处的旅游产品的开发设计,充分认识旅游资源的经济价值,将资源的价值纳入成本核算,在科学的开发规划基础上谋求可持续的投资效益;对于管理者而言,保护性体现在资源环境容量范围内的旅游利用,杜绝短期行为,谋求可持续的经济、社会、环境三大效益的协调发展。

### 5.专业性

生态旅游活动内容具有比较高的科学文化内涵。生态旅游者有特殊的旅游需求,游客在大自然中就是为了整个身心的放松和回归,所以就要求旅游设施、旅游项目、旅游路线、旅游服务的设计都体现出很强的专业性,使游客在较短的时间内获得回归大自然的精神享受和满足,启发和提高游客热爱和保护大自然的意识,进而自觉地保护旅游资源和旅游环境。专业性还体现在生态旅游的管理上。生态旅游的目的是能够促进对旅游对象的保护,促进当地经济利益的增加和旅游者环境保护意识的增强,这都要求具有专业的管理体制。

### 6.教育性

生态旅游还具有很强的教育性。其教育性:一是体现在生态旅游传播了传统文化,提高了旅游者的文化修养,增长了旅游者的文化知识,让旅游者充分了解当地的文化背景、地学背景、自然环境、生态系统等。其主要通过录像、宣传广告、电影及导游的解说来实现。二是通过一系列的旅游活动,如植树、观鸟、捡垃圾等使旅游者深刻地意识到环境保护的重要性,从而达到对旅游者环境教育的目的。

（二）与传统的大众旅游的区别

生态旅游是在新的历史时期产生的一种高质量的、可持续的旅游方式，它具有不同于传统旅游的特点（见表 5-1）。

表 5-1 生态旅游与传统的大众旅游的区别

| 特征 | 传统的大众旅游 | 生态旅游 |
|---|---|---|
| 旅游对象 | 人工景观为主，如历史名城、公园等 | 原生的自然景观和人与自然和谐共处的生态系统，如自然保护区、生态农业区等 |
| 旅游形式 | 形式比较单一，以观光旅游为主 | 以大自然为舞台，形式多样，内容丰富 |
| 对旅游者的要求 | 较低 | 较高，需要有一定的文化修养，较强的环境保护意识 |
| 旅游质量 | 走马观花，旅游者心灵的感受不深 | 不仅能使旅游者返璞归真，享受大自然，在清新、开阔、洁净的环境中修养身心，还能够让旅游者了解、研究特定区域内的自然景观、野生动植物以及相关的文化历史特征 |

## 五、生态旅游资源

（一）生态旅游资源的概念

生态旅游资源的概念是随着生态旅游活动的开展而出现的，它不仅是以生态美吸引生态旅游者回归到大自然并开展生态旅游活动的客体，还是一个国家或地区发展生态旅游业的物质基础。由于生态旅游发展历史短暂，故学者们对生态旅游及生态旅游资源概念的认识还不尽相同。

程道品等认为，要对生态旅游资源下一个科学的定义，必须从以下几个方面进行考察：一是生态旅游资源应区别于传统旅游资源，生态旅游资源的核心是强调资源的原始性和生态性；二是生态旅游的对象不仅是指生态环境保护完好的自然生态景观，还应包括人文生态景观，它们都是开展生态旅游的客观物质基础；三是生态旅游的主体不应是大众旅游者的所有群体，而应是指旅游者中具有环保意识、生态文明和较强社会责任感的特定群体。

由此可以将生态旅游资源定义为：生态旅游资源是以生态美吸引游客前往进行生态旅游活动，在保护的前提下，能够产生可持续发展的生态旅游综合效益的客体。其主要包括四项内容：

（1）吸引功能。凡是生态旅游资源都有吸引生态旅游者前往的能力，其吸引力主要在于生态美。

（2）效益功能。生态旅游资源作为一种资源，必定能而且也需要产生一定的经济、社会、生态效益。

（3）客体功能。生态旅游资源作为旅游业的客体，本身就是专门供游客欣赏的。

（4）保护需要。生态旅游资源均是原生或是保护得比较好的生态系统，但其天生脆弱，容易被破坏，极其需要保护。

（二）生态旅游资源的类型

1. 按属性划分

（1）自然生态旅游资源。其可分为地质地貌类生态旅游资源（主要包括岩石、矿物、古生物化石、山岳景观、岩溶景观、海岸地貌等），如我国的五岳、四大佛教名山、云南的路南石林等;水体类生态旅游资源(包括河流、湖泊、温泉、瀑布、海滨等),如浙江淳安的千岛湖、杭州的西湖等;气象气候类生态旅游资源(主要包括宜人的气候、天象奇观等),如吉林的雾凇,四川峨眉山的佛光,日出和日落、海市蜃楼等;生物生态类旅游资源(主要包括森林、草原、古树名木与奇花异卉、珍稀动物及其栖息地等),如我国内蒙古自治区的呼伦贝尔大草原、各级各类自然保护区等。

(2)人文生态旅游资源。其主要包括历史文化遗产、民族风情、特种纪念馆和纪念地、园林生态旅游资源、农业生态旅游资源、森林公园、植物园、动物园(含野生动物园)、自然保护区、风景名胜区、野营地、牧场、渔港以及富有浓郁的地方特色的民族风情等。

**2.按对象划分**

(1)山岳型生态景区。如我国的五岳、佛教名山、道教名山等。

(2)湖泊型生态景区。如我国吉林的长白山天池、广东肇庆的星湖、青海的青海湖等。

(3)森林型生态景区。如我国吉林的长白山、湖北的神农架、云南的西双版纳等。

(4)草原型生态景区。如我国内蒙古自治区的呼伦贝尔草原、鄂尔多斯草原等。

(5)海洋型生态景区。如我国广西北海及海南文昌的红树林海岸等。

(6)观岛型生态景区。如我国江西的鄱阳湖越冬候鸟自然保护区、青海的青海湖鸟岛等。

(7)冰雪型生态景区。如我国云南丽江的玉龙雪山、吉林的长白山等。

(8)探险型生态景区。如我国湖北神农架的漂流、西藏自治区珠穆朗玛峰和雅鲁藏布江大峡谷的徒步、新疆维吾尔自治区罗布泊的科考等。

**(三)农业生态旅游资源**

农业生产是人类赖以生存与发展的基础,因此,农业生态旅游与人类活动有着直接的关系。农业生态旅游资源在很大程度上是农业生产的生产资料、生产过程、生产方式或者是生产成果及其与它们相关的生活文化等,是实现农业生态旅游的物质基础。

**1.农业生态旅游资源的基本特征**

(1)内容的多样化。这是由农业生产过程的复杂性和生产资料的多样性以及生产成果的季节性差异决定的。农业生态旅游资源的内容十分丰富,它包括自然资源、生态资源、生产资料和生产活动、农业文化和生活方式等,还包括山、水、田、林、人等的自然存在和由人类创造的生产方式、生活方式、文化形式和农产品等。它是生态旅游资源中最为丰富的领域。

(2)区域的差异性(地方性)。由于气候、土壤等条件的差异,不同地区农业生态旅游资源的内容和形式都不尽相同,甚至差异很大。但是,无论农业生态旅游资源差异有多大,它们都具有一些共性,即农业生态旅游的基本要素,如优质的生态环境、地方化朴素的服务、自然和谐的风貌、特色的生产和生活方式、特色的产品等。

(3)历史性和继承性。它是人类长期生产和生活,以及与大自然抗争的结果,是人类社会长期发展的结果。它最直接反映了人类社会的发展史。正是由于这种历史的继承性与农业生态资源的特性同时受到生态环境条件和历史环境条件的约束,导致了农业生态旅游资源强烈的地方性和多样性。此外,农业生态旅游资源随着人类社会生产力的发展而改变,具有明显的时代特征。

2.农业生态旅游资源的类别

(1)自然地理环境要素类。其主要包括大气、水、土壤等。这是发展农业的主要因素，是农业生态旅游资源的基础。它直接决定了一个地区农业生态旅游资源的丰富程度。

(2)景观类。这是农业生态旅游资源中的主体，包括自然景观和人工景观两个部分。自然景观主要有天然林地、草地、地形地貌、水文等，它直接决定了农业生态旅游资源的布局和形式；人工景观主要包括农田、旱地、苗圃等。

(3)生产过程类。这是农业生态旅游资源中最具特色的组成。它包括农业生产中的各种类型和过程，如农作物种植、收获、加工过程；禽畜饲养过程；农副产品以及与农业生产相关工具的加工制造过程等。它是农业生产的主体。

(4)生活类。其主要包括乡村日常生活设施和生活习俗。如村落和建筑、居住区的环境、生活习俗、饮食习惯、服饰、婚嫁、饮食等。

(5)文化类。其是指一切与地方文化相关的事物，包括风土人情、民俗、民间故事、地方戏曲、歌舞、宗教、历史遗迹等。

(6)基础设施类。其包括道路状况、住宿条件、卫生条件、医疗条件、公共安全、公共交通、水电供应、村民对旅游者的态度等。

## 六、我国生态旅游的发展

我国幅员辽阔，开展生态旅游活动的历史悠久。据考证，我国的生态旅游始于上古时代，盛于唐、宋。可见，我国的生态旅游有着悠久的历史。据《尚书》记载，舜有每五年一出巡的惯例，二月东出泰山，五月南巡衡山，八月西出华山，十一月北巡恒山。这种早期的山水旅游活动就包含了朴素的生态旅游思想。

到了现代，虽然我国生态旅游比世界发达国家起步晚，但我国丰富的生态旅游资源，为我国发展生态旅游提供了良好的物质基础和巨大的发展潜力，发展前景广阔。

1993年9月，在北京召开的"第一届东亚地区国家公园和自然保护区会议"通过了《东亚保护区行动计划纲要》，标志着生态旅游概念第一次在中国以文件的形式得到确认；1995年，在云南西双版纳召开的"中国首届生态旅游学术研讨会"，会议就生态旅游的诸多问题进行了研讨，会后还发表了《发展我国生态旅游的倡议》，标志着我国对生态旅游的关注和生态旅游研究的起点。

我国生态旅游的主要对象是自然保护区、森林公园、风景名胜区等。自1956年我国第一个自然保护区——广东鼎湖山自然保护区建立以来，我国自然保护区事业呈现迅速发展的良好势头，特别是改革开放后的30多年来，随着自然环境的变化和人们环保意识的增强，我国自然保护区的面积迅速扩大。截至2014年年底，我国已经建立2697个各类型和各级别的自然保护区、2948个森林公园、916个湿地公园以及风景名胜区、植物园等多种类型的自然保护地体系，保护地面积占国土面积的18%以上。其中国家级自然保护区有428个，面积达到了94.66万平方公里，分别占全国自然保护区面积和我国陆域国土面积的64.7%和9.72%。各类保护区网络的建立，使全国90%的陆地生态系统类型、85%的野生动物种和65%的高等植物群落以及300多种重点保护的野生动物和130多种重点保护的野生植物栖息地得到了有效保护。

据不完全统计，我国目前有超过80%的自然保护区已开发了旅游，发展旅游可以很快给地方带来经济效益,但同时也给自然保护区带来巨大的环境压力,稍有不慎,便会出现环境污染、生态灾难、景观破坏或文化冲击等。据我国人与生物圈国家委员会对部分自然保护区的深入调查,发现在已经开展旅游的自然保护区中,有40%存在垃圾公害,12%有水污染,11%有空气污染;自然保护区旅游对游客数量进行控制的不到20%;目前已有22%的自然保护区因开发旅游而遭到破坏,11%已出现资源退化现象;只有16%定期进行环境监测,有的自然保护区根本就没有监测设备;甚至有23%的自然保护区违反《中华人民共和国自然保护区条例》的规定,在自然保护区的核心区内从事旅游活动,甚至建度假村、疗养院等,使动植物赖以生存的地域减少,它们的生活空间和养料系统也发生了变化,导致动植物死亡和生态环境的破坏,不得不引起人们高度警觉。

生态旅游,是一个复合交叉型产业,需要完备的法律法规来加以规范和引导。如《中华人民共和国自然保护区条例》《中华人民共和国环境保护法》《中华人民共和国森林法》等,明确自然保护区旅游开发的战略地位、对策、步骤、目标及各级政府及部门的权限、职责等,使自然保护区旅游开发从长远利益出发,立足生态环境承受力和旅游资源永续利用,在保护的前提下进行适度开发和建设,把严格保护、合理开发和科学管理纳入法制化轨道,积极探寻旅游业与社会文化、生态环境协调发展的模式,促进人与自然的和谐共进。然而,长期以来,我国在自然保护中实行的基本是"抢救式保护"的策略,注重自然保护区数量和面积的扩展,但管理体制及管理质量并没有同步跟进,尤其在管理机构、人员配置、基本建设、经费落实等方面还存在着较大的缺陷,使得我国自然保护区的发展仍面临着很大的挑战。

## 七、我国农业生态旅游及其发展前景

农业生态旅游是以农业生产为依托,使农业与自然、人文景观以及现代旅游业相结合的一种高效产业。它有狭义和广义之分,狭义的农业生态旅游仅指用来满足旅游者观光需求的农业。广义的农业生态旅游涵盖较为广泛,主要包括"休闲农业旅游"、"休闲旅游"、"乡村旅游"、"农村生态旅游"等不同概念。它是指在充分利用现有农村空间、农业自然资源和农村人文资源的基础上,通过以旅游内涵为主题的规划、设计与施工,把农业建设、科学管理、农艺展示、农产品加工与旅游者的广泛参与融为一体,是旅游者充分体验现代农业与生态农业相结合的新型旅游产业。

### (一)我国农业生态旅游的现状

20世纪90年代,我国农业观光旅游在大中城市迅速兴起。1998年国家旅游局以"华夏城乡游"作为当年的旅游主题,使"吃农家饭、住农家屋、干农家活、看农家景"成了农村一景。目前我国休闲农业旅游项目最主要集中在北京、上海和广州等大城市的近郊,其中以珠江三角洲、长江三角洲和京津冀地区最为发达。据不完全统计,截至2014年年底,我国仅各种类型的农业园区就有4000多个(不包括不成规模的散户型生态观光农业活动),每年接待旅游者数以亿计,旅游收入上千亿元,可见我国农业生态旅游发展势头迅猛。特别是党的十八大对推进中国特色社会主义建设提出"五位一体"(经济建设、政治建设、文化建设、社会建设、生态文明建设——着眼于全面建成小康社会、实现社会主义现代化和中华民族的伟大复兴)的总布局要求,首次明确把生态文明建设同其他"四大建设"(经济建设、政治建设、文化建设和社会建设)齐抓共管。可见,党和国家对生态文明建设的重视程度,这就更为我国农业生态旅游的发展带来了契机。

目前,在北京、上海、浙江、江苏和广东等地一些大城市的近郊,还引进了具有国际先进水平的现代农业设施的观光园区,可展示电脑自动控制温度、湿度、施肥、无土栽培和新特农产品品种,成了农业科普旅游基地。如上海旅游新区的孙桥现代农业园区、北京的锦绣大地农业观光园、浙江奉化藤头村高科技生态观光旅游农业示范园、江苏苏州的大地园、江苏无锡的大浮休闲农业园、广东珠海高科技农业园和河北北戴河的集发农业观光园等。

(二)我国的高科技农业生态旅游

1.高科技农业生态旅游的特点

高科技农业生态旅游具有科学性、知识性、趣味性和可观赏性、可参与性,是一种极具开发价值和潜力的旅游形式。高科技农业生态旅游就是以市场需求为导向,充分利用农业科技、人才、地缘、生态等优势,将高科技农业与旅游、教育、培训紧密结合起来,以高科技农业带动旅游。它紧扣农业生产和市场需要,提供多种多样的最佳科技产品和服务,是以农民为运作主体的一种全新的体系。其特点为:一是科学观念新和技术层次高;二是产品与生产需求相互融合,工艺与农业紧密结合;三是高度多元化与商品化。

2.高科技农业生态旅游的优势

(1)回报率高。高科技农业生态旅游项目可以就地取材,建设费用相对较小,而且由于项目的分期投资和开发,启动资金较小;加上高科技农业生态旅游项目建设周期较短,能迅速产生经济效益,即农业收入和旅游收入,而两者的结合使得其效益优于传统农业的效益。如农产品在狩猎、垂钓等旅游活动中直接销售给游客,其价格高于市场价格,并且减少了运输和销售费用。

(2)农业旅游资源丰富。我国地域辽阔,气候类型、地貌类型复杂多样,拥有丰富的农业资源,形成了景观各异的农业生态空间,具备发展高科技农业生态旅游的天然优势。

(3)体现了各地迥异的文化特色。我国地域辽阔,农业生产历史悠久,民族众多,各个地区的农业生产方式和习俗有着明显的差异,文化资源极为丰富,增强了高科技农业生态旅游的吸引力。

(4)别具一格的农业科技优势。高科技农业生态旅游项目依托的是先进的农业生产技术,这类农业观光园大多在技术水平和生产规模上处于先进水平。主要的旅游资源大多是世界各地的名优品种,主要创造具有新、奇、特效果的观赏类农作物。游客一年四季都可以欣赏到花的海洋、菜的世界、瓜果的天地等,可使其流连忘返。另外,高科技农业演示厅、传统农具展示厅、中心实验室、组织培养室、植物"克隆"工厂等都可以给游客带来意外的惊喜和收获。

(5)独具特色的餐饮服务。游客在"农科奇观"中不仅可以看得入迷,玩得开心,还可以吃得惬意,满载而归。农科餐厅出品的菜肴原料都是基地自产的产品,以"回归自然、营养保健"为特色,能赢得广大游客的交口称赞,增加回头客。不少旅行社把农科餐厅作为定点餐厅,慕名而来的食客更会络绎不绝。游客吃饱喝足,还可买无污染、无公害的优质农产品,带回家让亲朋好友分享。

(6)市场机会大。高科技农业生态旅游项目的启动一般是在科研基地现有的基础上进行的。这就要求对基地环境进行全方位、大规模的绿化、美化、净化,以形成人与自然和谐共处的环境。同时对科研实验设施及生产大棚进行适当改造,以适应观光旅游的需要;还要增建一些为旅游服务的配套设施,如旅游餐厅、农产品展销厅、农具展示厅、农业高科技演示厅等,以满足游客全方位的需求。在开发农业基础项目的同时,也可穿插点缀一些可参与性强的休闲娱乐设施,如烧烤场、野炊园、钓鱼走廊、农家作坊及车水、抓鱼、点瓜种豆、装盆栽花、组培实验等,让游客体验全方位的农家生活。当然,农业高科技园区还要培训一支相应的旅游服务和管理专业队伍,以满足游客对高科技生态农业的认识。另外,在此基础上对科研基地进行适当的形象包装并适度进行推介,通过对高科技生态农业园全方位的提升,必然可以满足游客多方面的需求,从而加大对游客的吸引力,增加市场机会。

3.高科技农业生态旅游的潜力

农业和旅游的结合不是单纯到农村旅游这么简单,它应该进一步摆脱计划经济体制下"等、靠、要"的束缚,加强生态环境的建设,提升农业的生态价值,同时必须面向市场,走科研为主、多业并举、综合发展的道路。不但农业高科技资源是生产资源,其形成的奇特的生态景观和本身具有的科学性、知识性、趣味性和可观赏性、可参与性,实际上也是一种极具开发潜力的旅游资源。高科技生态农业观光园的迅猛发展就证实了这一点。

农业生态旅游,已登上大雅之堂,它将成为旅游业中的一颗璀璨的明珠,具有不可估量的发展潜力。传统农业生态旅游给人们带来的是自然纯朴的田园风光,而现代高科技农业生态旅游带给人们的则是不可思议的神奇世界和无可抗拒的巨大诱惑力与吸引力,因而更具发展前景。与主题公园景观相比较,高科技农业生态旅游则更富有创意与变化,一年四季均可推出新的旅游吸引物。

开展高科技农业生态旅游可以实现社会、生态、经济三大效益的统一。通过社会各阶层人员的观光、旅游,可更广泛地普及农业科技知识和生态环保知识,提高参观者的科技和环保意识以及发展"三高"农业的积极性。

生态农业是我国农业可持续发展的最佳模式,通过一系列农业高新科技,将农业生产及农产品加工以具有观赏价值的艺术风格充分体现出来。它不仅可以增加农产品的附加值,丰富人们的生活内容,更有利于改善生态环境。因此,结合本地实际,建立资源、生态、旅游等为支柱的生态旅游农业产业体系,不仅具有巨大的市场前景和发展潜力,更可以将社会、经济、生态三大效益合理地统一起来,必将为我国部分地区探索出一条现代农业综合协调发展的产业化道路。

高科技农业生态旅游根据自己的地域优势和科技优势以及园区所拥有的有利条件,在策划理念上注入了科技、旅游、示范、教学、培训、商贸的概念,把差异作为最好的旅游资源加以开发,通过现代农业的新品种、新栽培模式与传统农业的不同显示出其差异,选择花卉、蔬菜和水果的设施生产作为主导产业,走出一条生态农业旅游发展的新路子,并通过其示范、推广和辐射作用,带动周边地区千家万户致富。通过高新技术改造传统农业促使其产生独有的农业要素差异,发展为新型的特色主导产业,以适应消费层次的深化和生态保护的需要。高科技农业已经使农业的性质发生了巨大变化,它已经成为具有多功能性的产业,农业将成为体验经济的主导产业;高科技农业生态旅游作为现代农业和旅游业交叉的载体,是一种新型的经济组织创新,它将成为农业生态旅游发展的主流。高科技农业生态旅游在我国未来旅游业的发展中将占有越来越重要的地位,成为我国经济增长的一个新亮点。

实践证明,开展高科技农业生态旅游是切实可行的。它投资少、风险小、周期短、见效快,必将成为一个新的经济增长点。

# 第二节　民俗旅游

## 一、民俗旅游概述

### (一)民俗旅游的概念

#### 1.什么叫民俗

民俗就是民间流传下来的一种稳定的风俗、习尚,即民间的风俗习惯。由于对民俗理解的不同和参照物的差异,国内外学者对民俗和民俗旅游的定义也不尽相同。历史上人们对"民俗"概念的理解,归纳起来主要有以下四种:

(1)文化遗留说。这是英国文化进化学派的观点。他们认为民俗是一个已经发展到较高文化阶段的民族中所残存的原始观念与习俗的遗留物,就像人由猿猴进化而来,身上残留着一根尾椎骨一样。

(2)精神文化说。这也是英国民俗学者们的观点。1914年英国出版的《民俗学手册》中有一段话,形象地表明了这种观点:"引起民俗学家注意的,不是耕犁的形状,而是耕田者推犁入土时所举行的仪式;不是渔网和渔叉的构造,而是渔夫入海时所遵守的禁忌;不是桥梁或房屋的建筑术,而是施工时的祭祀以及建筑物使用者的社会生活。"

(3)民间文学说。这种观点认为民俗即民间文学,主要流行于美国和苏联。美国学者厄特利(F. L. Utley),将民俗定义为"口头传承的文学艺术",将习惯、宗教、语言、工艺等排斥在外。我国过去研究得比较多的民俗现象也主要是民间文学。

(4)传统文化说。这是西方普遍流行的观点,即把民俗仅限于传统之中,将生活中不断涌现出来的新民俗排斥在外。

随着研究的日益深入,今天上述狭义的民俗观已经被打破,人们普遍倾向于对民俗概念的广义理解。现在的民俗概念被认为是:人民大众创造的、享用和传承的生活文化。它既包括农村民俗,也包括城镇和都市民俗;既包括古代民俗传统,也包括新产生的民俗现象;既包括以口语传承的民间文学,也包括以物质形式、行为和心理等方式传承的物质、精神及社会组织等民俗。民俗虽然是一种历史文化传统,但也是人民现实生活中的一个重要部分。

民俗事项纷繁复杂,从社会基础的经济活动,到相应的社会关系,再到上层建筑的各种制度和意识形态,大多附有一定的民俗行为及有关的心理活动。如物质民俗、社会民俗、精神民俗和语言民俗等。

#### 2.什么叫民俗旅游

民俗旅游是指人们离开惯常住地,到异地去以地域民俗事象为主要观赏内容而进行的文化旅游活动的总和。它属于文化旅游的一种。而所谓文化旅游,是指人们通过旅游或在旅游活动中了解和获取知识的活动。

对民俗旅游概念的理解,也是因人而异。我国学者刘其印认为,民俗旅游是借助民俗而开展的旅游项目,如寻根祭祖、朝山进香、观看民间艺术表演与民俗展览、参与节庆活动、品尝风味食品、乘坐旧式交通工具、住民房等，即到民间去旅游，到民俗氛围里去切身体会。陆景川认为，民俗旅游是一种高层次的文化型旅游，它欣赏的对象为人文景观，而非自然景观。任何一个国家、地区和民族的传统节日、婚丧嫁娶、建筑风格、民间歌舞都是民俗旅游的珍贵资源与欣赏对象。巴兆祥认为，民俗旅游是指游客被异域或异族独具个性的民俗文化所吸引，以一定的旅游设施为条件，离开自己的居所，前往旅游地（某个特定的地域或特定的民族区域），进行民俗文化消费的一个动态过程的复合体。它是人类文明进步所形成的一种文化生活方式。具体地说，民俗旅游就是人类在长期的社会生活中形成的关于生老病死、衣食住行、信仰以及禁忌等的行为规范，可激发人们的旅游动机，从而产生旅游活动。

（二）民俗旅游的特点

1. 自然性

自然性是指民俗风情是在长期社会生活中自然产生的。无论是民族的饮食、服饰还是礼仪等，都是一个民族、一个地区生活的真实的反映，所以一个地区的民俗风情一定是与周边的自然地理环境和谐共存、相辅相成的。

2. 地域性

地域性是由民俗的地区性所决定的。我国幅员辽阔，自然地理环境复杂，民俗地区性很强，主要表现在大量的民俗事象都有地区的限制性。《汉书·王吉传》中的"十里不同风，百里不同俗"，指的就是民俗的地区差异性。地域民俗的魅力在于它是独有的，是由地域民俗所创造的一种民俗环境，这种环境、气氛是在任何其他地域中无法创造出来的。如在云南过傣族的泼水节和在杭州的西湖过泼水节，这两种情况给人的意境和氛围肯定是完全不同的。正因为地域民俗这种独特的为其他任何地区的民俗所无法替代的民俗环境、民俗气氛，这才使民俗旅游产生了诱人的魅力。民俗的地域特征决定了在民俗旅游活动中必须发挥地域民俗的特长，以该地域内特有的民俗事象来吸引旅游者。

3. 民族性

民族性是指以不同民族的民俗事象而开展的旅游活动所具有的特性。这一特性是由民俗的民族性所决定的。民俗是民族的，是由各民族大众所创造和传承的。我国有56个民族，这些民族在漫长的发展过程中，共同创造了祖国的历史和文化。但是，各民族历史发展过程不同，居住地自然环境及生活条件差异大，在物质生活方式和文化生活方式方面都有自己的爱好和禁忌，形成了自己特有的风俗习惯。它在一定程度上反映了各民族的历史、经济文化和心理状态，客观上构成了民族差别的特征。由此而开展的民俗旅游活动，民族特色突出，独特性强，极具吸引力。

4. 文化性

文化性是由民俗的文化性和旅游的文化性决定的。民俗是一种悠久的历史文化传承，我国民俗学泰斗钟敬文先生认为："民俗文化，简要地说，是世界广泛流传的各种风俗习尚的总称。"民俗文化是最为重要的人文旅游资源，因此，以一种文化现象——民俗而开展的民俗旅游活动，能给旅游者带来文化的享受，使旅游者处处感受到一个国家、一个民族独特的文化。民俗旅游属于文化旅游范畴，旅游本身是一种文化行为，是以享受为主的人类文化生活。旅游者不论其以何种动机外出旅游，不论其属于何种类型的旅游者，都不可避免地要接触东道主社会的文化，因为文化范围十分广泛，在旅游者的活动环境中几乎无处不见。因此，我国著名经济学家于光远曾经指出："旅游业是带有很强的文化性的经济事业，也是带有很强经济性的文化事业。"

### 5.经济性

经济性是由旅游的经济性所决定的。民俗旅游是民俗这一古老而独特的文化现象在旅游业中的运用发展,也是利用民俗为经济建设服务的具体体现。旅游业有"无烟工业"之称,当今世界,旅游收入已成为许多国家国民经济的重要支柱。在 20 世纪 90 年代之前,旅游业是仅次于石油、汽车工业的第三大产业,但之后就已发展成为世界第一大产业。旅游的经济性及由此带来的可观的经济效益,是旅游业在当代世界各国得以大力发展的重要原因。作为旅游重要组成部分的民俗旅游,在经济效益上已经取得了令人刮目相看的成绩。从大的民俗旅游项目看,深圳华侨城由三大景区组成:锦绣中华于 1989 年 11 月开业,引起轰动,1 亿元的投资当年回收;以其收入滚动开发的中国民俗文化村于 1991 年 10 月开业,1 年半后又收回了 1.1 亿元的投资;接着以 5.8 亿元巨资兴建的世界之窗,1994 年 6 月开业,又创辉煌。

据统计,自 1985 年 11 月 11 日深圳华侨城集团成立至 2015 年 11 月 10 日的 30 年中,华侨城三大景区共接待海内外游客 3.2 亿人次,荣登全球主题公园四强,领跑亚洲。2014年,华侨城三大景区游客接待量突破 3000 万人次,入园人数首次超越六旗、雪杉会、海洋世界的入园人数等,位居全球景区集团排行榜第四位,同时也成为弘扬民族文化、进行爱国主义教育的基地和增进中外交流的窗口。

### 6.参与性

参与性指的就是旅游者在民俗旅游活动中的经历和体验。在民俗旅游活动中,以民俗事象作为吸引物和承载物,激发游人兴趣,通过游人的亲身投入,成为特定民俗环境中的一员,从而达到旅游主体、客体双向交流,满足旅游者休闲、探奇、求知的心理,获得有别于惯常生活的、充满情趣的体验。这种体验体现在吃、住、行、游、购、娱六大要素的每个环节中。如广西漓江民俗风情园,集中了广西四个主要少数民族壮、侗、苗、瑶的民族建筑、民俗风情和民间艺术,是一座融观赏性、刺激性和参与性于一体的综合娱乐场所。杉木青瓦、屋檐层叠、古朴典雅的民族寨楼、鼓楼和风雨桥,极富民俗色彩的图腾柱群,醇香的过寨酒,独特的民族婚礼"背新娘",浓厚质朴的民俗气息,都会让你涤尽尘虑,流连忘返。广场演出原始粗犷、场景壮观,有壮族的板鞋舞、苗族的芦笙踩堂、侗族的多耶等参与性节目;斗鸡、斗马、上刀山、射弩等民族游乐活动充满刺激和奇趣;综合演出厅每晚都为游客献上一台具有浓郁少数民族地方色彩的歌舞表演、硬气功表演、绝技表演和民族服饰展示等,使游客尽情领略多姿多彩的少数民族文化艺术。

### (三)民俗旅游的类型

我国历史悠久,民族众多,文化异常丰富。从人们的衣、食、住、行等各个方面都表现出不同的民俗文化。然而,这些资源需要经过旅游开发才能称为民俗旅游资源。由于分类标准的不同,民俗旅游可分为不同的类型和名称,但不管是哪种分类标准,都体现出浓厚的文化韵味。

### 1.按民俗旅游的客体划分

(1)物质民俗旅游。其主要包括生产民俗旅游(如农耕民俗旅游、畜牧民俗旅游、渔猎民俗旅游、手工业民俗旅游等)、消费民俗旅游(如商业民俗旅游、服饰民俗旅游、饮食民俗旅游、居住民俗旅游等)和流通民俗旅游。

（2）社会民俗旅游。其主要包括礼仪民俗旅游（主要指育儿、婚姻、寿庆、丧葬礼等）、节日民俗旅游（主要指传统岁时节日、现代节日等）、社会结构民俗旅游（主要指以家庭、亲族、乡里、社团等为主）和村落民俗旅游（如集市、乡规、村社等）。

（3）意识民俗旅游。其主要包括信仰祭祀民俗旅游（如原始信仰民俗旅游、民间宗教信仰民俗旅游、禁忌民俗旅游等）和民间艺术民俗旅游（如民间的音乐、舞蹈、美术和工艺等）。

2.按民俗旅游的主体划分

（1）消遣、观光型民俗旅游。自有旅游行为发生以来，观光、消遣是旅游者出游的最普通、最原始的动机。其特点是旅游者在旅游地停留时间一般不是很长，总想在有限的时间里多逗留几个旅游地，尽可能多地游览民俗景点。他们对旅游地的选择及旅行时间的选择"随机性"较强。对这一类型的旅游者，应当在确保民俗旅游产品质量的基础上加强宣传促销，变"随机性"为"趋向性"。

（2）参与型民俗旅游。这是近年飞速发展的一种旅游行为。西方的旅游者到我国来进行民俗旅游，大多都有这种参与、体验的心理。如上海开展的"做一天上海人"活动、内蒙古举办的"草原风情游"（住蒙古包、穿蒙古袍、喝奶茶、吃手扒羊肉等）、云南西双版纳傣族的泼水节等，都属于这种类型。参与型民俗旅游重在参与、重在体验。旅游者在民俗旅游地逗留的时间一般较长，旅游地的选择具有一定的方向性，对旅游点要求少而精，不想走马观花。

（3）考察型民俗旅游。这是由于旅游者探索异国他乡民俗风情奥秘的心理而形成的民俗旅游模式。这种类型的旅游主体多为文化素养较高的知识分子和广大青年学子。他们对目的地的选择往往目标明确，在民俗旅游地停留的时间较长，出行的次数较多。

（4）娱乐型民俗旅游。娱乐是一种重要的旅游动机。民俗活动都具有很大的娱乐性，许多旅游者外出旅游就是为了去观看或参加某一民俗娱乐节目，放松自己。因这一动机，此类旅游者在旅游过程中舍得花钱，比较强调舒适、方便、兴致。所以，发展娱乐型民俗旅游，势必大大增强民俗旅游地的吸引力并提高经济效益。

（四）民俗旅游的作用

1.是了解地方的窗口，也是各民族、各地方迈向世界的通道

目前，国际旅游业出现了以探寻异域风俗为主的态势。"越是民族的，就越是世界的"的理念已越来越深入人心。民俗旅游作为一种普遍模式的生活文化，具有"新"、"美"、"土"、"俗"、"野"、"乐"等特点，让人感到亲切，令人觉得稀奇，对发展旅游业具有重要意义。

2.有利于发挥当地资源优势，促进经济发展

民俗旅游是以民俗文化景观为观赏对象，以观赏、了解、领略、参与风土人情为主要目的的旅游活动。发展民俗旅游可以把当地的民俗资源优势转换为现实的旅游产品，充分发挥旅游业的牵动作用，促进地方经济发展。一方面，可以直接利用民俗文化旅游资源产生经济效益，如充分利用颇具民俗风情的民间建筑、饮食、歌舞、游艺等建立民俗村、民俗风情园、民俗博物馆、民俗风情缩微景区等；另一方面，可以间接利用民俗文化旅游资源为地方经济的发展服务，如利用民俗传统节日、民俗艺术节、民俗礼仪活动展演等招商引资、宣传促销，以推动当地经济（特别是第三产业）的发展。

对于那些经济发展相对落后而民族民俗风情又集中的"富矿"地区，发展民俗文化旅游更可以获得较大的经济收入，促进市场的繁荣与发展，刺激其他产业的进步，改善当地国民

经济的结构,从而使区域经济水平得到不同程度的提高。

3.有利于丰富旅游的文化内涵,增加旅游情趣

目前国际旅游市场消费正向高层次发展,旅游者已不仅仅满足于观光式旅游,而更注重在旅游目的地参与多种有趣的活动,以亲身体验异质文化模式带来的奇特感受,进而开阔视野,丰富阅历,并从中获得无穷的乐趣。民俗旅游无论在内容上还是在形式上都具有民族性、地方性、文化性和参与性的特点,这就充分满足了旅游者寻求异域情趣的需求,使旅游者能够获得原汁原味的文化享受。

4.有利于加强旅游的教育功能,弘扬民族精神

民俗文化现象产生于一定的社会生活,反过来它也要为产生它的母体发挥一定的作用。民俗文化在人类个体的社会化文化过程中起着教育和模塑作用。人的一生都是在其文化的习惯、信仰、禁忌等的规范中度过的,如从人生帷幕的开启——诞生礼,语言、游艺和交际礼节的习得,到依照特定的婚娶习俗成家立业,再到依照特定的丧葬习俗离开这个世界。人们正是通过这一系列的民俗文化活动逐步形成了优秀的传统美德,如仁爱孝悌的道德精神、谦和好礼的立身处事美德、诚信知报自主自立的品德、精忠报国的民族气节、克己奉公的集体主义精神、修己慎独的道德修养、见利思义的伦理道德取向、勤劳勇敢的优秀品质、笃实宽厚的质朴品格和务实精神、勇毅力行的道德意志等。通过开展民俗旅游,可以使每个旅游者重新受到民族传统美德的熏陶,增强民族自豪感和自信心,弘扬民族文化和民族精神。

5.有利于增长见识,开阔视野,促进各国、各民族间的理解与尊重

旅游是以体验为主的人类文化生活。物质享受虽是旅游的一项基本内容,但文化体验则是旅游更为重要的特点。国外旅游者来到中国,享受到中国菜的色、香、味,固然满足了"物欲",但更重要的是得到了一种文化体验:品尝中国的烹饪艺术作品,欣赏中国的饮食文化。民俗文化作为一个地区、一个民族悠久历史文化发展的结晶,蕴含着极其丰富的社会内容。如优美的民族歌舞、奇异的村寨建筑、令人称奇的民情民俗等,都能开阔旅游者的眼界,增长旅游者的见识,满足旅游者求新、求异、求知的心理需求。同时,民俗旅游也可以促进不同文化、不同地域、不同民族之间的相互理解与尊重,在相互欣赏文化差异所带来的愉悦时,寻求人类的共同点,有利于在不同地域、不同民族之间建立起友谊和谅解。

## 二、民俗旅游资源

### (一)民俗旅游资源的概念

民俗旅游资源是指特色鲜明,有较强吸引力,可供开发利用并给旅游经营者带来一定经济效益和社会效益的民间风俗习惯的统称。民俗旅游资源,包括显而易见的建筑、服饰、饮食、传统节日、婚丧嫁娶、礼仪、节庆活动,以及需要细心观察、体会的心理特征、审美趣味、思维方式和道德观念等。它是人文旅游资源中最绚丽多彩的部分,其文化内涵十分丰富,具有震撼心灵的力量。

### (二)民俗旅游资源的分类

据不完全统计,世界上大约有2000个民族,分布在200多个国家和地区。我国就有56个民族,亚洲拥有50多个民族的国家还有印度、菲律宾、印度尼西亚等,其中印度尼西亚拥有150个民族;世界上民族最多的国家要数非洲的尼日利亚,8000多万人口中大小民族却

有 250 个,占世界民族总数的约 1/8。各民族在居住、服饰、饮食、生产、工艺、节日风俗、婚丧嫁娶、宗教信仰、道德礼仪等各方面都不尽相同,体现了每个民族的特点。民俗旅游资源主要包括以下几个方面。

### 1.特色民居类

作为一种旅游资源,传统的民居主要表现在它具有造型丰富的建筑美,其结构、材料、样式、装饰等大多具有民族性和地方性,对旅游者具有相当大的吸引力。

在炎热潮湿的印度尼西亚伊里安岛上的阿斯马特人在 10m 高的树干上搭盖以树皮为建材的住房,上面覆盖树叶,它的好处就在于通风、防热、防潮和防猛兽。非洲沙漠地区的建筑,很多是一半在地上,一半在地下,这样既可以防热,又可以减轻风沙的影响。

在我国,茫茫草原上用的是蒙古包,西藏牧区的民居为帐篷,这与牧民生活的流动性有关,蒙古包和帐篷便于拆装与携带。我国福建、广东等地客家人建造的圆形土楼,是当地多台风的一种反映,这种建筑有利于抵御台风的袭击,同时也反映了客家人的团结、和睦。我国西南地区的傣族居民居住在热带丛林中,多产竹子,为了防潮、防虫蚁以及利用当地的优势,其民居为吊脚竹楼。在气候炎热、寒冷或昼夜温差大的地方多用砖或土砌民居,是为了防热防寒,房顶和墙壁比较厚。在我国新疆的吐鲁番盆地,夏季是我国最为炎热的地方,而且昼夜温差很大,当地的居民就在屋顶上铺上厚厚的芦苇和黄土,院子里多种葡萄,可以遮阴,对于干燥的空气也可以起到生物调节的作用。黄土高原地区采用窑洞式的民居,充分利用了黄土干燥而不塌的特点,省工省料,冬暖夏凉。

北京民居的典型代表——四合院,其基本形式是四面房屋围成南北稍长的矩形封闭的庭院,包括正房、南房和东西厢房。其以庭院为中心,把庭院作为通风、采光、交通的枢纽和休息的场所。四合院适应了北方多风沙的天气条件,也反映了中国人喜欢大聚居的家庭观念与生活习惯,同时四合院的正房由家长居住,厢房分住儿孙,南房作为书房及客厅,在一定程度上也反映了我国古代的宗法礼教制度。

我国北方的民居多是平顶楼,楼层较少,南方的民居多建造人字形的房顶,这些民居都体现了南北气候上的差异。所以,民居具有很强的地方性,它是一个地方地理环境的真实写照。

### 2.民族服饰类

服饰包括服装和饰品,是身份和地位的重要标志。如日本妇女和服的款式和花色的差别是区别年龄和结婚与否的标志,未婚的姑娘穿紧袖外服,已婚妇女穿宽袖外服;梳“岛田”式发型(日本式发型之一,呈钵状),穿红领衬衣的是姑娘;梳圆发髻,穿素色衬衣的是主妇。我国白族的中老年和已婚妇女,一般梳挽髻,并用纱帕包头,衣服多选用蓝色、黑色等;而姑娘们则是梳盘髻,多穿红色、绿色等鲜艳的服饰。朝鲜时代(公元 1392—1910 年)的国王穿的是象征宇宙中心的黄色服饰,而平民则多身着朴素的白色服装,这也是韩民族被称为“白衣民族”的由来。

在民俗旅游活动中,民族服饰是民族文化中最容易被人觉察、最具有魅力的组成部分之一。我国苗族的盛装,以高贵为美,色彩上多用红、黄等亮色,以红代表胜利,以黄代表华贵,并在盛装上钉满亮片、吊满宝珠,绣出了一幅幅用金银线构成的富丽堂皇的图案。哈尼族崇尚黑色,擅长用蓝靛染布,男子穿对襟上衣和长衣、长裤,用青布或白布包头;而女子则因地域不同而有明显差异。云南省红河哈尼族彝族自治州等地妇女上穿右襟圆领上衣,下着长裤;而墨江哈尼族自治县等地妇女多穿右襟无领上衣,下穿长裤,衣服的托肩、大襟、袖口和裤脚镶上彩色花边;西双版纳及澜沧江一带的妇女,下穿短裙,裹护腿,胸前挂成串的银饰,头戴镶有小银泡的圆帽;墨江、元江一带的妇女,有的穿长筒裙或皱折长裙,有的穿稍过膝盖的长裤,系绣花腰带和围腰。妇女在服装和装饰上区别是否已经结婚,有的以单、双辫区分,有的以垂辫和盘辫区分,有的以围腰和腰带的花色区分等。总之,大多盛行银饰,无论纽扣、耳环、项圈、手镯和胸饰,皆用银制;在衣襟、环肩、袖口、裤脚、腰带上,多有镶嵌的彩色花边和刺绣的花纹图案。布朗族过去男子穿花长衣,系青绿小条绳腰带,膝下系黑藤,裹红布包头;妇女上穿花衣,下着筒裙,崇尚黑色、蓝色,发式为挽髻于脑后,戴青绿珠,饰海贝,戴垂至肩部的大耳环等。但现代布朗族服饰与早期服饰有了很大差异。男子上着圆领对襟长袖的青布衣,下穿宽脚长裤,头饰因年龄不同而有所差异。布朗族很早就会用蓝靛染布,用"梅树"皮、"黄花"根作原料,经过一定的加工程序,分别染成经久不褪的红色、黄色,极具大自然的风韵,其服饰的用料多为自织的土布,辅以必不可少的刺绣。

服饰与各民族生活的自然环境有密切的关系。韩国的夏季气温高、湿度大,凉爽的"夏布"制成的韩服最适合在闷热的天气里穿着。夏布薄而半透,且不黏身,自古以来一直被认为最能体现韩国女性的端庄淡雅之美,尤其因为纤维织出的布纹很像蜻蜓翅膀上的纹路,人们便给它起了一个别名,叫作"蜻蜓翅"。藏族服饰的形制与质地很大程度上取决于藏族人民所处生态环境和在此基础上形成的生产、生活方式。藏族是青藏高原的土著居民与古羌人的一部分融合而成的,这几乎已是史学界的共识,而无论是古羌人中的发羌,还是卡若、曲贡等文化的创造者,他们都生活在地势高、气候寒冷、自然条件恶劣的世界屋脊上,以牧业、农业为主,这就决定了藏族先民们服装的基本特征是厚重保温,宽大暖和的肥腰、长袖和长裙。为了适应逐水草而居的牧业生产生活的流动性,逐渐形成了大襟、束腰,在胸前留一个突出的空隙(酷似袋子),这样外出时可存放酥油、糌粑、茶叶、饭碗,甚至可以放幼儿,天热或劳作时,根据需要可袒露右臂或双臂,将袖系于腰间,调节体温,需要时再穿上,不必全部脱穿,非常便当。夜晚睡觉,解开腰带,脱下双袖,铺一半盖一半,成了一个暖和的大睡袋,可谓一物多用。

### 3.风味饮食类

各个民族的饮食习惯还是和它所处的自然地理环境以及人文环境有关的。印度人的主食是麦面饼和大米,每餐都是先吃饼,然后再吃米饭。印度的米饭用叫作 BASMATI 的米做成,世界有名。这种米形状细长,味道浓香,是由印度半年干燥、半年湿润的气候决定的。在印度的南方,菜味很辣,在印度北方,菜的味道是微辣的,这也是由于南北气候的差异造成的。南方植物多,因此盛菜的器具多为芭蕉叶、香蕉叶等植物叶子,很漂亮。

"夫妻肺片"是我国成都地区人人皆知的一道风味名菜。相传在 20 世纪 30 年代,成都少城(即满城,就是现在的宽窄巷子)附近,有一男子叫郭朝华,与其妻一道以制售凉拌牛肺片为业,他们夫妻俩亲自操作,走街串巷,提篮叫卖。由于他们经营的凉拌牛肺片制作精细,风味独特,深受人们喜爱。为区别一般牛肺片摊店,人们称他们为"夫妻肺片"。设店经营后,在用料上更为讲究,以牛肉、心、舌、肚、头皮等取代最初单一的牛肺,质量日益提高。为了保持此菜的原有风味,"夫妻肺片"之名一直沿用至今。

福建的永春榜舍龟是一种用糯米、绿豆、白糖等精心制作,形似龟的传统名牌食品。它细嫩、香甜、可口,老少皆宜,深得人们喜爱。传说清朝乾隆年间,孙清水、孙榜父子在永春五里街开了家小吃店,专营糯米龟和花生汤,生意十分红火。时任永春州官的叶绍芬在东门外租房,聘请私塾先生,让弟弟绍本苦读候考。绍本游手好闲,常到孙家赊龟,几乎天天来食,孙家父子慑于权势不敢得罪,久而久之也成为老主顾了。有一年元宵,叶绍本因贪色被打,回家被私塾先生拒之门外后,孙榜父子收留了他。经这一回,绍本终于悔悟,改邪归正,发愤读书,并仍常去孙家闲聊吃龟。一年后,绍本上京应试,竟中了进士,并被选入翰林院。三年后,叶绍本被委任为福建学政,到永春主考乡试,便特意前往孙榜店中还清旧账并品尝久别多年的糯米龟。其时孙父已去世,孙榜的小吃店的生意已大不如前,于是叶绍本故意坐着官轿,带着众秀才,一路鸣锣开道到孙榜店中,以糯米龟祭祀孔子,并要秀才们尝一尝糯米龟配花生汤的滋味。此举顿时在山城引起轰动,围观的乡民都说孙榜显贵了,应尊称为"舍人"。从此,永春五里街这家小吃店做出的糯米龟就被称为"榜舍龟"。后世还为此传诗一首:"孙榜好学做甜龟,知州胞弟吃不归;浪子回头中进士,扶困扬名榜舍龟。"

4. 节庆活动类

世界众多的民族,有众多的传统节日,作为旅游资源的各种节庆活动,对游客也有很大的吸引力。如我国那达慕大会是内蒙古、甘肃、青海、新疆的蒙古族人民一年一度的传统节日,在每年七八月水草丰茂、牲畜肥壮、秋高气爽的黄金时节里举行。那达慕,蒙语是"娱乐"或"游戏"的意思。那达慕大会在蒙古族人民生活中占有重要的地位,是适应蒙古族人民生活的需要而产生的。有着悠久的历史。在过去,那达慕大会期间要进行大规模祭祀活动,喇嘛们要焚香点灯,念经诵佛,祈求神灵保佑,消灾消难。而现在,那达慕大会的内容主要有摔跤、赛马、射箭、赛布鲁、套马、下蒙古棋等民族传统项目,有的地方还有田径、拔河、排球、篮球等体育竞赛项目。此外,那达慕大会上还有武术、马球、骑马射箭、乘马斩劈、马竞走、乘马技巧运动、摩托车等精彩表演。

火把节是彝、白、纳西、基诺、拉祜等民族的传统节日。彝族、纳西族、基诺族在农历六月二十四举行,白族在六月二十五举行,拉祜族在六月二十举行,节期2~3天。佳节之前,各家都要准备食品,在节日里纵情欢聚,放歌畅饮。白天举行斗牛、摔跤等娱乐活动,入夜则点燃火把,成群结队行进在村边地头、山岭田埂。远处望去,火龙映天,蜿蜒起伏,十分动人。最后人们会聚广场,将许多火把堆成火塔,火焰熊熊,人们围成一圈,唱歌跳舞,一片欢腾。

农历六月二十四,北斗星斗柄上指,彝语支的民族都要过火把节,火把节又叫星回节,俗有"星回于天而除夕"之说,相当于彝历的新年。火把节的主要活动在夜晚,人们或点燃火把照天祈年、除秽求吉,或烧起篝火,兴行盛大的歌舞娱乐活动。火把节期间,还要举行传统的摔跤、斗牛、赛马等活动。这些活动,来源于一个有关英雄战胜魔王(或天神)的传说,这位英雄与魔王摔跤、角力,还教人点燃火把烧杀恶灵所化的蝗虫,保护了村寨和庄稼。为纪念这一事件,每年火把节,就要象征性地复演传说中的故事,渐渐成为节日活动的主要内容。

除此之外,中国的春节、端午节、中秋节,欧美的狂欢节,基督教的圣诞节、复活节,伊斯兰教的开斋节、古尔邦节,佛教的佛诞节、成道节等都是很受游客欢迎的节庆活动。

5. 婚丧嫁娶类

婚俗反映了一定的社会内容。哭嫁,源于我国妇女婚姻之不自由。我国土家姑娘的结婚喜庆之日,是用哭声迎来的。新娘在结婚前半个多月就开始哭,有的要哭一个多月。土家人还把能否唱哭嫁歌,作为衡量女子才智和贤德如何的标志。新娘对家中每位亲人要唱一首歌,来一位亲朋又唱一首;遇上陌生人来要唱,每做一件事也要唱。哭嫁歌有"哭父母"、"哭哥嫂"、"哭伯叔"、"哭姐妹"、"哭媒人"、"哭梳头"、"哭戴花"、"哭辞爹离娘"、"哭辞祖宗"、"哭上轿"等。广西壮乡,有的地方男女青年恋爱,至今还盛行一种抛绣球活动,壮语叫"飞沱"。这种互抛绣球择偶的风俗,在唐代就已经很普遍。柳宗元曾有"男女分行戏打球"的诗句。在歌场上,壮族小伙与姑娘们自然分成一群一伍,彼此先对唱一阵山歌,然后拉开适当距离。姑娘们便将各自用花布精心做成的绣球,抛向自己心爱的小伙子。小伙子眼疾手快,一手抓住朝自己抛来的绣球的飘带,又抛回给对方的姑娘。如果小伙子认为合意,就会在绣球上系上赠物,抛给自己倾心的姑娘。赠物越多,表示小伙子追求姑娘的心情越迫切。姑娘若是收下小伙子抛回绣球上系的赠物,就表示姑娘倾心该小伙。一对青年男女,可通过多次歌场对歌,相互认识,加深了解,甚至私订终身。这样通过对歌抛绣球择定的对象,不用媒妁,也无须重聘,使壮族男女青年的恋爱、婚姻更富有诗情画意。

人之去世本应悲哀,但若寿终正寝,在中国则称为"白喜事"(我国有红、白喜事之分),我国的土家族甚至在灵堂内载歌载舞,摆酒席三日。这也恰恰说明人们能够正视人生,懂得人生规律。

6.礼仪与禁忌类

由于民风民俗不同,世界各国各族人民在见面行礼、交谈过程、穿戴及饮食等各方面均有约定俗成甚至已成为民族文化或日常习惯的礼仪与禁忌。如我国藏族的饮食礼仪就深刻地反映着藏族的伦理精神。平时,家人和邻里和睦相处,尊老爱幼,诚信待人。家中酿了好酒,头道酒"羌批"(酒新 chang-phud)敬献神灵后,首先由老人品尝。每年收割新粮食,尝新也是老人们的"专利"。日常家庭就餐,由主妇掌勺分发食物时,首先是为长者盛,然后全家围聚火塘旁进餐,其乐融融。藏族人十分好客,待客热情周到,若有宾朋登门,定会倾其所有,拿出好酒、好茶、好菜盛情款待。

当然,不同的民族、不同的地区也有不同的禁忌。

(1)颜色的禁忌。世界上各个国家、各个民族对颜色的象征意义有不同的理解,因而关于的颜色的禁忌各不相同。如日本人忌讳绿色,他们认为绿色象征着不祥;巴西人忌讳紫色和黄色,他们认为紫色表示悲伤,黄色表示风险,这两种颜色配在一起,一定会带来灾难;蒙古人则忌讳黑色,他们认为这种颜色代表贫穷、不幸、威胁、背叛、嫉妒、黑暗、暴虐,总之是不祥的象征;埃及人忌讳蓝色和黄色,认为蓝色是恶魔,黄色是不幸的象征等。

(2)数字的禁忌。世界上许多国家、民族对数字也有不同的禁忌。究其原因,一是与该数字的读音有关系;二是与传说有关系。我国忌讳"4",因为粤语中的"4"与"死"是同音,普通话的"4"与"死"是谐音。因此,房号忌用"4"、"14"、"24"、"34"、"44"等带有"4"字的编号。西方国家的人几乎都忌讳"13"这个数字,他们普遍认为"13"是个凶险的数字,应当尽量避开它。这与西方流传的两种传说有密切的关系。一是关于耶稣的十二门徒之一犹大的传说。犹大为了贪图 30 枚银币,出卖了耶稣,并亲自带路捕捉了耶稣,使耶稣被钉死在十字架上。意大利著名画家达·芬奇曾以此为题,创作了名画——《最后的晚餐》,描绘耶稣在蒙难前夕和门徒们一起进晚餐,其中第十三个人就是犹大。此可证,"13"是一凶险的数字。另一种传说源于北欧神话。据说在一次天国款待阵亡英灵的宴会上,12 位神正在就餐,突然闯入不速之客凶神罗基,凑成 13 人,结果使在座的最高之神奥丁的儿子——光神鲍尔得遇难,其他天神也从此一蹶不振。这两种传说在西方流传很久,几乎家喻户晓,所以西方人十分忌讳"13"这个数字,甚至不谈"13",有谈"13"而色变之说。每月逢"13"日这一天,西方人不举行宴会,不举行社交活动,更忌讳13人同席进餐。西方国家的大楼层号、门牌编号、旅馆的记号、医院的房号和序号、汽车和火车座位的编号、宴会餐桌的编号和公共活动出场或合影人数等都必须要避开"13"这个数字,有的人对每月13日的来临感到恐惧。

西方人还忌讳"3"。据说,英布战争("布"指南非的布尔人)时,一天晚上,不少士兵因抽烟暴露了目标而被击毙,而其中点第三支烟被击毙者最多。因为点前两支烟的人暴露了目标,敌人有时间瞄准,所以点第三支烟的人就容易挨子弹了。因此,西方人有时避免"3"这个数字,尤其在点烟时,当点到第三人时,有人会礼貌地拒绝。另外,西方人最忌讳的是"星期五"和"13"日重合的那一天。本来西方人就忌讳"星期五"这一天,因为相传耶稣遇难的那天是"星期五";也因为相传亚当、夏娃违背上帝禁令,偷吃伊甸园的禁果,犯下弥天大罪,被逐出天堂的那天是"星期五",同时也是他们死亡的那一天。所以,西方人的社交活动一般都避开"星期五"。如果逢"星期五"正好与"13日"重合,西方人认为这一天是更凶险的。因此,又称为"黑色星期五"。西方人在这一天凡事都会加倍小心,以防灾难降临。

(3)交谈的禁忌。古人云:赠人以言,重于珠玉;伤人以言,重于剑戟。意思是说,人们在交谈过程中,一定要注意交谈的内容,要"言谈得体"。即使是相识已久的朋友在谈话中也有相应的禁忌,对于并不太熟悉的社交场合,更应该注意自己的谈话内容,警惕不要触犯交谈的禁忌。交谈的禁忌有很多,需要在日常生活中不断地总结,针对不同的人、不同的情况,交谈的内容也有所变化。

随着全球经济一体化进程的加快,各国之间的交往越来越频繁,由于各个国家、各个民族受各自不同的文化传统和宗教信仰的影响,也产生了不同的交谈禁忌。如日本人在交谈时,非常忌讳询问对方的年龄、收入、婚否等涉及个人隐私的问题,忌讳谈论对方身体胖瘦、个子高矮之类的话题。法国人在交谈时,忌讳别人过多地提及个人的家事,尤其是涉及他的私事和生意秘密。谈生意,就是谈生意,不要拉家常。德国人在交往时,忌讳谈论涉及纳粹、宗教与党派之争。美国人在交谈时,最忌讳他人打探其个人隐私。在美国,询问他人的收入、年龄、婚恋、健康、籍贯、住址、种族等,都是很不礼貌的。加拿大人在交谈时忌讳插嘴打断对方的话题或是与对方争执,忌讳谈论宗教问题和种族问题等。

俄罗斯人在让烟时,一般要递上烟盒让其自取,不能只给一支。特别注意不要用一根火柴点三个人的烟。俄罗斯男人在吸烟时,先问问身旁妇女介意不介意。出门时,男人要帮助同行的妇女穿大衣、拉大门等。谈话时要看着对方,不插话,以示尊敬。俄罗斯人上厕所的代用语是"对不起,请等一下"或说"对不起,我去打个电话,请等一等"。握手时要脱手套,不摇对方的手,一般的关系,轻轻地握;关系很好时可用力。对年长者的妇女,别先伸手。对初次见面的妇女,可先鞠躬。如果你是女子,请切忌以裙子当扇子扇风,否则会引起不必要的误会。还有,对他人不得用手指指点点,交谈时不要大声嚷嚷。俄罗斯人在公共场合要么不说话,要么低声交谈,很文明。

(4)动物与图案的禁忌。由于各个国家、各个民族宗教信仰和图腾物不同,对动物和图案也产生了许多不同的禁忌。如美国人忌讳蝙蝠、黑猫这两种动物,他们认为蝙蝠是凶神恶煞之象征,黑猫会给人带来厄运;法国人忌讳黑桃、仙鹤图案,他们认为黑桃图案不吉利,仙鹤图案是蠢笨的象征;捷克和斯洛伐克则忌讳"红三角"这种图案,他们认为"红三角"是毒物的象征等;在信奉伊斯兰教的国家,非常忌讳用猪的样子作图案,也忌讳用猪皮制品,我国的熊猫外形像猪,所以也在禁忌之列。此外,埃及人忌讳穿有星星图案的服装,也不喜欢有星星图案包装的礼品等。

(5)食物的禁忌。世界上各个国家、各个民族的食物禁忌很多。我国是一个多民族的国家,各民族都有食物禁忌。如蒙古族同胞忌吃鱼虾等海味、鸡鸭的内脏和肥猪肉;回族同胞忌吃病死动物和猪肉;维吾尔族同胞忌吃猪、驴、骡、骆驼等的肉;满族同胞忌吃狗肉等。外国食物禁忌更是举不胜举。如日本人忌吃肥猪肉和猪的内脏,还有的人忌吃羊肉和鸭肉;法国人忌吃肥肉、鳞鱼、动物内脏;德国人忌吃核桃、羊肉;美国人和澳大利亚人都忌吃狗肉、猪肉、蛇肉、鸽肉,动物的头、爪及其内脏;埃及人信奉伊斯兰教,忌吃猪肉、狗肉、骡肉、龟、鳖、虾、蟹、鳝、动物的内脏、血液、病死之动物等。

(6)送礼的禁忌。馈赠是世界上各个国家之间、家庭之间、单位之间、亲朋好友之间友好往来和感情沟通的一种形式。然而,互赠礼物过程中,也受到各个国家、各个民族的文化传统和宗教信仰的影响,产生不同的送礼禁忌。如日本人忌讳送"裸体钱"和"裸体礼品";探病人忌讳送带花粉的花,因为"根系土中"与"卧床不起"很相似;忌讳送用过的东西、鞋袜和特价处理商品等。日本人送礼时,习惯送成双成对的礼物,如一对笔、两瓶酒很受欢迎,但送新婚夫妇红包时,忌讳送2万日元和2的倍数的价值的红包,日本民间认为"2"这个数字容易导致夫妻感情破裂,一般送3万、5万或7万日元。礼品包装纸的颜色也有讲究,黑色、白色代表丧事,绿色为不祥,也不宜用红色包装纸,最好用花色纸包装礼品。礼物应该包装好,但不要用白色或色彩明亮的包装纸,因为在日本文化里,白色象征死亡,明亮的颜色则会显得过分花俏,不够庄重。不要出人意料地拿出礼物,拿出礼物前应该设法婉转地告诉你的客人,说你准备了一份小小的纪念品。如果是和一班客人会见,要么向全体赠送一份礼物,要么向团体的每一个人送礼;如果是向全体客人送礼,要在所有人集合过来之后再赠送;只向团体里的某些人送礼,会被看作非常失礼的行为。

我国台湾人忌讳用扇子、伞作为礼物赠人,因为在台湾地区有送扇不相见的说法,闽南话"伞"与"散"同音,以"伞"赠人有拆散对方家庭或朋友之嫌;忌讳用手巾赠人,因为在台湾地区手巾是给吊丧者的留念,意为让吊丧者与死者断绝往来,故台湾有"送巾断根"或"送巾离根"之俗语。

人们用花来表达自己的感情,因此在社交活动中产生了"花语"这种独特的语言。由于各个国家、各个民族的风俗习惯不同,送花的禁忌也不一样。如日本人和印度人视荷花为祭祀之物,忌讳将它作为礼物和图案;英国人、加拿大人忌讳百合花,认为它是死亡之花;意大利人和拉美各国人忌讳用菊花当礼物送人,他们认为菊花是"妖花",是墓地和灵前用于祭祀的花;波兰人、德国人、瑞士人忌讳送红玫瑰,他们认为红玫瑰代表浪漫的爱情,只能送给妻子、未婚妻或恋人。如今,在国际交际场合,忌用菊花、杜鹃花、石菊花、黄色的花作为礼物送给客人,已成为国际惯例,必须特别注意;否则就会造成不良的后果。

(7)行为举止的禁忌。世界上各个国家、各个民族行为举止方面的风俗禁忌很多。如泰国人忌讳别人触摸其头部,他们认为头部是神圣不可侵犯的,忌讳别人拿东西从头顶上经过。忌讳就座时翘起"二郎腿",把鞋底对着别人,被认为是把别人踩在脚下,是一种侮辱性的举止。俄罗斯人忌讳打碎镜子,因为打碎镜子意味着灵魂毁灭,个人生活将出现不幸。巴西人认为"OK"手势不"OK",是一种极不文明的表示。而新西兰人忌讳当众咀嚼口香糖、剔牙、抓头屑,也忌讳像英国人那样用"V"手势表示胜利等,这些行为被视为是不文明的举止。日本人在作为客人就餐时,忌讳只食用一碗就说够了,即使是象征性的,也应要求添饭,只吃一碗认为是象征无缘;忌讳用餐过程中整理自己的衣服或用手抚摸、整理头发,因为这是不卫生和不礼貌的举止。

日本人使用筷子时忌讳把筷子放在碗碟上面。用餐时,不能把筷子插在盛满饭的碗上,因在死者灵前的供桌上往往筷子摆成这种形式。在给客人盛饭时,禁忌把整锅饭一下分成一碗碗的份饭,因为给囚犯盛饭时多采用这种方法。吃饭时禁忌敲饭碗,据说这是因为人们迷信敲碗声会招来饿鬼。忌讳往糕上撒盐和撕拉着吃糕。忌讳在锅盖上切东西。忌讳往白水里放汤。着过筷的饭菜和动过口的汤,不能吃到一半剩下。携带食物外出郊游时,禁忌把吃剩的东西丢在山里,据说这是担心吃剩的东西会招来鬼魂。忌讳把红豆饭浇上酱汤吃,迷信这样做会在结婚时遭雨浇。带腥味儿的食品忌讳用作祭祀神佛的供品。供过神灵的食品忌讳让女孩子吃,认为这样做会使女孩长大后姻缘不合。在宴会上就餐时,忌讳与离得较远的人大声讲话。讲话时忌讳动手比画和讲令人悲伤或批评他人的话。在有关红白喜事的宴会上,忌讳谈论政治、宗教等问题。在较大型的宴会上因故要中途退场时,忌讳声张,否则会使主人不欢,他人扫兴。就餐时忌讳口含或舌添筷子,忌讳含着食物讲话或口里嚼着东西站起来,否则会被认为缺乏教养等。

### 三、我国民俗旅游的开发前景

#### (一)我国民俗旅游的开发状况

民俗旅游的主要类型包括与山水风光相结合的民俗风情旅游、与民居及其他建筑相结合的民俗风情旅游、与饮食相结合的民俗风情旅游、与礼仪相结合的民俗风情旅游、与喜庆活动相结合的民俗风情旅游、以大型民族风情园景为产品的民俗风情旅游六大种类。围绕以上不同类型,民俗旅游可以通过再现各个历史时期、各个民族的古老文化、传统风俗,来满足现代社会人们求新、求异、求同、求知的心理需要。

根据对美、日、法、英、德五国游客访华动机综合调查显示,动机排第一位的是了解人民生活;第二位是了解历史文化;第三位才是游览自然风光。显然,游客对各国的不同风情和人民生活非常感兴趣。

我国是一个多民族国家,56个民族共同创造了祖国悠久的历史和灿烂的文化。汉族和各少数民族的服饰、饮食、婚丧嫁娶、待客礼仪、节庆游乐、民族工艺、建筑形式等,都各有特色,形成了我国丰富多彩的民俗文化景观。这些民俗文化景观,以其丰富的内容、浓厚的地方色彩、鲜明的民族特点,吸引着大量的国内外游客,构成我国民俗旅游开发的丰厚资源,具有极高的旅游价值。如在北京,除了长城与故宫,还有深厚的胡同文化,胡同是世界文化遗产的组成部分之一,现在也越来越吸引国内外游客前往游览;在江浙一带,具有江南水乡特色的民俗旅游正开展得如火如荼;在香港的九龙荔园,为吸引旅游者,特地在灯红酒绿的十里洋场,修建了古风朴朴、古情幽幽的"宋城",仿佛把游客带回到十个世纪以前的宋朝京城。凡此种种使民间文化为旅游服务的例子数不胜数,也证明了各具特色的地方民俗系列,既是宝贵的文化遗产,也是价值极高的旅游资源,深受游客欢迎。

民俗旅游以观赏、理解以及参与地域性风土人情为目的,特别适合于较短时段、较短路途的乡村旅游。改革开放以来,特别是进入21世纪以来,民俗旅游和城市周边"农家乐"势头正旺,如成都推出以"成都农家乐,社会主义新农村体验"为主题的乡村旅游线路13条,深受游客欢迎。近年来,我国旅游以"乡村游"为主题,如2002年的"民间艺术游"、2004年的"百姓生活游"、2006年的"中国乡村游"、2007年的"城乡和谐游"、2011年的"中华文化游"和2012年的"中国欢乐健康游"等;加上"新农村、新旅游、新体验、新风尚"、"魅力乡村、活力城市、和谐中国"等旅游宣传口号,极大地提升了民俗旅游的影响和魅力。此外,我国自驾车旅游方兴未艾,民俗旅游作为中国旅游业的新增长点正在并已经被激活。

### (二)我国民俗旅游开发的意义

#### 1.有利于各地经济的发展

随着我国民俗旅游资源的逐渐开发,带动了各地的经济发展。近十多年来,每年的旅游黄金周(国庆节、春节等),各地的民俗旅游景点都相当火爆。如2016年的猴年春节,深圳华侨城旅游迎来新年开门红,春节7天,华侨城旗下三大景区共接待游客110万人次,景区容量几近饱和;与此同时,华侨城位于北京、成都、上海、武汉、天津、泰州等地的景区及酒店同样是游人如织,人气爆棚。各地丰富的民俗旅游活动既给游客提供了充实的文化娱乐生活享受,也带动了地方经济的增长。

#### 2.有利于保护民俗文化

旅游开发一方面本身存在着扭曲地反映文化与真实地反映文化的差别,更重要的是,它必将干扰民俗文化原有秩序和发展过程,使落后地区受到旅游者外来文化的冲击。当地居民思想行为的混乱和盲目仿效追随外来文化将淡化原有文化的特征,进而在长远角度上可能会破坏旅游资源特征。如一些民俗旅游村落除了歌舞表演外,日常生活已面目全非,与外界趋同,旅游者求异求知的心理需求得不到满足,旅游点的市场吸引力日趋下降。

历史的经验证明,没有一成不变的民俗文化。联合国把我国横断山区的一个小村落划定为世界民族文化保护区的做法毕竟不可能推广到世界各地,也很难保证取得较好的实际效果。所以,在旅游开发工作中所应当做的,一方面是尽量真实地反映民俗文化,对于不同时期的民俗文化尽量予以时间说明;另一方面是向当地居民宣传教育,除了极少数野蛮的、愚昧无知的"民治"行为外,民俗文化是没有优劣高下之分的,都是世界文化的优秀组成部分,在经济发展、文化交流的同时更应保护自己的文化传统。只有民族的才是世界的,失却自己的民俗文化特色,也就基本失去了旅游生命力,也就不可能实现旅游的可持续发展。

#### 3.有利于解决农村剩余劳动力的就业问题,促进农村经济的发展和社会文明

随着民俗旅游的开发,带来了大量的旅游者,打破了农村封闭的状态,促进贫困地区与发达地区的文化、人才和物资的交流,扩大了贫困地区的对外开放,增强了贫困地区农民的商品意识,促进其价值观的改变,从而带动了贫困地区社会文明的进步。

此外,民俗旅游开发正逐步与农村扶贫相结合,有利于解决农村剩余劳动力的就业问题,促进农村经济的发展。民俗旅游业是一种顾客直接来到旅游目的地的产业,旅游开发打破了封闭的状态,一方面促进了贫困地区与发达地区的文化、人才和物资的交流,扩大了贫困地区的对外开放,同时增强了贫困地区农民的商品意识,促进其价值观的改变。另一方面带动贫困地区社会文明的进步。因此,旅游产业对贫困地区人口的脱贫与经济可持续发展将产生巨大的推动作用,这是任何单纯性的"扶贫基金"无法比拟的。

#### 4.满足旅游者的多种需求

(1)满足了旅游者的审美需求。我国各种民间建筑、民间服饰、民间工艺品,都自然流

露着纯真质朴之美,具有较高的审美价值。民俗旅游的开展,为旅游者提供了体验民俗审美文化的良好机会,常使旅游者获得终生难忘的审美感受。

(2)满足了旅游者的娱乐需求。我国各地许多的民俗活动,如蒙古族的那达慕大会,壮族三月三歌会,苗族的花山节、芦笙舞等,都带有浓厚的娱乐性质。在旅游活动中,开展这些各具特色的传统民俗活动,可以很好地满足旅游者在旅游活动中求娱、求乐的心理需求。

(3)满足了旅游者的精神需求。民俗作为一种传承文化代代相传,保持着社会的连续性和稳定性,维系着成员的民族情感。参与、体验民俗旅游活动,对于国内游客来说,可以深入了解伟大祖国不同的民族、地区所呈现出来的特色各异的民俗风情,感受到源远流长的中华文化风貌,在游览活动中潜移默化地受到生动的爱国主义教育。对于海外华人来说,通过体会祖先的生活方式,他们对中国的历史和现状产生更大的兴趣,从而形成更紧密的情感联系。

可见,民俗文化融入旅游文化是当今旅游业发展的需要,也是满足旅游者旅游愿望的需要。在我国的旅游资源开发中,自然旅游资源和历史文化旅游资源开发得较早,民俗文化旅游资源的开发则尚处于起步阶段。尽力发掘、保护和开发宝贵的民俗文化资源,将潜在的资源优势转化为现实的竞争优势,是我国旅游业发展的一项十分紧迫的任务。

(三)我国民俗旅游开发存在的问题

1.过度开发破坏民俗旅游资源

民俗旅游近年来的蓬勃发展,给各地的经济发展注入了极大的活力,某些地方为了获取经济利益,不顾后果地盲目开发民俗旅游资源,严重破坏了当地的民族文化资源,特别是某些少数民族的传统文化。长此以往,将损害整个民族旅游资源乃至文化传统的传承。

2.商业化、庸俗化损害了民俗旅游品牌

在民俗旅游资源的开发中,片面追求经济利益,使传统文化商品化、庸俗化,导致民俗旅游被机械地舞台化、民俗旅游项目过于艺术化、民俗文化被随意地庸俗化,从而失去了民俗的特色。如不少景区把整个冬季创收的"法宝"都押在了春节黄金周上。业内人士是这样形容春节长假的:"仨月不开张,开张吃仨月。"这种过于低级市场化的行为在一定程度上损害了民俗旅游的品牌。

3.失去特色,影响民俗旅游的吸引力

鲜明的地区特色是民俗旅游的主要依托。黄金周刚兴起时,国内许多城市对旅游业还不是很重视,有的地方甚至连像样的景点也没几个。近几年,各地都把旅游产业作为重要产业甚至支柱产业来抓,大抓特抓民俗旅游,民俗活动逐渐趋向类同化。你敲锣打鼓,我也敲锣打鼓;你舞龙舞狮,我也舞龙舞狮。项目雷同,风格雷同,缺乏新意、创意与个性吸引力。民俗旅游正在失去特色。可见,要务必保留各地民风质朴淳厚的特点,才能使民俗旅游项目持续吸引旅游者。

民俗文化因地而异,因人而异,因此民俗旅游也就显得丰富多彩。民俗旅游的开发虽然有一定的模式,但因其自身的特征,它的内容选择和开发都应讲究一定的原则,那就是坚持民俗的独特性,只有保持各民俗旅游的独特性,所开发的民俗资源才是可旅游的,其旅游发展才是可持续的。

（四）我国民俗旅游的发展策略

1.提高现有民俗旅游产品的品位

民俗旅游资源开发要保证具有魅力的民族文化能真正得以弘扬和保护，就必须杜绝肆意亵渎和歪曲旅游地民俗风情资源的现象，要做到原汁原味，把纯真、文明、表现民族气节的风情展现给游客。其中，高品位开发利用民俗资源是关键之处。在民俗旅游资源的开发上，要正确把握本地的资源特色，结合当地及周边的旅游环境，对资源状况充分调研，选择开发方向，确定文化定位，精心规划主题，把独特的民俗风情展现出来，提高民俗旅游的品位。

2.加快培养民俗文化旅游资源开发的人才

现代旅游业是一个综合性的产业，既要其从业人员数量多，又要其素质高。目前，从事民俗旅游的工作人员仍然不能满足行业的需要，特别是资源开发设计人才尤其缺乏。各地要坚持培养与引进相结合的方向，加快培养民俗旅游资源开发人才。利用高校、中等职业学校和各级旅游从业人员培养中心，建设旅游业可持续发展的人才基地，通过岗位培训来提高相关从业人员的综合素质。对一些急需的专业人才和高级管理人才，可以从发达地区引进，花大力气为民族地区旅游资源开发提供智力支持。

3.加大宣传力度

民俗旅游项目，特别是少数民族地区的旅游项目有待于各地区政府部门和旅游部门的共同努力，大力对外宣传。通过电视、报纸、网络等各种媒体以及交易会等场所广泛宣传，开展旅游促销活动，大力推广民俗旅游项目，以"新、奇、特、真"来创造民俗旅游品牌的知名度。

4.坚持可持续发展的方向

民俗旅游资源是一种不可再生的资源。在民俗旅游资源开发过程中必须坚持可持续发展的原则，科学合理地保护民俗文化。只有把民俗文化环境与社会经济、文化的发展协调起来，才能有效地开展各种民俗旅游活动，做到可持续发展。

# 第六章　乡村旅游发展与中外现状

## 第一节　乡村旅游的产生、发展和现代乡村旅游的兴起

### 一、乡村旅游的产生与发展

#### (一)乡村旅游的产生

有关国外乡村旅游的兴起,一种说法是起源于法国。1855 年,一位叫欧贝尔的法国参议员带领一群贵族去巴黎郊外的乡村度假。他们品尝野味、乘坐独木舟、欣赏乡村景色、参与劳作活动,如制作鹅肝酱馅饼、伐木种树、清理灌木丛、挖池塘淤泥等,与当地农民同吃共住。在活动中,增加了贵族对乡村的认识,加强了城乡居民之间的交往和了解,增进了彼此的友谊,同时也认识到了大自然的价值。此后,乡村旅游在欧洲兴起并逐渐兴盛,到 20 世纪80 年代以后大规模地发展起来。

也有学者认为,乡村旅游最早可追溯到 1865 年,意大利"农业与旅游协会"的成立是乡村旅游活动诞生的标志。还有学者指出,欧洲阿尔卑斯山区和美国、加拿大落基山区是世界上最早的乡村旅游地区。总之,学者们大多认同乡村旅游最早起源于 19 世纪的欧洲,首先流行于贵族阶层。

乡村旅游又可分为传统乡村旅游(homecoming or traditional rural tourism)和现代乡村旅游(modern rural tourism)两大类。传统乡村旅游出现在工业革命以后,主要源于一些来自农村的城市居民以"回老家"的形式出现,虽然传统乡村旅游会增加城乡交流机会,带来一定的价值效应,但它在本质上与现代乡村旅游有很大区别,主要体现在传统乡村旅游活动主要在节假日进行,没有有效地促进当地经济的发展,没有给当地增加就业机会和改善当地的金融环境。实际上,传统乡村旅游在世界许多发达国家和发展中国家目前都广泛存在,在中国常常把这种传统乡村旅游归类于探亲旅游。而现代乡村旅游是在 20 世纪 80 年代出现在农村区域的一种新型的旅游模式,尤其是在 20 世纪 90 年代以后发展迅速,旅游者的旅游动机明显区别于"回老家"的传统旅游者的旅游动机。现代乡村旅游的特征主要表现为旅游的时间不仅仅局限于假期;现代乡村旅游者充分利用农村区域的优美景观、自然环境和建筑、文化等资源;现代乡村旅游对农村经济的贡献不仅仅表现在给当地增加了财政收入,还表现在给当地创造了就业机会,同时还给当地衰弱的传统经济注入了新的活力。

现代乡村旅游对农村的经济发展有积极的推动作用。随着具有现代人特色的旅游者迅速增加,现代乡村旅游已成为发展农村经济的有效手段。因此,非常有必要分清这种"回

老家"式的传统乡村旅游与现代乡村旅游。

（二）乡村旅游的发展

在欧洲，乡村旅游的发展源于英格兰乡间农场小屋中接待旅游者的活动，然后逐渐向外扩张。欧洲的阿尔卑斯山区是较早的乡村旅游发展地区，得益于登山旅游和牛车旅游的发展。从20世纪60年代开始，乡村旅游迅速发展并扩散到欧洲其他国家，尤其是比利时、荷兰、卢森堡、法国和意大利等国。这时，随着市场需求的加大，经营乡村旅游的农场主群体也已经大大扩张。到了20世纪80年代，乡村旅游成了解决欧洲家庭农业危机的一种方法。然而，随着旅游业的不断发展，旅游市场竞争日益加剧，自然环境更奇特的地区对游客产生了更大的吸引力，同时乡村旅游的基础设施和服务都面临更加复杂多样化的、个性化的消费要求，乡村旅游并未如预期那样获得丰厚的收益。

自20世纪90年代以来，乡村旅游在欧洲又开始复苏，其原因不外乎休闲时间格局的改变、假日的细分、"长周末"的发展、健康理念的改变和回归自然的需求等，乡村旅游市场几乎覆盖整个欧洲，红遍整个欧洲。此间，乡村旅游有关设施和服务的高质量、休闲活动内容的丰富与发展，以及有竞争力的价格都是其快速发展的重要原因。而现在，农场主可以根据游客需求情况来更新服务项目和提供特色产品。在德国、奥地利、英国、法国、西班牙等国家，乡村旅游已具有相当规模，走上了规范发展的轨道。

根据西班牙学者Canoves（2004）等的研究结果，在欧洲，从乡村旅游服务接待和活动情况来看，可以将乡村旅游的发展分为以下三个阶段。

1. 起步阶段

起步阶段即早期的乡村旅游，只是局限于住宿接待，为游客提供自家的房屋、独立住宿设施或乡间露营地等。此类活动可补充农业收入，不会给农业活动造成威胁，因此可以归纳为"绿色旅游"。

2. 发展阶段

继"绿色旅游"以后，"多样化"是此阶段的主要特征。旅游者需求的多样化与要求的提升都迫使乡村旅游的接待服务转向专业化。许多乡村旅游经营者提供自然环境下的休闲参与活动或乡土活动。如骑马、垂钓、狩猎、乘牛车、短途旅行、竹筏漂流、乡土教育、治疗、采摘水果等。另外，乡土特产和当地美食都开始商业销售。这个阶段，经营者兼顾了游客们希望与农户家庭接触的要求，活动形式多样化，每个国家和地区都有自己的一种或者几种特色；经营者普遍放弃了农业活动，因为农业盈利相对较少，同时从事农业活动与开展旅游业务也比较矛盾。根据调查，在法国36%及英国45%的农场中，农业生产活动被旅游接待活动所取代，特别是在农业经济竞争力不强的地方。有些地区的家畜饲养被"休闲农场"所取代，那里的农业用地往往成了暂时的露营地、马术学校或专项休闲公园，而专项休闲公园则包括宠物园（petting zoos）、农业迷宫（agricultural mazes）等。这种"休闲农场"在法国、英国、德国和荷兰都发展得很好。

3. 成熟阶段

成熟阶段的突出特征是专业化。这一特征在英国和荷兰已经相当成熟。在这个阶段中，经营者提出"职业化"（professional）的发展要求。这也是切合市场需求的一种经营提升。职业化往往就象征着高品质的产品和优质的服务。

西班牙学者Canoves等（2004）指出，不同国家甚至同一国家的不同地区的乡村旅游都处在不同的发展阶段,一个乡村目的地的受欢迎程度与当地乡村旅游发展的阶段密切相关。

我国的乡村旅游基本上是在市场需求促动下自发形成的。从 20 世纪 90 年代中后期开始,在生态旅游观念的推动、国际旅游的示范和脱贫致富政策的促进下,我国一些都市区域的旅游市场开始导入乡村旅游模式,并很快形成高速发展的态势。

2002 年,世界旅游组织秘书长弗尔加利来我国考察,他提出,乡村旅游一定要老百姓参加进去,要当地的农民参加进去,让农民在旅游发展中富起来,只有这样才能更好地激发农民保护自己的文化的积极性,乡村旅游才有好的发展。2004 年 10 月,贵阳承办了联合国世界旅游组织的乡村旅游与扶贫论坛,此次论坛召集了一大批国内外专家和代表交流经验、提出饶有价值的观点,并为乡村旅游提供技术层面上的指导。其主要目标在于讨论乡村旅游如何推动农村地区的可持续发展,分析政府政策与战略如何在乡村旅游中发挥作用,从而寻求加速农村地区可持续发展的有效途径。本次活动的重要目标是为政府和相关私人机构制定战略及实践工具,促进乡村旅游的可持续发展,并且界定地方政府、旅游业收入主管部门以及外资管理部门等相关政府机构在乡村旅游中应当扮演何种角色等。

我国农业旅游作为一个产业来打造,是国家旅游局在 2005 年 1 月公布了全国 306 个工农业旅游示范点(其中有 203 个是农业旅游示范点)以后开始的。在 2005 年年末,又增选了 233 个工农业旅游示范点(其中农业旅游示范点 156 个)。在我国,虽然乡村旅游在开发模式、经营理念和管理水平等方面都还处于初级阶段,但是,国家旅游局把 2006 年定为"中国乡村旅游年",正好与国家重视"三农"的连续几个"一号文件"相呼应,从而有利于乡村旅游更好地发展,体现出"新农村、新旅游、新体验、新风尚"的乡村游特色。

2006 年 9 月 5 日,乡村旅游国际论坛再次在贵州召开,来自世界旅游组织、世界银行,以及美、德、法等 16 个国家和我国香港、澳门等地区,国家旅游局、清华大学等国内外 200 余名乡村旅游专家、代表等参加了会议。会议指出,世界旅游组织将倾力帮助国际社会实现《联合国千年发展目标》,尤其是要尽力消除极端贫困的地区。世界旅游组织于 2004 年召开了以其有历史意义的《顺化宣言》为结果的"文化旅游与扶贫"部长会议。此外,在韩国政府的支持下,世界旅游组织成立了"可持续旅游——消除贫困"项目(Pro Poor Tourism Strategy),它是着力于鼓励发展中国家的可持续旅游,尽力消除贫困。之后,国际、国内有关乡村旅游的综合性盛会频繁举行,如 2014 年 4 月 8—10 日在上海新国际博览中心召开的"2014 美丽乡村旅游大会暨 2014 中国国际休闲农业与乡村旅游展览会"、2015 年 9 月 10—12 日在浙江省湖州市德清县召开的"2015 国际乡村旅游大会"等,从而大大推进了我国乡村旅游的发展。

## 二、现代乡村旅游的兴起

### (一)国外现代乡村旅游的兴起

有学者把现代乡村旅游的开始归于 19 世纪中后期的英国。由于大量城市居民开始以休闲为目的走进乡村,体现了乡村旅游活动的大众化特征:第一,当时流行的艺术作品,如康斯太伯(Constable)的画、华兹华斯(Wordsworth)的诗和哈定(Hardy)的小说等,尽情描绘了美妙的大自然,驱使人们走进乡间一睹究竟;第二,当时已开始修建的铁路,可以把人们安全、舒适、快捷地送到更加遥远和更有吸引力的旅游目的地;第三,正在蓬勃发展的工业吸收了大量的农村剩余劳动力,但他们的根尚在乡村,需要回乡探亲访友。

还有学者指出,真正意义上大众化的乡村旅游起源于 20 世纪 60 年代的西班牙。由于加泰罗尼西亚村落中荒芜的贵族古城堡被改造成简单的农舍,并且规模较大的农庄和农场也被列入旅游参观和接待的范围,接待乐意到乡村观光的游客,从而标志着真正意义上大众化的乡村旅游的开始。

20 世纪 70 年代以后,乡村旅游在美国和加拿大等国也得到了蓬勃的发展,显示出极强的生命力和越来越大的发展潜力。据美国旅行行业协会 2001 年的调查显示,8680 万美国成年人在 1998 年到 2000 年间曾参加过乡村旅游。

总而言之,19 世纪工业社会的文明和发展促使了大众旅游的兴起。现代人逃避工业城市污染和快节奏的生活方式,厌烦"流水作业",从而使厌倦了喧嚣的都市环境和人造景观的人们,越来越向往清新的乡野情趣,因为那里有大都市无法比拟的神韵意境和田园风光。而乡村旅游作为一种比较新颖的旅游形式,正好能够满足人们的这种需求,从而使"回归自然,返璞归真"成为当今世界旅游的潮流。乡村旅游不但可以使人们摆脱城市喧嚣,更强调心灵的体验,可激起人们对自然的感悟、对人和自然和谐的认知。乡村旅游所具有的优美环境、生活节奏、传统文化、古朴风情最能满足市民的"怀旧"和"回归"的追求。

乡村旅游的主要客源是具有后工业化意识的群体。在西方,乡村旅游市场中最稳定的客源是受过良好教育、经济条件较好的中产阶级,因为他们更深刻地体会到了科技对人的异化和压迫,更有意识地去追求个性解放和自我认同。

从另一个角度来说,由于 100 多年来工业化和城市化进程的加剧,乡村的经济和政治地位面临改变。随着技术的进步,农业生产方式不断改进,农业劳动力需求下降,剩余农产品出现增长,政府被迫采取措施来限制农产品产量。许多乡村地区人口迁出,乡村人口比重下降,乡村服务业出现萧条,从而使乡村社区出现衰落。随着年轻劳动力人口的迁移,乡村老龄化问题也日益严重。发展旅游业作为改变乡村经济结构的重要途径之一,引起了西方发达国家政府的广泛关注。由于铁路等交通设施的发展,改善了乡村的通达性,也为乡村旅游发展提供了可能。

这时的旅游者的动机明显区别于"回老家"式的传统乡村旅游者的旅游动机,时间不再局限于假期,旅游者在充分享用乡村风景文化资源的同时,也给农村经济做出了一定的贡献,为当地创造了就业机会。

(二)国内现代乡村旅游的兴起

关于我国现代乡村旅游的起源,有学者认为,它萌芽于 20 世纪 50 年代,主要是出于外事接待的需要,在山东省潍坊市石家庄村率先进行了乡村旅游活动;另有学者指出,我国现代乡村旅游开始于 20 世纪 80 年代。改革开放初期,深圳为了招商引资,在全国首先开办了荔枝节。在荔枝节中还开办了采摘园,取得了一定的效益。之后全国各地开始效仿,纷纷开办了一些休闲农业项目。目前,国内的多数学者都认同我国的现代乡村旅游是 20 世纪80 年代以后才出现在广大的农村区域,90 年代以后迅猛发展的一种新型的旅游模式。

值得一提的是,我国的现代乡村旅游发展的背景是在旅游业出现结构性和阶段性变化后,本身也存在重要的时代特征。如参与性旅游的兴起;"亚健康"群体的扩大导致人们向往自然的生态;家庭对子女教育的重视等。此外,乡村旅游作为"扶贫"的一个手段或途径,可帮助广大农村改善经济状况,从而受到大众的广泛关注,也得到政府的高度重视和支持。

# 第二节　中外乡村旅游的发展现状

## 一、我国乡村旅游发展现状

### (一)我国乡村旅游规模

我国的乡村旅游起步较晚,目前尚处于从导入期向成长、成熟期过渡的阶段,发展的速度很快,各种农业观光园、农家乐、采摘节等乡村旅游形式在各地大量涌现。总的来说,乡村旅游在空间布局上主要分布于都市郊区、远离客源的景区和老少边穷地区。乡村旅游的发展为各地带来了一定的经济效益,对于解决"三农"问题起到了积极的意义,同时也满足了城市居民回归自然和体验传统生活方式的心理需求。

近年来,我国乡村旅游市场规模得到了快速发展(见表 6-1)。截至 2014 年年底,全国有 9.5 万个村开展了乡村旅游活动项目,乡村旅游经营单位达 193 万家,其中"农家乐"达 180 万家,规模以上农业园区超过 4.1 万家,年接待游客 8.4 亿人次,年营业收入超过 3200 亿元。数据显示,积极发展休闲观光农业、乡村旅游、森林旅游和农村服务业,拓展农村非农就业空间,是现代休闲观光农业充分利用农业生产过程、农民生活和农村生态,为消费者提供休闲、观光、体验等服务的重要内容,是实现农业多功能、高效益的新型产业。发展乡村旅游,不但可以促进农民就业增收,而且可以带动农村第二、三产业的发展,促进农业产业化转型升级和发展方式的根本转变,推进现代农业和新农村建设。

表 6-1　2009—2014 年我国乡村旅游市场规模的变化

| 指标 | 2009 年 | 2010 年 | 2011 年 | 2012 年 | 2013 年 | 2014 年 |
|---|---|---|---|---|---|---|
| 乡村旅游经营单位/万家 | 128 | 135 | 150 | 164 | 180 | 193 |
| 接待人数/亿人次 | 3 | 3.4 | 4 | 6 | 8 | 8.4 |

### (二)我国乡村旅游主要分布地区

1999 年之后,我国各地开展的乡村旅游均朝着综合型方向发展,即融观赏、考察、学习、参与、娱乐、休闲、养生、购物和度假于一体。从地理区位的角度出发,各地乡村旅游由于所处位置不同也各有侧重,主要可分为以下三种类型。

#### 1.景区边缘地区

景区边缘地区是我国乡村旅游业发展最早的区域,因为其地处著名风景名胜区附近,风景区处于乡村的包围之中。其诱发的原因:一是景区周围的山林需要保护;二是周围农民自发地涌入景区经商;三是大批游客涌入,需要大量的物质供给;四是国内游客需要大量的廉价接待设施和服务等。因而乡村旅游基本体现出以下三种模式:其一是以农民自筹资金承包的山林资源兴办的旅游业;其二是在休闲农业(为解决物质供给问题,在景区周边围绕旅游市场需求发展起来的特种农业,如特种种植业,特种禽、畜、鱼类的饲养业,商品花卉种植业,土特产品加工业和民族特色装饰制作等)基础上发展起来的集观光、学习、教育、参与等功能为一体的乡村旅游;其三是依托景区开展以家庭接待为主,融风土民情和乡村野趣为一体的旅游活动,即称之为民俗旅游的"住农家屋、吃农家饭、干农家活、享农家乐"。如以广西桂林市为中心的周边12个县的旅游资源都极其丰富,围绕桂林的乡村旅游目前不论是规模还是影响都已备受关注,表现出多样化与特色化的特征,如漂流、探险、徒步、跑马、垂钓、访古、攀岩、帐篷野营及生态景观农业等形式,集乡趣、古趣、野趣、食趣为一体,实现了较好的社会和经济效益。

2. 老少边穷地区

在国家旅游扶贫政策的指引下,我国老少边穷地区的乡村旅游业是继景区周边地区之后陆续发展起来的。由于多为山区,受自然条件和交通区位的制约,缺少发展第一、二产业常规经济的条件,从而尚保留着近乎原始而秀美的自然环境、传统的农耕文化和淳厚完美的民族习俗。原始的自然生态与人文生态景观、原始的乡情习俗,构成了一个个特色浓郁、带有极强的文化与生态色彩的乡村旅游地。如广西桂林的阳朔渔村、龙胜各族自治县的平安村,贵阳市的镇山村及井冈山的拿山盆地等。同时,还有不少村庄,历史上曾是经济、文化和商贾重地,后因改朝换代或交通改道,失去原有的地位与功能沦为乡村,保留着古代民居群、传统的民俗风情等。如今,这些村落依托古建筑文化景观,辅以周边的农业景观,开发的乡村旅游产品文化韵味甚浓。如江西乐安县的流坑村、安福县洲湖镇的塘边村,广西桂林市恭城瑶族自治县莲花镇的朗山村,安徽黟县的西递村、黄山市徽州区的呈坎村和唐模村等。其中贵州省凭借其高原山地的奇山秀水和异彩民风,大力发展乡村旅游。2006年,贵州省旅游局与有关市州(地)人民政府共同举办了"2006 中国·贵州乡村游"系列活动。如荔波万亩梅花报春节暨原生态文化旅游月活动、丹寨锦鸡文化节暨排调(镇)旅游形象大使选拔赛、中国乡村游贵州首游式暨"多彩贵州"屯堡形象大使颁奖仪式、贵州·安顺(龙宫)油菜花旅游节等35项活动,影响颇大,效果颇佳,将贵州丰富的乡村旅游资源向广大国内外游客大力推介和宣传,充分发挥旅游在建设社会主义新农村中的优势和作用,以旅助农,城乡互动,推出了更多的乡村旅游产品和线路,大大促进了贵州旅游业的发展。另外,各个自治州、市、县等也根据自身特色进行了丰富多彩的宣传和推广活动。

3. 都市郊区

从旅游业发展来说,我国的都市旅游大致分为市场型、资源型和混合型三种,不同性质的城郊在乡村旅游内容的构成上各有特色。许多大城市周边的农业园区、郊区的乡村旅游发展得很好,都是市场型城市乡村旅游发展的典型代表,特别是北京、上海、广州、杭州、成都等城市附近。

混合型城市以北京、上海、广州为代表。其区位优势明显,直接面对周末度假、民俗佳节庆典等需求的稳定而庞大的客源市场。受都市发达工业文明的辐射,郊区已进入现代农业文明阶段。现代农村聚落景观、现代科技农业景观等融入现代美学观念的各种观光农园和美化了的自然环境,构成了大都市郊区的农业观光特色。如上海浦东孙桥的现代农业园区、北京市房山区韩村河镇的旅游景村、江苏张家港的雅农生态园、广东东莞的乡村俱乐部等。特别是一年一度的各类采摘旅游和务农旅游对都市人具有持久的吸引力。另一种是资源型城市,这类城市因拥有的资源特色不同,从而可开展特色各异的乡村旅游。如湖北省随州市,是以传统农业文化为特色的农业旅游区,不仅对全市郊县做了农业旅游大公园(包括观光种植业、观光林业、观光牧业、观光渔业、观光副业和观光生态农业等)的统一规划,开发出长 30km、宽 4km 的银杏观赏带,还在炎帝神农故里旅游区创造出以原始的农耕文化为主题、以生态农业为背景的主题公园式的农业集锦公园。

北京的乡村旅游兴起于20世纪90年代后期,经历了自发发展、数量扩张、规范发展和品质提升四个阶段。目前,北京乡村旅游的发展呈现快速与品质提升并进的局面。因为北京景区众多,类型丰富,人们不再满足于开始的"吃农家饭、住农家院、干农家活"的模式,所以形成了乡村景区、民俗旅游村、休闲度假村、观光农业示范园区及乡村节事等构成的乡村旅游产品体系。截至2014年年底,北京市乡村旅游接待户已达1.7万家,同比增加了652户;从业人员6.9万人,同比减少了2%;2014年全年接待乡村旅游人数3825.4万人次,同比增长2%。总之,北京市乡村旅游发展态势良好,也为人们选择短期休闲旅游提供了一个重要的场所。

（三）我国乡村旅游存在的问题

1.盲目建设,缺乏统一的规划管理

（1）缺少统一规划。目前,多数乡村旅游区没有进行总体规划,更不用说专项规划,发展的盲性较大。如四川成都的乡村旅游园区众多,但几乎都没有进行统一规划;同时,乡村旅游与传统旅游景区（点）之间也缺乏有机联系和销售组合等,互补性和共生（享）性差,从而也削弱了对游客的吸引力。有些地方是在原有农业的基础上稍做改造和宣传就开始接待游客,然而改造的结果,既不具备大规模观光、参与的条件,也缺乏传统文化的乡土气息,转型并不成功。

（2）行业管理力度不够。目前,我国多数"农家乐"协会没有发挥应有的作用。不少开发和经营行为得不到应有的规范;卫生和环保没有引起足够的重视,也缺乏解决的办法或手段。因此,在开发经营过程中缺少对生态环境营造和传统文化保护的意识,对破坏行为也缺乏相应的管理手段和政策依据,立法管理体系有待健全。

（3）市场营销缺少系统战略。目前,我国一些地区的乡村旅游已具有一定的品牌价值,如贵州省的乡村旅游,不管是规模还是受欢迎程度,都不可小视,但由于疏于树立乡村旅游地的形象,往往没有形成品牌,更没有系统的营销战略,对目标市场也没有进行细分,采取相应的营销策略。

2.产品不够丰富,"乡土"味不浓,市场竞争力不强

以成都"农家乐"为例,多数人认为乡村旅游的设施主要包括棋牌活动室、卡拉OK室、室外庭院、果园或花卉苗圃等,活动内容以麻将棋牌、赏花采果为主,服务项目大同小异,从而造成彼此间激烈的恶性竞争,增大了市场风险,导致一些地方乡村旅游效益低下。一些农家旅店,为适应城里人的习惯,往往布置得像城里的小旅店,失去了乡村的特色和魅力;一些农家饭店的摆设、配置（杯、盘、碗、筷等）和菜肴等也正日益向城市餐馆看齐;干农家活、享农家乐的内容也开展得并不多,甚至没有。由于缺乏乡土气息,因而产品市场竞争力不强。

3.旺季过旺,淡季过淡,季节性强

乡村旅游如果没有科学合理的规划和设计,往往会造成季节性很强的弊端,即旺季太旺,淡季太淡。如成都的"农家乐"项目,季节性就非常明显。每年的"夏半年",游客多得无法接待,大大超过了旅游区的环境和生态容量,对环境、生态等均构成了巨大的压力,同时也让城市游客感到不满。然而,剩余的"冬半年",与旺季的"夏半年"形成鲜明的对照,由于游客太少,许多"农家乐"不得不息业。季节性太强使乡村旅游的配套行业（或设施）如住

宿、餐馆、旅行社、旅游车辆、旅游商店等效益难以发挥，不利于吸引资金进行再投入，限制了乡村旅游规模的扩大和效益的提高。

4. 经营水平参差不齐，有待提高

我国乡村从业人员目前还是多为农民阶层，且又是"半路出家"，没有经过专业培训，更没有专业管理水平，基本属于"土法上马"，经营水平还比较低，从而影响经营效益。

5. 经营无特色，娱乐不健康，环保不重视，质量不上乘

乡村旅游要有别于城市，远离喧哗，体现农家风味。但多数农家提供的蔬菜、水果、粮、油、饮料等，基本都从城里购得，饭菜也与城里区别不大，仍然不能摆脱"四荤四素，中间放醋"的模式。多数"农家乐"都办成了棋牌室，好像离开了麻将就无处可"乐"、无事可"乐"，有的甚至还变相搞点"黄、赌、毒"。这对身心健康和社会风气均不利。另外，"污水横流，蚊蝇飞舞，垃圾遍地"似乎是"农家乐"的生动写照。同时，"农家乐"尽管价廉，但"物"并不太美，不管是吃、住、行，还是游、购、娱，既没有服务理念，更缺乏市场定位。

（四）我国乡村旅游发展对策

1. 利用优势抓特色

各级党委政府、旅游主管部门要因势利导，充分利用交通、景区景点、田园风光、宗教文化等特色资源，开发出乡村旅游系列产品、"农家乐"系列套餐，突出乡村民俗文化特色，使乡村旅游走上各自的特色之路，打上各自的特色品牌。

2. 加强宣传抓引导

"酒香也怕巷子深"。各级党委政府、旅游主管部门要加大对乡村旅游的旅游宣传力度，扩大影响，广纳客源；可将乡村旅游制成名信片，刻录成光盘，拍摄成专题片，在新闻媒体上做广泛宣传。

3. 重视培训抓教育

由于乡村旅游从业人员多为农民阶层，管理水平有限，所以旅游管理部门一定要结合实际组织定期培训，教育他们要守法经营，要让游客"住得舒心、吃得放心、玩得开心"。

4. 规范管理抓环保

旅游、环保部门要加强协作，密切配合，既要保证旅游区的整洁，又要做好旅游过程的环境教育，让城里人"进得来、留得住、出得去"。

5. 努力开发旅游特色产品

乡村旅游要善于取长补短、见缝插针，要结合自身实际和特点，开发具有浓郁地方农家风情的特色旅游产品。如农副土特产品、草帽、草鞋、扇子等。

6. 增加少年儿童配套设施

乡村旅游多为家庭游，加上现在的青少年学生由于学习紧张，整天待在"水泥森林"里，几乎与外界隔绝。所以乡村旅游应善于捕捉这种现象，抓住机遇，在郊区或乡村因地制宜地开发适合青少年、儿童等活动的配套设施。

（五）我国乡村旅游的未来发展

1. 传承地方性遗产，打造乡村主题农园或俱乐部

继承传统产品与传统工艺、传统生活与生产方式等，建立非物质文化遗产展演和文化景观重现功能；形成教育农园、市民农园、租赁农园等多种形态，承载农旅结合的农事参与、自然教育和 DIY 创意空间等功能；承载古村落、新文化村落、新经济村落等不同阶段乡村整

体人文生态系统的物化与意化的统一过程的认知和体验功能;承载企业董事会会议、商务谈判、员工奖励度假和旅游景观房产等功能;打造乡村旅游的高级会所和信息中心,集生产、研发、销售、交流、教育和旅游为一体的现代化农庄;成立乡村旅游的中介机构。这不但可为乡村旅游者提供全方位的乡村旅游服务,而且可提供一种乡村旅游全过程的联程服务。可以使旅游者在不同地方、不同乡村俱乐部享受到一体化服务,并通过订购乡村旅游线路,向自驾车群体旅游提供自助式全程服务。

2.与生态旅游、文化旅游紧密结合

明确这一发展方向是使之规范化、健康、高速发展的根本保证。生态因素、文化因素本来就是乡村旅游得以兴起的根基。乡村旅游开展所依托的资源,不是先人遗留下来的、死气沉沉的、被称作凝固乐章的静景观,不是靠恢复、模仿而再现的历史场景,不是失去原有自然环境的高度浓缩在有限空间中的民俗风情,而是世代伴随人类繁衍、进化,充满生气与兴旺景象的能将游人融于其中的环境、氛围和活动。中国传统的"天人合一"的哲学思想,其核心的内容就是指只有贴近自然的才是永久属于人类的。生态旅游、文化旅游正是这一传统哲学思想在乡村旅游业发展观上的具体体现。

从乡村旅游的本质含义来说,乡村旅游也是保护原始生态环境和传统文化的最佳方式。工业革命在给人类带来丰富的物质文明的同时,也使城市失去了人类不可缺少的自然环境;信息革命在使世界经济飞速发展并进入一体化的同时,也造成世界城市趋于文化一体化的恶果;世界旅游业的发展在很多旅游度假地和风景名胜地扼杀了当地的传统文化。而乡村旅游,正是在人们意识到环境的恶化将使人类失去栖息地、文化一体化将是人类最大的悲剧之后,成了城里人青睐、追求的新方向。外来人的重视、崇拜与追求使乡下人在被歧视、嘲笑下所形成的自惭形秽的心态得到有效的,甚至是彻底的改变,这种心理的变化是传统文化得以保护的基础。目前,传统文化的保护主要采取两种方式:一种是将民族聚居地建成民族文化村;另一种是异地集中保护,即在旅游地集中重建。从这两种保护方式的发展趋势来看,前者的生命力要强于后者的生命力。因为它保留在原有的生态环境中,这是其形成的根基;另外,旅游业是在原有产业基础上的附加,而不是单一的生产形式,这样的复合经济结构受旅游客源市场的冲击影响要小得多。乡村旅游正是第一种保护方式的体现。

我国的乡村旅游不能只停留在观赏、采摘的表象繁荣上,必须走与生态旅游、文化旅游相结合的道路,营造良好的生态环境,挖掘民族文化中丰富的营养,才能持久而兴旺地发展下去。

3.开发高质量的乡村旅游产品,以适应国际市场

为使乡村旅游健康可持续地发展,从商品经济的角度看,能具有稳定而持久的需求市场;从环境的角度看,能允许其稳定而持久地生产下去。进入21世纪以后,我国的旅游业已经从卖方市场转向买方市场,出现了称之为"阳朔现象"的"怪现象"。随着人们对旅游行为自身的文化性质、社会性质认识的深入,人们对"阳朔现象"从惊诧到理解再到接受。今天,在我国成都的平安村、贵阳的镇山村、苏州的周庄等地都可以看到"阳朔现象"的曙光。周庄与福禄贝尔同在昆山市,两处一地之隔,一个生气勃勃,一个倒闭关门。严酷的事实明确地告诉人们,什么样的产品是高质量的。"越是自然的才越是人类的,越是民族的才越是世界的",这一指导旅游业发展的重要思想原则在这里受到最严格的检验,也得到最充分的体现。

在现代科技农业观光产品中,应加强传知授教的教育内容,使游人通过旅游获得现代农业科技知识;开辟生态农业区,为游人提供参与活动的充分空间,培养扶植生态农业接待户,以旅游经济的附加来保证生态农业的发展;在文化旅游资源丰富的老少边贫地区,要加强开发区的文化含量,增加度假型、参与型旅游产品的开发,以适应国际市场日益扩大的需求。

4.加强乡村旅游理论的研究

目前,国内外的旅游界在发展乡村旅游的前景预测上都面临着两个不可回避的问题:其一是现代与传统的撞击问题,其二是农业经济与旅游经济结合的形式问题。

现代文化已进入工业文化和后工业文化时期,而传统文化的保留区,基本还是停留在农业文化时期。在两种文化时期并存期间,无论是物质生活、精神生活,还是社会意识等都存在着极大的差距。而其中最突出、最直观的是物质生活和精神生活的丰富程度,这对于长期处于封闭、落后环境中的人们是不可抗拒的诱惑。作为有过这种享受的人又无权阻止、限制这些刚刚开放眼界的人们对外界事物的追求。很多传统文化就是在这种自觉自愿的向往美好的心态下,由于无人继承而消亡。旅游是文化交汇的窗口,乡村旅游又是现代文化与传统文化交汇的最前沿。如何在乡村旅游的发展中,使这种冲撞得到化解,使现代与传统得以交融,是旅游界面临的一个需要攻破的难度极大的理论问题。

从经济学的角度来看,理想化的乡村旅游业是旅游业与农业的一种结合,是第三产业在不影响第一产业的基础上的一种附加,是农业向多样化经营转化的最佳形式。从地理学的角度来讲,乡村旅游的开展标志着某地区既具备农业社会生存的基本要素,又具备旅游业发展的条件。然而,现实情况正逐渐显露出与理想间的差距。在发达国家,20世纪90年代以前政府未介入乡村旅游,旅游业对农业经营者来讲是可有可无的、完完全全次要的一个补充收入。对旅游者的接待,也是视自家房屋的空余而定。20世纪90年代以后,农业政策的改变、政府对乡村旅游业的财力支持使旅游业在农民的心目中再也不是可有可无的了,而是农业多样化经济中不可缺少的组成部分。特别是伴随着旅游收入的稳定、持续增加,农村的社会、经济结构出现明显的转化。这时农业向着为旅游业服务的方向发展,还是旅游业依附农业发展,从而出现了两种经营活动间的矛盾冲突。面对这样迅速出现的问题,国外有关学者已开始研究、探讨、预测未来的发展前景。甚至有一种预测认为,传统农业生产可能会最终消失。

我国的乡村旅游比发达国家开展得晚。但是,我国发展旅游业的目标或定位是以旅游业带动国家和地区经济的振兴,我国旅游扶贫政策的提出要早于发达国家对农村旅游业资助的政策,且弃农经商的现象早已出现过。可见,我国所面临的这个理论问题的提出并不因我国旅游业发展的滞后而落伍。在利益驱动下,往往愚笨的人可能会比聪明人走得更快、走得更远。因此,我国旅游业所面临的第二个理论问题将更为严峻。

5.重视人力资源培训,搞好乡村旅游规划

旅游业发展要上规模、上档次,关键要有素质高的经营管理人才。农民从传统的农业产业转向旅游业,跨度很大,需要加以引导和培训。当然,还要加强对全体农民的旅游教育,营造和谐完善的旅游环境。同时,乡村旅游要走产业化的道路,实现可持续发展,必须在统一规划下进行改造,相互协调,避免无序开发和重复建设;开发时,还要注意根据各地的资源优势,确定开发主题,形成具有特色的景区风格,树立鲜明的乡村旅游整体形象。

6.保持本色,突出特色,加强生态建设和环境保护

乡村旅游开发应立足于自身的生态农业特色和地域文化特点,设计出具有自身特色的独特产品,不要相互模仿,要根据自身的地域环境,寻找独特的、专业化的发展方向,努力做到"人无我有,人有我优,人优我特",并尽可能地形成规模,形成气候,形成景观效应,同时,农村民俗文化展示也应是本土已有悠久传统的民俗文化的再现和提炼,而不应刻意模仿,这才是城市居民所渴望的乡村旅游。

乡村旅游是建立在良好的生态环境基础上的,保护生态环境就是保护乡村旅游资源。只有保持完好的自然生态、农村传统习俗和鲜明的民族特色,其村寨才能成为游客热选的旅游目的地。其中,村民是乡村旅游的主要受益者,但其小农意识浓厚,因此,还应该努力提高村民的生态保护意识。

7.打造区域景观整体与乡村景观意境梦幻体验

打造区域景观整体与乡村景观意境梦幻体验是区域尺度下通道式动态旅游类型。乡村景观意境可划分为地方文化代表型——乡村文化意境,水体景观主导型——水乡意境,山野乡村主导型——自然意境,林间乡村代表型——林海意境,平原农耕代表型——农田耕作意境,牧区乡村代表型——自在天堂意境,民族村寨型——异域人文意境,城乡过渡代表型——都市乡村意境8大类型。基于追寻儿时的记忆、寻找传说中的桃花源里避世文化的理想空间、中国诗画文化的灵魂等多种意境追寻,乡村景观意境的感知和体验也成为现代最为时尚和有吸引力的乡村旅游活动和产品形态。

## 二、国外乡村旅游发展现状

### (一)国外乡村旅游的发展模式

国外乡村旅游已属于深入人心的、稳定性很强的重要旅游方式,欧美发达国家称乡村旅游为"绿色度假"。其最稳定的客源市场主体是受教育程度较高、经济条件也好的中产阶级。换言之,乡村旅游是一种较高层次的旅游行为。由于游客不能忍受现代工业所带来的人与自然的隔离,而去悠闲地品位湖光山色,感受从树叶上滴落的宁静,静观自然景物的无穷变化,从而促使他们选择乡村旅游。这不是贪图收费低廉(费用可能比其他旅游更高),而是在寻找早已失落的心灵净土和悠久的民族文化氛围;他们参加农业劳动,追求的不是物质享受,而是精神享受。

目前国外乡村旅游正向集观光、娱乐、休闲、参与、知识、保健等一体化综合性发展;游客以散客、短途旅游为主。由于分类标准的不同,乡村旅游的发展模式大致可以分为以下三大类。

1.按乡村旅游开发项目、游客的旅游动机来划分

按照这种标准,国外乡村旅游又可被划分为三种主要的模式:

(1)休闲观光型。乡村旅游项目主要以欣赏田园风光、放松身心为主,也参与一定的农事活动。观光农园在城市近郊或风景区附近开辟特色果园、菜园、茶园、花圃等,游客在农户中食宿,食用农民自产自制的新鲜食品,观赏农庄风景,体验农家劳动。如制作面包、奶酪、果酱、葡萄酒,拔菜,赏花,采茶等。通过农家生活来增加对农村的认识,进而增加对自身的认识。除此之外,还可以品尝地方美食、骑马、垂钓、绘画等,享受田园乐趣。在这种方式下,城市居民体验的是乡村"返璞归真,回归自然"的感受。这是国外休闲农业最普遍的

一种形式。其中又以韩国、爱尔兰、新西兰等国为代表。

韩国观光农园。随着生活水平的提高,越来越多的韩国城市居民愿意到农村休闲。韩国农民于是开办"观光农园"。一般是几户农民联合搞的一种比较简朴的,集食宿、劳动和文体于一体的休闲设施。城里人来到这里,小住几日。在这里,城里人可观赏乡村的山水野景,享受大自然的宁静,也可参加农民的一些生产活动,如收获瓜果和蔬菜等;此外,还可以学习农家制作面包、奶酪、果酱、葡萄酒等的工艺,并通过感受农家的生活来调整身心健康。在韩国,农民开办"观光农园"须得到政府有关部门的批准,同时韩国农林部门在资金和政策上积极扶持农民发展这种观光事业,并制定了严格的管理法规(包括旅游农园申请和可行性评估、农园的发展规模以及对违反规定的农园令其整顿或停业等)。韩国很注重观光农园的区位选址,其中主要考虑的因素是道路交通和自然环境。一般来说,效益好的农园在自然风光优美,有湖泊、游泳沙滩、温泉的郊区,或有历史名胜遗迹的风景区。同时,观光农园的规模也有一定的限制。在 1984 年,最大的规模限定在 $0.02km^2$ 以内。之后,其规模在不断扩大,到 1997 年,其规模限制已经扩大到 $0.05km^2$。为促使乡村旅游的健康发展,韩国政府在资金和政策上积极支持(包括一定可观数额的贷款和宽松的还贷环境)。由于管理比较得当,韩国的"观光农园"一直发展得较好,活动形式也趋于多样化。

爱尔兰乡村旅游。爱尔兰乡村环境幽雅,为恬静自由的欧式风光。绿地牛羊和农舍风景,生机勃勃。最具特色的是其自然风光,如湖泊、绿地、蓝天、牛羊、牧场等。"家庭餐馆"包括客房和早点、自助式旅游,并且要经过爱尔兰的官方机构认证,提供的都是二星级以上的服务。这类家庭餐馆中有一些是古朴的老式房屋改建,房屋里各种家电设施齐全;另外,服务方面也具有人性化和多样化以满足客人不同的需求,如舞蹈、厨艺、摄影、绘画、英语教学服务等;主人热情好客,而且有修养。乡村旅游服务设施有牧场、马场、乡村酒吧、乡村教堂、乡村音乐会。家族企业进行传统的手工作坊,如纺织等。而旅游活动项目也十分丰富,如放牧、培训、摄影、钓鱼、品尝美味、观赏田园风光、骑马等。对于发展乡村旅游,政府也给予充分的重视。游客在乡村旅游的过程中,不仅可以放松身心,还可以学到不少东西。可以说,爱尔兰乡村旅游已经完全融观光、娱乐、知识、康体为一体,深受市民的欢迎。

新西兰花园旅游。新西兰的花园旅游颇具特色。花园是人们休息和娱乐的场所,同时也展现园艺。花园可根据种植花的不同来分类,全国大约有一半以上收取旅游门票,但价格仅 2～3 美元。花园的主人一般是 50～70 岁的中老年妇女,大多受过一定的教育并持有专业资格证书。参观的客人也主要是 50～70 岁的妇女,大多数有中级学历或职业资格证书,三成以上的参与者是各园林园艺俱乐部或组织的成员。他们以家庭主妇和退休人员为主。其中 80% 以上是园艺的热衷者,她们参观的主要动机首先是出于休闲爱好,其次是向他人学习园艺。

(2)务农参与型。这是一种参与各种农业劳动的方式,又可称为"务农旅游"。游客参与各种农事活动,而乡村旅游项目也是以各种农事活动为主。此种乡村旅游各国特色不同,其中又以美国、日本最为典型。

美国农场和牧场旅游。美国西部的牧场务农旅游,旅游者放牧可以得到与牛仔一样的工资,抵消了一定的旅游费用。从另一个角度来说,也为农场补充了一定的劳动力,同时农场可以就近推销产品。农牧场的参与活动还有一定的特色,如开办农场学校等。游客在交纳一定的学费后,学校在教授游客农业知识的同时,也教授农产品的相关知识。通过开办学校,既宣传了农业科普知识,又起到了就地宣传促销的作用。另外,农场还开展农产品采摘、果品展览、宠物饲养、自制玩具、微型高尔夫、乡村音乐会、垂钓比赛等活动,让游客充分享受乡村的乐趣。这种乡村旅游形式不但满足了游客体验乡村生活的愿望,也兼有娱乐和教育培训意义。

日本都市农场的务农旅游。日本的务农旅游每年要举行两次,即以春天的播种和秋天的收割为主。无论是成年人还是学生,参加劳动都要交费。旅游者和农民被组织在一起到田间干活,体验乡村生活,感受到乡村劳动和生活的情趣。在沿海地区,游客可以参与捕鱼、海带加工等,这种旅游不受季节限制。如岩手县的一个渔村已经成为生态旅游专业渔村,该村有几十家渔户常年接待这些旅游者,渔户根据季节来安排有关劳动。每家渔户负责安排4~7位游客作为一个劳动小组,而且要手把手地教着,直到他们基本上掌握这些劳动的基本要领为止。中部地区的读谷村,通过村委水产工商科与当地的民间团体渔业协会合作,实施了独具特色的体验型定网捕鱼生态旅游。还有,日本水果之乡青森县的川牧场有一所国际青少年旅游组织的招待所,游客在有关人员的指导下参与奶场挤奶、草场放牧,或是果园采摘活动。此类务农式乡村旅游,在日本很受欢迎,同时也引起了人们对农业和环保的重视,十分有益。

另外,波兰的乡村旅游是与生态旅游紧密结合的。基于普遍的乡村旅游活动内容,参与接待的农户都是生态农业专业户,因而活动都在特定的生态农业旅游区内进行。1996年年底,波兰全国已有450家生态农业专业户组成的总面积超过4000hm$^2$的生态农业旅游区。另一个东欧国家匈牙利的乡村旅游也有其特色,它与文化旅游紧密结合。其乡村旅游闻名于20世纪30年代,几千年历史积淀的民俗文化与质朴的乡村风景相交融。旅游者在领略田园风光的同时,感受丰富的民俗风情,欣赏文化艺术,在乡野牧笛间体会几千年积淀的传统民俗文化,从而使其乡村旅游开发影响到国际旅游市场,使得客流方向、流量自20世纪90年代初开始,由欧洲的西部向东部转移。波兰与匈牙利的乡村旅游模式为世界各国树立了一个典范,使世人关注乡村旅游的可持续发展问题,即乡村旅游必须注重结合生态环境与文化,才能做到健康、持续的发展。

(3)综合型。大部分国家乡村旅游项目的开展都属于综合型的。也就是说,既有休闲观光,又有农事参与,适合多样化旅游消费的需求。如加拿大的乡村旅游项目就包括乡村农业文化、乡村农产品展览、乡村美味、乡村传统节庆活动、主题农业之旅(如国际啤酒节、田野节、主题农夫之旅、秋收节等)、在农场或牧场住宿或参加骑牛比赛等。在法国国内,有超过30%的居民会选择乡村旅游,乡村旅游收入已占旅游总收入的约1/4。在节假日,都市父母会带着孩子到乡村,参观挤奶、制作奶酪、酿酒等活动,并在活动之余品尝乡村大餐。1988年,法国农会常设大会还设计研发"欢迎莅临农场"之系列网络。它将法国的农场划分为9个类型,即农场客栈(farms inn)、点心农场(snack farms)、农产品农场(agri-product farms)、骑马农场(eguestrain farms)、教学农场(teaching farms)、探索农场(discovery farms)、狩猎农场(hunting farms)、民宿农场(resorting farms)和露营农场(camping farms),每种农场都有相应的职能规范与需要遵守的条例,而且加入该网络要经过申请和大会审核。德国的乡村旅游则有"森林轻舟活动",即游客可在湖泊、沼泽、岛屿之间泛舟游玩;日本的绿色旅游会提出到"著名野鸟栖息地"观察鸟类生活;马来西亚有农林旅游区;新加坡则进行有限的土地规划,推出了农业科技园开发等项目。

2.按各国乡村旅游成长的协调机制来划分

乡村旅游是农业和旅游业的融合。由于世界各国宏观经济体制环境和农业经济发达程度的不同,乡村旅游在各个国家的成长发展模式也有差异。按照乡村旅游成长的协调机制来划分,乡村旅游主要可分为政府推动型、市场驱动型和混合成长型三种类型。

(1)政府推动型。其是指国家或地方政府规划指导下,采取各种措施,给乡村旅游开发以积极的引导和支持,从而给本国或本地区乡村经济的发展注入新的活力。它把乡村旅游作为政治任务或公益事业来看待,把社会效益(如扶贫、增加就业等)放在经济效益之上,这也是相当多的国家和地区发展乡村旅游初始阶段采取的主要模式。其特征是政府参与规划、经营、管理与推销等。具有代表性的国家有爱尔兰和葡萄牙等国。而我国的部分老少边穷地区(如贵州等),也属这种模式。发展乡村旅游很大程度上被作为脱贫致富的主要途径和首要目标。

(2)市场驱动型。这种模式主要由市场自动调节来促进乡村旅游经济的发展,但在自然生态保护方面需要政府进行干预和管制,而完善的市场机制是这种发展模式的必备条件。当然,各种民间团体、行业协会等非政府组织也能起到一定的行业自律和保护行业利益的作用。如美国的佐治亚州,当年在面临农业经济效益下滑、农民净收入五年内下降12个百分点的情况下,许多农场主积极寻求改善经营的新途径。之后在地方农业推广服务中心(Cooperative Extension Service)的推动下成立了联合合作组织,通过联合促销和推广其旅游目的地形象来改善乡村经济的发展。

(3)混合成长型。其是指政府的干预与市场调节整合的乡村旅游的发展模式。在乡村旅游发展初期,政府把乡村旅游作为扶贫与促进乡村经济发展的手段,进行各方面管理、干预和指导。之后,随着乡村旅游行业协会及其他民间组织的成立,行业自律行为也逐步产生作用。如在法国,从20世纪50年代以来,政府为扶持发展乡村旅游,开始支持一些农村废弃房屋的改造工程,后来法国农会专门成立了名为"欢迎莅临农场"的组织网络,大力促销法国的农业旅游。

通过比较国际上各国发展乡村旅游的不同模式,不难看出,来自政府的政策倾斜和支持(政府推动模式和混合成长模式)或者是非官方组织的行业自律和自我保护作用(市场驱动模式),对于乡村旅游的发展起到重要的保障作用。它们都有利于联合分散的农业经济力量,达到旅游发展要求的产业融合。而在我国广大农村地区,政府力量的推动对于发展初期的乡村旅游业非常必要。但在乡村旅游初具规模之后,为适时地向混合成长型模式转变,政府应积极鼓励农民成立相关民间团体、协会等组织以取代部分政府职能,使得乡村居民真正得到实惠,有利于经营者的个人利益、社会效益、经济效益和生态效益的和谐统一。

3.根据乡村旅游的性质、定位、经营特色来划分

(1)传统观光型。其主要以农业生产过程为吸引点。城市近郊或景区附近开辟的特色果园、菜园、茶园、花圃等,可以让游客享受摘果、拔菜、采茶和赏花等,尽享田园的乐趣。这类乡村旅游最为典型的是法国。在其葡萄园和酿酒作坊,游客不仅可以参观酿酒全过程,还可以品尝、带走自酿的葡萄酒,体验从未有过的、难得的体验经历。

(2)都市科技型。这类乡村旅游依托高科技,在城内小区和郊区建立小型的农、林、牧等生产基地,不仅为城市提供部分时鲜农产品,还可取得一部分旅游观光收入,同时对游客具有农业生产与科普教育的功能。如在德国的柏林,一些大型农业科技公园不仅种植农作

物、花卉等,还喂养观赏鱼和珍稀动物,并为游客提供娱乐场所。

(3)休闲度假型。利用不同的农业资源为游客提供休闲度假服务。据悉,到 21 世纪初,法国已经有 1.6 万户农户建立了乡村旅馆,年接待游客 200 多万人次,收入达 700 亿法郎,约占法国旅游总收入的 1/4。另外,法国政府还采取多种策略,鼓励建设新农场,推出新产品,提高农场的乡村旅游市场竞争力。

(二)国外乡村旅游的发展特点

1.国外乡村旅游的内在特点

(1)以农业为基础,讲求乡村性。国外乡村旅游是依托现有的农业资源和乡村环境,以乡村独特的生活方式、乡村风光、生产形态、民俗风情、乡村居所和乡村文化为对象的一种旅游方式。它与农村、农业、农民紧密相关,缺一不可。因此,乡村旅游的开发不应以牺牲农田、农业生产和农业文化为代价,应该只是进一步提升农业资源的经济价值和休闲娱乐功能。传统的乡村生活和乡村环境是最具吸引力的乡村旅游资源,旅游者只有融入乡村社区生活中,才能真正体会到乡村生活的乐趣。

(2)以项目为主题,讲求平民性,注重品牌特色。农场型的旅游,法国有农场客栈、骑马农场、教学农场、探索农场、狩猎农场、点心农场、农产品农场、民宿农场和露营农场九个系列,美国有采摘果品、"玉米田迷宫"、"珍稀动物展览"、露营野炊、"绿色食品展"、乡村音乐会、冬天破冰垂钓、"农场博物馆"等活动项目,不同的活动内容满足了不同游客的多样化的需求。现代乡村旅游面向大众,以都市工薪阶层或知识分子为主要客源。在国外,乡村旅游与其消费水平相适应,非常注重自己的品牌定位和特色,并根据地理资源优势,推出特色服务。

(3)以休闲为主导,讲求原生性和参与性。在全球旅游趋势中,休闲旅游普遍受到游客的重视。单纯的乡村观光由于停留时间短,活动单一,经济效益往往不如乡村休闲旅游。现代旅游者越来越重视参与体验,强调悠闲的旅游以放松身心,更加重视以体验为主的休闲旅游方式。而乡村旅游提供的是原汁原味的农村风貌、纯朴自然的田园生活,不仅讲求原生性,还注重游客的参与性。如加拿大农业大省萨斯喀彻温省的秋收节、纽芬兰省的草莓节、魁壮克省"农夫生活之旅"等;还有温哥华岛的田野节,游客不但可以享受新鲜采摘或酿制的美食,而且通过场地周围的一大片田野,可以耳听现场的乡村音乐,菜香果香伴随新翻的泥土的气息,盛载美食的全是"天然餐具",如葡萄叶、雪松木块等,使味觉、视觉、听觉等全方位感受。而如此乡土风味的全方位接触是普通的高级餐馆所不能比拟的。

2.国外乡村旅游发展的政策特点

(1)政府给予宏观调控、援助和管理。第一,政府出台专门的法律,来规范乡村旅游企业在运营、服务、设施设备、乡村内外部环境、安全和卫生等方面的行为。如西班牙瓦伦西亚大区早在 1994 年就制定了《乡村住宿法》,规定了乡村住宿的基本条件和从事住宿经营接待者的政府登记要求。

第二,政府提供资金扶持。政府的资金资助主要用于两个方面:一是基础设施的建设、完善和提高;二是扶持乡村旅游协会的成长和网络开发建设。而乡村旅游需要社区居民的积极参与,很多国家都通过贷款、补贴和税收等措施来促进这方面的发展。很多乡村社区居民在政府资金的扶持下,积极发展乡村家庭旅游接待设施。

第三,政府为经营者提供业务指导。在乡村旅游的开发中,政府对乡村旅游企业的经营者和当地社区居民进行教育和培训,在提升他们的经营理念和服务水平的同时,提高他们的环境生态意识,保护当地的文化,促进乡村旅游的良性发展。

第四,政府注重规划和管理。国外政府往往制定相应的旅游规划来避免资源浪费和恶性竞争,从政府层面确定了各个地区乡村旅游业的发展方向,给予全局性的指导。如西班牙瓦伦西亚大区政府主持并提供了规划编制的技术支持和资金支持。有些国家还制定了一系列的实施计划,如法国的"假期绿色居所计划"与"欢迎到农场来"、奥地利的"农场假期"项目、意大利的乡村节庆、波兰的"波兰绿肺"以及泰国的 Umphang 社区旅游项目等。

第五,政府设置机构专项负责。各国通常有专门机构负责乡村旅游开发,如法国的农业及旅游接待服务处、美国的农村旅游发展委员会等。这些机构涉及乡村旅游的政策制定、管理权限和宣传促销等,协调和处理问题的同时还建立合作机制等。

(2)非政府组织(民间团体和行业协会等)的信息和技术支持。非政府组织在发展乡村旅游中起到十分重要的作用。如加拿大分别于 1977 年、1990 年成立了乡村度假农庄协会(CVA)和土著旅游协会(CNATA)等;美国于 1992 年建立了非营利组织——国家乡村旅游基金会(NRTF),主要负责乡村旅游项目的规划、募集和发放资助、提供宣传等,鼓励可持续的乡村旅游发展,推广国际旅游项目,提高乡村旅游和休闲场所的知名度,提供网络信息服务,执行州旅游合作计划,实行游客分流,开发全美森林服务项目等。

(三)国外乡村旅游发展案例

1. 芬兰的农场旅游

在芬兰,国家旅游局会颁发一种全国乡村旅游企业质量评定书。如芬兰南部有个以家族名字命名的伊洛拉农场,是芬兰最早经营乡村旅游的农场之一。巧得很,伊洛拉在芬兰语中不仅是姓,还有"快乐"之意。来过的游客都说,伊洛拉农场是名副其实的快乐农场,一年四季对游客开放,人们可以垂钓、划船、游泳、采浆果、烤面包和香肠、在桑拿沐浴屋中享受烟熏桑拿等。秋季可以在向导陪同下,在森林里远足、采蘑菇等;冬天可以在冰上钓鱼或在森林里的雪道上滑雪等。度假农场包括餐厅、咖啡屋、厨房、小商店和邮局等,一应俱全。值得一提的是他们的乡村美食。伊洛拉一家用自己饲养的家禽、种植的农作物等生态食品款待客人。伊洛拉家庭的姐妹俩都上过烹饪培训班,能做出芬兰地道的传统农家饭菜,可以向客人提供特色食物。

伊洛拉农场经营乡村旅游已有 20 余年历史。它占地 90hm$^2$,十几座红白相间的木制农舍掩映在树林中,湖边建有夏季别墅和桑拿木屋。伊洛拉一家迄今仍按传统方式种庄稼,还饲养了牛、羊、马、猪、鸡和兔等多种家畜家禽。

农场四季开放,许多家庭趁周末或节假日到农场享受宁静的田园生活,不少恋人租用农场的老式马车到附近教堂举行婚礼,并在农场度蜜月。暑假期间,常有父母带着孩子到农场度假,一些学校也会在农场组织夏令营,孩子们给牛、羊、兔和鸡等家畜家禽喂食,乘坐马车出游,观看田间耕作,练习骑马和远足,个个玩得兴高采烈。农场内还设有遛马场,每年举办短期骑术培训班。

农场出产的都是生态食品,农场餐厅曾获得芬兰烹调协会颁发的"正宗芬兰饭菜"证书。这家餐厅既能准备芬兰传统农家饭,也能摆出供上百人享用的丰盛婚宴,其招牌菜包括芥末鲱鱼、熏鱼、自制肉丸和烤肉等。农场自制果汁,并自行采摘浆果制作甜食。

伊洛拉农场每年都会迎来很多回头客,60 个床位经常爆满。在农场的签名簿上,可以看到来自英国、德国、俄罗斯和日本等许多国家游客的留言。为了更好地经营乡村旅游，农场主参加了乡村旅游企业家培训，用英语、德语、俄语和汉语等多种语言制作了宣传册，还通过电台、报纸和旅游展览会进行宣传，生意做得红红火火。

芬兰有关部门进行的农村调查显示，乡村旅游业是芬兰农村发展最快且最具发展前景的项目之一。目前，芬兰全国已有 2400 多个农场从事乡村旅游，乡村旅游的内容也日益丰富。

### 2. 澳大利亚的葡萄酒业旅游

1993 年，澳大利亚位列世界葡萄酒生产前 10 名的国家之一，葡萄酒业已经成为澳大利亚重要的乡村产业。20 世纪 80 年代，澳大利亚人逐渐认识到葡萄酒业旅游的潜力。1984年，维多利亚州政府经济与预算委员会提交的关于维多利亚州葡萄酒产业的报告中，第一次研究了维多利亚州葡萄酒产业的综合效应和经济潜能。1993 年，维多利亚州政府成立了维多利亚葡萄酒业旅游委员会，1996 年南澳也成立了葡萄酒业旅游委员会，而新南威尔士则成立了烹调旅游咨询委员会，如表 6-2 所示。

表 6-2　澳大利亚各州葡萄酒业旅游开发情况

| 组织 | 维多利亚葡萄酒业协会<br>（NWTC） | 南澳葡萄酒业协会<br>（SAWTC） | 新南威尔士"食物与旅游"计划<br>（CTAC） |
|---|---|---|---|
| 成立年份 | 1993 年 | 1996 年 | 1996 年 |
| 任务 | 通过增加维多利亚酒厂和葡萄酒生产区域的旅游者数量，以增加其经济贡献 | 提高旅游形象，并在澳大利亚南部树立葡萄酒旅游的最佳品牌 | 促进食物与葡萄酒结合到旅游经济的每一个环节，并进行有效促销 |
| 首要目标 | 1. 产品开发与区域旅游促销<br>①制作促销宣传品（如维多利亚州葡萄酒业旅游宣传册）。②开发与促销重大活动的安排。③制定市场营销战略。④支持发展区域节庆。<br>2. 维多利亚州酒厂的促销<br>①鼓励加入并进行维多利亚州奖励酒厂名单的宣传。②促销和支持酒类展销及举办节庆。<br>3. 产业交流<br>①建立酒业和旅游机构的数据资料库。②与主要行业出版物和编辑建立及培养良好的关系。③支持记者熟悉和访问计划。<br>4. 鉴别维多利亚州葡萄酒旅游的威胁与机遇，进行旅游者数量研究 | 1. 产品开发和基础设施<br>①在葡萄酒生产区域通过适度开发保证供给。②提供葡萄酒业旅游教育的公共场地。③发展旅游基础设施，提供葡萄酒生产区域的说明性材料。<br>2. 促销活动<br>①制作能够激发旅游动机的产品说明书。②延长新闻机构的访问计划。③使"美好生活"主题年经营收益最大化。④对葡萄酒旅游区域进行定位，进行商标和标徽注册。<br>3. 研究计划<br>①葡萄酒旅游的动机和经历差异研究。②竞争分析。<br>4. 在葡萄酒旅游区域开发旅游吸引物<br>①进一步拓展以葡萄酒为基础的节庆活动。②开发包括餐馆、导游、酒长廊等在内的设施。③建立国家葡萄酒中心 | 1. 将包装和销售食物作为旅游经济的有机组成部分<br>①在包装和销售行为中将塑造食物和酒经济作为重要的组成部分。②激发产业和社区开发美食（烹调）文化的旅游意识。③拓展和强化美食与酒的旅游经济。④在促销和销售展示的基础上开发食物与酒的消费。<br>2. 鼓励食物与酒经济传播<br>①开发提供优质食物和酒经济的旅游服务中心。②设立成就奖励。<br>3. 在食物、酒、农业和旅游业之间建立更加协调的关系，并提高可操作性<br>①提供合适的部门经济。②鼓励进行联合营销和葡萄酒业旅游的宣传包装 |

### 3.法国的乡村旅游

从 20 世纪 70 年代起,法国的乡村旅游开始发展。法国的乡村旅游又被称为"绿色旅游"、"生态旅游"或"可持续性旅游"等。法国农会常设委员会(APCA)成立于 1953 年,于 1988 年设立了农业及旅游接待服务处,并结合法国农业经营者工会联盟、国家青年农民中心和法国农会与互助联盟等专门农业组织,建立了名为"欢迎莅临农场"的组织网络。该项目可划分为美食品尝、休闲和住宿三大类的九个系列,即农场客栈、点心农场、农产品农场、骑马农场、教学农场、探索农场、狩猎农场、民宿农场和露营农场。法国政府每年组织一次为期两天的"欢迎莅临农场"博览会,同时编制信息手册。法国政府和 APCA 的措施主要包括:

(1)恢复、发展传统建筑文化遗产。其主要包括典型的特色古老村舍,还可以通过政府公共资金补贴、银行贷款等手段帮助农民修缮房舍来发展乡村旅馆。

(2)实行质量管理。游客住宿、餐饮场所经营必须取得印有"欢迎莅临农场"标志的资格证书,而且被严格规定不得贩卖和采购其他农场的农产品,农场的建筑必须符合当地特色,必须使用当地特色的餐具等。

(3)成立相应机构,建立客房预定中心。2000—2006 年度法国共拨款 5300 万欧元为乡村旅游景点修筑公路,并开始在全国规划自行车道和绿色道路;2001 年法国还成立了"乡村旅游常设会议"机构,2002 年创建了"乡村俱乐部",2003 年成立了部际小组,建立客房预定中心,实现营销推广。

### 4.美国的乡村旅游

在美国,乡村旅游主要包括农业旅游、森林旅游、民俗旅游、牧场旅游、渔村旅游和水乡旅游等。人们通过参与乡村的观光度假、探亲访友、考察体验等,既可以观赏田园景色,也可以参与田园、牧场等的耕作,还可以分享丰收果实,参与地方特色的娱乐项目,这样既可陶冶情操也可强身健体,乡村旅游受到了大众的欢迎。美国乡村游的发展主要是由本国人所推动的。正如 Aramberri(2003)所说,对于发达国家的经济发展而言,国际旅游的地位远不如国内旅游重要,这一点尤其在美国较为突出。根据美国商务部在 1997 年发布的数据表明,尽管国际旅游者每次在美国平均逗留的时间为 15 天,但是平均游览的州只有 1.6 个,绝大多数国际旅游者一般都不会离开城市,因为他们来访的目的多数是探亲访友或者参加一些会议。

美国作为头号经济强国,人均国民收入水平已经达到近 4 万美元,富足的国民促进了旅游市场的极大发展。同时,由于人们对于乡村生活的猎奇,回归大自然的心理以及人口老龄化等,乡村旅游从 20 世纪 70 年代后期开始在美国大行其道,逐渐引起学者们的注意。随之,诸如生态游、文化游以及绿色游等新潮旅游现象的出现,使得这些名词也同时成为很多乡村游产品的销售主题。清新的空气、时令的瓜果蔬菜和愉快的时光,这是乡村带给城市居民的享受;源源不断的客流,增加的收入,这是城市居民给乡村做出的贡献。在美国,乡村旅游不仅因被认为是"乡村和城市交流的一座桥梁"而受到各级政府的高度重视,同时也被认为是增加农民特别是边远地区农民收入的一个重要途径。

丰富的农业资源、高度的城市化和完善的市场化使得乡村旅游在美国得到了良好的发展。1992 年美国专门立法规定了乡村旅游的发展,编制针对乡村旅游的政策和规划。乡村旅游一方面有利于弥补乡村劳动力的短缺,另一方面还能推销农产品。与此同时,美国还专门设立"农村旅游发展委员会",以便进行农村旅游发展的政策研究。联邦政府还成立了"农村旅游发展基金",并制定严格的管理法规。如要求农场必须设立流动厕所和饮用水源,露天场所则要提供消毒水等。政府还印制《农村旅游手册》对乡村旅游进行宣传,同时加强对从业人员的培训;而许多农场主主动学习各种与乡村旅游开发相关的课程,比如市场学、计算机和互联网应用等。美国的康奈尔大学还开设了如何成为农业企业家的课程和讲座。在旅游内容创新上,农场主还不断推陈出新以吸引更多的游客,除了采摘果品、露营野炊、"绿色食品展"、乡村音乐会、冬天破冰垂钓、饲养小动物等传统活动外,还新增了"玉米田迷宫"、"珍稀动物展览"、"农场博物馆"等活动内容。

5. 荷兰的"艺术牧场"项目

欧芬加瑟地区位于荷兰东部,面积 $340km^2$,是著名的湿地和自然保护区,有着多样性的动植物种类和良好的生态环境。在经济上,它是荷兰重要的养殖地区,那里生活着 4.2 万人。2000 年,有 15 位景观艺术家提议把欧芬加瑟地区改造成为一个"艺术牧场",即通过建设一条贯穿于整个区域的艺术路径,把自然景观和芦苇结合在一起,从而形成一个大规模的田野艺术作品。这就是现在享誉世界的威尔比荷兰国家自然公园。在构建过程中充分体现了社区共同参与的特点。

景观艺术家们根据自己的构想调动了当地居民,特别是学生的积极性,使他们参与到项目的设计和建设中来。该项目充分考虑了旅游区的生态和经济的可持续性,考虑到游客的喜好及其未来的发展趋势。在"艺术牧场"项目的实施过程中,当地居民并不是"旁观者",而是"参与者"。2005 年夏天,"艺术牧场"吸引了大批的游客,同时举办了若干个艺术活动。直到今天,这个项目仍在继续之中,当地居民帮助艺术家寻找观察自然的多种角度,提供了许多对自然界的新鲜视角。特别是中小学生在这个"艺术牧场"中,不仅能够领略到大自然的美丽风光,亲身经历养殖业的生产过程,还能在自然和艺术相结合方面获得一些教育。

6. 爱尔兰的家庭旅馆

家庭旅馆在爱尔兰是一项重要产业,乡村旅游是降低乡村贫困程度的重要因素。政府为家庭旅游业提供资金来配备足够的设施。而家庭旅馆以舒适的住宿环境、可口的食物、令人愉快的服务和友好的态度、良好的地理位置,以及物有所值的、能提供充足的设施及文化娱乐场所而著称。

从奢华的乡村别墅、豪华的城堡、现代的精品酒店到温馨热情的家庭旅馆——无论你在哪里休息,爱尔兰总有适合你的选择。其中,爱尔兰的家庭旅馆温馨而热情,为你提供了一个与众不同的住处,让你处在家庭氛围的环境中。爱尔兰对家庭旅馆的外观和内部设施要求温馨舒适,体现家庭旅馆的特色;对旅馆的床的尺寸必须要求与国际标准一致,房间还设有保险柜等,并邀请游客参与当地家庭日常活动和社区活动,或者在家里向他们展示当地的手工艺品和传统风俗,从而使游客加深对当地的了解,并通过销售工艺品来促成额外的商贸活动的开展。此外,爱尔兰的家庭旅馆还对火灾逃生系统进行规定,也对游客投诉和基本医疗护理等问题进行严格要求。要求家庭旅馆及其经营者有合理的卫生设施和技术,对食品卫生、个人卫生和家庭卫生有基本的要求等。

7. 西班牙的乡村旅游

西班牙是欧洲除瑞士之外山地最多的国家,发展乡村旅游有着良好的自然条件。西班牙的乡村旅游在 1986 年前后开始起步,1992 年以后快速发展,目前增长速度已经超过了海滨旅游,成为西班牙旅游中的重要组成部分之一。除国内游客外,一些来自欧洲其他国家的国际游客也开始逐步到西班牙的乡村享受与大自然亲密接触的乐趣。

西班牙发展乡村旅游,最初源于农村部门为适应全球化的冲击,通过政府支持改造农村的基础设施。但在 1998 年以后,西班牙乡村旅游实际上提升最多的不是设施,而是乡村旅游的形象。乡村旅游的发展让全社会的人都认识到了有必要更好地利用农村的设施,以促进经济和社会的发展。

进入 21 世纪以来,由于有了乡村旅游,西班牙的农村发生了相当大的变化,旅游不仅促进了农村经济结构的变化,也使农村的设施和环境都得到了很大的改善。目前在西班牙,没有农业问题,只有农民问题,因为农民只占全国总人口的 4%,但农业产值却比任何时候都要高。当然,发展乡村旅游促进农村的变化更主要的是农民头脑的变化。

在西班牙,每一个地区政府都有乡村旅游方面的立法,从立法上确立乡村旅游的地位;西班牙国家和地方政府还就乡村旅游制定了很多标准,其中有一些是必须执行的强制性标准,从而从标准层面上确保西班牙乡村旅游的质量。如对于乡村旅馆,法律就规定必须是具有 50 年以上历史的老房子,而且最多提供 10～15 个房间,开业需要申请,要经过政府审核合格,才发给开业许可证。为了对乡村旅游给予特定的支持和帮助,政府还出台减免税收、补贴、低息投资贷款等措施来改善乡村旅游的基础接待设施。当然,政府的补贴只用于修缮那些具有 50 年以上历史的老房子,帮助农民把它们改造成乡村旅馆。另外,政府也会在区域上对乡村旅游进行合理的规划,根据市场需求开展有关方面的建设,以免造成过度的竞争。

西班牙政府还通过技术上的帮助或培训,来引导和促进乡村旅游的发展。在培训中教育当地的农民要懂得保护自身的文化,认识到保护农村自然环境和生态环境的重要性。如果因为发展乡村旅游,自身的文化和农村的环境被破坏了,那将是一件得不偿失的事情。另外,乡村旅游业不能代替农业,否则就失去了乡村旅游的本义。土耳其就有一个极端的例子,游客到当地吃的水果、蔬菜等都不是当地种植的,而是从外地购买的,结果使当地的乡村旅游逐渐走向衰落。另外,还要提高当地农民的觉悟和认识,干净、卫生、友好等对发展乡村旅游非常重要。当然,乡村的很多设施如果搞得非常现代化,如不用木材用钢材,不用地板用瓷砖等,那么原始的东西没有了,发展乡村旅游也就不会有持久性。

# 第七章 休闲农业规划、开发及经营管理

## 第一节 休闲农业规划

截至 2016 年中央"一号文件"的发布,中央"一号文件"已经连续 13 年聚焦"三农"问题。可见,党和政府对"三农"问题之重视。而发展休闲农业对加快农业现代化建设无疑有着积极的意义,更是解决"三农"问题的有效途径。从产业发展角度来看,随着我国城镇化进程的推进,城市问题越来越多;加上人们生活水平的不断提高与生活节奏的日益加快,休闲农业市场空间会不断加大,并得到快速释放。可见,休闲农业前景广阔,从而为休闲农业的发展带来前所未有的机遇,也为一些企业的战略转型和一些有志于进行休闲农业项目开发的创业者带来绝佳的发展机遇。

### 一、休闲农业规划理念

#### (一)开发与保护并举的理念

我国是一个具有几千年悠久历史的农业古国,在传统的"天人合一"的东方哲学思想下,营造了人与自然和谐的生态农业。我国传统农业中早就有了"天人合一"的辨证认识,并用于指导农业生产。如今的农业园区规划建设和园区内的农业生产经营、休闲体验等活动以与自然和谐共存为最高准则,必须遵循自然生态规律,在保护、开发、培育资源与环境的过程中提高农业的开发和利用程度,以确保园区景观的完整性、原始性和生态性。

#### (二)因地制宜,体现特色的理念

农业生产具有强烈的地域性和季节性,发展休闲观光农业必须根据各地区的农业资源、农业生产条件和季节特点,充分考虑其区位条件和交通条件,因地、因时制宜,突出区域特色。特色是休闲农业发展的生命之所在,越有特色其竞争力和发展潜力就越强,因此园区建设要与实际相结合,明确资源优势,保持"人无我有,人有我优、我新、我精、我特"的垄断性地位,使园区建设更直接地为园区服务、为旅游服务。如北京门头沟区的"妙峰樱桃园"、平谷区的"桃花海观赏采摘区"、顺义区的"龙湾屯万亩优质梨观光采摘园"等无一不是以特色取胜的典范。

#### (三)大力推行社区经营的理念

我国台湾地区的休闲农业园区的"园区"概念,被赋予了具有地方意义的 community(社区)的理念,而不再只是一个强调专业生产的属于工业特质的 park(厂区)概念。我国台湾休闲农业园区社区经营的理念是整合农场、农园、民宿或所有景点,使其由点连成线,再扩

大成面,最后以策略联盟方式构成带状的休闲农业园区,并适时开展以策略联盟方式结合的"社区"理念来推动各项工作,从而走在了休闲农业园区规划建设的前列。目前,我国台湾地区休闲农业园区成为辅导农民顺利转型经营休闲农业及创造农村地区就业机会的载体。我国大陆的休闲农业园区建设可充分借鉴台湾地区关于园区大力推行社区经营的理念,改变以往的经营思维,有条件的园区可朝向精致农业政策延伸、转型,从而可以改变大陆休闲农业在空间布局上呈现出的"遍地开花"的发展现状,杜绝挂个牌子就采摘、各自为政、缺乏系统管理、发展特点不突出、缺乏宏观系统规划等弊端。

(四)坚持"农游"相结合的理念

休闲农业的特点是将农业与旅游业相结合,休闲农业通过旅游业的开展而走向市场,并建立自己的市场地位,提高自身的经济价值,从而获得应有的经济效益。同时,休闲农业为旅游业的发展开拓了新领域,丰富了新内涵,促进了现代旅游业内涵和外延的扩张。休闲农业园区就是充分利用原有的旅游景区和景点,扩大并增加了休闲观光农业项目,通过两者之间的相互带动,发展"农游合一"的新型产业,从而在城郊营造优美宜人的绿色游憩空间。

## 二、休闲农业规划的原则

(一)科学选址原则

休闲农业园区选址应选择离城市、著名景区较近且交通相当便利之处(大约离城市5km 范围为佳)。此外,休闲农业园区应尽量具备以下条件:一是尽量是丘陵荒地,少占良田,不与国家有关土地政策相冲突,从而节省征地费用;二是无工业污染的地方;三是水源较好的地方,这样可以使园区因为有水而具灵气;四是居民少或者无居民居住的地方;五是土壤条件较好的地方。

(二)因地制宜原则

休闲农业开发依赖于农业,而农业的发展又高度依赖于自然地理环境条件。所以,休闲农业的布局应遵循因地制宜的原则,否则不但会大大增加投资额,而且效果也会大打折扣,从而导致休闲农业开发的失败。

(三)突出特色性原则

农耕文化内涵广博,如农耕形式、传统农用器具、农村生活习俗、农事劳动、农业节庆、农业工艺等都属于农耕文化范围。可见,利用农耕文化可以开发许多富有地方特色、民族特色的旅游产品。当然,在一定的区域范围内,各休闲农业园区要避免重复开发,应各具特色,从而形成良好的竞争与合作的关系。

(四)优劣比较原则

"比较论证,择优布局",应成为休闲农业规划布局最重要的决策手段之一。休闲农业的优势比较,大致可从区位条件、交通条件、社会经济背景、资源禀赋等多个方面去分析。一般来说,距离大中城市尤其是大都市较近、交通便捷、区域社会经济背景好、资源丰富且具有特色的观光休闲农业旅游项目,应该优先开发、重点发展。

(五)科学性原则

我国具有悠久的农业历史文明,经历了原始农业、传统农业、现代农业三个发展阶段,龙骨水车提水、筒车吸水、风车扬谷、石碾磨面、牛耕田、施用土杂肥、手工采摘农产品,还有传统的纺纱车、织布机等,这些与现代高科技形成鲜明反差的传统农业景观,往往在农业科技发展历程轨迹中会受到现代旅游者的青睐。休闲农业所展示内容的科学性特点,决定了规划设计工作一定要让休闲度假者在娱乐、休闲的同时,能自觉接受农业科学技术教育,自觉传播农业科学知识,以增强休闲农业的教育功能和高科技农业示范功能。

（六）市场导向原则

准确把握市场需求变化,规划开发适销对路的产品,有效占领和扩大自身的市场领域,是休闲农业规划布局成败的关键问题之一。因此,休闲农业园区应努力做到吃、住、游、购、娱、教、体等休闲产品开发兼顾。同时由于观光休闲农业源于城乡间地理环境差异,周边城市居民无疑就是其主要潜在客源市场。为此,必须通过市场调研来了解游客来源、客源类型、市场规模、客流规律、游客消费能力及规划布局地周边一定距离内各种类型观光休闲农业旅游项目的竞争情况,以便做到有的放矢。

（七）综合效益原则

休闲农业的实质是一种农、游结合,是一产向三产延伸的高效型市场农业。所以,必须遵循经济效益原则。通过投资收益分析,对那些资源规模大、旅游价值高、原有基础好、交通便捷、选取投资省、建设周期短、投资回收快的休闲农业项目进行优先规划和开发,之后通过向休闲者提供休闲度假、种养体验、农科教结合、农业科普等多种服务,来提高非农收入和农业综合效益。

（八）参与性原则

为最大限度满足游客休闲、娱乐等的需求,迎合参与时尚,在休闲农业项目规划上要特别重视其参与性,并根据市场需求,结合自身资源特点,创造性地规划设计和布局具有时尚性、多层次、系列化的休闲农业产品。

（九）整体开发原则

休闲农业园区的开发建设是一个复杂的系统工程,具有很强的整体性特点。一方面,它要纳入区域休闲农业发展布局的系统工程中去,服从区域高层次或主系统发展战略;另一方面,在区际必须突出自身的特色,即按照"人无我有"、"人有我优"、"人优我特"的原则,在市场导向的前提下,立足于自身资源和产品特色,开发出明显区别于周边地区且具有绝对竞争优势的休闲农业园区的观光、休闲、度假等产品。

（十）生态性原则

休闲农业园区的设计,既要求有突出的、特色的主题,能营造具有吸引力的氛围,并以鲜明的特色展现规划区域的风貌,使之与周边旅游风景资源有明显异质性,利用人文、自然资源创造独特的景观形象和游赏魅力,使游客始终充满新奇感;同时,更要注意保护和改善生态环境,控制旅游污染,搞好绿化工程建设等。在绿化工程建设中,植物栽培尽量自然化,要确保景区的生物多样性,促进生态良性循环,为当地创造良好的生态效应。

此外,创新性原则、多样性原则、文化性原则、人本性原则、可持续性原则、开发与保护相结合原则等,也都应该是休闲农业规划和布局的重要原则。一方面,要遵循这些在实践中积累并已上升为理论的规范、准则;另一方面又要善于开拓创新,不断总结提高,促使我国的休闲农业始终迈着稳健的步伐健康有序地向前挺进。

## 三、休闲农业规划的内容

休闲农业的规划开发,根据开发的区位、性质、内容的不同有不同的要求。凡用地在城市辖区内,且休闲农业比重较大的开发项目,可参照城市开发的规划要求;凡用地在农村辖区内,且与保护区性质相近的开发项目,可参照风景名胜区开发的规划要求。但不管用地性质如何,由于休闲农业都不同程度地配备一定的旅游服务设计,因此,一般要求在其总体规划中,具有以下一些内容。

（一）项目名称

规划的名称是规划性质和内容的概括,要能反映开发项目的基本特色。一般可由辖地名称和项目功能名称组成或单独命名。

（二）区位分析

区位用于分析休闲农业开发项目用地所在县(市)、镇的具体方位和范围,进而分析其在整个大环境中的位置。对主题、市场定位起指导作用。

（三）平面布局

规划平面布局以 1∶2000、1∶1000 或 1∶500 的现状图为背景,用不同颜色标明功能区的划分与范围、主次干道的布局、水系和主要管线的布局、景点设施的部位及其关键部位的标高等。有条件的规划单位还可配绘一幅总体规划色彩效果图。

（四）功能定位

休闲农业园区主要以农业新技术、新品种、农事活动的展示示范和农业休闲为主要内容,把观光旅游与农业结合为一体,让游人在体验农事活动中享受休闲、观赏的乐趣,达到寓教于乐的目的。其发展模式为生态型、健康型、休闲型;其功能定位为绿色、优质、高效、生产、生态、生活、生命的体验,向游人展示名优瓜果蔬菜等农作物和珍奇花卉林木,展示现代高科技在农业中的应用,让游人观赏,并动手采摘品尝瓜果,充分享受现代农业成果。这能使久居闹市区的游客,入园便能品尝名优蔬菜水果,观赏珍奇花卉植物,让身心焕发出一种原始、清新、自然的激情。其功能可定位为现代农业创新园区、蔬菜花卉标准化生产示范区、珍奇瓜果园、瓜果采摘区、加工展示区、农艺展示区、农耕文化展示区、科技培训区、青少年农业科普教育实践区、休闲观光与娱乐参与区等。

（五）道路、水系的规划布局

道路是休闲农业园区的动脉,道路的等级、布局关系到人流的畅通和休闲农业线路的导向,要根据农业生产和休闲活动的需要统筹规划。在规划设计中,要求标明一、二级干道的位置、走向、宽度、长度、建造等级和适宜的交通工具类型等。其中一级主干道要与休闲农业园区的进、出口相衔接;二级干道是一级主干道向各功能区和主要景点的延伸。水系要标明拥有(保留原有或改造后的)水面、河沟或暗管的位置、范围、宽度、长度、深度,要与自然山水的地面径流量和农业用水排灌体系相适应。

（六）生活用水与电力、通信、广播电视管线的规划布局

生活用水凡由园外自来水厂供给的,要标明管道的埋设部位、口径、长度与园内通往用水处的管道布局和口径。凡自供生活用水的,要标明取水部位、方式及管道的布局和口径等,同时还要标明配置污水处理及排污设施的部位;供电系统方面要标明与园外高压电网接通的部位及园内变压站点、电流、电压以及电路的长度和布局;通信与广播电视系统方面要标明引入线路的部位、中继站的部位、容量及功能区的终端设置等。

（七）服务设施的规划布局

休闲农业园区的服务设施,主要有园区的出入口、停车场、管理中心、商业网点、休憩

地、餐饮部、洗手间、娱乐场所、农业参与性活动场所和住宿区等。这些设施的布局要以方便游客为原则。其中,停车场一般可设在主要出入口处。

（八）植被布局

植被是指一定范围覆盖地面的植物及其群落的泛称。总体规划中的植被,主要包括对保留的原有植物群落的优化和人工绿化体系,尤其是道路两侧及景区、景点的绿化。休闲农业园区的绿化,应具有农业绿化的特色,一般是采取生产或经济绿化,即尽可能地选择果树、花卉或其他有经济价值的物种,如银杏、乔灌木、花卉、葡萄、苹果、梨、板栗等。南方地区还可用荔枝、桂圆、木瓜、椰树、棕榈等,使其既有造景和遮阴作用,又有生产和经济价值。

（九）近、中期重点项目建设规划

针对规划分期,根据规划园区休闲农业发展战略,结合周边各种景区的资源特色及社会影响,在规划区内邻近成熟自然景区与服务设施配套较完善的地方自主选择若干个具有旅游吸引力和发展潜力的农业旅游景点进行重点建设,一方面可起到示范带动作用,另一方面可快速提升景区的知名度或影响力,同时也能尽快产生经济效益。

（十）投资概算

休闲农业规划的投资概算,可分为基础设施投资概算、农业项目投资概算和旅游服务设施投资概算等,在每项概算中,还要包括固定资产（含基本设备）、必要的运行成本和效益预测等内容。

# 第二节　休闲农业开发的理论基础

## 一、地域分异规律

（一）理论概述

地域分异规律是指自然地理要素各组成成分及其构成的自然综合体在地表沿一定方向分异或分布的规律性。地域分异规律包括地带性规律和非地带性规律。

1. 地带性规律

（1）纬度地带性规律,即由赤道向两极的地域分异规律。其原因主要是受地球形状影响,太阳辐射从赤道向两极递减,也就是说由于热量分布不均而引起的气候、水文、生物、土壤等以及整个自然综合体大致沿纬度方向递变的现象。

（2）经度地带性规律,即由沿海向内陆的地域分异规律。其原因主要是水分受离海洋远近的影响,从沿海往内陆方向递减。也就是说由于海陆相互作用,降水分布自沿海向内陆逐渐减少,引起气候、水文、生物、土壤等以及整个自然综合体从沿海向内陆变化的现象。

（3）垂直地带性规律。由于高山地区海拔越高气温越低、水汽量越少,即水热状况随着海拔高度的增加而减少,从而在不同的海拔高度形成不同的气候带。在地球上同一地点随着海拔高度的不同,植物、土壤、动物群落、水文、地貌的某些特征出现相应的变化,呈现出不同的景观。一般来说山体越高,垂直自然带越明显;高山的纬度越低,垂直自然带越复杂。

## 2.非地带性规律

地球表面并不是所有事物都属于地带性的分布规律,如海陆分布、地质构造、地形起伏等。在地球上的分布不具备地带性规律的因素,叫作非地带性因素。它干扰或破坏了地带性分布规律,造成地域分异的地方性差异,这种变化规律叫作非地带性规律。如绿洲的分布,呈现为局部的、特殊的非地带性。它在地形起伏、海陆分布、地面组成物质、地下水深度、洋流等因素的影响下,其自然地理环境各组成成分及其构成的自然综合体会随之发生变化。山地的自然带垂直分布规律可看成是受非地带性因素影响下的地带性现象。

### (二)指导意义

旅游资源尽管类别多样、分布广泛,然而不同的旅游资源均分布在各自相应的地理环境之中,形成了地区间旅游资源的差异性。因此,各地开发休闲农业应充分认识休闲农业的旅游资源分布规律,根据当地休闲农业资源的地域特征,开发适合当地自然地理条件和人文地理条件的休闲农业,而不能超越地域分异规律的限制,过分依赖非自然性的农业技术和刻意追求人为的造景,从而失去自然生态农业景观和乡土气息浑厚的民俗文化,同时也增加了造景成本和管理难度。

## 二、增长极理论

### (一)理论概述

增长极理论最初是法国经济学家佩鲁(Francois Perroux)在 1955 年提出的,后来法国经济学家布代维尔(J. B. Boudeville)、美国经济学家弗里德曼(John Frishman)、瑞典经济学家缪尔达尔(Gunnar Myrdal)、美国经济学家赫希曼(A. O. Hischman)等分别在不同程度上进一步丰富和发展了这一理论,并把它转化为地理概念。增长极理论认为,一个国家要实现平衡发展只是一种理想,在现实中是不可能的,经济增长通常是从一个或数个"增长中心"逐渐向其他部门或地区传导。因此,应选择特定的地理空间作为增长极,以带动经济发展。可见,增长极理论是通过解释地区的发展过程,来说明在增长中的都市中心引起周围地区经济增长的各种假说。这些假说认为,在地理空间上经济的增长不是均匀地发生的,而是以不同强度呈点状分布,通过各种渠道影响周边区域的经济。也就是说,一旦把推动性的产业嵌入某一地区后,就会形成集聚经济,产生增长中心而推动整个地区经济的增长。

### (二)指导意义

增长极对地区经济增长产生的作用是巨大的,其主要表现在以下三个方面。

#### 1.区位经济

区位经济是由于从事某项经济活动的若干企业或联系紧密的某几项经济活动集中于同一区位而产生的。如某一专业化生产的多个生产部门集中在某一区域,可以共同培育与利用当地熟练劳动力,加强企业之间的技术交流和共同承担新产品开发的投资,可以形成较大的原材料等外购物资的市场需求和所生产产品的市场供给,从而使经济活动活跃,形成良性循环。可见,区位经济的实质是通过地理位置的靠近而获得综合经济效益。

#### 2.规模经济

规模经济是由于经济活动范围的增大而获得内部的节约。如可以提高分工程度、降低管理成本、减少分摊广告费和非生产性支出的份额,使边际成本降低,从而获得劳动生产率的提高。

### 3.外部经济

外部经济效果是增长极形成的重要原因,也是其重要结果。经济活动在某一区域内的集聚往往使一些厂商可以不花成本或少花成本获得某些产品和劳务,从而获得整体收益的增加。

增长极理论应用于休闲农业开发时,增长极就是重点旅游地。在休闲农业发展过程中,要努力培养增长极,借此带动整个区域内休闲农业的发展。在对休闲农业进行布局时,往往把旅游资源价值大、区位条件好、社会经济发展水平高的旅游地作为旅游增长极来培育,集中主要的人力、物力和财力进行重点开发,并以此来带动其他旅游地的发展,促进区域休闲农业的发展。如果采取均衡发展的方式,则往往由于重点不突出,造成开发力度不够,无法实现休闲农业的快速发展和整体提高。

## 三、点—轴理论

### (一)理论概述

点—轴理论最早由波兰经济家萨伦巴和马利士提出。点—轴模式是增长极理论的延伸,从区域经济发展的过程看,经济中心总是首先集中在少数条件较好的区位,成斑点状分布。这种经济中心既可称为区域增长极,也是点—轴开发模式的点。随着经济的发展,经济中心逐渐增加,点与点之间,由于生产要素交换需要交通线路以及动力供应线、水源供应线等,相互连接起来就是轴线。这种轴线首先是为区域增长极服务的,但轴线一旦形成,对人口、产业也具有吸引力,吸引人口、产业向轴线两侧集聚,并产生新的增长点。点轴贯通,就形成点—轴系统。因此,点—轴开发可以理解为从发达区域大大小小的经济中心(点)沿交通线路向不发达区域纵深地发展推移。

点—轴理论认为,社会经济客体在空间中遵循点—轴渐进式扩散,它发自扩散源,沿着若干扩散通道(线状基础设施)扩散,在距中心不同距离的位置形成强度不同的新聚集。由于扩散能力随距离延伸而衰减,新聚集的规模也随距离的增加而变小。相邻地区扩散源扩散的结果使扩散通道相互联结,成为发展轴。随着社会经济的进一步发展,发展轴线进一步延伸,新的聚集点又不断形成。

点—轴模式是增长极模式的扩展。由于增长极数量的增多,增长极之间也出现了相互联结的交通线,这样,两个增长极及其中间的交通线就具有高于增长极的功能,理论上称为发展轴。发展轴应当具有增长极的所有特点,而且比增长极的作用范围更大。点—轴开发理论是在经济发展过程中采取空间线性推进方式,它是增长极理论聚点突破与梯度转移理论线性推进的完美结合。

### (二)指导意义

点—轴开发理论用于休闲农业开发布局时,"点"就是重点旅游地,"轴"是它们之间的联结通道,即交通线。由于开发了旅游增长点,点与点之间就有了连接线。在不断的发展过程中,交通沿线的一些次一级旅游景点也逐渐发展起来,从而达到以点带线、以线带面的作用,带动整个区域内休闲农业的发展。因此,在进行休闲农业开发布局时,应运用这一理论,使休闲农业的布局更加合理。如在长三角地区的休闲农业旅游空间结构的布局中,其旅游"点—轴系统"的轴线可分为一级、二级、三级旅游发展轴线,点分为一级、二级、三级节点;既应该考虑区域旅游发展轴的实际影响范围,又兼顾行政区边界,从而有利于各旅游节点之间的便捷联系,有利于实现空间竞争与合作,形成以旅游交通发展轴线为基本框架的城市旅游联合体。另外,旅游线路也是以旅游交通发展轴线为基本格局有效连接各旅游节点而形成的,从而也有利于实现旅游者旅游效益的最大化。

## 四、旅游地生命周期理论

### (一)理论概述

到目前为止,学术界被公认的旅游地生命周期理论是加拿大学者巴特勒(Bulter)于1980年提出的。他认为一个旅游地的发展一般要经过探查、参与、发展、巩固、停滞、衰落或复苏六个阶段。在旅游地发展的不同生命周期阶段,表现出不同的特点和规律:在探查阶段,只有零散的游客,没有特别的设施,其自然和社会环境未因旅游而发展变化。在参与阶段,旅游者人数增多,旅游活动变得有组织、有规律,本地居民为旅游者提供一些简陋的膳宿设施,地方政府被迫改善设施与交通状况。在发展阶段,旅游广告加大,旅游市场开始形成,外来投资骤增,简陋膳宿设施逐渐被规模大、现代化的设施取代,旅游地自然面貌的改变比较显著。在巩固阶段,游客量持续增加,但增长率下降。旅游地功能分区明显,地方经济活动与旅游业紧密相连。常住居民中开始对旅游产生反感和不满。在停滞阶段,旅游地自然和文化的吸引力被"人造设施"代替,旅游地良好形象已不复存在,市场量的维持艰难。旅游环境容量超载,相关问题随之而至。在衰落或复苏阶段,旅游市场衰落,进而使房地产的转卖率很高,旅游设施也大量消失,最终旅游地将变成名副其实的"旅游贫民窟"。但旅游地也可能采取增加人造景观、开发新的旅游资源等措施,增强旅游地的吸引力,从而进入复苏阶段。进入复苏阶段的旅游地又开始新的循环。

### (二)指导意义

根据旅游地生命周期理论,一个旅游地在不同的发展阶段,其开发的重点不同,采取的措施也不同,休闲农业的旅游地也是如此。如果这一旅游地处在巩固阶段以前,其开发重点应放在农业资源的开发、配套设施的建设、宣传促销和扩大市场方面;如果处在巩固阶段以后,其开发重点应放在开发新的休闲农业旅游资源、增加新的具有吸引力的旅游项目上,并做好旅游宣传促销。

作为一种计划工具,旅游地生命周期理论主要描述和分析旅游地的发展轨迹,可以使目的地管理和营销机构意识到旅游地的发展会随着时间的变化而变化,有一个演变的过程。在不同的时期应采取不同的营销策略以应对来自竞争者的挑战。作为一种控制工具,旅游地生命周期理论有助于旅游管理部门凭借旅游地已有的旅游吸引物来类推即将开发的新的旅游吸引物可能产生的绩效,以及旅游地是否有必要进行新的旅游吸引物的开发。预测何时进行营销策略的改变或者新吸引物的推出是相当困难的。管理部门可以借助一些典型的迹象做出判断,如游客数量级是否稳定、旅游者数量增长是否稳定、主要是重复旅游者还是非重复旅游者等。

当然,旅游地生命周期理论也存在一定的纰漏,因为,这一理论似乎也暗示:一个旅游地的必然归宿是走向衰落,进而在无形中误导旅游管理者在旅游地发展中采取听之任之的消极态度。衰落是旅游地发展的必然归宿吗? 实际上,巴特勒的旅游地生命周期理论只是为研究旅游地演化过程、预测旅游地的发展、指导旅游地的市场营销和规划等,提供了理论框架而已,其只是对旅游地生命周期现象的阐释和归纳。只要管理恰当,一个旅游地生命周期的发展是完全可能"打破宿命"的。

### 五、农业区位论

#### (一)理论概述

农业区位论指以城市为中心,由内向外呈同心圆状分布的农业地带,因其与中心城市的距离不同而引起生产基础和利润收入的地区差异。

农业区位论由德国农业经济学家杜能(J. H. Thünen)首先提出,他的学说又称杜能农业区位论。他根据在德国北部麦克伦堡平原长期经营农场的经验,于1826年出版《孤立国对农业及国民经济之关系》一书,提出农业区位的理论模式,即在中心城市周围,在自然、交通、技术条件相同的情况下,不同地方与中心城市距离远近所带来的运费差,决定不同地方农产品纯收益(杜能称作"经济地租")的大小。纯收益成为了市场距离的函数。按这种方式,形成以城市为中心,由内向外呈同心圆状的六个农业地带:第一圈称自由农业地带,生产易腐的蔬菜及鲜奶等食品;第二圈为林业带,为城市提供烧柴及木料;第三至五圈都是以生产谷物为主,但集约化程度逐渐降低的农耕带;第六圈为粗放畜牧业带,最外侧为未耕的荒野。杜能学说的意义不仅在于阐明市场距离对于农业生产集约程度和土地利用类型(农业类型)的影响,更重要的是首次确立了土地利用方式(或农业类型)的区位存在着客观规律性和优势区位的相对性。

杜能以后百余年来,有大批农业经济学家先后多次论证、应用和修订杜能的农业区位学说。如劳尔(E. Laur)应用杜能原则,把全世界农业经营类型按集约程度排列为七大农业经营地带,并以西北欧工业区域为世界农业集约化中心。杜能学说只考虑市场距离对农业布局的影响,而现代农业区位论者除考虑这一因素外,还考虑自然、技术、社会、行为、政策因素。同时,研究农业区位还应更多注意农业区域的优化组合,以便为农业决策提供科学依据。

#### (二)指导意义

我国是一个以落后分散的小农经济为基础的发展中国家,人多地少,可耕地面积尤其稀缺,这是基本国情,也是我国农业政策选择的基本出发点。按照杜能的农业区位论,农业产业结构调整应当注意两方面的问题:第一,农业结构调整必须同生产力水平相一致。由于我国地域广阔,地区发展差异很大,生产力水平高低不一,对农业结构的要求也大相径庭,因此农业结构调整一定要与生产力水平相适应。第二,农业结构调整必须因地制宜,使我国农业经济发展符合国情,符合广大农村的实际情况。在农业集约化经营和农业产业化问题上,要充分考虑各地区农业生产的区位选择,利用区位优势,调整农产品供给和贸易结构,推进农业发展。如在东部平原的农村发展粮食作物规模经营和产业化经营;在中西部一些贫困地区可以发展农副产品多元化经营;沿海地区则可以发展近海养殖和远海捕捞;城市附近农村可以发展蔬菜果品加工业和花卉产业。

杜能的农业区位论虽然是在交通不发达、农业技术落后的情况下提出的,当然不能完全适应今天的情况,但对休闲农业的布局仍有很大的参考价值。根据这一理论,观光花园应布置在距离市区较近的地方,而森林公园等休闲农业项目和设施应距离城市中心较远。可见,杜能的农业区位论对我国农业发展还是有较高的指导价值和颇多的启示的,各地应加强对农业区位论的系统分析与研究,特别要掌握近年来国外农业区位经济理论研究的新发展、新动态和新成果,努力探索和建立具有中国特色的现代农业区位经济理论和现代休闲农业的开发与经营模式。

## 六、可持续发展理论

### (一)理论概述

可持续发展理论的研究始于 20 世纪 80 年代初,直到 1987 年,以挪威首相布伦特兰(Bruntland)夫人为主席的"世界环境与发展委员会"公布了著名的《我们共同的未来》,才在世界各国掀起了可持续发展的浪潮。可持续发展理论是对人类与环境关系变化的一种规范。它有两个最基本的要点:一是强调人类追求健康而富有生产成果的生活权力,应当是坚持与自然相和谐式的统一,而不应当是凭借着人类手中的技术和投资,采取耗竭资源、破坏生态和污染环境的方式来追求这种发展权力的实现。二是强调当代人在创造与追求发展与消费的时候,承认并努力做到使自己的机会和后代人的机会平等,不能剥夺后代人发展与消费的机会。也就是说,可持续发展是指既满足当代人的需要,又不对后代人满足其需要的能力构成危害的一种发展。可持续发展思想的诞生,标志着人类在理解环境承载能力和优先发展之间的关系方面发生了观念上的根本变化。

### (二)指导意义

"可持续发展"一词一经提出即在世界范围内得到认同并成为大众媒介使用频率最高的词汇之一,这反映了人类对自己以前走过的发展道路的怀疑和摈弃,也反映了人类对今后选择的发展道路和发展目标的憧憬和向往。人们逐步认识到过去的发展道路是不可持续的,或至少是持续不够的,因而是不可取的。唯一可供选择的道路是走可持续发展之路。人类的这一反思是深刻的,反思所得出的结论具有划时代的意义。这正是可持续发展的思想得以在全世界不同经济水平和不同文化背景的国家取得共识和普遍认同的根本原因。可持续发展是发展中国家和发达国家都可以争取实现的目标,广大发展中国家积极投身到可持续发展的实践中,也正是可持续发展理论风靡全球的重要原因。

可持续发展首先是从环境保护的角度来倡导保持人类社会进步与发展的。它号召人们在增加生产的同时,必须注意生态环境的保护与改善,明确提出要变革人类沿袭已久的生产方式和生活方式,并调整现行的国际关系。这种调整与变革要按照可持续性的要求进行设计和运行。可持续发展理论的意义包含两大方面的内容:一是对传统方式的反思和否定;二是对规范的可持续发展模式的理性设计。就理性设计而言,可持续发展具体表现在:工业应当是高产低耗,能源应当被清洁利用,粮食需要保障长期供给,人口与资源应当保持相对平衡等许多方面。

旅游业并非人们常说的"无烟产业",旅游业的发展对生态的影响和对环境的破坏表明,旅游业的发展也应提倡可持续发展。休闲农业的资源基础是农业资源、农村环境及农村文化,它的主要部分具有可再生性,从这一点上来说休闲农业可持续发展的基础条件较好,只要开发得当,使生产、生活、生态有机地结合起来,做到可持续发展是可能的。但由于受到各种客观条件的限制及人们对可持续发展认识程度的影响,还需要采取一定的措施(包括各种政策、规定、工程措施等)进行生态、环境、资源和文化的保护,以保障休闲农业长久的生命力,真正实现可持续发展。由于休闲农业是农业和旅游业交叉形成的旅游形式,进行休闲农业的开发需要从这两大产业部门出发,还涉及地理学、经济学、生态学等多门学科,所以其开发的理论和实践就显得更加复杂。

# 第三节 休闲农业的开发模式

## 一、休闲农业开发的区域背景

### (一)区位条件

区位条件主要是指一个区域是否接近中心城市、交通干线和人口稠密区。它决定了旅游区的可进入性和客流量。如我国西部地区地处内陆腹地或边境,不少地方自然条件恶劣,可进入性差,往往成为旅游开发的客观障碍。而休闲农业旅游开发区的区位条件主要指旅游资源所在区域的地理位置、交通条件以及旅游开发区内旅游资源与周边区域旅游资源的关系等。其主要包括以下几个方面:

(1)该乡村社区周围是否有大中城市。

(2)直达本社区的交通状况。如本地或邻近地区是否有火车站、汽车站、码头等;外地乃至境外游客可否直达或经过比较方便的交通线路转来本地等,不仅要考虑车次的多少,还要计算距离,更要考虑途中的时间。当然,交通基础条件和运输工具的改进可减少旅途时间,也就是等于缩短了旅途。了解近中期交通建设计划,可预测本地对外大交通和内部小交通的发展前景。

(3)本地的区位特点。如是否属"老、少、边、贫、山"区,是否位于边境地域或位于省交界地域,是否位于著名景区景点边缘地域等。考虑可能对当地旅游开发产生的影响。

### (二)自然条件

自然条件,即自然环境要素,主要指休闲农业旅游目的地的所在地区的地质地貌、气象气候、水文、土壤、植被等要素构成的自然环境,它对旅游目的地资源开发有着直接的影响。植被、水文、气象等本身是乡村农业旅游资源不可分割的一个组成部分,直接关系到乡村农业旅游资源的品质。乡村环境是否清洁雅静,是否赏心悦目,气候起到决定和导向的作用;水既是孕育乡村农业景观的活跃因子,又是乡村旅游设施、居民和游客的生活必需,而且水质如何,关系到游客的健康;另外,大气环境、土壤元素构成中是否含有有害物质,不仅影响旅游开发,亦影响游客健康。

### (三)经济条件

经济环境即旅游目的地的经济状况。其主要是指投资、劳动力、物产和物资供应及基础设施等条件。资金是旅游资源开发的必要条件,特别是经济尚不发达、资金比较匮乏的区域,对投资条件的调查及评价更为重要。资金来源是否充裕,财力是否雄厚,直接关系到旅游开发的深度、广度、进度以及开发的可能性。乡村旅游投资较少、见效快,但并不是说不需要资金,特别是要开发上规模的乡村农业旅游区,要对外宣传促销,必须有一定的资金作保障。劳动力条件是指能够满足旅游开发所必需的人力资源的数量及质量。对于乡村旅游来说,其开发是在原有资源的基础上加以规划改造,因此其参与者多为当地人。基础设施条件指道路、水、电、交通、邮政、通信等公共设施系统的完善程度。在乡村旅游开发中,基础设施条件既要求保持原有风貌,又要考虑游客的具体需求,如游客住宿时希望建筑外形具有当地乡土风格,内部设施虽然要求有乡土特色,但要清洁、方便等。

**(四)社会文化条件**

社会文化条件主要是指旅游目的地的政治局势、政策法令、社会治安、政府及当地居民对旅游业的态度、卫生保健状况、地方开放程度以及当地风俗习惯等。社会治安差的地方,即使有高质量的旅游资源,游客也不愿前往旅游。如果政府重视、政策倾斜,那么当地人参与办旅游的积极性就高。当地文化传统朴实、人民热情好客、对旅游业有正确的认识等都会对农业旅游开发起积极的促进作用。

**(五)旅游资源调查和评价**

旅游资源是旅游业的客体,是开发的基础,在旅游开发前必须进行详细的旅游资源调查。其调查内容主要包括旅游资源的类型、数量、规模、结构、级别、成因等;与当地旅游资源有关的重大历史事件、社会风情、名人活动、文化作品的情况以及调查区的资源分布图、照片、录像等有关资料。对于重点旅游资源,应提供尽可能详细的资料,包括类型描述、特征数据、环境背景和开发现状等。另外,对已知旅游景区及外围旅游资源,开发价值高的重点新景区的旅游资源,如具有特殊功能的旅游景观、具有特色的大型旅游景观、适合科学考察和专业学习的旅游景观、唯我独有的旅游资源等要重点进行调查和评价。

**(六)客源市场调查**

游客是旅游业的主体。客源数量是维持和提高旅游区经济效益的重要因素,没有最低限度的游人,景观资源条件再好也难以开发。客源市场调查的内容可以涉及民众的意见、观念、习惯、行为和态度的任何问题;可以是抽象的观念,如人们的理想、信念、价值观和人生观等;可以是具体的习惯或行为,如人们接触媒介的习惯、对商品品牌的喜好、购物的习惯和行为等;可以是纯学术的问题;也可以是商业性的问题或是其他实用性的问题。此外,还包括客源地现实和潜在游客的数量、爱好、习惯等,以及客流量的年、月、日变化等。不同的旅游区,依其景观特色、地理位置、交通条件,吸引着不同国度、不同地区、不同年龄和不同职业的游人,而不同的游人数量决定着该旅游区的市场规模。

## 二、几种常见的休闲农业开发模式

### (一)我国大陆常见的休闲农业开发模式

#### 1."农家乐"模式

"农家乐"模式以农民(企业)自发经营为主,政府少量扶持为辅,农民自发分散经营,以生产适合当地特色的产品为载体,并围绕载体的生产经营提供与之配套的食、游、乐等系列服务。成都近郊郫县友爱镇农科村是这种经营模式最早的典型代表。该村原有农户 310 户,总人口 650 人,总耕地面积 $45hm^2$,在农业观光旅游发展鼎盛时期,村旅游接待点共 128 个,年均接待游客量 50 万人次以上,旅游年经营收入达 2000 余万元。

"农家乐"的发展,对促进农村旅游、调整产业结构、建设区域经济、加快农业市场化进程产生了良好的经济效益。不少地方依托本地农业资源,分片开发出"农家乐"品种系列,像湖南南岳衡山、昆明的团结乡等地的"农家乐"已逐渐形成了自己的品牌。

"农家乐"发展起来后,带来的不仅仅是消费收入,还有产品信息、项目信息和市场信息,为当地经济的发展提供了契机。如今,"农家乐"已成为农民了解市场的"窗口",成为城市与乡村互动的桥梁。各地游客为农村带来了新思想、新观念,使农民及时了解到市场信息、生产经营与市场需求。开办"农家乐"的农民经常到游客中间调查市场需求,然后有针对性地开展生产,有的建起了无公害蔬菜基地,有的则做起了农产品深加工的生意。

目前我国的"农家乐"模式主要出现在西南和华北地区,其中又以四川、北京、天津、河北为主。"农家乐"最吸引游客的地方就是费用低廉,价格实惠。

### 2.连片开发模式

以政府投入为主建设基础设施,带动农民集中连片开发现代休闲农业。政府投入主要用于基础设施,通过水、电、气、路、卫生等基础设施的配套和完善,引导农民根据市场需求结合当地优势开发各种农业休闲观光项目,供城市居民到农业观光园区参观、休闲与娱乐。这种模式在全国各地尤为常见。如上海市郊区、北京市郊区、南京市郊区基本上都在采用这种开发模式。

### 3.从体验到参与:农民市民合作模式

在农民承包地合理流转集中后,建立休闲农园,以合作方式让城市居民委托农民代种或亲自种植花草、蔬菜、果树或经营家庭农艺,使消费者共同参与农业投资、生产、管理和营销等各环节,与农民结成紧密型合作的关系,体验和参与农业经营和农事活动。这种模式最早出现在 20 世纪 90 年代的苏州"农林大世界",当时称为"市民农园",将土地分割为大约 $50m^2$/块,向城市居民招租;后来在不同地区演变成多种类型的经营方式,如市民种植纪念树、纪念林、租赁农舍经营农家乐等。

### 4.带动产业模式

休闲农园首先生产特色农产品,形成自己的品牌。然后通过休闲农业这个平台,吸引城市消费者来购买,从而拉动产业的发展。在这类园区,游客除了餐饮旅游外,还带回土特产品。如浙江省绍兴县稽东镇裘村的山娃子农庄,创建于 2004 年,占地不足 $20hm^2$,距绍兴市区 26km。农庄依托绍兴县南部山区独特的地理环境优势,四周群山环抱,四季绿树成荫,既有山野农业观光特色,又有休闲功能,已经成为市民观赏田园风光、品味农家乐趣、体验种养生活、陶冶情操的理想场所。农庄建有约 $15hm^2$ 的山地无公害蔬菜示范基地,种有南瓜、茄子、番茄、青瓜、娃娃菜等高山反季节蔬菜,"山娃子"蔬菜基地已被认定为浙江省无公害蔬菜基地。农庄有特种养殖基地 $2hm^2$,养殖天鹅、孔雀、野鸭、七彩山鸡、鹧鸪等珍禽和土鸡。农庄辟有蔬菜瓜果采摘区、家禽珍禽观赏区、南方植物瓜果观赏区、垂钓区和棋牌室、多功能娱乐厅及餐饮区等不同功能区。

2005 年该农庄被认定为绍兴县首届乡村旅游基地,同年还被绍兴县人民政府评为 2005 年度绍兴县示范农庄;2006 年 6 月被认定为绍兴市"农家乐"示范点;2007 年 1 月又被绍兴县人民政府评为 2006 年度绍兴县星级农庄;2008 年 1 月被认定为浙江省"农家乐"特色点。农庄特色明显,在绍兴地区已有较高的知名度。农庄经艰辛开拓,打响了"乡村旅游有山娃子"的品牌,走出了一条"以农为本、农中有旅、以旅促农、强农兴旅"的现代农业新路子。

### 5.融合新农村建设模式

我国不少地方在建设新农村的新形势下,把休闲农业开发与小城镇建设结合在一起。如济南市先后重点建设了 13 处中心镇和 30 个重点镇,充分利用小城镇周围的风景名胜和人文景观,大力发展休闲农业。其中济南市历城区的仲宫镇和柳埠镇等一批近郊小城镇,已经成为城市居民观光、娱乐、度假的休闲农业基地。又如南京市桥林镇陡岗林场的金桂园农庄开发公司,也正在南京郊区桥林镇结合新农村建设而发展休闲农业。它们通过先将农村居民迁移到集中居住点,以提高农民生活品质和卫生条件,然后利用空出的宅基地开发休闲农庄和庭园经济,发展休闲农业。

(二)国外及我国台湾地区常见的休闲农业开发模式

人类农业的发展经历了原始农业(游耕、游牧等)、传统农业和现代农业三个主要发展阶段。当前的化学农业在利用大剂量无机化学肥料取得高产量的同时,也导致了严重的环境问题,如土壤肥力下降、水上环境化学污染、农药毒性扩散以及由于抗药性增强而造成的害虫肆虐等。对此,人们提出了一系列的新型农业政策,如回归型农业、生态农业、有机农业、集约农业、立体农业、休闲农业等发展模式。休闲农业就是一种典型的现代农业模式,无污染且经济效益显著,被称为"绿色朝阳产业"。

休闲农业是把观光旅游与农业结合在一起的一种旅游活动,它的形式和类型很多。根据德国、法国、日本、荷兰等国和我国台湾地区的实践,其中规模较大、最具代表性的主要有以下五种。

1.传统型休闲农业

传统型休闲农业主要以不为都市人所熟悉的农业生产过程为卖点,即按照公园的经营思路,把农业生产场所、农产品消费场所和休闲旅游场所结合为一体。如日本有一葡萄园公园,将葡萄园景观的观赏、葡萄的采摘、葡萄制品的品尝以及与葡萄有关的品评、绘画、写作、摄影等活动融为一体。近年来,日本还兴起了"务农"旅游。东京一家旅行社每年以春天的插秧、秋天的收割为中心,组织参加者去农村体验农民生活,直接享受大自然的恩赐。在法国农村的葡萄园和酿酒作坊,游客不仅可以参观和参与酿造葡萄酒的全过程,而且还可以在作坊里品尝,并可以将自己酿好的酒带走。

2.都市型科技休闲农业

都市型科技休闲农业主要是在城内小区和郊区建立小型的农、林、牧生产基地,既可以为城市提供部分时鲜农产品,又可以取得一部分观光收入。如新加坡兴建有 10 个农业科技公园,不但合理地安排了作物种植,而且精心布局了花卉展览、鱼类和珍稀动物的观赏、名贵蔬菜和水果的生产,还相应地建有一些娱乐场所。公园设计科学、视野开阔、景色宜人、四季协调、鸟语花香,令人陶醉。农业公园内应用最新技术管理,各种设施造型艺术化。如养鱼池由纵横交错的"水道"形成,"水道"为圆形或椭圆形,并配有循环处理系统。菜园由一些新颖别致的栽培池组成,里面种有各种蔬菜,由计算机控制养分。同时在整齐众多的田间林荫大道旁栽种各种瓜果,游人不仅可以漫步其中,而且还可以尽情品尝。进了公园,如同生活在仙境之中,令人心旷神怡。

3.度假型休闲农业

度假型休闲农业主要是利用不同的农业资源,如森林、牧场、果园等吸引游客前去度假。在城市近郊或风景区附近开辟特色果园、菜园、花圃等,让游客入内摘果、拔菜、赏花、采茶,享受田园乐趣。如美国的庄园主在苹果、梨子、葡萄、西瓜之类的瓜果快熟的时候,就在报刊上登广告,招徕游客去农场摘水果度假,城里的人会热烈响应。在庄园,水果随便吃,游客可以在树下草地上休息,还可以在农舍小住一夜,品尝别有情调的庄园晚餐。

4.教育型休闲农业

教育型休闲农业是兼顾农业生产与科普教育功能的农业经营形态,即利用农园中所栽植的作物、饲养的动物以及配备的设施,如特色植物、热带植物、水耕设施栽培、传统农具展示等,进行农业科技示范、生态农业示范,传授游客农业知识。代表性的有法国的教育农场、日本的学童农园以及我国台湾地区的自然生态教室等。

5.民俗观光村或森林公园

民俗旅游主要是将旅游区纳入文化之中,进而展示区域文化特征。在对区域文化的分析和描述中,要突出旅游的点、线及重要景物、风土民情,要利用自然资源和人文资源优势,保护和美化生态环境,增加就业机会,拉动经济发展,丰富人类精神文化生活。在具有地方或民族特色的农村地域,要充分利用其特有的文化或民俗风情,提供可供夜宿的农舍或乡村旅店之类的游憩场所,让游客充分享受浓郁的乡土风情以及别具一格的民间文化和地方习俗。如在韩国民俗村可以一览士农工商等社会不同阶层、不同生活面貌的文化场所,再现李朝后期的生活,是韩国人以及外国人都经常前往的一处名胜。民俗村占地100hm²,生动地再现了当时不同阶层的文化和生活方式。村内有传统住宅260余座,展出了3万多份民俗资料。通过参观农宅、民宅、官宅、书院、中药店、书塾、铁匠铺、集市街、有99间房屋的两班家等,可以了解李朝时期人们的生活,很受韩国国民及对韩国文化感兴趣的文化人的热捧。

森林公园是一个以林木为主,具有多变的地形、开阔的林地、优美的林相和山谷、奇石、溪流等多景观的大农业复合生态群体。在树种结构上,针叶树、阔叶树与果树树种相结合,在土地资源利用和空间布局上,林、果、渔、菜、花相结合,以森林风光与其他自然景观为主体,配套一定的服务设施和必要的景观建筑,在适当位置建设有狩猎场、游泳池、垂钓区、露营地、野炊区等,是人们回归自然、休闲、度假、旅游、野营、避暑、科学考察和进行森林浴的理想场所。

# 第四节 休闲农业的经营管理

## 一、休闲农业的经营理念

"休闲农业"是现代农业与历史人文景观、自然资源景观及其旅游资源融为一体的农业,是经济、社会与环境紧密结合的切入点,是以实现"三效益"为目的的农业。它是与国际化农业接轨的迫切需要,又是农业和农村可持续发展的必然选择。休闲农业将农业与旅游业融合在一起,在设计经营方案时既要考虑各自的特点,又要将两者的共性结合在一起。从表面上看,农业与旅游业的经营对象、经营技术和对人员的要求完全不同,但把经营管理分成对象、场所、与土地的关系、与自然环境因素的关系、技术、市场、产品、经营过程管理、人力管理和资金与投资等要素时,就可以发现两个行业存在许多异同点。

农业向旅游业转型时,员工的招聘与使用是管理的最重要问题之一。首先,原有员工对农业熟悉,对土地有感情,只要进行适当的心理和技术调整,农业员工完全能做好旅游服务。其次,对服务人员的形象不必过于关注,相反,可利用熟悉农业、乡村风俗和对土地的感情等诸多特点,打造服务的特色,这也是休闲农业旅游的魅力之一。具有丰富农作经验的员工当解说员或成为参与活动的指导员是最合适的。当然,也要抓好教育培训,以提高服务质量和水平。其中主要包括加强乡土文化知识的培训,强化规范化和标准化服务技能的培训,加强民俗风情的专业培训等。另外,还要加强管理,特别是加强安全管理、卫生管理和日常管理,以促进经营日益完善。对具备条件的休闲农业区应及时颁发"旅游接待许可证",对条件好、服务质量优秀的业主进行星级评定,并挂"星级牌"。注重制度建设,包括休闲农业开发申请条例、休闲农业经营者上岗管理条例、休闲农业质量投诉与责任事故处理条例等。

## 二、几种常见的休闲农业经营管理模式

### (一)企业式

企业式具有现代企业的一些特征,有较为健全的组织机构设置,有管理者和雇员,产权明晰,机制灵活。经营的园区是一个独立的经济实体,独立经营、自主决策、自负盈亏,土地一般通过租赁的方式获得。经营者按照市场价值规律经营运作、配置资源,景区的经济效益往往较好,经营规模较大。

这种模式的优势在于产权明晰,自然地解决了政企分开和市场导向的问题。经营者市场反应迅速,注重投资回报。劣势在于经营者是独立经营,在政府监督不严格的情况下,可能会过于注重经济效益,轻视社会和环境效益,容易对景区进行掠夺式开发。这种短期行为会破坏景区资源,影响休闲农业的可持续发展。

### (二)"园区+企业"式

"园区+企业"式一般由政府推动,政府组织园区的基础设施建设、提供相关配套服务,并在园区设立管委会作为主管机构。园区借助各种优惠政策,通过招商引资吸引投资规模大、科技含量高、经济效益好的农业企业进驻园区。入驻企业租赁园区内土地,独立经营,独立核算,管委会不直接参与企业的运营。

园区内汇集众多高新技术企业,科研开发和示范推广能力强,可以对农民进行技术培训,带动农民致富。园区内农作物品种新奇独特,观赏性强,能使游人领略现代农业的发展趋势和高科技的神奇魅力。这种模式尽管已经把观光旅游作为目标之一,但是开发力度尚显不足。管委会作为园区的旅游接待机构,还没有充分挖掘现代农业的旅游功能。园区内的旅游项目和食宿接待设施往往不多,园区也较少地和周围旅游景点进行有效的互动。

### (三)联合式

联合式以行政村为单位。村内农户大部分都开展旅游接待服务,但单体规模一般不大,由于地缘关系有互相合作的意识。接待户之间会分享超过自家接待能力的过剩客源,这样可以将小团队游客留在当地,从而获得旅游收入。接待户之间没有资产联系,各接待户自负盈亏。村委会是旅游管理机构,为本村接待户和来访游人提供基础性的服务。村内有旅游景点或依托周边的旅游景点。对外宣传时以民俗村的整体形象出现。

这种模式的优点是可以提高农民的组织化程度,带动当地农民从事旅游接待服务,减少单个旅游接待户独立面对市场的风险,扩大旅游影响,增加农民收入。其劣势在于村委会是传统意义上的行政管理组织,作为旅游管理机构缺乏现代经营管理意识;接待户之间是松散的联合,在有利益冲突时往往缺乏大局意识,在统一行动上存在一定的困难。

### (四)个体经营式

个体经营式是指旅游接待大户,也就是通常意义上的个体户,其规模比普通的民俗户

要大,经营效益也较好。经营者在自家现有田园和房屋的基础上,进行改扩建,为游客提供一些娱乐设施和食宿接待服务。这类大户一般不依赖村组织,有独立面对市场的能力。个体经营最为灵活,也可以对周边农户产生一定的榜样和示范作用。但是,个体式经营完全依靠个人的能力,其规模毕竟有限,对促进当地经济发展和全体农民增收的作用很小。行政部门在对个体经营者的行为约束上,也存在一定的困难。

　　以上四种经营模式,各有优劣势。个体式经营者拥有最明晰的产权,但这种经营模式规模小、资金实力弱。"园区＋企业"式经营还存在着一定的政府干预,经营机制上不够灵活。联合式经营是一种初级的合作方式,可以提高农民的组织化程度,带动农民增收。企业经营式在四种模式中是效益最好的,这不仅因为经营者有一定的资金实力,还在于经营者有较为明晰的产权。经营者对休闲农业景点拥有占有权、使用权、经营权、收益权。拥有了这些权利,使得经营者的付出和回报休戚相关。经营者在主观上会充分发挥能动性,合理配置景区资源,深入挖掘潜力,大力开拓市场,努力提高经营效益。在客观上,经营者的这种行为也促进了休闲农业的整体发展。可见,一个恰当的产权制度能充分激励经营者,同时也能有力地促进产业的发展。从总体趋势来看,政府也正在逐渐放开旅游景区(点)的开发、经营等权利,企业经营式代表了一种发展方向。当然,企业经营式也有它自身的缺陷。如盲目崇拜社会关系、漠视社会公德、缺乏民主等。

### 三、推荐模式——复合型休闲农业园

　　复合型休闲农业园存在的市场价值,在于既体现了休闲农业的基本特点,如自然休闲、乡土文化、农事生产、乡村景观等,又改进了普通休闲农业往往存在的开发深度不够、人造景点粗糙、吸引力不足等问题,特别是避免了一些休闲农业园区采取的城市主题公园式的简单化开发思路(有学者称之为与农业有关的主题公园)。因此,该类型休闲农业园迎合了广大游客的心理需求,市场前景广阔。一些规模较小、专业性强的休闲农业园,也有向复合型休闲农业园转变的趋势。但在发展复合型休闲农业园的过程中,要协调好以下几个问题。

　　(一)外在因素:交通条件、区域环境与替代产品

　　复合型休闲农业园的旅游收入:一是门票;二是游客在园内的各种消费(娱乐、住宿、劳作、用餐、会议等)。与不收门票的休闲农业相比,收入渠道明显增加,但开发投入成本相应增大,故要认真考察影响其生命周期的若干因素,避免不少城市主题公园的命运。众所周知,影响旅游产品生命周期的因素主要有三个:一是交通条件。休闲农业园应建在城市近郊或道路交通良好的城市周边地区,以离中心城市1～2小时车程为宜。一般来说,1小时以内的车程会让游客感觉距离太近,环境差异不大,吸引力也就有限。而2小时以上的车程,则让游客感觉路途太远,时间太长,花费太大(如过桥过路费等),不太合算,除非有其他著名景区作依托。二是区域生态环境。复合型休闲农业园应考虑区域整体环境是否优良,如生态环境质量、农业资源、乡村民俗、生态景观系列、村民点布局等。如果区域整体环境不好,尤其是生态环境质量差,如空气负离子浓度低、细菌含量高,休闲度假市场和商务会议市场一定会受到严重制约。三是替代性产品。同质同类的旅游产品在近距离内往往会形成激烈的竞争,复合型休闲农业园是非稀缺性旅游资源,面积较大,投入也较高,不适宜近距离重复开发。

（二）主题创意：田园化、乡土化与非园林化

复合型休闲农业园的客源市场是大都市居民，其主题创意必须营造与都市相反的，至少是差异很大的田园化、乡土意境，突出自然的亲和性。不管其主题选择如何，都必须营造出让都市居民流连忘返的乡村田园情调。从目前的情况来看，一些休闲农业园采用了城市游乐园、主题公园的开发模式，缺乏农业特色，存在的问题主要体现在四个方面：一是城市化现象。尤其是那些对市场前景盲目乐观、财力雄厚的开发商投资的休闲农业园。二是建筑风格上的求"洋"求"异"心理。尤其是度假设施（别墅等）的建设，使"土气"味不足，"特色"不明。三是细部设计上的求"齐"心理。最明显的做法是在建房时把原来的树砍光，房子建好后重新栽种，追求单一的整齐，使人工化痕迹明显，"野"趣大为降低。四是项目设计上的求"高"心理，片面追求农业高科技、建筑高水平，忽视传统农业特别是当地原始农耕文化的挖掘和展示，或者表现不充分，使"农"味不足。当然，农业旅游并不是绝对不能改变原有的乡村原始景观（实际上乡村景观本身也都处于动态变化之中），但至少应尽量少地改变。

有学者认为观光农园是农业生产与园林建设相结合的产物，是一种时尚的生态园林。然而，如果按照园林规划设计思想去开发观光农园的话，其结果将是园内处处充满人工雕琢的痕迹，与植物园、盆景园无异，其"农"味、"土"味、"野"趣将大为降低。可见，观光农园应尽量少地用人工园林的造园手法，整体规划思路应是非园林化，突出其本身的自然、田园、乡土风格。

（三）管理策略：综合性、专业化与生态化

作为收取门票的景区，复合型休闲农业园的经营管理是一种现代企业行为。运用现代企业的管理经验，结合现代休闲农业的特殊性搞好经营管理是其基本原则。

复合型休闲农业园由于项目多、员工多、机构多，与普通休闲农业园相比，管理难度明显增加，管理的综合性特征突出，这对经营者提出了新的要求，即理顺管理层次，提高管理水平。同时，必须强调在经济管理的基础上突出专业化、生态化管理，这是由休闲农业自身的特点决定的。如复合型休闲农业园内，农作物品种、动物种类繁多，为了真正达到农业示范和学习教育的功能，可考虑采用"农民＋专家＋经营者"的管理方式，聘用水稻、果树、动物等方面的专家以顾问的形式参加技术管理和培训工作，甚至可成立相应的农业研究机构。在青少年农业劳作过程中，应有专业人员辅导。作为"自然—经济—社会"生态经济系统，复合型休闲农业园业主应遵循生态学原理，合理利用各种资源，尽可能通过多个营养级、多级食物链形成园内良性生态循环。如广东省肇庆市广新农业生态园在山上种荔枝，荔枝林内养鸡，鸡以荔枝树上的虫类为食，鸡粪则用于给荔枝树下的土壤增加肥力，形成"鸡灭虫"、"粪肥泥"的良性生态循环，同时也孕育出了该园的特产：荔林生态鸡。其上乘的品质受到游客们的欢迎，成为园内的一道招牌菜。此外，专业化、生态化管理策略是休闲农业园的基本管理手段之一，在复合型休闲农业园中表现得尤为突出，是营造优越生态环境的基本环节。目前，一些休闲农业园业主存在一种急功近利的商业心态，很少能真正按现代农业生态学原理去操作，忽视休闲农业园的专业化、生态化管理，不能不说是一大失误。

（四）市场推广：层次化、多样化与品牌化

与普通休闲农业园相比，复合型休闲农业园在开发投入和运作成本方面都要高得多，因此，必须开拓充足的客源，以保证休闲农业园的正常运转，这就需要特别关注市场推广工作。

复合型休闲农业园的市场推广策略,既要结合休闲农业的特点,又要跳出自身的特点来进行,这就是层次化、多样化与品牌化。首先,复合型休闲农业园由于旅游项目众多,旅游产品类型丰富,可适应多个顾客群,但市场仍应分层次,以锁定主要的几个细分市场。其次,要强调多样化的促销手段,应对目标市场顾客综合运用广告、营业推广、公共关系、人员推销等各种方式,或与主要客源市场的旅行社、旅游企业或本地区传统景区积极开展合作。也可结合各季节农作物的采收期和当地的乡风民俗,大胆采用城市主题公园的一些营销技巧,推出若干有特色的节事活动。第三,要树立品牌化营销观念。随着市场经济的发展,价格竞争将逐渐过渡到以文化为内涵的品牌化竞争。在激烈的旅游市场竞争中,复合型休闲农业园的经营者应摆脱小农意识,树立长远的战略眼光,通过旅游项目的精品化建设、服务质量的完善和巩固以及旅游形象的塑造等手段,逐渐达到在市场上确立自己良好品牌的目的。

# 第八章 民俗旅游区的开发模式与经营管理

## 第一节 民俗旅游开发的研究方法

民俗旅游是一种高层次、高品位、高参与性的文化旅游。对民俗旅游资源本身而言,在内容和形式上具有鲜明、突出的民族性和独特性,给人一种与众不同的新鲜感。它的魅力就在于其深厚的文化内涵。随着时代的不断进步,旅游事业的日益发展,各个历史时期,各个民族的民间古老文化、传统风俗的形式再现,更能迎合和满足现代社会人们求新、求异、求知、求同和寻根的心理需求。对旅游者而言,他们通过观看、参与甚至品赏各种民俗事象,可以了解、探讨、研究这些民俗事象所蕴藏着的代表某个国家、某个地域或某个民族的文化形态、历史传统、生活方式、美学情趣及其艺术取向。因此,民俗旅游资源的特点和旅游者的需求趋势,决定了民俗旅游是一个大有可为的、广受大众青睐的旅游形式。然而,长期以来,民俗旅游并未得到应有的重视。尽管近年来这种状况得到了初步的改观,但中国丰富的民俗旅游资源与民俗旅游发展的广阔前景并不相称。在民俗旅游开发问题上,成功的范例更是寥寥无几。究其原因,首先就在于对其开发研究的方法缺少研究,缺乏理论支撑。因此有必要在这一问题上进行深入的探讨。

### 一、调查法

调查法应用于民俗旅游开发研究,是指运用一系列系统的调查方法和调查技术,有步骤地对民俗旅游开发的各个组成部分进行考察,以便收集有利于开发的第一手资料,为开发的成功奠定坚实的基础。当然,其调查的范围是极其广泛的,不仅包括对民俗特色旅游资源的调查,也包括对将要开发的民俗点的区位条件、自然环境、人文和社会环境、市场前景以及在开发过程中可能对潜在游客满意度产生影响的各种因素的调查等。

#### (一)旅游资源的调查

调查是旅游开发的前提。实践证明,只有对民俗旅游资源的"家底"进行彻底的、深入的调查,了解掌握其可应用的广度与深度,才有可能进行开发建设。民俗旅游资源的调查可分为两步,第一步是与广大的民俗学工作者合作,对区域的民俗事象和民俗活动进行普查和重点调查,发掘第一手民俗资源;第二步是对调查获得的资料进行分析,整理出适合于开展旅游活动的民俗旅游资源。这里需要注意的是:民俗旅游资源是指民俗资源中那些能为旅游业所利用,能吸引旅游者的民俗因素和事象。因此,并不是所有的民俗资源都是民俗旅游资源,只有那些积极的、健康的、有吸引力的才能称为民俗旅游资源。在调查过程中,应注意以下几个问题。

**1. 收集原始资料**

现有各种有关民俗旅游资源的原始资料,可以从各种报告、典籍中获取。

**2. 进行野外调研**

野外实地调查,通过亲身体验,可以核实、补充第二手资料的准确性和欠缺点,同时可对将要开发的旅游区的内部和外部环境有一系列的认识,为正确决策提供依据。

**3. 采用现代科技手段**

采用现代科技手段是指利用照相机、摄影机、计算机乃至飞机、卫星等高科技设备,获取和分析所需的资料。

**4. 进行室内预测**

室内预测是利用已有的各种资料对民俗旅游资源的分布、未来发展、市场需求等情况进行预期,以便对开发区的民俗旅游资源有一个整体的、清晰的认识,为开发决策提供参考和借鉴。

**(二)旅游市场的调查**

旅游市场调查是指对旅游区目标、客源、类型进行调查和预测,即根据市场学原理运用各种信息和资料,通过各种调查和研究方法进行科学的分析、研究,预测旅游区开发规划实施过程中、实施完成以后该旅游区产品的需求情况和变化趋势,从而为旅游区的开发和规划以及今后的经营管理提供信息,帮助决策者了解环境,分析问题,制定旅游区开发的策略。民俗风情旅游市场是旅游市场的一个重要组成部分,是连接民俗风情旅游消费者和民俗风情旅游供给者之间的纽带,是商品化民俗风情旅游活动的交换场所,也是民俗风情旅游活动和商品交换关系的总和。“民俗旅游是大有可为的”这个结论就是建立在对市场调查的基础上得出来的,这是一个大背景。

**(三)开发过程的调查**

开发过程的调查主要指利用各种具体的调查方法对民俗风情旅游景区(点)开发的可行性、优劣点的分析和论证,对潜在游客及满意度的调查和征询等。总之,是利用调查法对开发过程中的一系列问题予以最优化的解决。另外,在调查的实施过程中,还可综合运用访谈法、问卷法、观察法、实验法等,并根据具体情况分别进行运用。

## 二、比较法

民俗作为一种文化现象,渗透于从经济基础到上层建筑的各个领域,渗透于各个民族日常生活的各个角落之中。要将这些丰富多彩、纷繁复杂的民俗事象及其载体区分出来、挖掘出来,就需要人们运用比较的方法对它们加以分辨,找出各种民俗的特色及相互之间的联系,从而为民俗旅游的开发创造条件。

**(一)相似比较**

相似比较有两层含义:一是对现象相似或本质相似或现象与本质均相似的民俗事象进行考察、分析、比较,以期找出两种民俗内在所共有的文化内涵,达到两者的文化认同。民俗学和民间文学“中心起源说”和“心理共同说”就是这样得出的。如云南通海地区流传的“高台”艺术(流传于云南通海一带的民间艺术。台高 4 米多,民间艺人将一根铁管,根据造型需要加以弯折作为骨架,雕塑成龙、凤、鹤、蛇、花、牛、马等各种动物造型,然后由 3～5 岁的幼童装扮成戏剧中的各种人物,置于相应部位。其造型精巧,优美生动,常在春节花会间进行表演与陕西、甘肃部分地区流传的"芯子",孤立起来看,一在云南,一在陕西、甘肃。但通过对这两种相类似的民俗事象进行分析比较,即可发现,这两种民间艺术的发源地都在南京。这两者是在明代随着战争和民众的迁徙,被带到不同地区并保存和流传下来的。通过这种分析,可知这是同一种文化内涵的两种分支,因此可以确定"高台"与"芯子"之间的"亲属关系",这种关系的确立是有重要意义的。在民俗旅游的开发中,可以利用这一方法,找出民俗旅游文化之中的内在"亲属关系",为民俗旅游的开发利用提供理论依据。旅游心理学也认为,两种知觉对象如果相似,就易为人们知觉,并乐于接受,这就是"求似"心理。旅游者看到似曾相识的民俗事象,就会自觉不自觉地同自身联系起来,产生一种亲切感,一种"宾至如归"的感觉就会油然而生。这对侨居异域的华人来说,往往会由此激发起强烈的归属感、民族感和爱国心。对于这类旅游对象,民俗事象的设计、表演要越近似越好,以充分满足游客"寻根求源"的欲望。寻根游、祭拜游、朝圣游等都属于这一类。相似比较的第二层含义是对已经存在的相类似的民俗旅游景点进行考察比较。不少企事业单位或个人对相似比较的这一层含义领悟不够,从而导致重复建设,造成严重浪费。如1993年的"西游记娱乐宫"热,仅当年全国就建成超过40座(现在还有十几座正在或正准备上马),从而造成巨额亏损;此外,一些民俗村、文化村的重复模仿建设更是屡见不鲜。这些失败的例子都说明,在民俗旅游区开发前对相似景点进行比较的重要性。只有通过对同类型景点的比较,吸取它们的经验教训,才能得出具有可行性的结论。

(二)相异比较

相异比较包括两层含义:一是对完全不同的民俗事象进行分析比较,摒弃相雷同部分,寻求自己的特色性内涵,并依据这种特色,开发出适合人们求奇、求异心理的旅游产品。民俗的形式和内容都是丰富多样、异彩纷呈的,所谓的"十里不同风,百里不同俗"指的就是这个意思。民俗是一种群体性的文化创造成果,是在民族或社会历史的发展过程中,一定的社会群体为应对各种环境、满足各种需要而不断积累起来的一种社会创造物,是没有个人版权的群众文化积淀。它具有鲜明的民族特性品格、原始文化品格、生活属性品格、动态积累品格、历史传承品格和地域变异、阶级阶层变异等多种品格;它是一种始终生生不息的文化现象;其载体是不同民族、不同地域的人类本身。民俗的这种多品格的特性,正好与现代人们旅游的心理需求相合拍。一个国家或地区的民俗,如果其民族品格越鲜明,原始气味越浓烈,历史氛围越厚重,地方差异越大,生活气息越足,就越能吸引异国他乡的游客。因此,对这类旅游对象来说,民俗事象的设计、表演,要越特异越好;对于民俗设施则是宜旧不宜新,宜拙不宜丽。但要注意的是一定不要违反民族政策,不要做出有损民族形象和伤害民族感情的事情。利用相异比较的成功的范例有美国的"丹麦城"——索尔汶、日本的明治村,还有位于大洋洲(澳洲)西南太平洋中心斐济的古代文化村等。相异比较的第二层含义是对相异景点的比较。这一方面可以吸取其成功的经验和失败的教训,另一方面则可以发现准备开发的景区(点)与其他景区(点)的关系,以便做到"互冲则改易之,互补则合作之"。如建于美国佛罗里达州奥兰多市的"锦绣中华"园本想借迪士尼乐园这条"大船"出海,然而却并没有考虑到两者之间所存在的竞争冲突,于是导致了越办越冷清的悲惨结局。所有这些成功或失败的经验再次说明,在开发民俗旅游资源时,务必要根据比较来构思、决策未来景区(点)的模型(模式),以便与其他景点进行合作,对产品进行组合,并共同推向市场。

当然,相似比较与相异比较并不是对立的,相反却是相通的。在民俗旅游资源的开发过程中,相似与相异比较常是并肩而行的,其最终的目的都是挖掘区域的特色性资源,采取合理的开发策略,促进地方社会经济的发展。

### 三、综合法

旅游学是一门综合性很强的边缘学科,客观上它一开始就是在综合和借鉴其他相邻或相关学科的理论和方法的基础上产生的,即用相邻学科的理论和方法来解决旅游学的具体问题。综合法应用于民俗旅游开发的具体实践中,主要体现在以下两个方面。

(一)综合运用各种方法进行旅游资源的开发与评价

民俗类旅游资源的开发与评价是一项具体的操作工序,需要民俗学、旅游学、文化学、统计学、社会学、环境学、历史学等多学科方法的综合应用。

1. 分等定级法

利用调查得来的各种民俗旅游资料,按特色性、原始性、可开发性、品位与规模等评价标准,将民俗旅游资源划分成若干层次和等级。如按民俗的价值及存留状况,可分为世界级、国家级、省级、县级四个层次,依据这个等级层次,便可确定开发的先后顺序及开发的价值等。

2. 层次分析法

层次分析法由美国运算专家 A. Lparty 于 20 世纪 70 年代提出的。在我国,本方法则主要由北京大学的陈传康、中山大学的保继刚等旅游地理学家最早提出并率先使用。其基本思路是在进行旅游资源评价时,将几项主要标准按其隶属关系划分成不同层次的因子,下一层因子是上一层因子的具体化,然后对各因子用权重值加以量化,以得分数值的高低作为对旅游者吸引力大小和开发先后的依据。对民俗旅游的开发,则可采取奇特度、知名度、区位便达度、原始度、人情度等几个因素进行综合评价。

3. 模糊数学法

模糊数学法由美国控制论专家扎德(L. A. zadeh)于 1965 年创立,是一门运用数学方法研究和处理具有"模糊性"现象的数学。由于民俗旅游资源具有明显的社会性,每个民族、每个地区都有各自的风俗习惯,不能仅凭某一标准就确定孰优孰劣,因而带有显著的不确定性或模糊性。这种方法基本上是与层次分析法一致的,但有自身的独特之处,因为它把旅游业视为一个复杂的模糊因素集,是一种定性与定量相结合的分析过程。它从定性研究入手,对民俗旅游资源做出全面考察,以此确立评价指标体系和各权值,然后对各等级的指标体系的权值进行定量分析,形成评价值,最终根据指标集与评价集联合打分,确定出各项民俗旅游资源的平均值,形成对该资源的整体评价结论。此外,经常应用的研究方法还有专家评估的德尔菲法(Delphi method)、利用数学原理设置的各种模型法等不一而足。但这里需要指出的是,每一种方法的使用都不是孤立的,不是某一种方法的单独使用就可以解决整个旅游资源评价的所有问题。事实上,每种方法都有自己的不足与缺憾,需要从多角度、利用多种方法进行综合考察,才能达到真正的预测效果。如果某地有着非常原始、奇特的民俗风情,但这个地方却长期处于战乱、疾病流行状态,如果用某一种方法进行研究,就可能得出错误的结论。另外,随着人们审美情趣的变化,某些原来吸引力很强的民俗旅游资源的价值也必然下降,有的甚至完全失去其存在的价值,因此无论采取哪些方法所得出的结论,都是一定时期、一定地域范围的结论。这就要求人们在相隔一定时期之后,需重新综合利用各种方法对同一民俗旅游资源进行再评价。

(二)民俗旅游资源的综合开发

1.景点内的综合开发

旅游资源的开发包括单项和多项旅游资源的开发两种,但一般来说单项旅游资源开发的情况很少,多数是多项旅游资源的综合开发和整个旅游点或旅游区的开发。即使是单项开发,其实也是以单项为主导,兼涉其他的综合开发。旅游是包括吃、住、行、游、购、娱六要素在内的系统性、整体性的工程,要提高开发的效益,就必须对这六要素进行综合开发规划。这方面做得较好的例子较多,如被贵州省先后列为"省级民族文化保护村"的花溪镇山布衣村寨等20个村寨,对民俗进行了整体性的开发,充分发掘出吃、住、行、游、购、娱的独具特色的民族风情和民俗风貌,取得了良好的社会、经济和环境效益。

2.民俗风情与自然风光、文物古迹相结合

我国浓郁的民俗风情旅游资源,通常与当地优美的自然风光和深厚的文化内涵相结合。充分利用天然而成的资源组合,可为旅游的开发创造有利的条件。如云南丽江泸沽湖的山光水色可大大增加摩梭人的风情魅力;浙江绍兴的古桥和乌篷船民俗体现了大自然和人类和谐相处的另一种境界。

3.点线面相结合

点即景点,线是相互连接景点而成的旅游线路,面则是众多线路相交叉而形成的网络。这种结合既可以是民俗之间的结合,也可以是与其他景点的结合。如江苏省无锡市旅游局推出的"古运河旅游"、山东省潍坊市推出的"千里民俗旅游线"、安徽省歙县推出的"古民居旅游"等都是这方面的佼佼者。由于民俗旅游是一项参与性很强的文化旅游,因此它的开发利用不应固定于民俗风情的某些方面,而要从文化综合概念的角度加以理解和概括。而这里的综合不应排斥民俗旅游拳头产品的形成和培育,可以利用其中的特色来带动相关风情乃至其他旅游活动的开展。如陕西省药王山的"庙会经济",就是在推出以孙思邈医药文化为背景的"二月二庙会"这个拳头产品时,综合开发利用其他活动而达到这一可观效果的。因此,在对旅游景点进行开发时,就必须以综合的思维开发出综合的旅游产品。

## 四、形象定位法

形象定位法主要是对民俗旅游资源的精神内涵的开发。形象定位的含义是要使旅游点深入潜在游客的心中,占据某处心灵位置,使旅游点在游客心中形成生动如画、鲜明而强烈的感知形象。它是建立在对民俗旅游资源充分了解和认识基础之上的一种宣传战略。根据旅游资源的属性特征,形象定位通常可采用以下五种方法。

(一)领先定位法

领先定位法主要适用于那些独一无二、不可替代的事象。各民族地区一般都有自身独特的民俗风情,如傣族泼水节、客家土围子、摩梭风情等,均可采用这一定位法。

(二)比附定位法

比附定位法主要是避开第一、抢占第二的定位方法。如牙买加的形象定位表述为"加勒比海中的夏威夷"。

（三）逆向定位法

逆向定位法主要是指与原知名度较高的形象对立，开辟一个新的形象阶梯。如深圳野生动物园的人在"笼"中、动物在"笼"外就是这种定位的典型。

（四）空隙定位法

空隙定位法是指全然开辟一个新的形象阶梯，树立与众不同、从未有过的形象类别。如"中华民俗村"就是与周围旅游点完全不同的一种新视像。

（五）重新定位法

重新定位法主要指撇开原有形象，重新树立一个全新的概念体系。如美国加州，最终定位为 The Californias（加利福尼亚），其历史、文化和形象等都获得了显著的提升，效果显著。

形象定位的主要目的就是确定宣传的主题与口号，我国国家旅游局在这方面已做了大量的工作，给每一年都确定了旅游主题和宣传口号。如 1995 年的主题定为"中国民俗风情游"，口号是"中国——56 个民族的家"、"众多的民族，各异的风情"和"探访中华民俗风情，难忘神奇经历"等。利用形象定位可大大加深潜在旅游者的形象认同，以促进旅游的作用。当然，目前我国在这方面的研究和重视还明显不足，特别是在民俗旅游资源的开发和宣传方面尤显乏力，学术界有必要助一臂之力。

## 五、市场预测法

民俗旅游的另一个重要内容是对市场的开发。以市场为导向，这是开发的一个重要原则。市场前景如何，将要开发的旅游产品是否符合市场的需求，都是建立在对市场的充分调研和预测之上的。所谓市场预测，就是运用科学的方法，对影响市场供求变化的诸因素进行调查研究，分析和预见其发展趋势，掌握市场供求变化的规律，为经营决策提供可靠的依据。其主要包括需求预测、生产预测、流通预测、价格预测、国际市场预测等。它以准确、灵通、丰富的市场信息为依据，从市场商品供需发展的历史、现状和规律为准绳，以科学的方法为手段，以对市场商品供需和未来前景的测定为目标。其应用于民俗旅游市场的预测，则是以通过调查所得的各种信息为基础，运用科学的方法，对宏观民俗旅游市场和微观民俗旅游市场的需求水平所做的评估。

（一）定性预测方法

定性预测法也称为直观判断法，是市场预测中经常使用的方法。定性预测主要依靠预测人员所掌握的信息、经验和综合判断能力，预测市场未来的状况和发展趋势。这类预测方法简单易行，特别适用于那些难以获取全面的资料进行统计分析的问题。因此，定性预测方法在市场预测中得到广泛的应用。定性预测方法又包括类比预测法、集合意见预测法、专家会议法、德尔菲法、顾客需求意向调查法等。

1.类比预测法

类比预测法是指应用相似性原理，把预测目标同其他相似市场问题的变化加以对比分析，推断其未来发展趋势的一种定性预测方法。它又可分为产品类比预测法、行业类比预测法、地区类比预测法、速度类比预测法和历史比例类比法五种。

2.集合意见预测法

集合意见预测法是指集合企业主管、管理人员和业务人员三方面的预测方案，加以归纳、分析、判断,确定企业预测方案的预测方法。

3.专家会议法

专家会议法是指根据规定的原则选定一定数量的专家,按照一定的方式组织专家会议,发挥专家集体的智能结构效应,对预测对象未来的发展趋势及状况做出判断的方法。

4.德尔菲法

德尔菲法是由美国兰德公司发明的一种新型专家预测方法。它通过寄发调查表的形式征求专家的意见;专家在提出意见后以不记名的方式反馈回来;组织者将得到的初步结果进行综合整理,然后反馈给各位专家,请他们重新考虑后再次提出意见;经过几轮的匿名反馈过程,专家意见基本趋向一致;组织者依此得出预测结果。

5.顾客需求意向调查法

顾客需求意向调查法,国外也称"买主意向调查法",是指通过一定的调查方式(如抽样调查、典型调查等)选择一部分或全部的潜在购买者,直接向他们了解未来某一时期(即预测期)购买商品的意向,并在此基础上对商品需求或销售做出预测的方法。在缺乏历史统计数据的情况下,运用这种方法,可以取得数据资料,做出市场预测。

(二)定量预测方法

定量预测方法是指利用比较完备的历史资料,运用数学模型和计量方法来预测未来的市场需求。定量预测方法基本上分为两类,即时间序列预测法和因果关系预测法。

1.时间序列预测法

时间序列预测法是一种历史资料延伸预测,也称历史引申预测法,是以时间数列所能反映的社会经济现象的发展过程和规律而进行的引申外推,预测其发展趋势的方法。时间序列,也叫时间数列、历史复数或动态数列。它是将某种统计指标的数值,按时间先后顺序排列所形成的数列。时间序列预测法就是通过编制和分析时间序列,根据时间序列所反映出来的发展过程、方向和趋势,进行类推或延伸,借以预测下一段时间或以后若干年内可能达到的水平。其内容包括收集与整理某种社会现象的历史资料;对这些资料进行检查鉴别,排成数列;分析时间数列,从中寻找该社会现象随时间变化而变化的规律,得出一定的模式;以此模式去预测该社会现象将来的情况。

时间序列预测法可用于短期、中期和长期预测。根据对资料分析方法的不同,又可分为简单序时平均数法、加权序时平均数法、移动平均法、加权移动平均法、趋势预测法、指数平滑法、季节性趋势预测法、市场寿命周期预测法等。

2.因果关系预测法

因果关系预测法是把客观事物之间内在的因果关系,转换成一种数学语言,找出自变量和因变量,用一种近似的函数关系表示出来,并依靠历史统计数据,建立相应的数学模型(因果模型),然后根据自变量的数量变化预测因变量变化的预测方法。因果关系预测法比较适用于事物之间因果关系清晰,而且又具备比较全面的横向统计数据资料的情况。根据反映因果关系的方程多少不同,因果关系预测主要有单方程的因果回归模型、联立方程的经济计量模型等。

# 第二节　我国民俗旅游发展的现状和思考

我国拥有 56 个民族,民俗旅游资源异常丰富。民俗旅游的发展使民族地区文化资源的经济价值得以实现,旅游收益为旅游地传统文化的保护与发展提供了经济支撑。同时,旅游业的发展也刺激了当地传统文化的复苏,使一些失传的文化复活,一些濒危的文化重新焕发生机。

改革开放 30 多年来,特别是近 10 多年来,我国民俗旅游的开发,遍及华夏大地,取得了令人瞩目的成就。如北京的胡同旅游,就是典型的民俗旅游内容,它已经成为北京旅游的著名品牌。据统计,它每年接待旅游者已逾 20 万人,且绝大多数是国际旅游者,其中美国的克林顿夫妇、比尔·盖茨等著名人物也来一睹其风采。但是,在民俗旅游的开发中也存在各种各样的误区与问题,从而妨碍了民俗旅游事业的健康发展。其中主要表现在民俗旅游项目的商业化、舞台化和虚假化等方面。为了迎合旅游者的偏好,不少地方在再现民俗文化时往往扭曲其原来的历史文化内涵。一些民俗现象搬到了舞台上进行表演,这本来也无可厚非,因为这也是展现民俗的一个很好的方式,但一定要贴近真实的社会生活,不能一味地为了追求热闹好看,或为了迎合某些旅游者的猎奇需要就漠视民俗固有的形式和内容。而实际上,只有真实的才是美的,才是持久的。如广西桂林漓江上上演的《印象·刘三姐》,它之所以这么成功,之所以得到大众的高度评价,就是因为它在舞台上表演的东西贴近生活,接近真实,尤其是谢幕时的真实感的确打动了观众,它真真切切地表现了漓江两岸人民的日常生活,而不是纯粹的舞台剧,这就是它的成功要诀。当前,我国民俗旅游资源的开发最大的问题就是"造假",即任意编造、添加、拼凑旅游地根本不存在的所谓民俗。不论是建造民俗景点,还是进行民俗表演,最重要的原则应该是充分尊重民俗的本来面貌,而不是开发者根据自己的偏好随意想象编造,这是不理解和不尊重当地民俗的具体表现,更是对民俗文化的釜底抽薪般的致命摧残。

另外一些开发者对民俗旅游的开发格调低俗或把民俗庸俗化,在民俗旅游资源开发中不是去尽力展现民俗的真、善、美,而是刻意追求原始、落后和愚昧;甚至回避精华,偏爱糟粕;专门把一些已经被社会扬弃的封建迷信和陈规陋习展示给旅游者。

我国民俗旅游开发的误区还表现在很多方面,如重开发、轻保护,多模仿、乏创意,忽视社区居民利益等。民俗文化是民俗旅游赖以生存和发展的基础。在重开发、轻保护思想指导下,我国不少地区的民俗文化已经受到严重破坏。首先,异地文化对旅游地民俗文化的冲击,已经导致民俗文化的传统价值观退化;其次,旅游地生态环境尤其是人文生态环境的恶化和衰退,也使民俗文化失去生存的土壤。旅游活动一般是依托社区展开的,社区居民热切希望从旅游中获益,但目前在我国不少地方的旅游开发中,社区居民的利益很难得到有效保障。

## 一、我国民俗旅游的主要问题

### (一)过度开发使民俗旅游资源破坏严重

一些地方为了获得更多的经济利益,对民俗旅游资源实行掠夺式开发,结果使许多民族文化旅游资源遭受严重破坏,也使一些少数民族传统文化在还没有来得及被认清其社会属性与作用时就已消失、解体;不少民间习俗由于缺乏有效的保护,在强大的现代文明冲击下已经或正逐渐消失;不少民族历史文化遗址和民族建筑物遭受严重损害,有的已经被永久性损坏;一些民间艺术品和手工艺品,为了迎合市场经济和现代审美观而失去了当地特有的传统艺术设计,使质量和材料降级,变成大批量的、现代化的机器制作,丧失了其中所蕴含的文化价值。从某种意义上说,过度的旅游开发,就是以牺牲民族文化来换取部分人的政治和经济利益。民俗旅游资源的利用有一个"度"的把握问题,只有适度地开发利用,才能实现可持续发展。

### (二)过分商业化扭曲了民俗旅游资源的原始性

在民俗旅游开发中,由于片面追求经济效益,传统文化商品化、庸俗化的现象时有出现。民俗旅游资源开发本应尊重民俗,弘扬民族文化,而个别旅游项目与个别地区却以低格调的民俗包装进行过多的文化场景模仿,人为地再造民俗节目,民俗旅游被机械地舞台化。民俗旅游项目过于艺术化,民俗文化被随意地庸俗化,以至于失去了民俗的本色与乡土气息。结果使一些民俗旅游脱离当地的社会生活,缺乏自然朴素的真情,淳朴的民俗被歪曲,甚至一些不健康的、迷信的陈规陋习也被错误地当成民俗特色大加渲染。民俗的地域性决定了民俗旅游必须发挥民俗的地方特色,以地域内特有的民俗事象来吸引旅游者。民俗旅游一定要有原汁原味的本土文化,才能体现文化特色,才能保持原始乡土气息。

### (三)外来文化加速了旅游地民族传统文化的变异

旅游开发实际上是多元文化的交汇和冲突行为,大量旅游者带来的思想观念、生活方式、语言文化以及外界信息的进入,打破了旅游地社会生产和生活原有的和谐与平衡,外来文化与民族地区本土的民族传统文化产生碰撞,甚至出现局部的对立,从而干扰了民俗变化原有秩序和发展进程。在外来文化对民族地区传统文化的冲击下,当地的居民对于时尚的追求将会使他们的思想意识、价值观念发生转变,进而影响其行为习惯;一些体现着高尚伦理道德规范的传统礼仪或习俗已经或正在被逐渐废弃,丰富多彩的民族服饰也在火热的旅游发展过程中慢慢消退,民间的节庆活动会发生很大变异。旅游开发打破了原来的文化封闭的氛围,加速了服饰、语言、建筑以及生活习俗等民族传统文化的变异,最后必将导致某些传统民族文化特征被同化或消失。伴随着现代化进程的加快和民俗旅游开发的推进,民族文化资源和文化生态将会受到更加强烈的冲击。可见,民族传统文化在现代化推进过程中面临着严峻的挑战,对民族传统文化的保护已显得比任何时期更加严峻。

### (四)盲目模仿使民俗旅游资源失去神秘性

鲜明的地区特色是民俗旅游资源开发的基础或卖点,但不少民族地区为了增加旅游的吸引力,吸引更多的游客,在缺乏认真调查研究的情况下,从形式上照抄照搬一些比较成功的民俗活动,天天过节日、处处有节庆,使呈现在游客面前的民俗表演和旅游文化产品与该民族的原生态文化相差很大,体现不出自身特色。可以毫不客气地说,我国现在的民俗旅游产品市场并不是百花争艳,而是相互模仿,其产品大多雷同,基本都是几样工艺品的组合,缺乏新意、创意与个性化。实际上,民俗旅游项目开发是一项非常严肃的科学工作,务必要保留原汁原味的文化,体现其民风质朴、淳厚的特点。只有这样,民俗旅游才能多出精品、极品,才能以其特有的古朴与神秘持续地吸引旅游者,才能使旅游做到可持续发展。

## 二、应采取的措施

民俗文化旅游是社会发展的必然产物。随着我国经济的发展,会有更多的人加入到民俗文化旅游中来。民俗文化旅游资源因其具有神秘性、乡土性、文化性、情趣性、刺激性、古朴性、朴实感、亲切感和生活味浓而拥有强大的生命力。那些对自身周边生活习俗不了解或认为"土里土气"的想法,是对民俗文化旅游资源的无知或误解,是不利于资源的开发和保护的。

我国有五千年的文明史,民俗文化资源异彩纷呈,但只有那些思想内容健康、具有一定的观赏性或娱乐性、文化内容饱满、能够启迪智慧、可陶冶情操、可参与性强、符合现代旅游审美观的民俗文化才能成为开发的对象;对那些不构成文化景观的、属于民间隐私或陋习陋俗、与当今法律有冲突的、旅游吸引力小的就不能开发,也不应该开发,不值得开发。每一项民俗文化旅游项目的上马,都应该认真地考虑和筛选民俗文化内容,要"标民族之新,立民族之异";要既立足于传统,又积极创新;要去粗取精,去伪存真。只有这样,才能找到真正具有旅游价值的民俗文化旅游资源,走精品化建设的道路。

(一)尊重民俗,因地制宜

开发民俗文化旅游资源不能作秀,更不能胡编乱造。尊重民俗是指民俗文化旅游资源开发应该尊重民俗本身的形式、内容和特征等,不能任意编造、拼凑旅游地根本不存在的民俗,更不能扭曲与篡改民俗。因地制宜是指民俗文化旅游资源开发应充分发掘利用本地区、本民族的民俗,并展示当地实际社会生活的历史与现实。

(二)科学规划,动态开发

民俗旅游资源的开发是一项非常严肃的科学实践与产业经济活动,应该在专家的指导下开展深入细致的调研,通过编制总体规划和建设性的详细规划来实施;另外,旅游开发也不应该一步到位,尤其是民俗文化旅游资源的开发,因其强烈的民族性、地域性,以及民俗文化自身处于不断的演进当中,很难进行标准化的开发,所以必须在开发全过程中及时发现问题,及时改进和解决问题。

(三)强调社区参与,维护居民利益

地方发展旅游的根本目的是促进地方社会经济的发展,提高地方居民的生活质量。故开发时要鼓励居民积极献言献策,要照顾当地居民的经济利益,维护其经济合法权益并尽可能多地为社区居民创造旅游就业机会。

总而言之,民俗文化旅游资源的开发与保护两者应该是相辅相成、有机结合的。民俗文化旅游资源保护得好才具有开发价值,而开发利用又必须推动和促进保护工作的开展。民俗文化旅游资源的保护是保护文化多样性的组成部分,只是人们往往着眼于短期目标,不经过科学的规划和设计就盲目开发民俗文化旅游资源,从而为其可持续发展带来威胁。所以,可以考虑在民族文化相对集中分布而又具有典型民族特色的地区建立民俗生态旅游区,并将开发和保护融为一体。

# 第三节　民俗旅游区的开发模式

## 一、开展民俗旅游的意义

民俗旅游是一种高层次的文化旅游形式,其意义与价值就在于体验异域文化情调,而且是活生生的、真实的生活展现。旅游者能看到原汁原味的民俗文化,体验充满异域情调的旅游探险,种种煽情的语言和活动不但可激起旅游者的无限遐想,满足游客的"求新、求异、求乐、求知"的心理需求,而且可对地方的社会经济发展起到积极作用。

### (一)促进当地的经济发展,调整当地产业结构

民俗旅游资源相对于其他类型的旅游资源,具有投资小、见效快的特征。尤其是比较原始的民俗旅游村落,稍加投入改造就可以接待游客了。当地居民是民俗旅游资源的载体,所以应该让当地居民作为旅游从业人员参与其中,扩大他们的就业机会,调整当地的产业结构。而对于山水、文物古迹类旅游资源,如果能增加其自身的民俗文化内涵,就可以充实和丰富游览内容,改善旅游产品结构,从而有效地延长游客逗留时间,并增加旅游经济收益。

### (二)弘扬和保护文化遗产

民俗文化,随着经济的发展和现代文明的冲击,都在发展变异,只是进程快慢而已。然而,通过科学合理地开发民俗旅游资源,使原本习以为常的民俗成为可以转换成财富的"珍宝",就可以促使人们养成保存民族文化遗产的自觉性,使之成为重要的、可持续发展的旅游资源。通过适当的旅游宣传,可以帮助当地居民树立民族自豪感和自尊心,这是抵制民族同化的有效手段。同时可以用发展旅游的收入帮助其长久保持甚至恢复一些已经失传的民俗文化,以保持民族文化的丰富性和多元性。

### (三)满足旅游者的新需求,增强旅游产品的生命力

随着人们精神生活和物质生活层次的提高,外出旅游已不再单纯是为了观光、猎奇,而更多的是为了追求文化品位、增长知识和休闲娱乐等。我国目前的旅游产品还基本属于单一的观光型产品,不利于提升我国旅游总体品位和水平。而开发民俗旅游产品,挖掘民俗文化,可提高旅游文化品位,满足现代旅游者的新需求,充实旅游者的精神生活内涵。

## 二、民俗旅游的开发原则

### (一)特色性原则

特色是旅游业的灵魂,是民俗旅游的根本。有特色才能有吸引力,有吸引力才能有客源,有客源才能有经济效益。民俗旅游资源的开发一定要突出民族特色、地方特色。因为每个民族都有自己的艺术风格和表现手法,旅游者往往感兴趣的是反映当地民族风格、地方特色浓郁的东西,在开发中尽量做到"人无我有,人有我优,人优我特"。当然,突出个性原则并不是指单一的开发,而应把突出个性与丰富多彩相结合。

（二）参与性原则

民俗旅游，就是要旅游者亲身投入特定的民俗环境中，通过主体与客体的双向交流来满足其休闲、探奇、求知等需要。参与性是民俗旅游的一个重要特征，也是民俗旅游资源开发的一个基本原则。目前，利用民风民俗资源，设置参与性的旅游项目，提高经济效益和社会效益，已经成为我国旅游开发理论界和实业界的共识。旅游者只有通过观光和体验，才能真正感受到地方的历史和民族文化的博大精深，旅游地才能真正吸引广大的游客。

（三）文化性原则

对企业来说，"文化就是个性，文化就是气氛，文化就是素质，文化就是一种经济战略"。而对于民俗旅游，文化就是它的核心。

民俗旅游本身就是一种文化旅游，它的魅力就在于民俗旅游项目所体现的文化内涵。其项目一定要突出文化主题，体现文化特色，营造文化氛围，让旅游者产生一种文化感受。项目开发要"神"、"形"结合；采用民俗的形式，更要具备民俗的神气，表现民俗的精华。要求开发者具有较强的文化意识，从多学科（历史学、地理学、社会学、宗教学、文学等）、多角度研究民俗事象，尽最大限度发掘民俗旅游项目的文化内涵。民俗旅游只有突出高层次的文化性特点，坚持高品位开发，才有真正的生命力，才能体现其应有的价值。当然，民俗旅游资源应开发具有进步意义的社会民俗文化现象，防止开发中的"庸俗化"倾向；对一些容易伤害人们身心健康、毒化思想的愚昧迷信和低级趣味的陋俗应加以革除。

（四）保护性原则

现在，国内外对民俗旅游的开发越来越重视，但对民俗旅游资源保护的重要性和紧迫性的认识往往还不到位。由于市场经济和异地文化的冲击，加上旅游地居民观念的开放，民俗文化的同化和异化现象严重，民俗文化遗产遭到破坏，民俗旅游资源环境受到不良影响等，这些都严重地制约了民俗旅游的进一步发展。由于传统民俗不能再创造，如果盲目开发，不加以保护，一旦被破坏，损失往往是难以弥补的。因此，在民俗旅游资源的开发和利用过程中一定要树立可持续发展意识，在规划中明确保护方法，在开发中落实保护措施；通过开发促进保护，通过保护促进开发。

（五）多渠道、多形式开发原则

在国家和地方政府开发民俗旅游资源的同时，有条件的乡、镇、村可多渠道、多形式地开发民俗旅游项目。如集体或个人筹资建设民俗文化村、民俗博物馆或博览室等。此外，也要注意发挥民间老艺人的个体力量，使其乐于言传身教，不至于"人死艺亡"，造成无法弥补的损失。

此外，民俗旅游资源的开发还要注意"宜土不宜洋"、"审美的价值取向"等原则；当然，也要注意经济效益和人才培养等问题。

## 三、民俗旅游的开发思路

（一）利用丰富的民俗资源，开拓旅游领域

1. 展现不同历史时期不同的民族风貌和民俗风情，再现古代场景

中国作为一个历史文化源远流长的文明古国，国内外旅游者迫切需要通过旅游了解我国不同历史时期的民族风貌。如 1979 年，香港九龙荔园，耗资上千万元，修建了一座"宋城"，生动反映了我国宋代都市的风土人情，引起了中外游客的极大兴趣；浙江东阳的横店

影视城更是将我国不少历史时期著名的市井重现出来,投资几十亿元先后建成了广州街、香港街、明清宫苑、秦王宫、清明上河图、江南水乡、横店老街、明清民居博览城等十几个跨越几千年历史时空,汇聚南北地域特色的影视拍摄基地和两座超大型的现代化摄影棚。现正投资200亿元准备重建一个"圆明新园",已成为目前亚洲规模最大的影视拍摄基地,被美国《好莱坞》杂志称为"中国好莱坞"。此外,杭州的"宋城",这是中国最大的宋文化主题公园,以"给我一天,还你千年"为口号,用现实主义、浪漫主义、功能主义相结合的手法,源于历史且高于历史,是对中国古代文化的一个追忆与表述,是一座寓教于乐的历史之城。开封的宋都一条街,再现了宋代市井繁荣景象。其主体建筑是樊楼,分东、西、南、北、中5座楼。游客可在此穿宋时衣、憩宋时居、用宋时家具、坐宋时的花轿、赏宋时的游艺、品尝宋时的菜肴、听宋时的丝竹等,很受游客喜爱。

2. 利用各民族民间传统节日和奇风异俗,增辟旅游项目

每个民族都有名目繁多的传统节日和奇风异俗。每逢节日来临,常常会举行各具特色的庆典,隆重而热烈。从民俗旅游的角度而言,一年四季各民族多彩的节日风俗均可利用,为国内外旅游者提供欣赏异国异族风情的机会。如汉族春节的放鞭炮、扭秧歌,元宵节的舞龙灯、跑旱船等,立春节的社火,端午节的赛龙舟,七夕节的赛巧会等。一些少数民族的春节亦很有特色,如白族的"放高升"、壮族的"迎新火"等。另外,少数民族也拥有自己独特的节日,如藏族的望果节、侗族的扬种节、苗族的吃新节、蒙古族的那达慕大会、傣族的泼水节、彝族的火把节等,都受到游客的热烈欢迎。

3. 宗教信仰成为独具特色的旅游资源

宗教在其漫长的发展过程中,创造出了许许多多可供旅游者参观游览的景点。如佛教自公元前2世纪传入我国后,经过漫长的发展岁月,在我国风景优美的名山大川修建了大量的佛寺、佛塔、佛窟,留下了大量令人叹为观止的壁画、摩崖艺术珍品。甘肃敦煌的莫高窟便是一处由"建筑、绘画、雕塑组成的博大精深的艺术殿堂,成为世界上现存规模最大、内容最丰富的佛教艺术宝库"。中国土生土长的道教所追求的理想境界是超凡脱俗的"仙境",认为"人若成了仙,就可以到极乐世界生活,能做到超脱生死,清虚宁静,自由自在,不被物累"。这个仙境并非仅仅指渺茫的"天国",也包括人间的一些境地。而风光秀丽的名山胜地常常被道教认为是神仙所居之处和修道成仙的理想场所。因此道教有了十大洞天、三十六小洞天和七十二福地之说,几乎天下所有的名山大川都被纳入了道教的洞天福地之中。伊斯兰教和基督教在唐朝时先后传入我国,两者在中国的发展虽然没有佛教和道教那样以名山大川为其修行的场所,但伊斯兰教风格各异的清真寺、基督教各式梦幻般的教堂不仅吸引了大量非信教者的旅游观光,更是对伊斯兰教和基督教教徒最富吸引力的旅游胜地。总之,各种宗教在其发展和演变过程中为人们留下了大量丰富多彩和独具魅力的宗教建筑、宗教文化和宗教艺术,这些均成为十分具有旅游价值的人文旅游资源。

(二)多层面、多用途发展旅游项目

1. 建设原始型民俗村、民俗博物馆,保留传统民俗文化的火种

为了有效地保护民俗文化旅游资源,美国在夏威夷建立了"波利尼西亚文化中心"。该文化中心里建有7个村落,皆为典型的波利尼西亚房舍、厅堂和棚子,代表着夏威夷、萨摩亚、汤加、塔希提、斐济、马克萨斯和新西兰7个岛(国),每个村落都是按该民族的风格建造起来的。这个文化中心虽然很简单,但平均每年接待10万游客,成为夏威夷最受欢迎的旅

游点之一。我国山西省襄汾县的"丁村民俗博物馆",是我国的地方专业性民俗博物馆,它反映了晋南地区汉民族的生活习俗。该村至今比较完整地保存着明万历二十一年(1593年)至清咸丰年间所建的各式院落 20 余处,33 座明清时代的民房庭院,反映出明、清时代北方农村的村庄格局,分北、中、南三个建筑群。多数院落坐北朝南,明代的院门多在东南角。院落大多建有正堂、过厅、门楼、厢房,均为砖石木质结构。建筑构件上有人物、花卉、飞禽、走兽、古典戏曲、历史故事等木雕、砖石雕图案,是我国明、清民居建筑中的佳作。苏州的民俗博物馆,则通过实物、模型、照片展示了该地区的民生民俗事象,为国内首创专门陈列与本地民间习俗有关的实物博物馆。其南部原为贝家祠堂和住宅,北部原为王家祠堂。进南部大门,有婚俗、寿俗、食俗展示。过巷进入北部,为节俗、吴歌、民间工艺展示。从中可了解苏州民情风俗的沿革,属于地方专题性的民俗博物馆。此外,还有洛阳古墓博物馆,苏州的戏曲博物馆、苏绣博物馆等。

2.兴建各种民俗度假村

中国的农业源远流长,田园景色和乡风民俗独具特色,对于生活在城市的人们都颇具吸引力。民俗村、度假村能让人感受到农家民俗文化。民俗文化度假村可让旅游者领略渔区风情、蚕乡风情、狩猎风情、稻作民俗风情等。如被誉为"潍坊千里民俗旅游线上的一颗明珠"的山东省潍坊市安丘市的石家庄村,钟秀的景致,文明的乡风,淳朴好客的主人,每年都迎来日本、美国以及东南亚、西欧等许多国家和地区的游客来这里"随农家俗、学农家活、住农家房、吃农家饭",体验民间风俗,饱享田园之乐,充分发挥了鲁中地区乡村民俗的特色。位于北京密云区的山林民俗度假村,毗邻白河风景区、云蒙峡、黑龙潭等景区,有山顶别墅、情侣木屋、蒙古包、北方民宅等多种形式的建筑,民俗风情浓郁,酒吧、桑拿等娱乐设施齐全,环境依山傍水,气候宜人,是旅游度假、安排会议活动的理想场所。

3.举办各类民族民俗展览和活动

利用大型民俗活动带出相应民俗展览;以各种民俗活动为品牌来推动传统节令习俗的搜集、展示和研究,做到全年民俗活动不断、民俗展览更新不断。如民族服饰展览、民间工艺品展销;举办各种庙会活动和诸如斗牛、斗鸡、赛马等民间杂艺活动;举办各种民族民间戏曲、舞蹈会演等。这是抢救、整理、弘扬传统优秀习俗文化的重要手段,也是发展民俗旅游的重要方法。

4.联合开发,开辟民俗旅游线

围绕民俗旅游中心点,在数个地区联合开发,将各民俗旅游点串联成线,有开始、有高潮、有结尾,好像看一部有头有尾、高潮迭起、趣味横生的精彩戏剧一样。如内蒙古的"草原观光旅游线",立足草原风光、民族风情、历史文化、森林冰雪、地貌奇观、沙漠戈壁、边城异域、建设成就等特色旅游资源,以市场需求为导向,不断加快旅游产品的开发步伐,在旅游产品较为成熟的基础上开发的精品线路,受到了越来越多游客的欢迎;山东潍坊的"千里民俗旅游线",以潍坊国际风筝会为龙头,以"千里民俗旅游线"各景点为基础,根据游客不同要求开展专项旅游,其包括风筝游、情系乡间游(以体验农家生活为主)、民间艺术游、化石探古游、书法游、风味美食游、名胜古迹游等,别开生面,独具特色;云南丽江文笔山纳西民俗风情旅游专线,依托丽江古城,以丰富的旅游项目、优越的服务标准、合理实惠的价位,向全社会广泛推介滇西北高原明珠丽江的民风民俗、东巴文化、宗教文化、民间艺术等多元文化及绚丽的自然风光,深受游客喜爱;浙江东阳的卢宅、浦江的"江南第一家"郑宅郑义门遗址、金华的侍王府、兰溪诸葛八卦村等也可连成一条线,开辟"古建筑与民居"的民俗旅游线路。

(三)搜集、整理、出版民间文学作品,为发展旅游事业服务

民俗旅游业的开发不仅依靠景点的建设等物质的"硬件"设施,很重要的方面还有赖于当地神话、传说、故事、文学艺术等"软件"的开发。一方面,文学艺术具有文学的群众性和极强的感染力,可导致其他旅游资源的产生;另一方面,文学艺术又渗透在各类旅游资源之中,可以传播知识,陶冶情操,提高鉴赏能力。这就是所谓的"文以景生,景以文名;文垂千古,景亦流芳"的道理。所以,充分挖掘民间文学中的人文和地理景观民俗,对旅游开发和丰富民俗旅游也是可行之举。

### 四、民俗旅游区的开发模式

一个地方的民俗文化开发应选择符合当地实际、体现民俗文化特色的适当形式。因为只有通过对民俗文化的丰富内涵进行精选和加工,才能恰到好处地开发民俗旅游资源,激发人们前来观赏民俗、了解文化。

(一)人造民俗文化村

人造民俗文化村,属主题公园的范畴,是一种新兴的民俗旅游资源开发形式。它指在旅游点兴建的,把某一时期、某一民族或某一区域的民俗文化,依照一定的方式和风格加以集中反映的人造旅游景观。它克服了原始民俗文化村寨季节性强、民俗活动分散、文化多样性不足等方面的缺陷,将各民族文化融合在一起集中向旅游者展示,具有较强的观赏性和参与性,满足了旅游者领略多姿多彩的民族文化的欲望。然而,由于人造民俗文化是为了满足旅游者的需要而人为建造的,虽然能反映一定的民族文化,但与原生态的民族文化村寨相比,缺乏真实的环境感应,过多的虚拟和移植降低了旅游者的出游满意度。

人造民俗文化村又可分为以下两种类型。

1.民俗浓缩型

民俗浓缩型即按照一定的比例尺度建设某一地域或某一民族的独特村寨或民居,把该地域民族的衣食住行、生产生活、宗教礼仪、音乐舞蹈等典型民俗汇入一村,向游客集中展示该地域民族的民俗文化。如深圳"中华民俗文化村"、昆明"云南民族村"、桂林"漓江民族风情园"、海南的"苗寨和黎塞风情园"等均属此类,其优点是便利了游客充分了解当地或该民族的民俗文化精髓,缺点是在真迹旁边造"真迹",令游客自然形成对比,对有些游客不能构成吸引力。

2.民俗恢复型

民俗恢复型指通过文献资料、考古成果和器物的搜集、整理、建设和再现,将湮没失传的古代民俗旅游资源挖掘出来,让游客了解原本已失传的历史民俗,满足他们求新、求异、求奇的心理。如我国甘肃敦煌鸣沙山的"西北民俗文化村",堡坞式建筑,设有小药铺、小茶馆、小肆、杂耍铺等,店铺门前幌子高悬,员工着古装,统一用古钱币消费,向游客展现了古丝绸之路的传统民俗;美国的"活人博物馆"中,员工以几百年前抵美的"移民"身份,身着十六七世纪美国农民的服饰,向游客表演用方形的扁担挑水、用原始农具耕作、用独轮车运输等古老的传统习俗以及各种民间舞蹈,吸引了大量国内外游客。此外,杭州和香港的宋城、无锡的唐城、吴文化公园也属此类。这种模式的优点是可以令时光"倒流",满足游客原本

不能实现的愿望,其缺点是在复制加工过程中会损失很多原有的民俗文化信息内涵,如果建设态度不够严谨,可能还会歪曲民俗文化。

(二)实(原)地民俗文化村

实(原)地民俗文化村,属于一种原地保护型的民俗旅游资源开发,即在民族居住区选择原有村寨加以保护和完善,展现其民俗的原有风貌和现实生活状况。它是民俗文化旅游的载体,也是较为成熟的一种民俗文化旅游产品。它以民俗文化的原样开发而成,强调民俗的原生态,不但可满足游客"求新、求奇、求乐、求知"的心理需求,而且能提高游客的返游率。当然,由于实(原)地民族文化村是以单个民族村落为开发保护对象,未考虑民族村寨所处的社区环境,从而往往会成为社区保护的"孤岛"。当整个社区的民族文化发生退化、消亡时,实(原)民俗文化村的民族文化也会随之退化、消亡。因此,实(原)民俗文化村对民族文化的保护是有限的。

我国民俗文化村的建设,始于20世纪80年代,最早的是山东潍坊安丘石家庄民俗旅游村。1983年11月23日,该民俗村接待了日本三重县国际交流团一行60人,首次以与农民"同吃、同住、同劳动"为主要活动内容,在安丘市石家庄度过了愉快的三天,开创了民俗旅游的新形式。此后,民俗旅游村作为旅游开发的新形式,在国内其他省市推广,尤以少数民族地区居多。如贵州省雷山县苗族郎德上寨、贵州省安顺市娄家庄苗寨、山东泰安市埠阳庄民俗村、湖南湘西德夯民俗村等。

(三)民俗博物馆

民俗博物馆是指将散布于一定地域范围内的典型民俗集中于一个展馆内表现出来,是收藏、陈列民俗实物、文献资料的专门机构,主要是为保护民俗文物、丰富收藏,并为参观者了解民俗文化内涵而建立的博物馆,是普及民俗知识、开展民俗教育和研究的重要阵地。民俗博物馆是博物馆的重要组成部分。民俗文物构成了博物馆这种人文旅游景观的重要内容,旅游业与博物馆业的合作正是休闲娱乐与传播历史文化知识的最佳结合点,是一种新型的民俗旅游资源开发模式。民俗博物馆在对民俗文物保护、传播民族文化、满足旅游者体验民族文化等方面起到了重要的作用。其优点是可以让游客用很短的时间、走很少的路程就能领略到原本需花很长时间、很长路程才能了解到的民俗文化;其缺点是满足旅游者的参与和体验方面存在一些不足。此外,民俗博物馆是对民俗事象的一种静态的开发与保护,对自然存在的民族文化保护力度就显得不够。

(四)节庆活动

节庆活动是指城市举办的一系列活动或事件,包括节日、庆典、地方特色产品展览会、交易会、博览会、会议以及各种文化、体育等具有特色的活动或非日常发生的特殊事件。节庆活动的举办可以弥补城市旅游业"淡季"供给与需求不足的现象;可以促进城市基础设施的完善,优化城市环境;可以促进城市相关产业的发展;可对主办城市产生很强的形象塑造作用,并提升城市的知名度;可极大地弘扬民族传统文化,推进社会主义精神文明建设,并具有很强的后续效应。

节庆凝聚着一个地区或民族的民俗文化的精华,是该地区或民族民俗文化的集中体现。旅游者参与其中,不但很容易了解异族的民俗文化,而且在大众性的狂欢中受到感染和熏陶,获得情感的共鸣、交流和身心的愉悦。利用各种节庆来开发民俗旅游,是最具有特色和吸引力的项目,是民俗旅游资源开发的重要方式。

每一个国家、民族都有自己的多种节庆。我国幅员辽阔,传统文化源远流长,节日数量异彩纷呈。节日游成为民俗旅游中最常见也最受欢迎的类型之一。我国汉族虽然节日丰富多彩,但由于有55个少数民族,故少数民族节日就更显得丰富多彩,加上我国少数民族节日大多质朴自然,似有原始或神秘的特点,因而开发少数民族传统节日能很好地发挥民俗资源优势,取得较好的效果,受到游客的青睐。如傣族的"泼水节"、彝族的"火把节"、瑶族的"达努节"、苗族的"芦笙节"等,利用这些传统的节日,每年选定尽量固定的日期和地点,加强宣传,使游客慕名前来,争睹盛况。

在现代旅游开发中,为了扩大影响、吸引游客,举办各种主题的庆祝活动已经越来越受到地方的重视,即以会展旅游的形式来扩大宣传和销售,如各种旅游文化节、商品交易会、体育运动节、友好观光节等。这些节日有的不定期举行,有的已成为定期举行的大规模的活动。所有这些活动的开展,使本来就异彩纷呈的节日更增加魅力,给民俗旅游注入了新的活力。

(五)民族生态博物馆

民族生态博物馆是指将整个社区作为展览空间,以期对社区的自然遗产和文化遗产进行整体保护,以各种方法记载和保护社区的文化精华并推动社区向前发展。它是一种新型的民族文化可持续旅游发展模式。这里的"社区"是指聚居在一定的地域范围内的人们所组成的经济生活的融合体,人们选择适合生存的环境群聚而居,形成一个边界明确、各自独立的村落,他们由于血缘、宗教、生活的需求互相依存,逐渐形成了独特的历史与文化。它不是城市中的社区,也不是行政区划的社区,而是一个文化地域的概念,是文化传统、自然传统和经济生活的融合体。

民族生态博物馆一般具有以下特点:

1.人群集中

它是一个人口集团,即它是以一定的生产关系与社会关系为基础组成的人群。

2.区域明确

有一定的区域,即有人口集体或居民群赖以进行生产和生活的,有一定界线的地理区域。

3.生活方式相同

形成了具有相同特点的行为规范和生产、生活方式,即为谋求人际关系的相互协调而产生的种种社会规范和行为准则。

4.情感相似

它的居民在感情上和心理上,具有共同的地域观认同感,表现出稳定的、内聚的相互作用。

生态博物馆和传统博物馆大相径庭,特别是民族生态博物馆。因为民族生态博物馆不是一栋公共建筑,而是一个文化社区,再加上一个资料信息中心,这构成了民族生态博物馆的全部内容。此外,在建筑、藏品、观众等关键词的称谓上也不一样。当传统博物馆讲藏品时,生态博物馆讲遗产;当传统博物馆讲建筑时,生态博物馆讲社区;当传统博物馆讲观众时,生态博物馆讲社区居民;当传统博物馆讲科技知识时,生态博物馆讲文化记忆。可见,生态博物馆是一个社区的概念,是一个活的文化区域。

民族生态博物馆对于少数民族文化的保护和延续具有重要意义,它是一种比较有效的博物馆形式,特别有利于科研价值和旅游价值的开发,为民族文化旅游开发与保护提供了一个符合可持续发展原则的旅游发展模式。当然,民族生态博物馆的理论体系至今尚不成熟,仍在不断的发展之中。如何解决旅游业发展与民族文化保护的矛盾,实现民族文化精华的传承和发展,还是一个新课题。

# 第四节　民俗旅游区的经营管理

## 一、民俗旅游区的保护对策

### (一)科学制定旅游发展和保护规划

民俗旅游区独具特色的民俗旅游资源,对旅游者有很大的吸引力。科学地开发和利用旅游地的风土人情、礼俗习尚、民间歌舞等人文旅游资源,是确保旅游地的吸引力和可持续发展的需要。所谓科学地开发,是指旅游地要经过充分科学论证,正确着力于本地区的资源特色,结合本地区及周边地区的旅游资源的差异性、知名度和美誉度,合理配置旅游资源,进行合理的规划和开发。

旅游开发,规划先行。在规划中要通过对市场需求状况、资源条件和交通条件等诸多条件的综合分析,权衡利弊,对民俗风情旅游资源有层次、有重点、有选择地进行配置,按步骤地进行开发。同时,在开发中要体现保护的原则。规划还应根据资源的配置情况,合理地划定资源的保护范围,确定保护的轻重缓急,制定相应的保护措施。

完善的旅游规划是确保民俗旅游资源得到有效保护的前提,但保护目标的实现还依赖于规划的严格执行。规划一经批准,就应严格遵守,不得随意变动。

### (二)加强舆论宣传,树立正确的民族观

目前,旅游地居民以及开发商、管理者对民俗文化及其保护重要性的认识不全面,甚至歪曲理解,对其价值的认识也往往支离破碎,这是民俗文化旅游资源被破坏以至消亡的一个重要原因。只有正确地认识并保护好民族传统文化的内涵,才能在民俗风情旅游资源的开发和宣传中使这些独特的资源得到体现和弘扬,才能调动人们保护民族文化的积极性,才能避免民俗文化庸俗化。可见,只有加强舆论宣传,树立正确的民族观,才能自觉地抵制外来文化的入侵,使每个人都知道,各民族都是平等的,除少数野蛮、愚昧、落后的民俗外,各民族的民俗文化只有个性不同,风格相异,没有优劣、好坏之分。"只有民族的,才是世界的"。通过宣传教育,让各民族群众知道,保护民俗资源,不但是为了保护传统民俗文化,而且是为了发展民族地区经济,提高民族地区人民生活水平,使民族地区建立起民族文化的自豪感和自信心,从而使少数民族传统文化免遭现代文明的强大冲击,使民族文化大放异彩。此外,还要把握好发展中的扬弃,在保留自身民族文化传统的同时,适当吸收外族文化的精华,摒弃本民族文化的糟粕。

在消费方式上,要引导人们往符合自己的传统文化、生活习俗和道德观念的方面发展;在供给意识和行为上,要引导旅游地居民立足于旅游地所具有的传统特色,通过向旅游者提供旅游地的产品来反映和弘扬自己的民族文化。

（三）正确处理发展与保护的关系，把握好"度"的问题

在我国改革开放30多年后的今天，各个民族的交融，以及民族政策的实施，在外部文化的冲击下，原有的封闭的生活环境被打破，多数民族固有的生活方式受到极大的冲击。在少数民族地区的经济获得长足发展的同时，一些独特的民俗风情已经被同化。尤其是那些与外界交往频繁的民族地区，汉化、国际化程度已经较高。这种民俗文化的破坏是伴随着经济的发展而出现的，正对应了"事物的发展是辩证的、一分为二的"道理。这种现象，在全国乃至世界其他地方都是普遍存在的。各个民族如何能在经济发展的同时保持自己的民俗特色，能永续为旅游利用，而不是一开发就伴随甚至加速民俗旅游资源的消亡，这是当今社会的一个重要课题。

当然，发展是开发的目标，保护只是手段，是为了可持续的发展。也不能因为要强调民俗文化的保护，注重民俗旅游项目的原汁原味，就遏制民族地区的发展，就限制民族地区的生产生活权利，就将民族文化封闭起来，让其停滞不前。如贵州省六盘水市六枝特区梭嘎生态博物馆，当地政府在解决梭嘎的自来水供应问题上，为了满足游客的好奇心，保存苗族妇女背水的传统习俗，只将自来水引到梭嘎寨附近而不是直接引入寨中的苗民家中，这是一个值得深思的问题。因为不能一味地强调文化保存，而忽略了被保护对象（长角苗）的基本的权利和合理要求。从另外一个角度讲，保护一个地区或民族的民俗，目的也正是保存一种存在过的社会文明，保护文化的多样性。利用这种宝贵的资源，发展本地区或民族的经济。这是一对矛盾，发展常常会造成民族传统习俗的破坏，而传统习俗的破坏又使该地区失去一种发展经济、摆脱贫困的宝贵资源，失去一个文化的种类。为了解决好这一矛盾，要采取适当的措施，在社会发展与民族文化保护之间，尽量找到两者之间的平衡点和结合点，就可以取得满意的效果。

采取相对封闭措施是一种较好的保护民俗旅游资源的方法。如通过建立"民俗文化村"、"生态博物馆"，以保持传统民俗文化氛围浓郁的村落的相对封闭性，延缓传统民俗的变异，但这种封闭措施要适度。云南省在建设"民族文化大省"的战略举措中，提出"民族文化生态村"的庞大保护计划，是很有远见卓识的。

（四）建立健全相关法律、法规

民俗的传承与变异，总是受到社会控制系统的影响，而社会控制系统是通过法律、舆论等措施来引导和约束的。只要民俗符合社会道德规范，有利于移风易俗，除旧布新，就能达到维护社会秩序、治理国家的目的。所以，民族地区的政府和媒体，应充分利用社会控制系统这种力量，对民族文化加以正确的引导和保护。

建立并完善有利于民俗旅游资源保护的法规，设置与健全旅游市场检查队伍和保护管理机构，对旅游资源开发中破坏旅游地民俗资源的行为进行监督和干预，对有损旅游地形象的行为加以控制和制裁，加强民俗旅游资源保护的技术研究等，能够有效保证民族文化走上可持续发展的道路。"依法治旅"是管理和发展民俗旅游业的基本方略，是促进我国文化旅游业健康发展的根本保障。在立法上要加强民俗文化的保护，日本是成功的典范，有许多经验值得我国学习和借鉴。如日本政府于1950年颁布的《文化财保护法》，在世界上首次提出了"无形文化财"的概念，明确规定要加强对民俗文化财的保护。法律明确将国家指定的"文化财"划分为有形文化财、无形文化财、民俗文化财、纪念物及传统建筑群落五大类。《文化财保护法》是日本关于文化遗产保护工作的一部重要法典。它是在以往诸法律

条文的基础上发展起来的。它的全面性、系统性超过了日本以往文化遗产保护法中的任何一部。

在日本的《文化财保护法》中，将文化财明确地分为国宝与重要文化财两个层次，又将名胜古迹、天然纪念物分为特别史迹名胜天然纪念物和史迹名胜天然纪念物两个等级，并制定出国宝与特别古迹天然纪念物的优先保护原则。但是，在无形文化财的保护方面，虽然也明确规定了国家资助方式，但在具体的制度上并没有得到完全落实。

此外，政府可以有目的、定期地举办一些民俗活动，如民俗节庆、民俗表演等，组织群众尤其是青年人参加。通过亲身的参与，可加深对民俗文化的了解，增强游客对弘扬传统民族文化的自觉性。

## 二、民俗旅游区的管理模式

目前，我国旅游目的地已从传统的管理模式，即与计划经济体制相对应的、带有相当个人意志的旅游事业管理模式逐渐变成为市场经营管理模式，许多民俗文化旅游地就采取典型的市场化经营模式，但若完全在市场模式下运作，企业追求的往往是经济效益的最大化，蜂拥而至的游客对民俗地区的破坏将是毁灭性的。民风民俗的商品化、社会道德风尚的退化、社会价值观的改变也会给民族地区的社会文化带来消极影响。如贵州一些旅游景点的开发，竟然打着展示民族婚俗的名义——青瑶的"洞洞婚恋"搞色情服务；云南丽江的泸沽湖，居然也有人打着摩梭人"走婚"的民俗搞色情活动。在今天的大理，白族男子服饰基本汉化，即使逢年过节也很难看到穿着本民族服饰的白族青年。

可见，为了充分发挥民族地区民俗资源的旅游价值，又能很好地保护民俗文化免遭破坏，民俗旅游应采取"政府主导＋企业运作＋社区居民监控"的三权分立、相互监管的管理模式，即政府的任务是制定政策，提供服务；企业应归当地政府管辖，自主经营；同时发挥社区居民的作用，实施监控。如云南的丽江与迪庆州的香格里拉，前者管理规范、有效，经营井然有序，不但旅游快速发展，而且东巴文化得到很好的保护与传承。后者也在统一的"香格里拉"品牌整体推介下，集中精力抓好旅游经济的宏观调节、旅游市场监管和旅游公共服务，力争实现旅游体制和机制、旅游资源整合、旅游区域合作"三个新突破"。抓住各种机遇，宣传、建设迪庆香格里拉，重点抓好旅游精品开发，规范旅游行业及景区管理，旅游景点采取分散经营的方式，已经或即将成功地把香格里拉打造成为世界一流的旅游品牌。

迪庆拥有"香格里拉"、"三江并流"和"滇金丝猴"等世界级知名品牌；拥有良好的生态环境以及多民族、多宗教的多元文化；拥有丰富多彩的、不可多得的民族民间文化。这些都是迪庆发展旅游，把旅游和文化有机融合在一起的得天独厚的优势。经过多年努力，迪庆已经把旅游业培育成为龙头产业。旅游业的发展，为文化的传承提供了平台，已起到了很好的保护、挖掘与传承民族文化的作用，初步形成了旅游和文化互动的良性发展格局。进一步使文化与旅游对接，充分利用旅游产业链的特点来发展文化产业，将形成文化产业和旅游产业共享资源、共享市场、互为支撑、互为促进、共同提升、共同发展的局面，进而将"香格里拉"这一世界级的品牌推向国际，真正把"香格里拉"打造成为世界一流的旅游品牌。

## 三、民俗旅游的营销策略

民俗文化具有脆弱性和不可逆性，文化的形成需要漫长的历史，而一旦遭到破坏或受到外来文化强有力的冲击,再想修复就非常困难。如现在的西双版纳,已经再也看不到曾经的那种月光下姑娘在凤尾竹林翩翩起舞的景象。在傣族园,当地居民为了迎合游客猎奇的需要,每天都过"泼水节",从而失去了一些民俗的神秘感和感召力;此外,新的异化建筑(以小洋楼为主)也正威胁着傣族园的生存。所以,民俗旅游的营销策略也要以保护为先,要有新的营销理念和营销策略。

(一)目标市场的选择

据一项对美、日、法、德、英五国游客访华的动机调查表明,排在第一位的是了解人民生活,占 100%;排在第二位的是了解历史文化,占 80%;排在第三位的是游览自然风光,只占40%。可见,民俗旅游已经开始兴起,特别是进入 21 世纪以来,甚至已经成为各地旅游业的支柱,已经涵盖大众生活的方方面面。现在,民俗文化的旅游开发,尤以民族地区和广大农村最为红火,而城市民俗的旅游开发相对却少有人问津。城市民俗旅游是以城市民俗事象为吸引物,以一定的旅游设施为条件,使游客离开自己的居所,前往旅游地进行文化消费的活动过程。之所以城市的民俗旅游开发缺乏力度,主要原因就是大家缺乏对城市民俗的认识,认为城市民俗没有特色。实际上,城市民俗与乡村或民族地区民俗相比,亦有其独特的旅游开发价值。

我国民俗旅游区主要分布在西南、西北和中部欠发达地区,民俗文化旅游选择的目标市场应该是文化素质较高、经济较发达地区的白领阶层,即主要是我国东部地区经济较发达区域的群体和国外游客。国外游客一般消费水平高,环保意识强,加上语言不通,对目的地居民造成的影响相对较小。可见,民俗旅游区应结合实际情况确定更明确的目标市场。如贵州省的民俗旅游区,因目前基础设施不完善,促销费用有限,一级目标市场应定位在我国东部沿海经济发达地区;二级目标市场应是我国最大的几个客源国,如俄罗斯、日本、韩国等。相比之下,云南、广西因旅游发展已有一定规模,在国际上也颇有知名度,故发展民俗旅游重点应直接瞄准海外市场。

(二)产品策略

1. 民俗旅游产品定位

旅游产品通常可分为观光旅游产品、度假旅游产品、商务旅游产品、购物旅游产品、节庆旅游产品、修学旅游产品、生态旅游产品、遗产旅游产品、保健旅游产品、体育旅游产品、特种旅游产品、观光休闲旅游产品、科技旅游产品、工业旅游产品和文化旅游产品等 15 类,民俗旅游产品大致属于文化旅游产品,按照世界旅游组织的划分方法,又可将民俗旅游产品划分为观光民俗旅游、度假民俗旅游与生态民俗旅游三种。

观光民俗旅游是大众化产品,是为了满足走马观花型的游客而设计的,以参观、欣赏民俗风情为主要目的的旅游活动;其形式多是组织游客参与少数民族的重大节日,参观民族博物馆,在开发的人造民俗村或风情园里观赏民族歌舞表演,如深圳的中国民族文化村等。这种产品能反映一定的民族文化,它将各民族文化集中在一起展示,可达到弘扬民族文化的目的,但缺乏真实的环境感受;它也可以包括一些参与性的活动,如参加歌舞表演、游客动手制作一些简单工艺品等。贵州台江的苗族姊妹节在每年农历三月十五都会吸引几十万海内外游客;四川甘孜藏族自治州的丹巴"美人谷"在每年评选美女的时候也吸引许多游客专门前去助兴。度假民俗旅游是选择一个民俗旅游目的地,以度假和休闲为主要目的和内容的旅游活动。游客对目的地的要求是环境优美、民风淳朴。如在新疆葡萄沟一带,每年夏天葡萄成熟时就会有游客住下来,一边品尝美味,一边领略维吾尔族人的生活。度假民俗旅游者往往会选择在当地居民家中居住。在旅游过程中,既考察当地民族的风土人情,体验各民族生产、生活,参与民族歌舞、节日活动,又品尝地方美食,欣赏民间工艺、服饰,享受令人陶醉的异乡生活。生态民俗旅游是将生态旅游与民俗旅游结合在一起的旅游活动,它包含着双重含义:一是注重对生态环境的保护,二是融入当地人民的生活。即旅游者在旅游过程中要十分重视保护生态旅游资源和生态环境,而且要注重建立自己与当地居民的协调关系,保护当地的文化资源。生态民俗旅游者有强烈的环境责任感,对目的地服务无特殊要求,自己安排旅程,强调个人的体验。

2.打造品牌民俗旅游产品

打造品牌民俗旅游产品的核心内容,就是要努力实现民俗旅游产品差异化与民族形象差异化。对于民俗旅游产品差异化应立足于本民族文化,挖掘一个民族与其他民族或同一民族不同地区的民族文化内涵,开发相应的吃、住、行、游、购、娱旅游产品。民族形象差异化主要体现在游客在旅游过程中所感受到的服务属性,它是民族性格的表现。如藏族的豪放、苗族的热情;我国北方人喜欢大块吃肉,大碗喝酒;而南方人要把肉切得细细的,煨得烂烂的,炒得嫩嫩的,把酒烫得温温的。北方人喜欢吃饺子,而南方人喜欢吃馄饨。饺子用醋蘸蘸就行了,一口一个;而馄饨要汤碗、调料齐全,一口只咬半个。南方人喜欢吃葱,而北方人喜欢吃蒜;南方人吃泡菜,而北方人吃咸菜;南方人吃辣椒是为了祛湿,而北方人吃辣椒是为了驱寒。南方人喜欢咸辣、麻辣、油辣、甜辣,而北方人喜欢干辣、酸辣等。

打造品牌民俗旅游产品有两种方法:第一,利用少数民族的传统节庆活动,政府加以宣传,配以合理的营销模式,如内蒙古的那达慕大会、回族的"古尔邦节"、白族和彝族的"火把节"、苗族的"姊妹节"、福建湄州岛的妈祖文化节、山东潍坊国际风筝节等都是成功的品牌民俗旅游产品的代表。第二,利用民俗旅游地已有的知名度,将民俗文化融入其中,重新包装、推介,如贵州省黔东南苗族侗族集聚地千年古镇镇远、纳西族东巴文化所在地丽江等。

(三)价格策略

由于民俗文化的独特性与脆弱性,所以民俗旅游的开发与宣传应有别于大众化的旅游产品。对传统的旅游项目而言,包价旅游是一种颇受游客欢迎的方式,因为人多,团体的单价往往低于不是通过旅行社旅游的游客的单价,但民俗旅游不能为了追求单纯经济效益而变为大众消费品,而应通过相对较高的价格来限制寻求中低价格的游客。因此,在价格策略上应采用撇油定价策略,即制定较高的价格,面向高收入和文化层次高的旅游者。另外,不同的民俗旅游产品应有不同的价格,而不是采用统一包价;不同旅游目的地应根据社会经济条件而制定不同的价格,这主要是为了保护那些还未受到外来文化冲击的民俗旅游区的旅游产品。

(四)促销策略

要吸引人们参加民俗旅游,除独特的产品和合理的价格外,促销策略也是必不可少的。由于民俗所具有的民族性、地域性特征,当地民俗不易为外人所知,有些民俗事象更难被外人理解。可见,民俗旅游产品更应重视促销。要利用形象而具体的促销方式刺激需求,引导消费。针对民俗旅游产品的特点,其促销策略一般包括以下内容。

1.设计并分发宣传广告

设计产品内容详尽、便于阅读的宣传印刷品,介绍旅游线路、可提供的服务、目的地的特色,这种印刷品应图文并茂,实用功能强,可长时间保留。

2. 选择相应的媒介

广告应以时尚杂志和旅游专业报刊为主,因为视听广告和一般报刊广告的受众多为普通大众,而民俗旅游的促销目标是具有较高文化层次和素质的消费群体。可通过奖励方式让到过该地旅游的游客写出真实的旅游随笔,发表在相关的刊物上,用现实游客来激发更多潜在游客的出游动机。

3. 参加海外专业展览

我国在海外做旅游产品宣传时往往以省或地区为单位,相互合作较少,在民俗旅游产品的推介上,可将几个相邻省市的多个民俗旅游产品联合起来,一起参展。可制作光碟或风光导游片,全方位、多角度地在海外开展多种宣传和联合促销活动。这样既可以树立、强化整体形象,又可以节约成本。

4. 做好公共关系营销

应充分利用重大事件做好公共关系的促销。如1999年世界园艺博览会在昆明举办,就可以对整个云南的民俗旅游形象宣传起到重要作用。

5. 重视大篷车促销

大篷车促销,往往可格外引人注目,同时通过增加歌舞表演、手工艺表演等活动性、参与性、文化性的内容,可以大大激发广大潜在游客的兴趣和前来旅游的热情。

(五)渠道策略

民俗旅游产品的渠道选择较为特殊。基于民俗旅游以可持续发展为先的原则,渠道选择要与目标市场选择相结合。第一,不应成为国内经济欠发达地区旅行社的产品。因为经济欠发达地区的游客往往收入偏低,文化修养偏差,环保意识还有待提高;而对于发达地区的旅行社,应该开发半包价旅游或小包价旅游的形式,而不是组织单一的观光旅游。同时,应充分重视同海外旅游代理商的联系,利用加入世贸组织的良机同海外旅行商加强合作,让他们更了解中国。第二,充分利用旅游网站和旅游频道,在互联网上提供丰富多彩的民俗文化旅游介绍,以引起广大受众对民俗文化的兴趣;充分借助互联网发布旅游信息,实现动态促销,使客源地的旅游者可以随时获取民俗旅游信息。第三,加强与户外运动组织的联系,组织"驴友"(徒步游客)到民俗地旅游,因为"驴友"往往文化素质较高,环境保护意识较强。

# 第九章  农业科技示范园区的开发与经营管理

进入 21 世纪,世界一体化和经济全球化的趋势越来越明显。农业,作为世界各国的重要产业,其发展既面临新的、难得的历史机遇,同时也存在着诸多的困难和挑战。致力于现代农业建设,已成为当今全球农业发展的潮流。农业科技示范园区是在全世界高科技产业开发区快速发展的趋势中孕育和出现的,是近年来农业发展中出现的新的经济现象。它是以示范的方法推广农业新成果、新品种、新模式,普及农村先进适用技术,传播农村科技、市场信息和先进经营管理方法的科技型农业,是提高农村劳动者科学文化素质和综合技能、拓展农民增产增收渠道、提高生产效率和效益的科普载体。它是用高新科技支撑的、以农业设施工程为主体的、具有多项功能和综合效益、进行集约化生产和企业化经营的农业组织形式。

农业科技示范园区的快速发展为提高农民素质、增加农民收入和促进当地经济发展起到了良好的示范和带动作用,成为农业技术组装集成、科技成果转化及现代农业生产的示范载体,成为农业新技术、新品种、新机具开发、转化、推广的重要基地,被农民亲切地称为"致富的加油站"、"奔小康的助跑器"。我国的农业科技示范园区建设虽然起步较晚,其形式和规模也不同于国外的农业科技园,但由于我国农业发展的特殊背景和历史渊源,从 20世纪 80 年代末开始,我国现代科技农业发展迅速。经过大约 20 年的发展,已初具规模并日趋成熟。目前,农业科技示范园区的建设正在成为调整我国农业产业结构、提高农业效益和农民收入,实现我国农业高效可持续发展的重要手段之一。

## 第一节  国外农业科技园区的概况

### 一、农业科技园区产生的背景

#### (一)农业发展历史

纵观人类农业发展史,大致经历了原始农业、传统农业、近代农业和现代农业等不同发展阶段。在原始社会,人类的生产力水平极低,石器和棍棒是当时的主要生产或劳动工具。人们几乎完全依赖于原始的自然条件,主要从事集体的渔猎和采集活动。大约从 1 万年前,人类才开始栽培植物,喂养牲畜,使用以木器和石器为主的工具,主要靠人力劳动。这个阶段称为原始农业阶段。从奴隶社会起,经过封建社会,一直到资本主义社会初期,这个阶段称为传统农业阶段。农业生产主要靠人力和畜力,生产工具主要是手工工具和铁器,生产技术主要靠世代积累的传统经验,肥料主要是粪肥和绿肥;生产规模较小,以自给自足的自然经济为主;商品经济十分薄弱,基本上没有形成生产地域分工。从 18 世纪到 19 世纪,英、法等国先后进行产业革命,机器和化肥等在农业中开始大量应用,农业生产力大大提高,农业地域分工不断发展。到 19 世纪下半期,英、法、美、德、日等资本主义国家相继实现了工业化。工业的进步推动了农业的发展,农业耕作技术有了进一步提高。第二次世界大战以后,经济发达国家的农业发展很快,先后实现了农业现代化,从而进入现代农业阶段。农业生产由机械化到电气化、自动化,化肥和农药被大量使用,农业技术主要不是依靠经验,而是依靠现代科学技术。农业生产区域化、专业化和社会化不断发展,农业劳动生产率和土地利用率大大提高。

历史经验表明,农业发展的每一个阶段,都是以技术变革为动力、以技术进步为标志,人类历史上的每一次科技革命都极大地推动了农业生产的发展。因此,农业发展需要科学技术在农业生产中的广泛推广和运用,科技是农业发展的原动力。

(二)农业现代化

目前,世界上大多数发达国家已进入了农业现代化阶段。农业现代化是运用现代科技、现代管理,合理开发、配制、使用要素资源,优化市场和生态环境,实现农业优质、高产、高效和可持续发展的过程。显然,要实现农业的现代化,必须依靠科学技术的进步与创新。因为现代农业的发展过程,实质上就是先进科学技术在农业领域广泛应用的过程,是用现代科技及装备改造传统农业的过程,是用现代农业科技知识培养和造就新型农民的过程。

进入 21 世纪以来,世界农业科技进步的速度明显加快,全球性的农业科技革命正在形成,体现出农业科技高新化、农业领域扩大化、农业生产规模化、农业管理信息化和农业竞争国际化的特征。目前,世界农业新技术革命的主要特点是:农业科技创新的速度明显加快;农业科技的重大突破不断出现;农业科技应用及转化率不断提高;农业科技在农业经济增长中的贡献率不断提高等。据研究,目前发达国家科技对农业经济增长贡献率高达 80% 左右。农业已经开始逐渐步入高科技产业的行列。

(三)农业科技园的产生

世界各国科技发展的经验表明,高科技产业总是呈现出空间集聚的特点。如美国的硅谷,就是从斯坦福工业园区的建立起步,在美国西海岸旧金山到圣何塞之间长不到 100km 的平坦谷地,经过 40 多年的曲折发展,成为世界高科技的中心和圣殿。农业的发展也不例外,农业现代化发展到一定阶段以后,也必然经历这样的发展过程,逐渐开始形成一种空间积聚的状态,这就是农业科技园。与其他产业不同的是,农业科技园不仅仅是高新技术的简单空间聚集,还有示范和推广先进农业技术的功能,并且随着旅游农业的兴起,逐步发展形成高科技休闲农业园。

二、国外农业科技园区的主要模式

国外农业科技园区是在全世界高科技产业开发区快速发展的趋势中孕育和出现的,其基本特征是以先进的农业设施和高新技术向农民、学生及游人展示新的生产模式。农业科技示范园区已成为国外农业一种方兴未艾的发展趋势,其主要模式有以下三种。

(一)示范农场(demonstration farm)

示范农场是以推广先进技术为主体的试验示范基地模式。如以色列从 20 世纪 70 年代以来,通过科研单位和生产基地的结合,针对干旱和沙漠化的生产条件建立了多个以沙漠农业和节水农业为主体的试验示范农场,并通过创办专门的基金支持试验示范农场的建设与运营,取得了举世瞩目的成就;又如美国艾奥瓦洲的艾琳(Allee)示范农场,主要针对标准化生产、可持续发展、家庭农场问题而设置,使那些个体性的农场在一种互为关联的系统下发展,从而比它们原本的单个发展能更好地整合资源,降低研究、生产成本。艾奥瓦州立大学研究顾问委员会负责示范计划,农业领导则来自州政府。

（二）假日农场（holiday farm）

假日农场是以农业观光、休闲为主体的农业示范基地,主要以农业新技术、新品种、农事活动的展示示范和农业休闲为主要内容,它把观光旅游与农业结合为一体,让游人体验农事,享受休闲、观赏的乐趣,达到寓教于乐的目的。如日本 20 世纪 70 年代发展起来的爱知县海部十四村的"空中花园"和美国、新加坡等国的"耕种社区"、"市民农园"等,这些园区每年均吸引数十万的游客观光游览。从某种意义上说,这种模式的农业科技园区更应该属于服务行业,至少是与农业有关的服务行业,而不仅仅是农业本身意义上的园区。

假日农场的种类很多,其中最主要的有以下几种。

1. 观光农园

在城市近郊或风景区附近开辟特色果园、菜园、茶园、花圃等,让游客自己摘果、种菜、赏花、采茶,享受田园之乐趣。

2. 农业公园

按照公园的经营思路,把农业生产场所、农产品消费场所和休闲旅游场所结合为一体。如日本有一个葡萄公园,将葡萄园景观的观赏、葡萄的采摘、葡萄制品的品尝以及与葡萄有关的品评、绘画、写作、摄影等活动融为一体。除了果品、水稻、花卉、茶叶等专业性农业公园外,目前大多数农业公园是综合性的,包括服务区、景观区、草原区、森林区、水果区、花卉区及活动区等。农业公园的面积,因性质和功能而异,既有小型的迷你型水稻公园,又有大型的(几十公顷)果树公园。

3. 教育农园

教育农园是兼顾农业生产与科普教育功能的农业经营形态,即利用农园中所栽种的作物、饲养的动物以及配备的设施,如特色植物、热带植物、水耕设施栽培、传统农具展示等,进行农业科技示范、生态农业示范,传播游客农业知识。代表性的有法国的教育农场、日本的学童农园等。

4. 森林公园

森林公园是指以林木为主,具有多变的地形、开阔的林地、优美的林相和山谷、奇石、溪流等多景观的大农业复合生态群体。在树种结构上针叶树、阔叶树与果树树种相结合;在土地资源利用和空间布局上,林、果、渔、菜、花相结合,以森林风光与其他自然景观为主体,配套一定的服务设施,必要的景观建筑,在适当位置建设有狩猎场、游泳池、垂钓区、露营地、野炊区等。是人们回归自然、休闲、度假、旅游、野营、避暑、科学考察和进行森林浴的理想场所。

（三）试验站（experimental station）或试验农场（experimental farm）

在美国,农业部属下有 40 个农业试验站,是农业部属下庞大的农业科技教育、研究和推广协作网中的一部分。它依托州立农学院,紧紧围绕农业开发的迫切需要,开展科学研究和技术培训、推广工作,其基本运行经费由国家财政拨款支持。如艾奥瓦州立大学的试验站土地,一般由当地的非营利的农场协会与商人提供一些靠近试验站的田地供试验或出租给试验站,试验站的部分研究经费来自出售农产品的收入。

### 三、国外农业科技园区发展的主要经验

各种农业科技园区无论从空间规模还是组织结构上都大相径庭,但是作为高技术集聚的地域空间,它们又存在许多的相通之处,它们的发展经历带给人们一些经验和教训。如基础设施建设完备、参与建立全球网络、充分融合于所在的区域背景、注重内部空间功能分区、"三生"协调发展与社区建设等。

(一)区域营销理念

农业科技园区之间面临全球性的激烈竞争,要增强自身的竞争力,必须突出园区的特色。所以,加强农业科技园区的营销就显得格外重要。将整个农业科技园区视为企业,将园区未来的发展视为产品来进行开发、包装和行销,针对不同购买者(入驻企业等)的不同需求,建设独具特色的农业科技园区。这种区域营销理念,或整体行销与整体发展的思想是国外农业科技园区发展最重要的理念与前提。

(二)建立全球网络

随着各地农业科技园的发展,园区间的开放以及经济全球化使得各种要素的流动性大大加速,各园区相互交织,组成了全球性的农业科技园区网络。对于后起的园区,关键在于如何"入网"以及如何充分利用网络上的资源与市场,达到"地方生产,网络营销"的目的。可见,立足于网络,提升农业科技园区的支配力与控制力就显得至关重要,而建设这种能力则要求具有便捷的交通与通信等基础设施。

(三)充分融合区域背景

尽管面对全球化的大背景,资源共享使得科技产业的发展产生趋同效应,但一个成功的农业科技园必然有其独特的一面。区域内的背景资源是农业科技园区建设的基础,也是一个园区区别于其他园区的关键之处。充分融合区域背景,建成独具特色的农业科技园,是园区发展的根本出路。这其中特别强调不同级别、不同类型地区农业科技园区的布局,安排要科学合理,各具特色。

(四)"三生"协调发展

科技产业的一个特点就是强调生产、生活与生态的"三生性"。农业科技园区不仅仅需要提供农业研究与农业生产用地,还需要给其中的工作者提供高质量的生活与休闲用地;园区的环境质量不仅要对内给人舒适感,对外也应当具有吸引力和亲切感。农业科技园区作为一种设施完善的社区,必须将"三生"功能相结合,创造一种亲和力,才能吸引与保有最具活力的高技术人才。

(四)科研、教育和推广三结合

现代高科技农业最大的成功得益于科研、教育、推广三结合的体制。这是世界各国经过近百年的发展得出的经验。如美国农业三结合体制集中体现在各州的赠地大学(美国各州依法建立的大学,是各州农业研究、教育和推广的综合机构)农学院(系),其教学、科研和推广是赠地大学农学院(系)工作中不可缺少的重要组成部分。教学工作主要在农学院(系)本部,农学院(系)下设的科研与教育中心(或称农业实验站)及若干示范点是主要的科研机构,每县设一个农业推广站作为主要的推广机构。农学院(系)的教师均承担着不同比例的教学、科研和推广任务,这样可以把最新的科学知识传授给学生,同时把最好的技术和信息推广给农民,推广过程中发现的问题又能及时反馈给科研机构,以便及时地、进一步地加以解决。

## 第二节　我国农业科技示范园区发展状况

国家现代农业示范区是以现代产业发展理念为指导,以新型农民为主体,以现代科学技术和物质装备为支撑,采用现代经营管理方式的可持续发展的现代农业示范区域,具有产业布局合理、组织方式先进、资源利用高效、供给保障安全、综合效益显著的特征。

围绕国家中长期科技发展目标和社会主义新农村建设目标,以邓小平理论、"三个代表"重要思想为指导,全面贯彻落实科学发展观,以改革、创新为动力,以科技资源高效利用为中心,优化布局,开源扩流,转变机制,营造竞争、有序的发展环境,开发国际国内两种科技资源、两个科技市场,利用园区服务众多企业、集聚关联产业等两种发展方式,进一步发挥园区的科技积聚作用、服务引领作用、集成带动作用和扩散支撑作用,不断加快科技富民兴村的步伐。

国外的历史经验证明,农业科技园区建设是农业进入现代化发展阶段的客观需要。我国的农业有其独特的发展阶段和历史背景,农业科技园区的形成也有独特的历史渊源和社会背景,因而其形式和内容有别于国外的农业科技园。我国农业科技园的建设主要是为了解决农业生产过程中对环境所造成的污染问题和满足人们对农产品的更高要求,适应现代农业发展的需要,推进科技兴农、调整优化农业产业化结构。自 20 世纪 90 年代以来,随着我国农业生产方式逐步由传统型向现代集约型方向过渡,作为现代集约型农业示范窗口的农业科技示范园区也就应运而生,并呈快速发展的势头。农业科技示范园区的建设为区域农业的发展、农业科技与经济的有效接合做出了积极贡献,但由于农业科技示范园区在我国从产生到发展的时间很短,存在问题和缺陷也在所难免。

### 一、我国农业科技示范园区概况

早在公元前 2000 多年的尧帝时代,通过推举的方式让姬弃担任了部落联盟的农师,设"教稼台","教民稼穑、树艺五谷"。公元 1000 年前后,我国历史上就曾出现过"国家级示范园区"的雏形,即宋真宗即位后不久,派使臣去越南用珍宝换回 20 石的水稻良种——"占城稻",第二年在 3 个地方试种,而且他亲自命人在皇宫内开辟园地,种植占城稻,并经常视察,收割后将稻穗运至朝廷,以示百官。1926 年江苏省东南大学与中华职业教育社合作,在江苏省昆山市进行农业新技术的推广,开创了高等院校与社会团体合作推广农业技术的先河。1949 年后,我国更采取多种形式的示范推广活动,如 20 世纪 60 年代的"样板田",70—80 年代的各种类型农业试验田、示范基地等。

为推动我国农业现代化的建设和农业科技的进步,迎接新的农业科技革命,20 世纪 90 年代以来,我国各地都在致力把高新技术成果迅速地向农业领域转移。通过创办高新技术开发区、科技园和现代农业示范区,来加快利用高新技术改造传统农业的步伐。这是我国农业生产力发展到一定水平的必然产物,是我国由传统农业向现代农业转变的新的组织形式。这对农村经济的进一步发展,促进农业高新技术的集成和转化,加速农业现代化进程有重要的先导意义和实践意义。实践证明,这是较快提高我国农业科技水平的一条重要措施,是推进中国农业现代化的一条新路。

我国农业部要求对国家现代农业科技示范园区实行"目标考核、动态管理、能进能退"的考核管理机制,对建设成效显著、示范引领作用明显的国家现代农业科技示范园区将加大支持力度,对违反国家土地利用政策、损害农民利益、发生重大生产安全和农产品质量安全事故的示范区,将撤销其"国家现代农业示范区"称号。截至2015年2月,农业部已公布三批示范园区名单,共283个。

创建示范园区是党中央、国务院推进中国特色农业现代化建设的重大举措,对实现现代农业发展在点上突围,进而带动面上整体推进具有重要意义。各地农业主管部门和各示范园区人民政府要倍加珍惜示范区这一光荣称号,以率先实现农业现代化为目标,以改革创新为动力,主动适应经济发展新常态,立足当前强基础,着眼长远促改革,加快转变农业发展方式,努力把示范区建设成为我国现代农业发展"排头兵"和农业改革"试验田",示范引领中国特色农业现代化建设。

## 二、我国农业科技示范园区产生的社会背景

在中华文明史上,我国一直是一个农业占主导地位的国家。但农业的生产方式一直比较落后,生产成本高,产品质量差,农业结构不合理等,并已成为改革开放以后影响我国农业可持续发展的主要矛盾。党的十六大报告明确指出:"建设现代农业,发展农村经济,增加农民收入,是全面建设小康社会的重大任务。"当前农业发展进入新的阶段,特别是我国加入WTO以后,农产品将面临更加激烈的国际、国内市场的竞争,国务院领导同志曾多次指出,加入WTO最大的挑战是农业。农业科技在市场农业发展中的地位和作用将越来越突出。因此,如何加快科技成果的转变,加快农业科技创新步伐就显得尤为迫切。我国的农业科技示范园区建设正是适应这一新形势而发展起来的。

(一)我国农业和农村经济发展到一定阶段的产物

改革开放以来,我国农业经过几十年的努力,已经发展到一定水平。尽管发展仍存在着区域差异,但在发展水平较高、地方技术经济和财政较好的地区,已不满足于常规的生产方式,开始着手考虑生产力要素的重新组合,从而要求在生产组织形式上有所突破。农业科技示范园区的出现,是这种生产力发展的必然产物。由于园区有利于生产要素的优化配置、农业资源的高效利用以及农业生产率和生产效益的提高,逐渐成为各地探索新形势下发展生产力的有效模式。

(二)我国传统农业受到世界先进农业设施和高新技术冲击开始向现代化农业转化的产物

1994年以来,我国相继在北京建立了以展示以色列设施农业和节水技术为主体的示范园——"中以示范农场",同时在上海建立了以引进荷兰全套设施的现代农业园,包括玻璃温室设施、优良品种、高效栽培技术和计算机管理等全方位地展示示范,使人们看到了世界现代农业的崭新面貌,建成以来已吸引数百万人来此参观学习。此后,在全国形成了以展示和应用世界先进设施、农业技术为主要内容的农业科技示范园区的建设发展热潮。

(三)我国现行的农村体制和市场经济条件下农业科技推广体系适应新形势需要的必然选择

目前,我国农村结构的主体仍是一家一户的家庭联产承包制,绝大多数从事生产的农民文化素质较低,科技意识较淡薄,承担风险能力较弱。农业新品种、新技术的推广应用单

纯靠行政命令的手段已很难奏效,农民只有亲眼感受并亲身体验才能认可应用,原有的农业科技推广体系出现了前所未有的困境。农业科技示范园区的出现,为农业新技术推广、农业科技与农村经济紧密结合找到了一条有效的途径。通过园区的建立,集中展示、示范当地适用的农业新技术、新品种,使农民能亲眼看见农业高新技术的成果和应用前景,并加以模仿应用,达到普及与推广的目的。因此,农业科技示范园区的出现,是农业科技推广由计划转向市场的理想选择。

（四）我国农产品与国际市场接轨、迎接加入 WTO 挑战的现实选择

我国已经加入 WTO,但目前我国农产品的生产主体仍然是一家一户的农民,由于生产方式与生产手段的限制以及与市场经济的长期脱离,农产品的上市标准和品质与国际市场差距较大,因此我国农业生产必将受到加入 WTO 的强烈冲击。农业科技示范园区作为一种以集约化生产、规模化经营和产业化龙头带动为主要方式的事物,其出现和成长容易实现对农产品品质的控制,并参与国内外市场的竞争。因此,农业科技示范园区是我国农业生产适应加入 WTO 冲击的必然选择。目前,各地的农业科技示范园区已成为进入高档宾馆、饭店和国际市场的农产品的主要来源。

（五）都市对休闲和休闲农业需求的产物

随着我国城市化进程的加快和城市居民生活水平的提高,城市居民日益不满足于简单的公园休闲方式,而是要寻求一些回归自然、返璞归真的生活方式。如利用节假日到郊外去体验农业生产劳动、体验现代农业风貌、进行垂钓等。而农业科技示范园区的出现为满足城市居民的这种需求提供了广阔的空间。如北京的"锦绣大地农业观赏园"、"朝来农艺园",上海的"孙桥农业开发区","苏州园林大世界",珠海农科中心示范基地等已经成为当地城市居民了解现代农业知识、进行青少年教育和休闲娱乐的重要场所,每年吸引数十万游客前来观光旅游。

## 三、我国农业科技示范园区发展的历史阶段

建立农业科技示范园区的目的是以调整农业生产结构、增加农民收入、展示现代农业科技为主,在农业科技力量较雄厚、有一定产业优势、经济相对较发达的城郊和农村划出一定区域,以农业科研、教育和技术推广单位作为技术依托,由政府、集体经济组织、民营企业、农户或外商投资,对农业新产品和新技术集中开发,形成集农业、林业、水利、农机、工程等高新技术设施、国内外优良品种和高新技术于一体的农业高新技术开发、试验和生产基地。我国的农业科技示范园区发展大致可分为以下四个阶段。

（一）起步阶段

从 20 世纪 80 年代末开始,以山东禹城科技农业园筹建为标志,是我国农业科技示范园区发展建设的起步阶段。禹城科技农业园依据当地的区域社会经济条件和自然背景以及它在黄淮海地区的农业科技地位而建立。实际上,我国第一个实质意义上的农业科技示范园区是 1994 年在北京建立的"中以示范农场"。1994 年 3 月我国和以色列政府签订协议,从 1994 年 10 月项目开始建设,到 1997 年 10 月已初步建成了 23 亩以色列连栋温室、100 亩日光温室、400 $m^2$ 蔬菜与花卉加工车间及配套的电力、施肥灌溉等设施。在中以示范农场的带动下,上海孙桥现代农业开发区和北京顺义、昌平、平谷、怀柔等地的农业科技示范园区陆续开始建设。

在我国农业科技示范园区发展建设的起步阶段,农产品需求比较旺盛,生产供给相对不足,农民收入增长强劲平稳。受此影响,我国农业生产重在增产,辅以提质。就农业科技示范园区数量增长情况而言,这一阶段园区数量增加相对平稳。就其投资和建设主体而言,以中央和省级政府为主,民间投资成分不大。而园区创新引进示范推广农业科技的目的则是重在提高产品质量和进行反季节生产、工厂化生产。总之,这一阶段农业科技示范园区的发展建设刚刚起步,经验还很不足,社会各界对园区的认识还比较模糊。

（二）快速提升阶段

从1997年开始,以国家工厂化农业示范区建设为标志,我国农业科技示范园区的建设进入了快速发展的阶段。科技部为加速我国农村经济发展,利用高新技术改造传统农业,提高农业资源产出效率和农业的劳动生产率,实现农村经济增长方式由分散、粗放向集约、高效转变,加速农业产业化进程。在这个思想指导下,首批推出以市场为导向、以科技为先导、以产业化为目标的工厂化高效农业示范工程项目。在北京、上海、沈阳、杭州和广州五个城市实施的国家工厂化农业示范区,要求通过国家、部门、地方、企业联合投资,建立2500亩技术示范核心区、1万亩应用示范区和10万亩延伸辐射区,并带动一批相关产业的发展。项目选择以现代设施农业为主,集成国内外高新技术组装配套,进行工厂化生产。国家级的陕西杨凌农业高新技术产业示范区和北京锦绣大地农业股份有限公司是这一阶段的典型代表。与此同时,一些民营企业、乡镇企业、国有企业开始进入农业领域,它们以市场为导向,以科技为依托,采用灵活的经营方式和股份制模式,创建了一批现代农业科技企业,建设了一批高效的农业科技示范园区。

在这一阶段,我国农产品经历了由需求旺盛、供给相对不足向供给充足、需求相对疲软的重大历史性转变,农民收入增长放缓。受此影响,我国农业生产逐渐转变为重在提质、辅以增产。就农业科技示范园区的数量增长情况而言,这一阶段园区数量快速增加。其投资和建设主体继续以政府为主,但民间资本开始大规模涉足,其中北京锦绣大地农业股份有限公司的成立就是民间资本大规模涉足农业科技示范园区建设的一个重要标志。"园区创新,引领示范"。推广农业科技重在提高产品品质,进行优良品种种植和无公害生产。总之,这一阶段社会各界对农业科技示范园区的认识有了一定提高,杨凌农业高新技术产业示范区的成立更标志着农业科技示范园区的建设和发展上升为国家意志,但园区发展建设经验依然不足。

（三）急速膨胀阶段

从1999年开始,由于农业科技示范园区得到了政府和社会各界的认可和重视,大量地方政府、民营企业、国有企业以及个人开始涉足农业科技示范园区的建设,使我国农业科技示范园区发展建设进入了急剧膨胀的阶段。这一阶段的典型代表当属中国农科院在河北廊坊建立的"国际农业高新技术产业园"。该园区计划总投资50.8亿元,规划占地20000亩,分三部分:一是占地2000亩的农业高新技术创新试验核心区,以中国农科院自主农业创新成果进行试验、示范与技术集成;二是占地2000亩的国际农业高新技术试验示范区,以引进国外最新农业科技成果进行试验、示范和成果改造集成为主;三是占地16000亩的农业高新技术产业孵化区,以招商引资为主要方式,进行产业孵化和优质农产品的规模化、标准化生产。

在这一阶段,我国农产品全面转为供大于求,农民收入全面进入负增长时代。此外,自从2001年我国加入世界贸易组织后,农业生产与国际市场联系更为紧密。受此影响,我国农业生产一方面更加重视产品质量的提高,另一方面开始根据国际市场需求进行相应的产业结构调整。就农业科技示范园区的数量增长情况而言,这一阶段园区数量急剧增加,其投资和建设的主体可谓政府与民间平分秋色。在政府投资建设的园区中,除原来的中央和省级政府建设的园区外,地方政府(县级政府和乡级政府)建设的园区也大量出现,其创新引领和示范推广作用使农业科技转变为具有比较优势的农产品生产技术和质量控制技术。另外,包括农地制度等在内的农业生产管理制度也开始在园区中进行探索。这一阶段农业科技示范园区建设经验不足的情况并没有发生根本的变化,且由于审批和管理比较混乱,我国农业科技示范园区的建设可以说处于一种过热的无政府状态。

(四)逐步规范阶段

经过20世纪90年代的建设,我国的农业科技示范园区在全国发展迅速。到目前为止,我国各级各类农业科技示范园区已超过5000个。可以说,农业科技示范园区的数量已经相当充足,但就其质量而言,很多园区并没有起到引领、示范、推广农业新技术,带动农业现代化发展的作用。如山西省绛县从1999年11月到2001年2月建起了142个农业科技示范园区和2687个农业科技示范点,平均每个乡镇有十多个科技示范区,每个村有十多个科技示范点,这完全违背了事物的客观发展规律。

在这样的情况下,为进一步发展农业科技示范园区的事业,进一步发挥农业科技园区的龙头作用,科技部在已经建设的有一定基础的农业科技园区中,通过专家评审,挑选一部分园区开始试点建设国家级农业科技园区。2001年8月,科技部批准山东寿光等21个农业科技园为"国家农业科技园区(试点)";2002年4月,科技部又组织专家对第二批申报的农业科技园区进行了评审,批准了宁波慈溪等15个农业科技园区为第二批"国家农业科技园区(试点)"。至此,我国国家级农业科技园区达36个,国家农业科技园区逐步进入了制度化、规范化的轨道。

## 四、园区建设的基本要求

(一)坚持规划引领

根据各示范区自然禀赋、产业基础、发展水平等实际,统筹规划比较优势突出、市场前景广阔的主导产业,深入分析发展趋势,科学确定发展思路,合理布局发展区域,有针对性地制定发展扶持政策,促进示范区主导产业上规模、上层次、上水平,率先实现现代化。

(二)创新体制机制

以培育种养大户、家庭农场、农民合作社等新型经营主体为重点,加快构建新型农业经营体系,在推进土地适度规模经营、发展农业机械化和信息化、创新农业投融资机制、完善农业保险服务等方面加大改革力度,构建适应现代农业发展的制度体系,为示范区建设提供强大动力。

(三)加大资金投入

以破解发展瓶颈制约为突破口,积极安排专项资金,整合使用现有财政支农强农投入,引导金融资本和社会资本广泛参与,形成各类资金竞相支持示范区建设的强大合力。

(四)加强组织领导

抓紧组建由党政主要领导牵头、涉农有关部门参与的示范区建设领导小组和专门机构,负责统筹协调推进示范区建设各项工作,明确责任分工,强化任务落实,建立绩效管理机制,促进示范区建设按照规划蓝图有力有序推进。

（五）强化信息报送

要及时交流总结示范区建设进展情况或发展经验,定期不定期向科技部报送工作动态,重要工作情况可随时报送。科技部将搭建信息交流平台,促进各地相互学习,取长补短,共促共进。

## 五、园区发展思路和建设基本原则

（一）园区发展思路

1. 提高科技资源积聚能力和自主创新能力

利用多种方式,实现园区与其相关专业领域的国内外科研院所、高校、科技园区的有效联结和互利合作,把先进适用的科技资源不断地引进来,经集成熟化后使之扩散出去。

2. 增强科技服务引领能力

使更多的企业、种养大户、致富能手通过园区方便快捷地获得各类科技产品服务,使园区在现代农业发展、新农村建设的各个方面发挥引领作用。

3. 提升科技集成带动能力

突破当地急需的现代种植业、养殖业和加工业及绿色供应链等产业化关键技术,培育壮大科技型龙头企业,引导相关企业和要素向园区积聚,着力培育区域支柱产业和经济增长点。

4. 加大科技创新服务能力

把新型农民的培训者、农村基层管理及技术人员、中小企业主等作为主要培训对象,促使他们向广大农民传播现代科学技术,为现代农业发展、社会主义新农村建设提供坚实的人力支撑。

（二）园区建设的基本原则

1. 优化布局,突出特色

有效配置农业产业要素和科技要素,形成合理的区域布局和专业分工,通过国家相关计划、项目支持引导,促使园区科技向区域优势产业、特色农产品生产和加工领域高效积聚、创新利用;并作为工业反哺农业、城市带动乡村的科技产业化平台来促进区域主导产业、新兴产业的发展。

2. 整合资源,提升能力

通过有关部门组织协调,促进园区与国内外科研院所和高校等建立科技合作、成果转让、信息共享机制;鼓励科研单位、大专院校利用园区建立的科技平台开展合作研发。设立技术开发中心、实验室、博士后流动站等,集成各方资源,促进园区科技发展。

3. 以人为本,转变增长方式

把提高农民生活水平作为园区发展的根本出发点和落脚点,使其发展向更加注重促进村镇居民的全面发展和农村经济社会的协调发展转变。立足节约资源、保护生态、推动发展。把促进农业增长方式根本转变作为着力点,促使农业农村经济增长向主要依靠科技进步、提高资源利用效率转变,实行节约发展、清洁发展、安全发展。

4.坚持请进来、走出去

依托园区合作共享共赢的机制创新,一方面要加大国内外先进适用技术成果,特别是高新技术成果的引进力度,进行集成创新利用;另一方面要在我国有相对优势的农业科技领域积极实施"走出去"战略,鼓励科技型农业企业开发国际资源,开拓国际市场。

5.遵循政策法规,严格土地和水资源管理

国家农业科技园区要严格遵守国家土地政策法规,在地方各级政府的领导下,严格土地和水资源管理,坚决避免盲目征用农田,改变农田土地性质,注意节约和保护好水资源。

6.实行动态管理,推进健康发展

为树立良好的国家农业科技园区品牌,引导地方各级各类农业科技园区的发展,通过建立动态考评机制,对已建试点园区实行动态管理、定期绩效考评制度,对合格的试点园区挂牌认定,不合格的限期整改,未达标的坚决取消;同时,发布指南,遴选一批建设基础好、特色明显、优势突出的省级园区进入国家园区试点,促进园区的健康发展。

## 六、园区的基本特征与主要功能

### (一)基本特征

1.我国农业生产力发展新的制高点

生产力的发展是推动社会经济发展的决定因素。经过几十年的努力,我国农业生产力已经有了长足的进步,出现了可喜的变化。然而,由于园区有利于生产要素配置的优化、农业资源利用的高效化、农业生产率和农业生产效益的高值化,正逐渐成为农业生产力发展的新的制高点,必将引导农村经济发生深刻变化。

2.我国农业现代化建设新的生长点

今后的一二十年是我国由传统农业向现代农业转变的关键时期。几千年来,以自然经济为特征的传统农业,其实是一种"三靠"农业,即一是"靠天吃饭",经不起旱涝等天灾的危害;二是靠对土地的单项索取,劳动效率很低;三是靠人畜和工具的简单劳动,资金和能量的投入有限。而现代农业就要彻底将传统农业"老三靠"转变为一靠科技、二靠投入、三靠政策的"新三靠"。农业科技示范园区的出现为"新三靠"找到了最佳的切入点。它是通过现代技术的高度集成和资金的密集投入,在有限的土地上充分利用气候和生物潜能得到最高的产量、良好的品质、较高的效益。这是农业摆脱自然的束缚,由传统农业向现代农业转变进程中的一个新的生长点,也是现代农业的重要生产形式,代表了农业经济发展的新方向,具有科学性、创新性、鲜明性和可操作性,并能在同类型条件下推广,从而带动整体的全面发展,因而具有旺盛的活力和强劲的生命力。

3.农业科技与农村经济的结合点

农业的持续发展和现代化建设,关键是科技。由于现有科技体制和农民分散经营两方面的制约,农业科技和农村经济结合以及科技成果转化为现实生产力存在很多困难和障碍。而农业科技园是农业和科技结合的产物,从而为科学技术进入农业生产过程提供了有效的切入点。

农业科技示范园区的科技内涵主要体现在现代农业设施的"硬件"部分和现代农业技术管理的"软件"部分两个方面。前者需要提供新型设施材料和优化的硬件结构,后者需要提供适应设施条件下果蔬、花卉、畜禽、鱼等优质新品种和新的栽培(饲养)技术,并对设施条件下的光、温、水、土、环境等诸要素进行调控,使之向自控化、智能化和流水线生产的方向发展。所以,农业科技示范园区为农业高新技术的应用和集成提供了崭新的空间,并为农业科技和农村经济的结合找到了最佳的切入点。

（二）主要功能

1.精品生产和加工功能

农业科技示范园区的本质是经济实体,产品生产是其基本功能。但农业科技示范园区生产的不是一般的农产品,而是用最新品种、最好技术培育和加工出来的优质精品,以满足国内外日益提高的消费需要。同时,这类高科技含量的农业商品进入市场,将增强本国产品的竞争力,并在国外市场上占有一席之地。

2.示范功能

我国现阶段大多数农民的文化素质较低,科技意识较淡,承担风险的能力较弱。针对这个基本国情,几十年来我国农业新技术推广的一个重要方法是现场示范,让农民亲眼看到、亲身体会,才能被其认可并乐意应用。我国高新科技武装的现代农业,是我国农业发展史上的历史性变革,投入这场变革的主体仍然是广大的农民。而农业科技示范园区这样现代化事物的出现,为农民对现代农业的认识,会起到重要的示范作用。

3.带动功能

事物的发展,由低级到高级,由传统到创新,由部分到整体,首先要有适应生产力发展的先进的因素来带动。农业科技示范园区这个生长点和制高点,就具有带动农村生产力发展、农业新技术应用和农业现代化建设的作用。如通过园区种苗繁育中心,带动名优品种普及和推广;通过园区现场与理论结合的技术培训,带动广大农民素质和应用新技术水平的提高;通过农产品加工和农业高新技术在园区的产业化,带动当地农户种植业、养殖业和加工业的发展。

4.教育功能

现代农业、高科技农业、工厂化农业等是什么样子？最好的农产品是如何生产出来的？如果没有一个现场,就不可能使青少年和中小学生获得感性认识,这对将要承担 21 世纪现代化建设大任的新一代来说,这种现代农业的直观感受对他们未来发展会起到重要的教育作用。

5.休闲观光功能

都市农业中的现代农业科技园区,既保持农业的自然属性,又具有农业新型设施的现代气息,加上园林化的整体设计和长年生长的名、特、优、新果蔬、花卉、珍禽或名鱼装点其间,争奇斗艳,形成融科学性、艺术性、文化性为一体的人地合一的现代休闲观光景点,成为城市综合体的有机组成部分。

七、园区的分类

（一）按国家和地方项目划分

1.国家级农业高新技术开发区

1997 年,由国务院批准成立的陕西杨凌国家级农业高新技术示范区,是由西北农林科技大学和杨凌职业技术学院及其试验基地作为园区主体的国家级农业高新技术开发区。该开发区常年开展小麦育种、旱作农业、节水灌溉、水土保持等多项研究与开发。同时建立中试基地、生产示范基地和高新技术产业基地,并初步形成良种、生物农药、新型饲料、专用肥、节水灌溉设备、植物生长调节剂、种苗脱毒快繁等13个主导产业。这种形式有利于产学研结合,即试验、示范、应用相结合,研究、开发、生产相结合,对加速农业高新技术研究及其成果的转化有重要意义。

### 2.工厂化高效农业示范区

1997年2月,原国家科委正式立项并启动了首批选在北京、上海、沈阳、杭州和广州5个城市的"国家工厂化农业示范区"。要求通过国家、部门、地方、企业联合投资,建设2500亩技术示范小区,1万亩应用示范区和10万亩延伸辐射区,并带动一批相关产业的发展。示范项目的选择以设施园艺为主体,集成国内外高新技术的组装配套,进行工厂化生产。在两年多时间里,5个城市工厂化农业示范园区的建设进展较快,如北京顺义三高农业示范区、上海马桥园艺场科技示范园区、广州的粤旺园艺示范区等均具有较大的规模。

### 3.持续高效农业示范区

科技部1998年批准立项,在全国不同生态区域设立持续高效农业示范区。第一批启动项目15个。示范区以先进实用的农业新技术为主体,以农业的持续高效发展为目标,以农业高新技术推动当地农业产业升级和结构调整,为21世纪农业可持续发展起引导作用。黑龙江省牡丹江持续高效农业示范区即属此类型。

### 4.现代农业示范区

由财政部1998年批准立项,第一批启动项目10个。示范区主要目标是改造中低产田,提高农业综合生产能力;在改善农业基本生产条件的基础上加大科技投入的力度,大力提高农田水利化、机械化、产业化水平,探索现代农业建设的道路和途径。示范区建设规模为666.67hm$^2$,建设投资的标准在7500元/hm$^2$以内。如河南省南阳卧龙区现代农业示范区等。

### 5.国家农业综合开发高新科技示范区

国家农业综合开发办公室从1999年起专门设立农业综合开发高新科技示范项目。示范区的面积一般在667hm$^2$以上,示范项目的宗旨是利用高新技术改造传统农业,突出农业高新科技成果的示范作用,促进科技成果的转化。如良种扩繁、节水灌溉、高效栽培、集约化种养、平衡施肥和信息技术等农业高新技术是项目的优选内容。该项目每年由各省、自治区、直辖市向国家农业综合开发办推荐,然后由专家组进行评审立项。第一批启动项目共17个。

### 6.省、市级农业科技园区

这类农业科技园区大部分由地方政府投资兴建。项目的建设主要是围绕当地农业生产和农村经济来展开。其主要做法是利用当地资源优势,引进优良品种和集约化种养殖技术,通过试验示范来转化农业新成果、新技术,促进当地产业结构调整和农业产业化经营的发展,提高农业的总体技术水平,培育农业经济新的增长点。如山东省人民政府拿出5亿多元用于农业高新技术开发,扶持建立层次较高的农业高新技术产业开发区。1994年以来,山东省已建立10个省级农业科技园区,已有果树和花卉良种示范、蔬菜脱毒快繁、无公害蔬菜、生物农药、生物肥料、良种包衣加工、肉牛性控及胚胎移植、食用菌工厂化生产、微机自控灌溉等10多个农业高新技术项目,有40多个农、林、牧、渔优良品种进区繁育推广,对山东省农业高新技术的推广应用起到了辐射和示范作用。

（二）按经营方式划分

1. 政府兴办型

通常以社会效益、生态效益为主的生态保护园区或关系国计民生的重要农业科技园区均采用政府兴办型。如杨凌国家级农业高新技术示范区就是一例。这类园区一般是由中央和地方政府及有关职能部门直接投资建设和管理，通常以农业科技示范项目的形式来安排，政府负责园区建设主要资金的筹措，出资额一般在总投资额的50％以上。如国家农业综合开发办设立的高新科技示范项目，投资的构成是中央财政600万元、地方财政600万元、银行贷款600万元、企业自筹300万元，其比例为1：1：1：0.5。

2. 教学科研院所与地方政府联营型

这类园区的特点是以实验基地为基础，由科研教学单位和地方合作投资兴建，共同开发农业高新技术成果。前者把取得的农业高新技术成果直接转化植入后者的生产过程，形成科学技术与生产过程的有机结合，使农业高新技术成果迅速转化为生产力。在教学科研院所与地方政府联营型中，虽然研究和生产分属两个独立的行为主体，但由于存在共同的经济利益，即对项目的开发研究和成果应用的共同投资，风险共同承担，利益共同分享，从而保证了农业科技园建设和生产过程的正常运行。如中国科学院、中国农科院与山东禹城市等共同建设的农业科技园区就是属于这种类型。

3. 民间兴办型

这类园区主要是由集体经济组织、企业、外商、个人等投资兴办，多以股份制公司的形式进行经营管理。如河南农民郭留成建立的具有法人资格、独立经营、自负盈亏的河南亚世达高科技农业公司，在中国农科院帮助下，筹资1200万元，在河南驻马店建立农业科技园区，生产以色列樱桃、西红柿和甜椒、网纹甜瓜、米冬瓜、长白苦瓜等名优产品，并带动周边农民种植名优蔬菜243.3hm²，其无公害礼品蔬菜在郑州、北京等城市畅销。民营科技园区作为市场经济孕育出的科技与经济综合体，正以灵活的运行机制展现出顽强的生命力。

4. 民办官助型

这类园区的基本特征是由集体经济组织、企业、农户等作为投资主体，政府及其职能部门提供部分资金和信息，帮助协调关系，保证优惠的政策环境，促使园区健康发展。政府下属的事业单位也可以技术、资金入股的形式合资联办，参与管理。如河南省唐河县人民政府从1997年以来，每年拿出300万元科技经费，引进中国农科院高新技术到唐河21个农业科技园进行示范，对唐河传统农业进行嫁接改造，带动唐河酥梨、无籽西瓜、黄牛等产业的升级换代，获得了显著的经济效益。

（三）按生态类型划分

1. 城郊型农业科技园

这类园区一般建在大中城市市郊。因靠近大中城市，既可为城市居民提供高品质、无污染、无公害、科技含量高的鲜活的农产品，同时还起到改善城市生态、居民生活环境，为城市居民提供休闲旅游的场所，为中小学生提供绿色教育服务，满足城市人民物质和精神需要的作用。如北京的锦绣大地现代农业科技园区等。

2. 平川粮棉生产型科技园

这是一种建于平原粮棉产区，以粮棉生产为主，推广优质高产的农作物新品种，综合运用先进的栽培管理、平衡施肥、节水灌溉等新技术，通过种养相结合，促进养殖业、加工业和农副产品的综合利用,使农产品转化增值的现代农业科技示范园区。如浙江省首批44个省级现代农业示范区中有27个是粮食生产为主导,多数建在杭嘉湖和宁绍平原。在北京地区、黑龙江垦区和松辽平原,也建有不少平川型的现代农业科技园区。

3.丘岗山地生态型农业科技园区

这是建在经济、科技较发达的山区或丘陵地,以园艺、林果等为主,多种经营并存,为开发山区作示范的农业科技园区。丘岗山地生态型农业科技园区可分为立体农业示范园区(指在一个区域内,根据不同的海拔高度和气候条件进行山地、丘陵、滩涂、河谷的垂直梯度开发。在坡度较大、海拔较高的山地发展用材林;在坡度较小、海拔较低的丘陵区发展林果业;在滩涂、河谷发展粮食、蔬菜等)、庭院经济开发示范园区(主要指以农户庭院为依托,包括庭院周围的荒山、荒地、荒水等)和名特优产品开发示范园区(一般指具有独特的气候和土壤条件,有利于发展某些名、特、优农产品的区域)三大类。

4.治理生态和保护环境的科技园区

这是一种以保护生态环境、治理土地沙化和草原退化为主要示范内容的科技园区。如林业部批准建立的福建南平等6个林业科技园区就属此种类型。

(四)按示范内容划分

1.设施园艺型

这类园区是一种以玻璃温室、节能日光温室和塑料大棚等现代化农业设施为基础,采用现代工程技术手段和工业化生产方式,为植物生产提供适宜环境,使其在适宜的生存空间内得到较高的产出、优良的品质和良好的经济效益的园区。如上海的孙桥现代农业科技园区等。

2.节水农业型

这类园区一般建在缺水干旱地区,以改善地面灌溉条件,提高水资源利用率为目标,采用喷灌、滴灌等高新节水技术,把节水灌溉技术与农业节水措施结合在一起,形成综合的农业节水技术体系。如甘肃省张掖农业科技园等。

3.生态农业型

这类园区是以资源可持续利用和农业生态良性循环作为主要示范内容,注重把传统农业精华和现代科技相结合,采用系统工程的手段,发挥系统整合功能,通过物质循环、能量多层次综合利用和系统化深加工实现经济增值,实现废物、弃物的资源化利用,改善农村生态环境,提高林草覆盖率,减少水土流失和污染,提高农产品安全性。如江苏大丰市生态农业科技园区等。

4.农业综合开发型

这类园区是在农业综合开发土地治理项目的基础上,引进一批新品种和先进的集约化种养技术,发展一批以农副产品加工为主的龙头企业,建立连片的农副产品加工基地,促进农产品的深度开发和多层次加工增值,培育新的农业经济增长点,带动种养产业升级。如国家农业综合开发办1999年设立的17个农业高新科技示范项目区。

5."三高"农业型

这类园区主要以先进农业技术为先导,以发展"高产优质高效"农业技术示范为主要目的。这是一种通过引进和推广优质的动植物品种,进行作物高产栽培技术和良种动物养殖的示范和推广,以提高粮、棉、油、肉、奶等的产出,以获得高质量农产品的现代农业生产经营模式。如目前大部分平川型和丘岗山地生态型农业科技园都属于这种类型。

6."外向创汇"型

这类园区是一种以发展外汇型农业为主要出发点，以出口创汇、开拓境外市场为目的而建设的现代农业科技园区。有的以高新技术嫁接和改造传统农业，开发传统名优农产品出口。有的以引进国外优良品种和育种技术，采用"两头洋，中间土"的模式来带动农户，使其生产、加工、销售一体化。如福建漳州和深圳宝安建立的农业科技园区，主要是以农产品销往东南亚和我国香港、澳门地区为主的外向型农业科技园区。

当然，以上各种类型的农业科技园区并不相互排斥，而是相互交叉、相互渗透，即有些农业科技园区既属于这种类型，又可能属于那种类型。

## 八、园区建设的意义

作为近年来我国农业发展中出现的新的经济现象，农业科技示范园区的建设，对农业科技创新，加大农业结构调整力度，大力发展效益农业，实现由数量型农业向质量型农业的转变、效益农业向现代农业的转变，加快农业农村现代化进程都具有非常重要的意义。同时，大批农业科技示范园区在我国相继建立和发展，为推动我国农业发展、农民增收和农村进步，促进我国农业现代化进程，做出了积极的贡献。

(一)提高了资源的利用效率，促进了生态环境的改善

农业科技示范园区的建立，极大地提高了农业自然资源的利用效率，促进了农业生态环境的改善。自身环境的优化和经济实力的增强，是园区得以存在并逐步发挥示范作用的前提条件和必要保障。农业科技示范园区建立后往往在此方面高标准要求、高规格规划、高额度投入，并取得了较好的成绩。

(二)提高了科技创新能力，产生了一批农业科技成果，实现了农业高新技术的示范与推广

农业科技示范园区的不断成长，使自身农业科教实力不断增强，并研究开发出了一批先进的农业科技成果。通过园区的建设，一大批国内外先进适用的农业高新技术，如生物工程技术、设施栽培技术、节水灌溉技术、集约化种养技术、农副产品深加工技术以及计算机管理与信息技术等在园区得到了展示与示范，并通过示范生产、参观学习和技术培训等手段，为农业科技成果的辐射推广和区域农业经济的发展做出了积极的贡献。

(三)培育造就了一大批龙头企业，建成了一大批农业产业基地

农业科技示范园区的显著特点是进行集约化生产、规模化经营。在园区的建设过程中，农业科技示范园区利用自身的科技、人才等优势，制定政策，支持、扶持涉农企业，培育造就了一批涉及农副产品深加工、节水灌溉、生物工程等方面的农业高科技龙头企业。由于农业科技示范园区长期在农业科技成果转化和发展涉农企业方面的努力，伴随着农业科技示范园区的发展建设成长，一批以高科技农业成果与现实生产力相结合的农业产业基地逐步形成，在全国广大农村地区形成了燎原之势。

由于农业科技示范园区的设施手段、科技含量与技术水平普遍较高，一些园区利用其自身的优势，进行精品蔬菜、花卉、特色瓜果及其反季节产品的生产，源源不断地供应给各大宾馆、饭店、超市和国外市场，并逐渐形成了可直接参与国内外农产品市场竞争的一个个精品农产品产业基地。

（四）加快了农业高新技术成果的试验、示范、辐射推广和转化

农业科技示范园区的出现，实现了由行政命令手段进行技术推广的模式转变为以示范区的方式进行示范与带动的模式，走出了一条由计划经济向市场经济过渡的新型农技推广之路。通过农业科技示范园区的建设，一大批国内外先进适用的农业高新技术在园区转化为现实的生产力，又通过展示、示范生产、参观学习和技术培训等手段，推动了这些农业科技成果向广大的农村地区示范、辐射和推广，为新形势下我国农技推广工作探索出了一条有效的路子。另外，随着我国农村家庭联产承包责任制和社会主义市场经济体系的建立，各级农业技术推广体系受到了极大的挑战，原有计划经济体系下建立的农技推广模式越来越不适应现实的需要。农业科技示范园区的出现，为新的历史条件下我国各级农业技术推广部门找到了一条有效的出路，使他们从由行政命令手段进行技术推广的模式转变到以示范园的方式进行示范与带动的新型服务体系，让农民自觉自愿地去学习与模仿，真正走出一条由计划经济模式向市场经济模式过渡的新型农技推广之路。

（五）为城镇居民营造了一批农业科技休闲、旅游、观光的好去处

通过园区农业设施和高新技术的展示，加上园林化的整体设计和总体规划，多数农业科技示范园区具备了农业产品生产和农业观光旅游的双重作用，形成了一批独具特色的农业旅游景区，从而为大中城市及郊区的居民和青少年教育提供了较好的休闲和学习农业知识的场所。

（六）提高了劳动者素质，完善了社会服务功能，形成了产业龙头

园区根据自身的特点，以农科教为中心，利用园区内高等院校和科研院所的技术和人才优势，建立多学科、系列化的农业科技服务队伍，开展了不同形式与内容的农业技术培训，提高园区农产品科技含量，提高农民和广大基层技术人员的素质。同时还带动和促进了地方经济的发展。

此外，农业科技园的显著特点是进行集约化生产、规模化经营。目前不少园区已经利用其在"产前"、"产后"方面的独特作用和对市场的把握，以经济为纽带把周边农民组织起来参与种植业和养殖业"产中"的生产，形成了一大批对地方经济具有明显带动作用的产业龙头。

## 九、园区建设存在的问题

（一）功能定位不够科学，发展方向不够明确

农业科技示范园区主要有示范、精品生产、龙头带动、教育培训和休闲观光五个方面的功能。各地在园区建设过程中，首先应解决定位问题。由于区域不同、社会经济背景不同，其定位应该有较大的差别。然而，目前我国的很多园区在定位过程中问题较多，尤其是政府部门建立的园区，即使是远离大城市也需花较大的物力、财力在休闲观光的功能方面进行建设，出现了好看但不中用的诸多范例。在大中城市郊区或旅游较为发达地区可适当考虑休闲观光功能，其他地区应以示范、生产和龙头带动等功能作为主体。

（二）管理体系不够健全

我国大部分农业科技示范园区都是按地方政府的意图建立起来的，基本是按照计划经济运行体制和管理方式操作的，行政管理效率较低。实际上，农业科技示范园区的建设是一项系统工程，涉及多个部门，从总体上看，虽然大多数科技示范园区都是各部门按照行业

要求组织实施的,但地方的有些部门间,缺乏沟通,各搞一片,缺少一个权威部门进行统一的协调与管理,因而难以形成合力,从而不仅造成人力、物力和财力的浪费,还增加了部门间的协调和决策成本。此外,目前我国大部分园区的企业化管理制度尚不健全,受上级政府的行政干预过多,园区的经营缺乏应有的活力,经济效益很难得到应有的体现;有些由各部门组建的领导班子,多为临时性机构,更不利于园区的稳定和长期发展。

（三）规划设计不够科学

目前,我国的农业科技示范园区普遍缺乏总体发展规划,表现为功能设置无特色、示范内容趋同、主导产业和特色不明显等,大多提出了"高水平出发、高速度发展、高标准建设"的思路,选择以投入较高的工厂化农业和设施园艺为主体内容,有些园区在未进行充分论证的情况下不惜花费大量的资金从国外引进成套的设备、工艺和管理系统。由于选项和建设内容基本雷同,又很少根据各地的气候和生态类型选择相应的技术手段和项目内容,从而造成引进和建设的高档设施与当地的自然资源条件不相匹配,投资和管理费用过高,经济效益很难得到应有的体现。我国目前不少园区之所以出现困境,很重要的一条原因就是盲目地贪大求洋,仅着力于好看与气派,而未从实质内容上去深入思考。

（四）园区建设的经济效益不高

农业科技示范园区作为一个在市场经济中相对独立的事物,要实现可持续发展,自身首先要取得良好的经济效益,否则可持续发展就是一句空话。然而,许多农业科技示范园区在建设过程中又过于看重社会效益,在一定程度上忽视了经济效益。加上建设过程中的贪大求洋,脱离实际,投入巨大,收入寥寥,可用资金非常紧张,结果造成过度依赖政府投入的被动局面。不少园区花费大量资金、精力,从国外引进成套设备、工艺和管理系统,但往往缺少相应的技术和管理人员,或不符合当地的自然资源条件,或运行管理费用过高等,使得引进的技术设备未能达到设计生产的能力,难以获得相应的经济效益。

（五）科技含量不高,人才管理不科学

农业科技示范园区的健康快速发展需要大量的农业科研成果和农业科技人才作保证。但事实上,由于农业科技示范园区在建设和发展过程中存在诸多的问题,其科技和人才往往严重紧缺,直接制约了农业科技示范园区的发展。有些园区由于产品结构不合理,科技含量低,市场竞争能力弱;再加上经营者缺乏创新意识,担心引进科技成果的费用太高,不愿花代价从科技单位转让或引进科技成果,从而使农业科技示范园区的发展步履维艰;一些园区的科教与产业结合不紧密,科研教学单位和企业在人才、智力交流与合作开发成果方面的渠道不畅,农业科研机构的科技人员参与农业科技园区建设的比例偏低,这也不利于农业科技示范园区的健康发展。

（六）示范作用与功能没有充分发挥

建设农业科技示范园区的主要目的是发挥示范作用,带动周边地区农村快速发展,即"做给农民看,引导农民干,带着农民富",以此来促进高新技术在农业领域的应用。然而,我国不少地方官员对以政府为投资主体的农业科技示范园区的行政干预过多,在建设园区时,只注重搞形象工程,挂起醒目的科技示范园区匾牌,缺少实际内容;对园区新技术示范、推广以及园区生产的产品市场、成本与效益则关心不够,致使许多园区难以建立起与市场经济相适应的企业经营管理体制,从而缺乏应有的活力,没有真正起到示范带动作用,经营效益欠佳。

# 第三节　农业科技示范园区的可持续发展

经过十多年的发展,我国绝大多数农业科技示范园区已初具规模,成为农业技术与农户连接的纽带,成为现代农业科技的辐射源和人才、技术的培训基地,对周边地区农业产业升级和农村经济发展产生了示范和推动作用。然而,由于我国的农业科技示范园区的建设和发展时间相对较短,国内外可资借鉴的经验缺乏等,我国的农业科技示范园区在发展建设过程中也出现了一系列不规范、不完善的现象,成为园区进一步发展的瓶颈,直接影响了其可持续生存和可持续发展。

## 一、可持续发展思想的新内涵

20 世纪特别是第二次世界大战以后,全球经济取得了迅速发展,但人类却为自己的发展付出了惨重的代价:环境污染、生态失衡、资源枯竭等。当全球都面临严重的经济、社会、资源、环境问题的时候,人类不得不对自身的生产、生活行为进行深刻的反思,可持续发展思想就是在这样的大背景下产生出来的一种全新的发展观。可持续发展的思想和理论最早是由环境学家和生态学家基于生态环境的严重恶化而提出的,其出发点和核心内容是合理利用自然资源和保护生态环境,维护环境和生态的良性循环。

1992 年 6 月联合国环境与发展大会召开后,可持续发展思想得到全社会广泛的认同,不仅仅是学者和公共管理部门人员,社会各界人士都开始频繁地使用可持续发展这个概念,可持续发展概念的使用已经远远超出了最初的范围,比较彻底地实现了普及化、大众化和通俗化。可以说,随着社会的发展,可持续发展思想的内涵也发生了相应的变化。其主要表现在:一是在可持续发展的出发点上,由原先的自然环境保护和生态平衡发展到了遵循社会基本法律和道德原则或事物运行的客观规律,保证事物与周围环境的协调平衡。二是在可持续发展的终极目标上,由之前的"既满足当代人需求,又不危及后代人满足其需求能力"发展到自身核心功能定位的持续实现和主导价值取向。这样的新内涵可以落实到产业、企业和社会组织以及居民个人身上。如企业的核心功能定位就是实现经济效益的良性化运行,在满足其他条件的情况下,如果一个企业能够持续实现良好经济效益,显然可以认为这个企业实现了可持续发展。同样,对于微观的居民个人而言,人人都有自我主观能动性,其核心功能或终极发展目标就是主导价值取向。如果一个人在道德规则、社会法律的范围内创造了价值,那么这个人也就实现了自身的可持续发展。

由此可见,可持续发展思想就是指在遵循基本的自然规律和社会法则、保持和维护事物与周围环境协调平衡的情况下,主导价值取向或者核心功能定位的持续实现。

## 二、农业科技示范园区的可持续发展理论

鉴于可持续发展思想的新的内涵,在寻求农业科技示范园区可持续发展的时候,必须首先分析农业科技示范园区的核心功能。这是农业科技示范园区可持续发展的目标导向。只有导向明确才能更好地实现农业科技示范园区的可持续发展。而核心功能的确定,又依

赖于对园区建立和发展的根本目的、作用以及实现其目的、作用的基本手段的分析。

（一）园区建立和发展的根本目的和作用

有一种观点认为农业科技示范园建立和发展的根本目的是实现自身的发展和进步。如果是这样的话，其就不可以称作农业科技示范园区，也就没有必要得到国家的高度重视和政策、资金的特殊支持，显然这种观点是不对的。农业科技示范园区首先是一种示范园区，其建立和发展的根本目的和作用绝不仅仅是自身的发展和进步，而是在自身良性发展的基础上，将自身先进的成果面向周边广大农村地区进行示范和辐射，促进这些地区农业的发展和现代化进程。所以说，示范是农业科技示范园区建立和发展的根本目的。

（二）园区实现其发展目的所依赖的主要手段或措施

1. 创新手段

江泽民同志在党的十五届二中全会上指出："21世纪必将是全球化知识经济占主导地位的世纪。""创新意识和创新能力关系到中华民族的前途和命运。"农业科技示范园区作为一种全新的事物，其建立和发展的根本功能在于有效地发挥示范作用，带动周边农村综合快速发展，促进我国农业现代化进程。而示范的本质就是展示推广农业科技示范园区先进的农业科研成果，农业科技示范园区探索这种全新的先进农业科研成果，本身就是一种研发创新行为。所以，研发创新是农业科技示范园区实现自己的功能定位的基本手段之一。

2. 孵化培育手段

一种全新的创新成果从出现到成熟、壮大，直到为社会各界所接受，往往需要一定的时间和经历各种风险。如果对这种处于幼年时期的创新成果不采取措施予以保护，其成熟可能需要太长时间，或者可能中途夭折。对农业科技示范园区而言，其创新的重点是农业领域的科研成果，而农业科研成果往往具有高风险等特性；另外，农业科技示范园区示范的对象主要是农民，而农民素质相对不高，其主动接受新观念、引进新成果的意识不强。一项农业科研成果要得到广大农民的认可，最好的办法就是实地展示示范，使农民有直观的感受。所以，农业科技示范园区不仅要努力创新农业科研成果，还应该对这些创新成果采取扶持措施进行孵化培育，使之尽可能快地成长壮大而不夭折，孵化培训是农业科技示范园区实现自己功能定位的又一基本手段。

3. 示范推广手段

农业科技示范园区的建立和发展的最根本目的，就是将自己取得的一切创新成果向外示范推广，从而带动周边农村综合快速的发展，促进我国农业现代化进程。而这种向外推广示范的本身就是示范推广与扩散。所以示范推广与扩散是农业科技示范园区实现自己功能定位的第三个基本手段。

（三）园区的核心功能

1. 精品生产和加工功能

农业科技示范园区的本质是经济实体，产品生产是其基本功能，但不是生产一般的农产品，而是用最新品种、最好技术培育和加工最优质的精品，以满足国内外日益提高的消费需要。

2. 示范功能

高新技术武装现代农业，是我国农业发展史上的历史性变革，投入这场变革的主体是广大农民。农民整体文化素质较低，科技意识较淡，风险承受能力较弱，所以农业高新技术推广的一个重要方法是现场示范。农业科技示范园区作为先进农业科技成果集中展示示范的基地,应该为农民认识现代农业起到重要的示范作用。

3.带动功能

农业科技示范园区这个生长点和制高点,具有带动农村生产力发展、农业新技术应用和农业现代化建设的作用。其带动作用主要体现在:一是通过园区种苗繁育中心带动名优品种普及和推广;二是通过园区现场与理论结合的技术培训,带动广大农民素质和应用新技术水平的提高;三是通过农产品加工和农业高新技术在园区的产业化,带动当地农户种植业、养殖业和加工业的发展。

4.面向青少年的教育功能

农业科技示范园区作为农业技术和先进成果的示范基地,必然会承担起推广教育的功能,而其教育对象则多为青少年。因为当代城市中的青少年几乎没有接触农业生产的机会,传统农业生产落后以及农村环境脏、乱、差的印象在他们的脑海中可能根深蒂固。将农业科技示范园区用作教育基地,可以培养青少年的生态环保意识,也让生活在城市中的青少年了解当今农业、农村发展的新状况和新趋势。

5.休闲观光功能

这种功能主要体现在大城市近郊的农业科技示范园区。随着休闲农业的发展,农业科技示范园区在原有推广示范先进农业技术的基础上着手建设农业科技观光园,在城市近郊开辟特色果园、菜园、茶园、花圃等,让游客自己摘果、种菜、赏花、采茶,享受田园乐趣。

根据对农业科技示范园区建立和发展的根本目的和作用、手段或措施的分析可知,农业科技示范园区的核心功能为:通过研发创新、孵化培育、示范推广等基本手段和措施,有效地发挥示范作用,带动周边农村、农业、农民快速发展,推动我国农业现代化进程。

(四)园区的可持续发展

农业科技示范园区的可持续发展,是可持续发展思想在农业科技示范园区中微观领域的具体应用和体现。由于新形势下可持续发展思想的内涵是指在遵循基本的自然规律和社会法则、保持和维护发展事物与周围环境协调平衡的情况下,主导价值取向或者核心功能定位的持续实现。而农业科技示范园区的核心功能是通过研发创新、孵化培育、示范推广等基本手段和措施,有效地发挥示范作用,带动周边农村、农业、农民快速发展,推动我国农业现代化进程。因此,农业科技示范园区的可持续发展可以理解为在遵循基本自然规律和社会法则的前提下,通过研发创新、孵化培育、示范推广等手段和措施,持续有效地发挥示范作用,带动周边农村、农业、农民快速发展,持续地推动我国农业现代化进程。

## 三、实现农业科技示范园区可持续发展的对策

一般来说,一个功能完善、结构合理的农业科技示范园区,在空间结构上的布局分为三个层次,即核心区、示范区和辐射区(见图9-1)。

(一)核心区及其可持续发展策略

核心区是园区的主体,是农业科技示范园区进行新技术和新品种试验、技术组装、科技成果转化的场地,它集技术、人才、资金、信息和农业科研、技术推广、培训、社会化服务为一体,物质要素、资金要素、人才要素在核心区高度聚合,全面集中,在此形成和培育新的产业和经济增长点,并成为农业科技的辐射源。

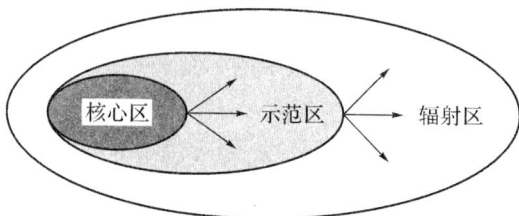

图 9-1 农业科技示范园区空间区位结构

由于核心区是整个示范园区的主体,其发展建设对园区起着主导作用,故应该充分体现核心区的发展特色,紧紧围绕农业,做大做强特色产业。农业科技示范园区是农业科学技术研究、开发、示范、推广和科技成果转化的平台和载体,是加速农业科技成果转化、推动农业科技进步、发展农业生产力、提高农业市场竞争力的一种新型农业发展模式。因此,核心区必须紧紧围绕着农业做文章,切不可偏离这个主题去规划园区的发展,不然就违背了园区建设的初衷。由于农业产业是园区生存和发展的支撑,园区要选择自己的主导产品,逐步形成主导产业。针对目前农业科技示范园区主导产业不明确的问题,应加快选择、培育重点产业步伐,形成区域产业特色。在主导产品的选择上,必须跳出什么都要做,而什么都做不大的传统发展思维,应从实际出发,选择市场潜力大、发展前景好,具有区域特色、能发挥区域资源优势、对提高当地农民收入意义重大的农业项目,重点对本地区农业结构调整中重点培育和扶持的名、特、优产品进行挖掘和开发。要充分发掘当地资源优势、市场优势、文化优势、区位优势,突出重点、因地制宜,从而形成特色主导产业,避免区域产业雷同和重复建设。核心区还要突出非均衡发展战略,确定产业发展优先次序,不搞齐头并进;要抓住重点,实行梯度推进,以充分发挥园区科技优势。还要根据各地自然资源特点、社会经济和科技发展水平,围绕发展区域特色产业来选择项目。

(二)示范区及其可持续发展策略

示范区和辐射区是农业科技示范园区产业开发、技术示范和农产品生产的场所,是园区的主要组成部分。示范区在核心区的技术、种苗、资金、信息、科技培训的带动下,通过企业化的运作,进行农产品标准化生产和技术示范,孵化新的产业,开发新的产品。

首先,示范区应当建立与核心区配套的科技创新体系,积极推进科技产业化,孵化和培育一批有强大竞争力的新产业、新产品。其次,示范区农业科技示范的对象是广大农民,所以示范区应该树立"以人为本"的科技创新观念,在人才引进和聘用制度上进行创新,吸引大批科技人才、经营管理人才参与园区建设和发展,从根本上增强园区发展的科技支撑能力。除此之外,提高农民的自身素质也很重要。发达国家历来把经营能力视作合格农民最重要、最基本的素质。如美国、日本、韩国等都把优秀农业经营人才的培养当成加强本国农业或振兴本国农业的最重要的战略措施。而在我国,当前农民早已经解决了增产问题,却迟迟不能增收,很大一个原因就是农民普遍缺乏经营意识和市场营销素质。农民无论从他的社会存在,还是经济地位来看都应该首先是一个经营者,其次才是生产者。我国农民正是因为经营意识的淡薄,市场营销知识的缺乏,虽然有着世界少有的优秀的农业生产传统和技能,但总是不能摆脱贫困的困扰。近年来,从种粮热到种菜热,从种果热到种花热,从蟹、鳖、虾、鳝到鹌鹑、驼蛋,农民们以自己辛勤的汗水和优秀的技能,使每一种市场需要的农产品迅速饱和,然而致富的路却越走越艰难、越走越狭窄,究其原因正是忽视了经营意识的培养和发挥。

因此,示范区除了培训农民的生产技能外,还应该加强对农民经营、营销、管理知识的教育。通过园区示范、普及产业经营知识等手段,进一步推广先进的农业科学技术。

（三）辐射区及其可持续发展策略

辐射区是农业科技示范园区进行技术示范推广和大宗农产品生产的场所。通过与核心区和示范区的科技对接、品牌联结和科技服务,实现农产品生产标准化、农业经营规模化和农产品销售品牌化,从而提升园区竞争实力。

顾名思义,辐射区的首要任务就是要将核心区、示范区的农业科技成果推广出去,取得经济效益。辐射区的生命力在于创新,其发展要大力促进科技创新与机制创新,打造技术优先、机制优先、效益优先的新观念,尤其是效益优先的新观念。农业科技示范园区不是对农业技术的简单集成和推广,而是要突破传统农业技术体系,将现代高新技术与传统农业技术进行组装、集成,形成能适应农业新技术革命潮流和市场经济发展要求的新型农业技术体系,推动传统农业向现代农业转变。因此,辐射区的创新就显得尤为重要。如随着观光休闲农业的兴起,在辐射区开发建设农业科技观光园、绿色科技生态旅游区、农技科普教育园以及一些农家乐、度假村等,既可以促进农业发展,又可以推动旅游业的发展。

当前,农业科技示范园区的发展还有一种新的趋势,就是形成区域化的农业科技示范园,并逐渐发展成产业集群。产业集群有利于技能、信息、技术和新思想在集群内企业之间的传播与应用,通过集群,更好地发挥农业科技示范园区的空间区位效应以及技术创新效应,以产生更大的规模经济、示范经济和区域经济效应,即通过核心区的建设,把先进的科技成果、资金、信息、企业的科技开发和推广人才有效地聚集在一起,完成对先进农业技术的组装和集成,并向产前、产中、产后渗透,形成集群产业链。通过技术传递,示范区对核心区成熟的组装技术和产业化经营模式进行吸纳和再创新,通过较大面积的技术示范和产业孵化,归纳和总结成功的技术示范和产业开发的经验,形成较大面积的技术示范和产业孵化带,并通过技术扩散,把配套的农业技术和产业化经营模式传递到辐射区,让农户按照核心区制定的生产标准、技术规程和农作物的栽培模式,生产标准化的农产品,以此来提高农产品的质量,从而提高市场竞争力。

我国农业科技示范园区发展已进入了一个关键时期,当前的主要任务是总结经验、规范建设、完善机制、增强功能和提高效益。今后园区的建设既要坚持高起点、高标准,又要讲求适度投入,低成本运作,高效益产出。围绕着新时期我国农业发展的需要,充分发挥核心区、示范区、辐射区各自的功能,使整个园区健康、可持续地发展下去。

# 第四节　我国农业科技示范园区的经营管理

一、我国农业科技示范园区的功能

（一）社会公益功能

1.展示示范功能

展示最新的农业科技成果、最先进的农业管理手段、最具活力的农业经营方式。

2.导向、服务、培训功能

（1）导向功能。对区域产业结构调整发挥导向作用，符合区域比较优势，确定优势产业，体现区域特色。

（2）服务功能。不同层次的园区有不同的服务功能：省级以上的园区，重点瞄准国际、国内科技发展的前沿，引进农业高新技术，加强技术消化吸收与攻关创新，提高原创性的自主开发能力，成为农业科技成果转化的"发射台"；市县（市）园区要围绕区域特色和优势产业，主动接收省级以上园区的科技辐射，做好新技术的组装、配套、熟化、示范等，成为农业科技成果应用的"中转站"；乡镇级园区要立足为本地农民服务，加快实用技术的推广应用，直接为农业生产和结构调整服务，成为农业科技转化应用的"播种机"。

（3）培训功能。农业园区通过示范培训，培养农业科技人才，强化农业科技队伍建设，普遍提高农民的文化水平和生产基本技能，培养造就具有一定的科技水平、能基本使用现代技术、了解社会信息的新型农民。

3.辐射带动功能

通过辐射扩散作用，促进产品、资本、技术、人才、信息的流动，把经济动力和创新成果传导到广大周围地区，带动整个区域甚至全国农村经济的发展。

（二）企业盈利功能

1.生产加工功能

农业园区的本质是经济实体，产品的生产和加工是其最基本的功能。农业高新技术产品的生产和加工是农业园区企业化运作和获取经济效益的根本保证。

2.孵化试验功能

（1）项目孵化。对象主要是研究开发的科研成果和科技人员；目标是科技成果企业化，即可生产化。

农业园区良好的生产技术和管理条件，以及布局和立地上的差异使其成为农业高新技术理想的中试基地。通过资金、信息、技术、人才、政策环境等的集成，在园区内以农业企业为主体把高新技术成果孵化成适合市场需要的技术上较成熟的商品。

（2）企业孵化。对象是已注册的中小型科技企业法人；孵化的目标是培育成功的中小型科技企业和科技型企业家，并经过再孵化，实现由中小型科技企业向大中型科技企业的迅速转变，进而开拓国际市场，实现跨国经营和国际化发展。

3.企业赢利功能

农业园区以市场为导向，以科技为支撑，以效益为中心。通过不断研究具有高科技含量、高市场占有率、高附加值的产品，实现经济效益的最大化。

（三）生态环保功能

农业科技示范园区本身具有科学性、知识性、趣味性和可参与性、可操作性，只要略加配套包装，就可成为很好的生态旅游观光产品，而且投资省、见效快、风险低、可塑性强，既可观光，又可参与；既可品尝，又可携带产品，具有其他旅游不可比拟的独特魅力。

可见，通过现代设施工程、国内外优良品种、最新农业高新科技成果及相关技术的展示示范，园林化的整体设计，加上独特的农业文化、农业历史、农业博览、农事参与及生态休闲等功能的设计，农业科技示范园区完全可成为融科学性、艺术性、文化性为一体的，天人合一的现代生态农业观光景点。当然，应该明确区分建设园区的主导功能和附属功能，要有主有次、有得有失,而不应该强调面面俱到。

## 二、我国农业科技示范园区的类型

### (一)按项目投入分类

**1.国家级农业高新技术开发区**

由国家和地方政府共同投资创办兴建的,建立在农业科研和教学单位密集的地区。如1997年建立的陕西杨凌国家级农业高新技术示范区。

**2.国家级农业科技园**

由科技部管理立项、审批、管理的科技园区。2001年,科技部批准山东寿光等21个农业科技园区为国家农业科技园区(试点);2002年又批准了宁波慈溪等15个农业科技园为第二批国家农业科技园区(试点)。

**3.国家高效农业示范区**

(1)工厂化高效农业示范区。1997年由科技部立项,在北京、上海等五大城市实施的技术示范区,通过国家、部门、地方及企业联合投资兴办。示范项目以设施园艺为主体,集成国内外高新技术的组装配套,进行工厂化生产。

(2)持续高效农业示范区。1998年由科技部立项,主要是在全国不同的生态区域布点,以农业的持续高效发展为目标,以农业的高新技术带动当地农业产业升级和结构调整。

**4.省、市级农业科技园区**

多由地方政府投资兴建,项目的建设内容主要是围绕当地农业生产和农村经济发展。其主要做法是利用当地的优势资源,通过引进高新品种和集约化种养殖技术,提高农业的总体技术水平,培育农村经济新的增长点。

### (二)按建设目标分类

**1.开发区型园区**

参照工业开发区的管理模式,成立园区管委会,负责招商引资,为进园的各种业主服务,形成一园多企独立经营的格局。以政府综合规划、综合建设为主,通过建立优惠扶持政策、吸引各类企业和科技人员进园投资兴办农业科技企业。如泰州市海陵农业科技园区,引进台湾等地区多家客商进园办企业,仅我国台湾地区一客商就投资1000万元,建成了华东地区最大的蝴蝶兰生产基地。

**2.科技开发型园区**

以科技项目为依托,围绕产品的产业化开发而建设的科技示范园区。由农业科技、教育、推广单位的科技人员带着项目、资金、技术到园区组织实施,实行产业化经营、企业化管理、股份化投资,形成了一批科技人员领办的科技开发企业。

**3.生产展示型园区**

以新品种、新农艺、新材料、新的种植模式等,集中试验、示范、培训和展示。其技术成熟度高,实用性强,见效快,农民易接受。该园区大多以县乡农业科技推广人员建设为主。

### (三)按生态类型分类

**1.城郊型农业科技园**

城郊型农业科技园一般建在大中城市市郊。因靠近大中城市,既可为城市居民提供高品质、无污染、无公害、科技含量高的鲜活农产品,同时还能起到改善城市生态、居民生活环境,为城市居民提供休闲旅游的场所,为中小学生提供绿色教育服务,满足城市居民物质和精神双重需求的作用。如北京的锦绣大地现代农业科技园区等。

2.平川粮棉生产型科技园

平川粮棉生产型科技园是一种建在平原粮棉产区,以粮棉生产为主,推广优质高产的农作物新品种,综合运用先进的栽培管理、平衡施肥、节水灌溉等新技术,通过种、养、加相结合,促进养殖业、加工业、副产品的综合利用,使农产品转化增值的现代农业科技示范园区。如北京就有不少平川型的现代农业科技园区。

3.丘岗山地生态型农业科技园区

丘岗山地生态型农业科技园区是建在经济、科技较发达的山区或丘陵地区,以园艺、林果等为主,多种经营并存,为开发山区作示范的农业科技园区。丘岗山地生态农业科技园区又可分为以下三种类型:

(1)立体农业示范园区。在一个区域内,根据不同海拔高度和气候条件进行山地、丘陵、滩涂、河谷的垂直梯度开发。

(2)庭院经济开发示范园区。以农户庭院为依托,对庭院周围荒山、荒地、荒水进行综合开发。

(3)名特优产品开发示范园区。丘岗山区一般具有独特的气候和土壤条件,有利于发展当地的名特优农产品。

4.治理生态和保护环境的科技园区

治理生态和保护环境的科技园区是一种以保护生态环境、治理土地沙化和草原退化为主要示范内容的科技园区。

(四)按示范内容分类

1.设施园艺型园区

设施园艺型园区以玻璃温室、节能日光温室和塑料大棚等现代化农业设施为基础,采用现代工程技术手段和工业化生产方式,为植物生产提供适宜环境,从而获得较高产出、优良品质和良好经济效益的园区。如上海的孙桥现代农业科技园区等。

2.节水农业型园区

节水农业型园区一般建在缺水干旱地区,以改善地面灌溉条件,提高水资源利用率为目标,采用喷灌、滴灌等高新节水技术,把节水灌溉技术与农业节水措施结合在一起,形成综合的农业节水技术体系。如甘肃省定西农业科技园区等。

3.生态农业型园区

生态农业型园区以资源可持续利用和农业生态良性循环作为主要示范内容,注重把传统农业精华和现代科技相结合,采用系统工程的手段,发挥系统整合功能,通过物质循环、能量多层次综合利用和系统化深加工来实现经济增值,实现废弃物的资源化利用,进而改善农村生态环境,提高林草覆盖率,减少水土流失和污染,提高农产品安全性的园区。如江苏大丰市生态农业科技园区等。

4.农业综合开发型园区

农业综合开发型园区指在农业综合开发土地治理项目的基础上,引进一批新品种和先进集约化种养技术,发展一批以农副产品加工为主的龙头企业,建立连片的农副产品加工基地,促进农产品深度开发的多层次加工增值,培育新的农业经济增长点,带动种养产业的升级。

5. "三高"农业型园区

"三高"农业型园区以先进农业技术为先导,以发展"高产高质高效"农业技术示范为主要目的的园区。这是一种通过引进和推广优质动植物品种,进行作物高产栽培技术和良种动物养殖示范和推广,以提高粮、棉、油、肉、奶等的产出,获得高质量农产品的现代农业生产经营模式。

6. "外向创汇"型园区

"外向创汇"型园区是一种以发展外汇型农业为主要出发点,以出口创汇、开拓境外市场为目的而建设的现代农业科技园区。有的以高新技术嫁接和改造传统农业,开发传统名优农产品出口为主;有的以引进国外优良品种和育种技术,采用"两头洋,中间土"的模式,带动农户进行产、加、销一体化为主。如福建漳州农业科技园区主要是以农产品销往东南亚和我国香港、澳门地区为主的外向型农业科技园区等。

## 三、我国农业科技示范园区管理办法

### (一)总　则

1. 创新管理模式

国家农业科技园区建设工作是党中央、国务院提出的一项重要任务,于 2001 年由科技部等部门联合实施。国家农业科技园区是以市场为导向、以科技为支撑、以企业为主导的现代农业建设新模式。在工业化、城镇化深入发展中同步推进农业现代化的新时期,加强国家农业科技园区建设对于发展现代农业、建设社会主义新农村和促进城乡协调发展具有重大意义。

2. 坚持相关原则

国家农业科技园区(简称园区)建设要坚持"政府引导、企业运作、社会参与、农民受益"的原则,将园区建设成为我国现代农业科技创新转化示范基地、农村科技特派员创业基地、现代农业新兴产业孵化基地。园区建设要带动区域农村经济社会发展,为推进城乡一体化发展提供有效模式和科技支撑。

3. 实施相应思路

按照"统筹规划、重点建设、集成资源、创新发展"的思路,全面实施"一城两区百园工程"(简称 121 工程),即北京国家现代农业科技城、杨凌国家现代农业高新技术示范区、黄河三角洲国家现代农业科技示范区以及 120 个左右的国家农业科技园区。

4. 规范申报程序

本办法适用于科技部等部门联合进行的国家农业科技园区的申报、审批、建设、管理、验收和评估等。有关部门、地方各级各类农业科技园区管理可参照本办法。

### (二)组织机构及职责

1. 统一组织领导

科技部联合农业部、水利部、国家林业局、中国科学院和中国农业银行成立国家农业科技园区协调领导小组,科技部为组长单位,农业部为副组长单位,其他部门为成员单位。协调领导小组负责对园区工作进行宏观指导和制定园区发展规划。该小组成员原则上可以根据实际需要,按照有关程序进行必要调整。

2.统一管理机构

园区协调领导小组管理办公室(简称园区管理办公室)设在科技部农村司,负责园区日常管理和落实领导小组交办的相关工作,园区管理办公室具体工作由中国农村技术开发中心配合落实。

3.重视专家指导

园区管理办公室聘请相关领域知名专家组成园区专家工作组,负责园区发展战略与政策研究、提供咨询和技术指导,并参与相关论证、评审、考核、评估等工作。

4.坚持分工协作

园区所在省、自治区、直辖市、计划单列市及新疆生产建设兵团等成立国家农业科技园区建设领导小组,负责辖区内园区建设的组织领导和协调推进工作,落实国家有关政策和制定地方配套政策。省级科技主管部门负责辖区内园区的组织申报、指导管理等具体工作。

(三)申报与审批

1.公布申报条件

(1)园区申报单位原则上是地市级及以上的政府机构,园区建设单位应具有独立法人资格。

(2)园区建设要符合国家农业科技园区的总体发展规划,并经当地人民政府同意纳入本地社会经济发展规划。

(3)申报园区要有明确的地理界线和一定的建设规模,有科学的规划方案、合理的功能分区、明确的主导产业、完善的配套政策,并已正式成为省(部)级农业科技园区一年以上。

(4)申报园区要有明确的技术依托单位,有较强的科技开发能力,有一定数量的科技型农业企业和科技特派员,有比较良好的基础设施条件和比较完善的技术转化服务体系。

(5)申报园区要有健全的行政管理机构和服务管理机构。园区建设所在地市及以上政府牵头组织成立园区建设领导小组,组建具有一定独立行政级别和一定行政编制的园区管理委员会,行使园区建设与管理中的政府职能。园区可视实际条件,组建具有法人资格的园区管理服务公司或园区投资管理公司,以市场机制管理园区发展。

2.明确申报程序

(1)由园区建设单位经所在地科技主管部门向省级科技厅(委、局)提出申请。

(2)省级科技厅(委、局)组织专家进行评审和筛选,经省级人民政府审定后报送园区管理办公室。

3.完善申报材料

(1)国家农业科技园区建设申报书。

(2)国家农业科技园区总体规划。

(3)其他有关附件材料。

4.规范审批过程

(1)园区管理办公室组织专家在实地考察的基础上,对申报园区进行论证和评审。

(2)园区管理办公室将专家评审结果报送协调领导小组审定后,由科学技术部发文正式批准。

（四）建设与管理

1. 执行报批方案

园区要按照经论证通过的总体规划,组织编制实施方案,并报国家农业科技园区管理办公室批准后执行。

2. 明确工作职责

园区管理委员会是园区的行政主管机构,负责协调、落实国家、省、市等各级政府有关园区的土地、税收、财政等政策措施以及园区的日常行政管理工作。园区管理服务公司或园区投资管理公司是园区工程建设、科技研发与企业服务的执行机构,按照市场机制推进园区各项建设与发展工作。

3. 制定发展战略

园区要积极参与"一城两区百园"的战略结盟工作,建立国家农业科技园区结盟发展体系。要制定优惠招商引资政策,积极引导优势企业入驻园区,促进农业一、二、三产实质融合。

4. 鼓励科技创新

园区要积极创建成为国家农村科技特派员创新创业基地,并制定政策鼓励科技特派员入园创新创业,积极推进新型农村科技服务体系建设。

5. 做好年度安排

园区实行年度报告制度和园区年度总结会议制度。各园区在每年 12 月底前由省级科技厅(委、局)将上年度园区工作报告等材料报送园区办公室,内容主要包括园区建设的总体进展、效益情况、经验与问题和下一年度工作重点等。每年年底或年初由园区管理办公室组织召开国家农业科技园区工作会议。

（五）验收与评估

1. 重视评价验收

园区建设期限一般为三年。园区建设期满后,由省级科技主管部门向国家农业科技园区管理办公室提出验收申请;由园区管理办公室组织专家在现场审查基础上,进行综合评议验收。未通过验收的园区取消建设资格。

2. 实行动态管理

园区管理办公室对通过验收的园区,按照国家农业科技园区绩效评估指标与办法进行综合评估,实行可上可下的动态滚动管理机制。

3. 做好科学评估

园区评估工作原则上每两年进行一次。评估工作由园区领导小组统一部署,园区管理办公室组织实施,采取评估专家组与评估机构相结合的办法。

4. 明确评估指标

园区评估指标主要包括建设进度、创新转化、创业服务、产业带动、综合效益、组织管理六大方面。

5. 评估结果公示

园区评估结果可以适当方式向社会公示。对于参加评估达标的园区,继续保留国家农业科技园区资格并加大园区发展支持力度。对于评估不达标的园区将在评估后列入限期整改园区,整改期一般为一年。整改期限到期后再次进行评估,如果达标则继续保留国家农业科技园区资格,如果还不能达标,则取消其国家农业科技园区资格并向社会公布。

## 四、我国农业科技示范园区的管理

现代农业科技示范园区是集现代工业、现代农业、现代科学技术及现代科学管理为一体的综合性示范园区,涉及农艺、农机、试验、示范及高效管理等各个方面。实现园区的科学管理,就必须做好制度的管理、人员的管理及用工的管理,并建立科学的长效机制,以实现农机、农工和日常运作的简洁高效运作。

### (一)向社会化管理转变

面对创新驱动改革需求的导向,我国农业科技示范园区要在深化农业科技体制改革方面走在前列,并在体制机制改革中加快由政府行政化管理向社会化管理的转变步伐,即面向国家重大战略需求导向,园区要为确保国家粮食安全和食品安全做出更大贡献,要在中国特色农业现代化建设中率先引领示范,要在促进新型城镇化和"四化同步"(工业化、信息化、城镇化和农业现代化)发展中发挥积极作用,要发挥市场和政府"双轮驱动"体制创新机制。各级政府及相关部门要把农业科技园区工作放在更加重要的位置,加大对农业科技园区支持的力度,使园区发挥应有的示范、引领作用。

### (二)重视专业技术人员的培训工作

#### 1.制定规章制度,并严格执行

要做好园区管理,首先必须制定严格的规章制度,并要求每个员工,各就各位,严格遵守,不能有任何的偏袒。对于违反规章制度的人员要遵章依规严肃处理,以体现制度的威慑力,同时对于在执行中发现的不足,要不断地加以改进。

#### 2.加强职业农民和技术人员培训

要重视职业农民的培养、培训,特别是青年农民,不仅要进行现代农业技术的培训,还要重视思想认识和思想品德的提高。只有通过专业技术人员和职业农民的共同合作,才能实现园区的可持续发展,达到简单、高效的运行效果。

### (三)选好合适的管理人才

#### 1.高标准选用现代科学管理人员

现代农业科技示范园区,要求有一批现代化的科学管理人才,即要求管理者不仅要具有丰富的管理经验,更要有先进的管理理念和与时俱进的改革创新精神,同时还要懂技术、懂生产、懂经营。只有管理者的管理水平得到提升,才能更好地去要求广大的员工,才能统筹谋划,使园区有序发展。

#### 2.选用懂技术、懂业务的人员担任骨干

农业科技示范园区大多面积较大,承担试验和示范的内容多,从而用人用工数量较大,特别在农忙季节或试验推广的关键时期。因此,如何有效地组织好这批农业科技人员至关重要。既要做到保质,又要做到保量。要做到这点,就要挑选合适的人来担当各工作小组的负责人。

### (四)明确分工,明确责任

#### 1.分工明确,责任到人

一个团队的工作,只有分工明确,责任到人,才能各尽所能,各尽其责。如中国农业大学梨树工作站,园区占地逾30公顷,承担了中国农业大学、中国科学院、吉林农科院、吉林农

业大学、吉林师范大学及一些相关农资厂家的试验和示范任务,园区同时还涉及农艺、农机及基础设施维护等多项工作,需大量的人工,必须进行明确的分工。如实行承包制,即对各具体的实施点,包括每个试验示范点、小区等,做好相应记录,层层分包,具体落实到每个工作小组、每个人身上。只有这样,才能做到目标明确,职责分明,才能实施奖惩机制,提高大家的主观能动性,增强大家的集体荣誉感。

2.确定工作量,实行包工制

园区的管理者或小组负责人在进行分工时,首先要做到事前对劳动量的充分估算,以确定用工量,从而进行合理分工,以避免人多效率低和延误工时等现象。

(五)高标准、严要求,实现目标考核

1.追求高效率

在当今这个信息高度发达、科技日新月异,不进则退、慢进也是退的知识经济时代,一定要有一种与时间赛跑的观念。创建现代农业科技示范园区也不例外,也要有与时间赛跑的理念,做到早谋划、抢农时。只有这样,才能搞好园区生产,才能不被时代的列车所淘汰。由于农业是一个环环相扣的产业,只要有一步闪失,就很可能会全盘皆输。因此,只有通过提高工作效率来克服这样的问题。

2.追求高标准、高质量

现代农业科技示范园区,是展示现代农业科学技术的展台,是农业科技推广和传播的载体,它的良好的试验示范,对现代农业的发展起着至关重要的作用。可以说,没有高标准、高质量的科学示范园区,就不会有现代农业的全新飞速的发展,也就不会有农业经济及整个国民经济的腾飞。因此,在建设现代化的农业科技示范园区时,一定要立足于高起点,立足于长远,立足于发展,才能满足今后农业发展的需要。

3.建立长效机制

随着我国社会经济的发展和老龄化社会的来临,劳动力资源的优势已不复存在,以妇女、儿童和老人为代表的"386199"已经成为我国农业生产的主力军,这也给园区的工作带来了困难。其突出表现为对新技术和劳动技能的掌握程度及农忙时人工的短缺。另外,人工费的日益上涨也为园区的发展增加了负担。那么,如何破解这个难题,首先要靠提高劳动生产率,以减少劳动用工的需求:一是从技术手段上加以改进,体现科技的效率;二是加强管理,用科学的统筹方法,合理分工,合理运作,提高工人的劳动效率;三是建立长效机制,让一定的、稳定的、懂技术的人员愿意为园区效力。因此,园区要招用一定量的长期工人,签订用工合同,以确保各个时期、各个阶段的用工,不至于发生在农忙季节因工资上涨等,使园区雇不到人的现象。

总之,现代农业科技示范园区是一个要求高、任务重、作用大,关系到国计民生及社会和谐发展的大问题,在创建和管理过程中,一定要用科学化、规模化、标准化的现代管理模式,一定要用发展的眼光去经营、谋划和管理,让其发挥应有的作用。

# 第十章　休闲农业典型案例分析

## 第一节　四川"五朵金花"旅游区

### 一、景区概况

"五朵金花"旅游区隶属四川省成都市锦江区三圣花乡的三圣街道办事处,面积约12平方公里,距离成都市区二环路5公里,是以观光休闲农业和乡村旅游为主题,集休闲度假、观光旅游、餐饮娱乐、商务会议等于一体的城市近郊生态休闲度假胜地,包括花乡农居(红砂村)、幸福梅林(幸福村)、江家菜地(江家堰村)、东篱菊园(驸马村)、荷塘月色(万福村)5个景区。

景区先后被国家旅游局、建设部、文化部、国家林业局等部门授予"国家 AAAA 级旅游景区"、"全国首批农业旅游示范点"、"中国人居环境范例奖"、"国家文化产业示范基地"、"市级森林公园"、"省、市首批干部教育培训现场教学点"等荣誉称号。近年来,年均接待游客人数 900 万以上,年产值达 1.8 亿元,村集体收入达到 3583 万元。通过景区建设,在区内从事多种开发经营的 3000 多户农民(11500 多人),全部就地转为市民,解决了 9790 个农民的就业安置问题,加快了城乡一体化的步伐;带动了商贸业、服务业等相关产业和县域经济发展。每年对地方财政贡献达千万元。

### 二、景区发展条件

#### (一)交通便捷

成都三圣花乡的公路呈"两横两纵"城市交通网络。"两横"指东西方向的外环路(绕城高速路,80 米宽的双向八车道)、石胜路(70 米宽双向四车道,一级油路);"两纵"指南北向的成龙路(70 米宽双向四车道,一级油路)、成仁路(40 米宽双向四车道,二级油路)。可快速通达成渝高速、成绵高速、成南高速、成雅高速、成乐高速、机场高速等高等级公路,距离二环路仅 7 公里,距火车南站约 10 公里,距成都双流国际机场约 15 公里。可谓交通发达,区位优越。

#### (二)环境优良

旅游区内大部分为浅丘台地,地势起伏有致。海拔 500 米左右;属四川盆地亚热带湿润气候,年平均气温在 16℃左右,四季分明,年降水量约 1500 毫米。土质系龙泉山脉酸性膨胀土,粮食产量不高,历来有栽种花木的传统,被国家林业局、中国花卉协会评为"中国花木之乡"。

此外,旅游区位于都江堰东风灌溉渠的尾水部位,枯水期用水紧张。

（三）经济欠发达

三圣花乡面积约 12 平方公里,辖 5 个村(红砂村、幸福村、江家堰村、驸马村和万福村),2014 年年末有近 4000 户农民,约 14000 人,人均耕地面积约 0.7 亩,农民人均纯收入仅5311 元。

（四）旅游资源丰富

三圣花乡旅游资源丰富,表现为人文资源与自然资源相互交融,品位高,主要表现为以下三大特色。

1. 社会主义新农村示范地,都市近郊大规模的乡村旅游区

三圣花乡是全国社会主义新农村示范点,社区特色鲜明,包括 5 个景区,是全国社会主义新农村建设与旅游产业相结合的典范,是全国都市近郊大规模的乡村旅游区。

2. 景观组合型好,特色鲜明

花乡农居以花卉产业为特色,幸福梅林是全国四大梅花基地之一,荷塘月色观赏荷花,东篱菊园观赏菊花,江家菜地以认种、代种蔬菜的生态农业体验为特色,景观组合型好,特色鲜明。

3. 乡村风情浓郁,文化底蕴深厚

旅游区内有特色鲜明的川西民居建筑、特色花卉、人工湖泊和堰塘、缓坡起伏的山际线、乡村特色餐饮,乡村风情浓郁。

此外,旅游区建设注入了相应的文化元素,如源自陶渊明的“东篱菊园”、来自朱自清的“荷塘月色”;还有中国传统的“梅文化”和历代诗人的咏梅诗;江家菜地有“农业文明记忆馆”和民间农事谚语等,文化底蕴深厚。目前,旅游区已形成乡村休闲、花卉观光和社会主义新农村的特色主题,具有相当的独创性。

## 三、规划思路与发展方式

（一）规划思路:因地制宜,打造“五朵金花”

三圣乡地处城市通风口绿地,按规划不能作为建设用地,土质系龙泉山脉酸性膨胀土,粮食产量不高。成都市锦江区规划人员创新思维,充分利用城市通风口背靠大城市的地缘优势,因地制宜,创造性地打造了花乡农居、幸福梅林、江家菜地、东篱菊园、荷塘月色“五朵金花”,推进了社会主义新农村建设和旅游产业发展相结合,并通过大力发展都市旅游,整体提升了以“农家乐”为载体的乡村旅游层次,形成了社会主义新农村建设的示范点。

（二）发展方式:景观化打造,城市化建设

1. 农房改造景观化、本土化

通过环境营造,让田园变公园,农村变景区,并以“资源有限,创意无限”为理念,按照“宜散则散,宜聚则聚”的原则,对城市通风口的农房,由“农户出资,政府补贴”的方式进行房屋的外饰改造,从而展示了一幢幢赏心悦目的老成都民居和仿欧式建筑群,构成了一道道颇有地方特色的风景线。

2. 基础设施城市化、现代化

以城市道路、污水处理、天然气等生活设施作为标准,对景区的基础设施进行整体规划和改造,以完善乡村基础设施建设,让农民就地享有城市文明成果,给游人较为舒适的观

光、休闲环境。

### 3. 景观打造生态化、田园化

在保护原生态植被和农田利用的基础上，以田园风光为主体，以符合都市人生活、消费为标准打造观光、休闲场所和满足都市人乡村情趣的农耕文化的建设。新建绿地，打造湿地，建成微水治旱工程、农业文明记忆馆和迁建牛王庙等，同时举办梅花节、菊博会等能吸引人气、传承文化的盛会，充分展示景区的人文和自然特色，营造优美的生态环境。

### 4. 土地开发集约化、整体化

对土地硬化严格监督，整合农宅，拆除违建，严禁乱搭乱建，减少农户占用耕地。充分利用荒山、沟渠、坡坎等土地修建会所，盘活土地资源，使有限的土地资源发挥最大的社会、经济和生态效益。

### 5. 景区建设产业化、艺术化

锦江区把文化因子和产业因素注入"五朵金花"的打造之中，促进了传统农业向休闲经济的发展，培植生态产业，实现可持续发展。通过文化旅游与传统农业相结合，赋予"花乡农居"花卉文化的内涵，挖掘"幸福梅林"梅花的传统文化，注入"荷塘月色"音乐、绘画的艺术内涵，再现"江家菜地"的农耕文化，展现"东篱菊园"的菊花韵味等，变单一的农业生产为吸引市民体验、休闲的文化旅游活动。

## 四、发展定位与目标

### (一)发展定位

1. 主题定位

主题定位为全国社会主义新农村示范地和都市乡村旅游目的地。

2. 形象定位

形象定位为三圣花乡——天府金花，乡村旅游。

### (三)发展目标

一方面，以"花文化"为媒，巧妙运用景区内丰富的农业资源，打造春有"花乡农居"，夏有"荷塘月色"，秋有"东篱菊园"，冬有"幸福梅林"的四季花卉主题景区；另一方面，依托农耕文化为主题的"江家菜地"景区，形成"一村一品，一乡一业"的乡村旅游景观。

## 五、主要旅游产品

### (一)幸福梅林

"幸福梅林"园内遍种梅花，由此得名。景区内建有吟梅诗廊、精品梅园、梅花博物馆、梅花知识长廊、湿地公园等自然和人文景观，衬托出梅林的秀丽与典雅；在这里，不仅有梅花盆景和中国稀有的梅花品种，还能了解到梅花与中国精神、梅花与中国文学、梅花与中国书法、梅化与绘画艺术的渊源等，可以让游客全面领略到梅花文化的独特魅力。

### (二)花乡农居

"花乡农居"以建设中国花卉基地为重点，全方位深度开发符合观光产业的现代化农业，主办各种花卉艺术节，走进"花乡农居"，置身于花海之中，充分体验大自然的美妙。另外，几十幢体现老成都地方民居特色的农居房与万亩花卉有机融合、相得益彰，展示出文化与自然的和谐美，呈现出"一户一景，一户一色"，既整齐，又不千篇一律。深受广大游客的喜爱。

### （三）江家菜地

"江家菜地"景区总面积3000余亩，以蔬菜、水果等种植业为主体，主要以江家绿色蔬菜为品牌，让游客在农户的指导下，自己耕作播种，体验"吃农家饭、干农家活、住农家屋"的田园生活。

### （四）东篱菊园

"东篱菊园"总面积3000亩，以种植菊花为主，让春、夏、秋、冬四季都有各种美丽的菊花供游客观赏。东篱菊园迎合了现代人返璞归真、回归田园的内心愿望，精美的乡村酒店融居住、休闲、餐饮、娱乐于一体，设备齐全，功能完善，是品味菊文化、进行乡村旅游的胜地。

### （五）荷塘月色

"荷塘月色"以花卉和莲藕种植为主，以生态荷塘景观为载体，以绘画、音乐等艺术形态为主题，将湿地生态、荷花文化与艺术形式统一在一起，景色独特，艺术气息相当浓厚，是一个游客可以观光休闲、体验艺术魅力的理想之地。

## 六、成效与作用

### （一）探索了社会主义新农村建设的新路子，带动了农村新型产业和相关产业的发展

"五朵金花"模式，不仅改善了农村的人居环境，改变了农民的生活习惯，也改变了单家独户、传统种植的农业生产方式，将文化、旅游产业有机地与农业生产嫁接，引导农业生产经营走规模化、产业化、工业化之路；大力发展本地特色农业，土地产出效益大幅度增长。同时，"五朵金花"模式，还注重突出各自的特性，考虑景点的差异性，避免项目主题雷同，满足了不同消费群体的不同需求；既注重突出文化旅游产业与农业开发项目的结合，又注重产业发展与农民就业增收的结合，从而产生了极大的综合效应，提升拓展了农村休闲观光农业的功能，带动了农村旅游产业和相关产业的发展。

### （二）搭建了就业增收致富的平台，开辟了为市民打造休闲观光乐园的有效途径

锦江区农民依托"五朵金花"构建的经营、就业、保障平台，变单一的种植农作物收入为拥有"四金"（土地流转、农宅出租、农家乐经营和农业企业入股分红等）的多渠道增收，保证了农民增收的稳定性和持续性，促进了农民人均纯收入的快速增长，农民收入增幅首次超过了城镇居民收入增幅。"五朵金花"模式，以市场化配置资源的方式，找到了发展休闲观光农业的切入口。在"五朵金花"涉及的12平方公里土地上，如果按常规的城市化推进标准（包括公园建设），每平方公里需投入1.5亿元，而以城乡一体化方式打造，每平方公里只花了1500万元，不征地，不拆迁，就实现了农村就地变城市，农民就地变市民，不仅解决了农民离乡进城后带来的城市日益膨胀、城市设施不堪重负的问题；也加快了农村基础设施的建设，改善了农村人居环境，保持了良好的生态植被，建设了规模化的城郊绿地，为市民提供了丰富多彩的旅游休闲场所，实现了以农补工、工农互补、城乡互动、耕地与建设用地动态平衡的多赢。

### （三）打破了城乡二元结构，推进了城乡一体化进程

一方面，城市的就业、培训、保障、救助、教育等政策和制度延伸到了农村，失地农民拥有集体资产的处置权，准失地农民保持土地承包的经营权，农民能受到良好的教育和培训，享受社会保障，从政策、制度层面上保证了农民享受到与城市居民同等的就业社保待遇和教育权利，实现农民失地不失利、不失业、不失权。另一方面，"五朵金花"不是简单地把农民从农村户口改变为城市户口，仅仅停留于农民身份的转变上，而是促进城乡人口的相互

渗透,城市居民纷纷到"五朵金花"景区从事经营,并将城市理念、城市文明、城市新风带到了农村。农民出租房屋以后,到城市居住就业,亲身体验城市的生活节奏,通过双向互动,更直观、更生动地促进了农民融入城市,使城乡逐步具有同等的生产生活条件,城乡居民共享改革发展的实惠和文明,实现了城乡共同发展繁荣,提升了城乡一体化的功能和水平。

### 七、经验分享

#### (一)科学规划,规模经营,创新品牌

"五朵金花"具有浓郁的文化品位,既具有兼收并蓄、博采众长的品格,又具有吸纳外来文化的风格,"同化"的能力也非常强。在对成都"五朵金花"进行规划时,注重突出蜀文化民居风格,形成"一村一品,一乡一业"的产业特色。"五朵金花"的快速发展,主要得益于其规模化经营,用连片联户开发,共同扩大发展的市场空间,破解农民单家独户闯市场的风险,走出了一条专业化、产业化、规模化的发展之路。在产业布局上,围绕共同做大做强观光休闲农业这一主导产业,五个景区实现"一区一景,一乡一业"错位发展的格局。

#### (二)注重挖掘文化内涵,提升文化品位

文化品位融入观光休闲农业之中,增加了休闲农业的文化和人文价值,这是成都"五朵金花"创新发展模式的不竭动力,也是深受社会各界欢迎的内在活力。如"花乡农居"的休闲餐饮文化、"幸福梅林"的传统花卉文化、"荷塘月色"的音乐和绘画艺术文化、"江家菜地"的农耕文化、"东篱菊园"的环境人文文化等,无一不是锦江人精心挖掘打造的、符合当地民俗风情的杰作珍品。同时,锦江人注重改变单一的农业生产模式,以吸引广大游客体验这样的文化活动,使文化产业与农业产业相得益彰,达到"以文化支撑产业,以品牌塑造形象",按照"一村一品,一区一景"的文化格局,不断推出和延伸新的品牌项目,使其接连不断地萌发出新的生命力和凝聚力。

#### (三)政府主导,政策扶持,资金支持

休闲观光农业是一个高投入、高产出、关联性很强的产业。打造精品观光农业示范点和旅游农家乐,需要政府给予政策倾斜和资金扶持。政府主导是休闲农业与乡村旅游发展的重要前提。在休闲农业与乡村旅游发展过程中,应充分发挥政府在其中的主导地位。各级政府应围绕发展思路、政策导向、设施建设、市场推介、人才建设、资金投入等诸多方面给予全力支持。成都"五朵金花"的项目,从建设到管理,始终体现了政府的强势推动。在旧村庄改造中,涉及拆迁等牵涉到农民实际利益的各种问题时,各级政府不应回避矛盾,要实事求是,要多为农民利益着想,真正按照"宜拆即拆、宜建则建、宜改则改"等办法改造旧农居。只有这样,才能把原来的6个行政村合并成5个景区,农民才愿意在新景区就地转市民,才能让大家齐心协力为"五朵金华"的发展壮大献计献策、各尽所能、各得其所。

# 第二节 杨凌现代农业示范园

### 一、示范园概况

杨凌现代农业示范园位于陕西省咸阳市杨凌区西北部,区位条件优越,交通发达,通信

便利,主要包括五泉镇、大寨乡、揉谷乡及杨村乡的一部分,规划总面积83000亩。规划遵循"以人为本、城乡统筹和可持续发展"理念,按照农业标准化、产业化、工业化、信息化、国际化的现代农业发展思路,吸纳国内外农业领域的高科技成果,设计成集"示范性、展示性、效益性、规模性、循环性与生态性"于一体的"一轴、一心、八园"的"118"格局("一轴"指建设一个景观轴;"一心"指建设一个服务中心;"八园"指园区由现代农业创新园、国际科技合作园、现代农业企业孵化园、种苗产业园、标准化生产示范园、科技探索园、农产品加工园和物流园)。园区建成后,主要进行现代农业新技术创新、示范与推广,形成奶畜、果林、蔬菜、花卉、食用菌、良种、农产品加工和观光旅游八大产业。现代农业创新园主要进行高新技术示范和展示,实现科技成果转化;国际科技合作园主要为国际合作企业、科研单位提供场地;现代农业企业孵化园主要孵化科技成果,培育科技企业;种苗产业园主要进行种源保存繁殖,种苗产业化生产,实现种子种苗示范推广;标准化生产示范园主要进行农业高效生产技术示范,实现农业高效发展和农业产业运营体系创新;科技探索园为西北农林科技大学科学研究试验园区平台,孕育农业科技新成果;农产品加工园进行产品加工,实现产品升值与品牌;物流园主要为产品外运销售提供平台,完善产业链条。通过经营管理体制创新,探索现代农业发展新模式,使园区成为杨凌农业高新技术博览会实物展示平台,成为农业高效、农民增收、农村繁荣和城乡统筹发展的样板,成为具有较强辐射带动与示范效应的国内一流、国际知名的现代农业园区。

## 二、示范园功能分区

### (一)现代农业创新园

#### 1.面积与功能

面积800亩。其中公用道路及配套设施占地80亩,展示区占地720亩。该园区以展示国内外农业及其相关学科高新科技和创意农业的新成果、新技术为主要内容,以科技成果转化与旅游观光为经济增长点,以农业专家与企业技术部门为主体,展现农业的新技术、新品种和新成果。

#### 2.规划内容

(1)种质资源与新品种区。面积300亩。包括200亩的种质资源保存小区和100亩的新品种展示小区。种质资源保存小区主要展示我国果树、蔬菜、瓜类、药用植物以及粮油作物等方面丰富的种质资源,展示形式以实物栽培展示为主,配套图版说明;新品种展示小区主要展示粮油、蔬菜、果树、花卉、中草药等作物栽培新品种,以品种比较、品种鉴定为手段,吸引全国的育种专家和种业企业入园参与,每年召开若干次全国性作物、果树、蔬菜等方面的新品种观摩会和信息发布会。

(2)植物克隆区。面积60亩。以名、特、优、珍稀植物物种快速繁育生产过程为建设内容,以现代生物技术、工程技术及信息化管理技术为核心,展示现代农业生物工程技术在植物繁育方面的应用。该区在展示植物克隆技术的基础上,进行珍稀植物苗木繁育与新产品开发与产品市场销售,并提供技术培训。

(3)梦幻植物创意区。面积200亩。以无土栽培技术为核心,以各种特殊的形式和形态展示各种新的作物生长潜力与人类的利用能力,展示梦幻般的创意农业科技成果,如名贵花卉品种、珍稀蔬菜与果树品种、艺术瓜果以及各种形式的无土栽培模式等。该园区在展示利用人类的智慧进行创意作物栽培的基础上,展示新开发的珍稀作物种类与品种。通过展示,达到科普教育与智力开发及新品种的宣传作用,实现技术与成果转化。

(4)农业工程与信息技术展示区。面积100亩。该区由三部分内容组成:一是农业工程技术展示,主要包括设施农业工程发展历程与技术革新、智能化温室生产原理模拟、节水灌溉设备、水肥一体自动化控制设备、农业机械化,电子灭虫仪等;二是农业科技电子体验区;三是展示电子科技信息技术在农业上的应用等。展示可分为设施农业工程、节水灌溉设备、环保捕虫防病机械、农业电子体验4个小区。

(二)国际科技合作园

1.面积与功能

面积500亩。为国外利用新技术、新方法、新模式从事花卉、种苗、种子生产和经营的企业在杨凌发展构建基础平台;为国外从事化肥、农药、农机以及农产品加工和销售的企业提供新产品试验、示范、推广的展示平台;建立外国政府与我国政府在农业技术合作方面的培训基地。引导国外专家和技术成果落户杨凌,展示农业先进技术与科研成果。

2.规划内容

引进日本、泰国、荷兰、加拿大、以色列、澳大利亚、新西兰、比利时、美国等农业发达国家的数十家企业落户园区进行品种、技术、生产方式等方面的展示与交流。

(三)现代农业企业孵化园

1.面积与功能

面积450亩。吸引具有明显的发展前景,需要中试或者田间试验的项目入园,孵化新成果,培育新企业。以具有新成果或准成果的新企业、小企业为主体,促进农业技术创新,促进农业技术成果孵化和转化。

2.规划内容

引进新企业、小企业100家左右,鼓励蔬菜、花卉、粮油作物良种引进、示范、推广的企业进园。入住企业孵化期为2~3年。

(四)种苗产业园

1.面积与功能

面积12700亩。以企业或科技人员为主体,主要采用新技术进行新品种果树、荒山造林、城市园林植物等苗木和花卉的商品化生产和经营。

2.规划内容

该园区依托杨凌科技优势,吸纳国内外农业及相关学科的科技成果,以花卉、果树、园林绿化植物等的新品种繁育与产业化经营为内容,以种子与种苗销售为经济增长点,实现园区高效生产运营,形成西北乃至全国的种苗生产、销售和信息服务中心。

按照苗木用途,将该园区分为4个生产小区:

(1)果树苗木生产区。占地面积5000亩,主要生产各类果树的实生苗和新品种实生或嫁接苗。

(2)商品花卉生产区。占地面积1000亩,主要生产盆栽花卉、露地花卉、温室花卉。

(3)荒山造林苗木生产区。占地面积1700亩,主要生产干旱半干旱地区荒山、荒坡绿化造林苗木。

(4)城市园林绿化苗木生产区。占地面积5000亩,主要进行各类城市绿化苗木生产。

（五）标准化生产示范园

1. 面积与功能

面积 41460 亩。展示现代标准化高效农业生产与经营模式,提高涉农企业效益,提高农民收入,探索现代农业发展途径。

2. 规划内容

该区域又分为标准化蔬菜生产区、标准化果树栽培区和标准化畜牧养殖区。标准化畜牧养殖区由 1 个蛋鸡养殖小区、2 个毛肉兔养殖小区、10 个奶牛养殖小区、10 个西农莎能奶山羊场和 15 个商品猪养殖小区组成。该区按照标准化生产技术规范,进行规模化、产业化生产示范。该区经营以企业为龙头,以农民为主体,以产业化、规模化、标准化为准则,通过种植区与养殖区的合理布局配制,以沼气池为纽带,实现农业生产的有机生态循环,达到农业安全高效可持续发展的目标。

(1)标准化果树生产示范。建设总面积 10200 亩,主要在树型修剪管理、施肥、灌溉、病害防治等方面展示标准化生产技术。生产产品达到有机产品质量。

(2)标准化蔬菜生产示范。建设总面积 16600 亩,以设施蔬菜生产为主,计划建造日光温室 5000 亩,大拱棚 4000 亩,实现标准化定植、施肥、灌溉、田间管理、采收等。

(3)标准化专用小麦玉米生产示范。建设总面积 9550 亩,主要进行专用良种繁育,实现小麦与玉米茬口的周年标准化栽培技术示范。示范技术包括播种时间、播种量、配方施肥、节水灌溉、收割、留茬高度等标准化管理技术规范。

(4)标准化奶牛养殖示范。总占地面积 5736 亩,其中养殖场为 1736 亩,青贮饲料生产为 4000 亩,奶牛存栏量为 8000 头。设计规划建立不同规模的标准化奶牛养殖小区,实施标准化养殖技术,在遗传改良、饲料与营养配制技术、饲养与管理技术、防疫与治疗技术、粪污处理与转化技术等方面实现标准化生产与管理。10 个奶牛养殖小区规划占地总面积为 2000 亩,发展奶牛 8000 头。

(5)标准化养猪示范。总占地面积 2740 亩,建设 15 个不同规模的标准化养猪小区,在杂交配套、饲料与营养配制技术、饲养与管理技术、防疫与治疗技术、粪污处理与转化技术等方面实现标准化管理,养殖规模为 30 万头。

(6)标准化西农莎能奶山羊养殖场。占地面积 200 亩,建立 10 个西农莎能奶山羊场,实施标准化养殖技术,在饲料与营养配制技术、饲养与管理技术、防疫与治疗技术、粪污处理与转化技术等方面实现标准化管理,饲养西农莎能奶山羊 2000 只。

(7)标准化养鸡示范。占地面积 200 亩,建设 1 个标准化蛋鸡养殖小区,实施标准化养殖技术,在饲料与营养配制技术、饲养与管理技术、防疫与治疗技术、粪污处理与转化技术等方面实现标准化管理。

(8)标准化养兔示范。占地面积 100 亩,建设 2 个标准化养兔示范小区,实施标准化养殖技术,在饲料与营养配制技术、饲养与管理技术、防疫与治疗技术、粪污处理与转化技术等方面实现标准化管理。

(9)有机肥生产厂。占地面积 50 亩,将园区内养殖场的粪便进行有机发酵处理,加工形成标准化无公害使用的有机肥料。

3. 特色

将标准化种植园与养殖区有机结合配套,严格按照标准化栽培与养殖技术规范进行生产,形成畜—沼—果、畜—沼—菜、畜—沼—粮等标准化有机循环农业产业示范园区,实现作物栽培品种、栽培技术、水肥管理、采收上市等达到标准化管理。根据实际情况采用不同形式的养殖方法进行养殖生产,形成特色品牌产品,例如有机发酵养猪、果园生态鸡、果园生态鸭(可根据果树发育时期不同,放养鸡、鸭,如春、夏季将鸡、鸭放养在猕猴桃园,夏、秋季放养在樱桃、桃树园,冬季各园均可放养)等。

(六)科技探索园

1. 面积与功能

面积 1830 亩,以科学研究为主。

2. 规划内容

该园主要是科技人员实施的一些国家级和省级的攻关项目试验研究基地。其中包括农作物育种试验研究基地、园艺教学试验场、农业部节水灌溉试验研究站、中国动物克隆基地等。

(七)农产品加工园

1. 面积与功能

面积 3300 亩,主要为产品的加工、包装和销售。

2. 规划内容

该园以为园区所产农产品加工为主,兼顾园区内各企业在杨凌以外所发展的特色产品的加工、包装和销售,该园是杨凌带动周边农业发展的龙头,目标是利用杨凌的优势产业培育几家在国内有特色、有影响的企业。目前已有一批企业入园建设,如猪肉加工方面的本香集团、雨润集团,羊奶加工方面的圣羊乳业等。

(八)物流园

1. 面积与功能

面积 1450 亩,以产品运输流通为目标。

2. 规划内容

该园主要以产品交易与运输为核心内容。现已有一批企业入园,如农资大市场、农机市场、军粮集团等。

## 三、发展成果

1997 年,经国务院批准成立杨凌国家级农业高新技术产业示范区,这是我国唯一的国家级农业高新技术产业示范区,由国家 23 个部委和陕西省人民政府共同建设。杨凌按照"招大商、引外资、建集群"的思路,加大招商引资力度,为示范区加快发展注入动力。大力发展生物产业、食品工业、农业机械装备制造等优势涉农工业;引进和培育新能源、新材料、节能环保等新兴产业,逐步构建富有特色的新兴高端产业格局。充分发挥工业园区公司的平台作用,利用好机制优势,优化经济发展环境,促进涉农工业实现突破性发展。

2012 年 10 月 29 日,陕西省政府出台了《关于突出重点提档升级 推动旅游业大发展的意见》,决定把旅游业培育成为陕西的战略性支柱产业。杨凌农业高新技术产业示范区抓住并利用好旅游产业发展的政策良机,充分发挥旅游业在稳增长、扩内需、调结构、惠民生等方面的重要作用,大力发展都市服务性农业、生态休闲观光农业等,让"杨凌农科城"成为陕西旅游一张响亮的名片。

　　杨凌现代农业示范园区先进的设施和种植技术,让人领略了现代农业全新的发展模式。同时,生产的瓜果蔬菜,堪称绿色食品,倍受游客的青睐。园区现已成为科研、教学、实习、培训、推广、旅游的基地,也是对青少年进行科普教育的理想场所。目前,已有一批大学教授、行业专家进园开展科研、教学、生产活动,并引进了一批国内外先进的技术成果。

　　近 20 年的开发建设给杨凌带来的变化可以概括为:一是形成了有绿色、生态特色的小城市的雏形;二是居住在这里的人们生活条件和生活环境有了明显的改善;三是人才流失的势头得到初步遏制;四是产业发展初具规模,并形成了有一定吸引力和聚集度的投资发展环境;五是通过科技示范和产业发展,对周边地区和更大区域农民增收的带动作用初步显现;六是人们的思想意识、思维和行为方式也发生了很大变化;七是展示出良好的发展前景,并为下一步更快、更好地发展打下了坚实的基础。

　　作为国家农业高新技术产业示范区,杨凌在我国农业现代化和建立现代农业发展模式方面发挥了先行、先试的开路先锋的重要作用,代表了我国当代农业高新技术产业化的最高水平,是我国农业发展从传统向现代转型的一面旗帜。杨凌旅游业围绕科技示范推广使命,正大胆探索一条"农旅结合"的农业科技示范推广新模式,正在积极打造农业与旅游业有机结合、相得益彰的品牌。通过农业特色旅游,增添"人文陕西·山水秦岭"的亮点,同时也增强了杨凌现代农业产业的辐射功能;借助"农高会"(农业高新科技成果博览会)平台,联合有关方面大力举办农业科技旅游、乡村旅游等专题展览,可大力普及农业旅游知识。

　　如今的杨凌,城乡面貌发生了翻天覆地的变化,已经由一个远离中心城市的乡间小镇,变成了农业旅游资源丰富、特色鲜明的现代农科新城。杨凌农业高新技术产业示范区已成为我国对亚太经合组织开放的十大科技园区之一,并获得"省级生态示范城"、"最美的绿色园林旅游城镇"、"陕西现代农业观光标志性品牌旅游区"、"全国休闲农业与乡村旅游示范点"、"陕西省水利风景名胜区"、"国家 AAAA 级旅游景区"等荣誉称号。未来的杨凌,将以"传统农业遗产之都、现代农业创意之都、农业科技展示之都、农旅结合产业之都"为主的"中国农都"的全新形象屹立于关中大地,成为体验华夏农业的世界首选旅游目的地。

## 四、经验分享

　　杨凌作为我国唯一的国家级农业高新区,自觉肩负起国家赋予的历史使命,发挥自身在农业科技方面的优势,举好示范引领旗帜,强化创新驱动,积极探索新常态下现代农业发展的新路径,争当特色现代农业建设的排头兵。

　　(一)提升科技创新能力,打好科技引领"牌"

　　农业科技是农业安全的重要保障,具有显著的公共性、基础性和社会性。杨凌的优势,就是具备在全国范围内数一数二的农业科教优势。为此,一是要促进示范区与高校的融合发展,使示范区的体制优势与高校的科教优势紧密结合起来,进一步激发创新活力。二是要加大协同创新力度,主动融入并承担起在国家农业科技园区协同创新战略联盟和新农村发展研究院协同创新联盟中的作用,带动全国农业研究机构开展科技创新,加速形成资源共享、优势互补、协同创新的新格局,努力在生物育种、智慧农业、节水灌溉等关键领域取得重要成果,不断为我国现代农业建设提供科技支撑。三是要营造良好的创新创业环境。要从激励政策、保障条件、创新文化等方面入手,积极主动服务市场主体,在全社会形成尊重创造、宽容失败的创新创业氛围。以示范区众创田园建设为引领,落实好促进"大众创业、万众创新"及小微企业助推计划的各项政策措施,全力打造国内最优的农业科技创新创业环境。

(二)扩大示范推广效应,打好成果转化"牌"

面向旱区开展农业科技示范推广工作,带动干旱半干旱地区现代农业发展。这是党中央、国务院赋予杨凌示范区的历史使命。要围绕"服务陕西、带动旱区、广泛辐射"这条主线,积极探索多元化的农技推广新模式,不断扩大杨凌的影响力。一是健全完善示范推广体系。在巩固和发展以高校为依托的示范推广模式基础上,深化产业链、农民培训、农业展会、现代媒体、科技特派员创业等模式,促进形成全产业链的推广模式,让杨凌的科教力量不断转化为生产力,早日结出累累硕果。二是搭建示范推广的新载体。发挥好西部发展研究院的学术优势和辐射效应,继续承办好"中国(杨凌)现代农业发展高峰会议"和"中国现代农业与创业投资对接会"等平台,坚持每年发布现代农业发展、农业产业投资和旱区农业技术发展"三个报告",为全国现代农业发展提供理论支持。三是发挥好"六个中心"(国家植物品种权交易中心、国家农业技术转移中心、职业农民培训中心、农产品检验检测中心、农产品认证中心、农业大数据中心)的作用,打造国内一流农业科技信息服务、成果转化交易和农产品认证检测综合服务平台。四是持续放大"农高会"品牌效应。以把"农高会"打造成为全国乃至全世界重要的农业科技成果展示平台为目标,高水准举办展览展示、成果转化、项目洽谈、国际农业科技交流等活动,不断增强杨凌乃至陕西在全国现代农业发展中的地位。同时,实质性启动网上"农高会"项目,努力打造永不落幕的农业科技盛会。

(三)促进现代农业提质增效,打好示范展示"牌"

加快发展现代农业,促进农业提质增效,是转变农业发展方式的必然选择,更是对杨凌示范的根本要求。一是培育壮大新型农业经营主体。以规模化经营为方向,进一步加大全区土地流转步伐,构建集约化、专业化、组织化、社会化相结合的经营体系。扶持壮大杨凌本地的农业龙头企业,布局一批种养、体验、加工结合的家庭农场,对区内的农业合作社进行整合,建立规模较大的联合社和专业协会,持续提升农业综合效益。二是全力打造"智慧农业"。运用"互联网＋"思维推动现代农业发展,推动现代农业电子商务发展壮大。积极与知名第三方电子商务平台合作,建设杨凌农科城电子商务产业带,以推动农资、农技等领域电子商务化,促进农业从低端产品向高端品牌迈进。三是加快发展第六产业(现代农业产业的总称)。以本地农业资源为依托,以一二三产融合为目标,打造集采摘、休闲、观光、新品种和新模式展示于一体的现代农庄经济集群,加快陕西省农产品加工贸易示范园区——杨凌核心园区的建设步伐,推进全省乃至全国农产品加工业的发展,全面提升农业产业化水平,持续扩大农业综合效益。四是大力开展职业农民培训。实施好《面向旱区职业农民培训规划》,力争三五年内培训足够多的职业农民,使之成为服务旱区现代农业发展的生力军。

(四)积极推进农村综合改革,打好体制机制"牌"

杨凌现代农业示范园区是农业农村改革的产物,要想在新常态下有新作为,必须要有自我革新的勇气和胸怀,持续加大改革和创新力度。一是着力推进"一村一镇"综合改革试点。在巩固提升农业农村各项重点工作的基础上,围绕农业提质增效、主导产业发展、新型经营主体培育、农产品质量安全、循环经济发展、职业农民塑造等工作,扎实开展地方的现代农业改革创新综合示范试点工作,努力形成更多的改革创新成果。二是着力推进土地产权制度改革。加快土地确权颁证，积极推进农民承包土地经营权和住房财产权抵押、担保、转让试点，力争形成可复制、可推广的改革成果。建立土地流转风险保障机制，发挥好土地流转公司和土地银行的作用，变"政府引导"为"市场主导"，确保农村土地规范有序流转。三是着力推进农村金融改革。一方面，抢抓政策利好，积极谋划和推动一批涉农项目，使更多信贷资金涉足"三农"领域，真正让农业插上金融的翅膀。另一方面，支持杨凌农商行转型为农业科技银行，推出特色金融产品，探索金融服务"三农"新途径。四是着力推进现代农业社会化服务体系改革。紧紧抓住省政府支持杨凌全域城乡一体化发展的重要机遇，推动更多公共服务项目向农村倾斜，统筹推进城乡各项事业均衡发展。此外，还要大力发展农业生产中介服务，不断提高农民在农业新技术与新品种应用和推广、标准化生产、农产品质量监管等方面的能力，为现代农业发展提供保障。

（五）加快丝绸之路经济带现代农业国际合作中心建设，打好对外开放"牌"

主动融入全国"一带一路"建设大战略，抢抓陕西省建设"一带一路"新起点的机遇，加快推进丝路经济带现代农业国际合作中心建设，让更多"杨凌元素"嵌入丝绸之路经济带，并闪烁耀眼的光芒。一是"走出去"，开展对外交流。拓宽国际交流合作渠道，充分利用杨凌现代农业国际研究院、中美水土保持研究中心等 11 个国际合作交流平台，深化同相关国家在科技联合攻关、产业化示范、人才培养等方面的合作交流。二是"请进来"，加强培训。积极申报商务部"一带一路"农业技术援外培训基地，不断提升援外培训水平和质量。以"一带一路"沿线国家为重点，推动同中亚国家及农业发达国家相关城市建立友好（姊妹）城市关系，促进贸易畅通、民心相通。三是建设示范园区，以扩大辐射。用足用好各种专项资金，以各种国际合作项目为平台，加快现代农业示范园的建设步伐，积极推动示范区相关企业、单位的相互合作，不断提高杨凌现代农业示范园区在国际上的知名度和影响力，努力当好全国现代农业建设的"排头兵"。

# 第三节　宁波滕头生态旅游区

## 一、滕头概况

滕头很小，位于中国东海之滨，很难在地图上找到她；但滕头很大，因为滕头人追求的是全人类所追求的伟大主题——人与自然和谐共存，人与人和谐相处。滕头生态旅游区就镶嵌在奉化与溪口之间的滕头村，它紧倚江拔、甬临公路，地处萧江平原，剡溪江畔。位于奉化城北 6 公里，离宁波 27 公里，至宁波栎社国际机场 15 公里，距溪口 12 公里。它以"生态农业"、"立体农业"、"碧水、蓝天"绿化工程，形成别具一格的生态旅游区，在国内外颇享盛名。自 1993 年获联合国"全球生态 500 佳"以来，又相继荣获了首批全国文明村、全国环境教育基地、全国生态示范区、世界十佳和谐乡村、上海世博会全球唯一入选乡村和全国首个"ＡＡＡＡＡ"级生态旅游区等国家级荣誉 70 多项。

截至 2013 年年底，滕头村有农户 339 户，村民 865 人，耕地近千亩，是一个拥有水乡特色的江南小村。但滕头人靠聪明才智和勤劳双手，以"艰苦创业，永不满足，两手过硬，一犁耕到头"的精神,撑起了自己的一片天,成了"一年一个样,年年都变样,越变越像样,全国做榜样"的小康示范村。2013 年,滕头村实现社会总产值 75.62 亿元,利税 8.33 亿元,村民人均纯收入 52000 元,是中国最富有的村庄之一。2013 年滕头村旅游综合收入 1.23 亿元,已成为中国乡村游的先行者和佼佼者。2015 年,面对复杂多变的国内外经济形势和市场环境的严峻挑战,滕头集团各企业攻坚克难,紧紧依托滕头品牌优势,整合资源,借势发力,实现了较为平稳的发展。全年实现社会总产值 90.75 亿元,同比增长 9%。在过去的一年里,滕头村通过"五水共治"做好了环村水网体系的综合治理工作,换来了水清岸绿的乡村美景。之后,世博滕头馆、外婆溪综合整治、生态停车场等工程项目的顺利推进,为滕头的未来发展注入了新的活力。展望未来,滕头集团各企业将继续严控风险,抱团合作,寻求转型升级新道路,并将继续共同保护绿水青山,做大金山银山。

## 二、滕头生态农业的发展思路

### (一)提升产业结构,建设物质文明

20 世纪 80 年代初,滕头村党委在总结经济发展的经验中得到两点共识:一是生态农业要得到持续发展,必须发展第二、三产业,以增强经济实力,为生态农业发展创造经济基础;二是生态农业又为发展第二、三产业提供原料和旅游吸引物。因此,他们把农工贸结合、一二三产业协调发展作为生态农业的重要内容。1992 年,村里成立了宁波滕头集团有限公司,现下辖各类企业 70 多家,是集工、农、贸于一体的村级经济集团型企业,先后获得全国经营之光杯特等奖,中国最大经营规模、最高利税总额乡镇企业,中国最具潜力十大民营企业等称号,公司注册资金为 10000 万元,总资产 107345 万元,2013 年公司实现社会总产值 75.62 亿元,利税 8.33 亿元。公司以工业经济为支柱,其下属企业爱伊美集团,是一家集服装、酒店、医院、小额贷款、投资等于一体的集团型企业。奉化市爱伊美服饰是集针织、面料、羊绒大衣、西服生产的大型服装企业,产品远销日、美、德、意等 30 多个国家和地区,获得全国服装销售、利税"双百强"企业和全国民营 500 强企业、全国 500 佳进出口企业等荣誉称号。集团全年生产量达到 450 万件(条),获国家质检总局颁发的大衣、西服两项出口免验证书,成为全国首家大衣、西服双双荣获出口免验资格企业。滕头经济园区,通过对外招商引资,目前已有 47 家企业进驻园区,企业涉足机械、电子、服装、工艺品、家纺鞋帽等领域。

此外,滕头村大力实施科教兴村、科技兴农战略,现基本实现了农业农村现代化建设。在农业领域组建了蔬菜场、水果场、花卉苗木场、种猪场和特种水产养殖场,发展创精品、高效、出口创汇和观光农业。2013 年实现农业产值 9599 万元,旅游综合效益达 1.23 亿元。

目前,滕头村的科技农业、生态农业、效益农业,已成为浙江省农业科技示范和样板。农业公司顺应城市化、市场化的发展要求,加大投入,推广标准化生产,实施品牌战略,大力发展现代精品农业、绿色农产品基地、种子种苗基地等,农业技术日趋成熟,产品供不应求,得到了市场及外商的高度肯定。

### (二)构建和谐家园,确保生态环境

滕头人的环保意识,来自对土地深深的依恋。过去,滕头村及周边的村庄有这样一首民谣:"田不平,路不平,亩产只有两百零,有女不嫁滕头村。"自 1965 至 1980 年的 16 年间,滕头人早踏朝露,晚踩月光,总投工 43 万工,把近千亩高低不平、常年旱涝的低产田,改造成 200 多块大小划一、沟渠纵横、排灌方便的高产田。这是一曲气势非凡的黑土恋歌。

解决了温饱之后,勤劳的滕头人便开始着手改善居住环境。首先,他们把着眼点放在保护和建设生态环境上。他们在田边溪头植上果树苗木,房前屋后栽种花草盆景。到20世纪末,滕头村的歌谣变成:"田成方,楼成行,绿树成荫花果香,清清渠水绕村庄。"

既要金山银山,更要绿水青山。有强烈环保意识的滕头人,自1993年起,成立了国内最早的村级环境资源保护委员会,对引进有污染的项目拥有一票否决权。至今已否决了50余项经济效益可观但污染环境的项目。

在滕头村的国家级生态示范园里,滕头人把高雅的园林艺术与生态旅游、农业观光旅游等有机地融为一体。"将军林"、柑橘观赏林、绿色长廊、乡村文化广场、盆景园等30多处景观,使诸多宾客在观赏中领略到江南风韵的田园乐趣,感受到返璞归真、崇尚自然的生态特色。

村里新建的村民别墅群,花树绿坪环绕其间,假山盆景错落有致,同样成为一道引人注目的宜人景观。

(三)打造生态环境,助推经济环境

滕头农业走过了改土造田,土地规模化经营,生态、高效的现代化农业的三步之后,展示在人们眼前的是一批科技领先、优质高效、出口创汇的农业产业。滕头的高科技、立体农业现已成为浙东大地的一道靓丽风景线。

滕头村的工业,经过三种形态的产权制度改革,极大地调动起管理人员的积极性,提高了他们的创造性,增强了滕头经济发展的后劲。在A、B、C、D四个工业区里,60家企业蒸蒸日上,并形成了以服装业为支柱,电子信息、竹木工艺、出口纸箱、不锈钢等行业协调发展的良好格局,产品远销20多个省、自治区、直辖市,出口日、美、英、意、韩等10多个国家。

拥有花园式厂房的爱伊美制衣有限公司,从2000年开始进行股份制改革,大力调整产业结构,加大自营出口,实施品牌化战略,走出一条集团型、多元化、国际化之路。如今产品远销欧美、日本等市场,2013年实现销售收入10.51亿元,创利税5000万元。它以精致的产品、优良的信誉饮誉海内外,是全国服装销售、利税"双百强"企业,已成为中国最大的羊绒服饰出口基地。

以旅游、园林绿化、房地产为核心的第三产业群体,也早已成为滕头经济和谐发展的新的增长点。如今,滕头的园林绿化公司已达到国家城市园林绿化养护一级资质,并在北京、河北、福建、山东等省市建立了8家分公司,在全国各地拥有基地40000亩,规模居全国第一。它们还成功完成了2008年北京奥运会部分体育场馆的绿化项目,并为上海世博会和广州亚运会提供了优质的绿化苗木。

滕头的房地产公司也以质优价廉赢得了市场,房地产开发量连年递增,在业内声名鹊起。

"一鸟带动百鸟飞"。良好的生态环境对滕头经济的发展起到了明显的带动作用,周边不少村庄成为滕头绿色园林的基地。滕头村的企业创造了近万个工作岗位,吸引了周边村庄大量的富余劳动力,并为中西部贫困地区群众创造了1万多个工作岗位,带动了全国各地剩余劳动力来滕头寻找机会,成为农村脱贫致富的典范。

(四)追求先进文化,建设精神文明

让富裕起来的村民尽可能多地掌握科学文化知识,树立适应新时代的思想认识、价值观念和道德意识,这是滕头村党委对先进文化的自觉追求。1982年,滕头村党委就着手制定了以"奔小康、育新人、树新风"为目标的创建文明村规划,提出了"生活富裕、身体健康、精神愉快、文化生活丰富、经济快速发展"的整体要求。1995年又发动全体村民开展了"文明村庄文明人"大讨论,提出了"滕头人印象"的8条标准。村里还修订了村规民约,年年评选"好党员"、"好职工"、"好农民"。如今,"争做文明户、文明人"的宣传深入每家每户,无论是"红领巾",还是老年人,对"文明人"的要求都耳熟能详。

为更好地实施公众参与机制,滕头村广泛建立各种群众组织,如工会、团委、妇联、老年人协会等,积极参与村庄建设。以村团委为例,仅最近几年就先后组织了"保护母亲河"、"告别陋习"等20多项活动。

滕头人十分信任党组织,不仅因为党带领他们过上了好日子,还因为他们能当家做主,充分享有知情权、管理权、决策权和监督权。党建与基层民主建设相得益彰,相辅相成,是滕头改革开放近四十年来始终走在前列的政治保障。近四十年来,滕头人的物质生活实现了由贫困到小康再到富裕的跨越,但滕头有两句妇孺皆知的话:"一家富了不算富,集体富了才算富";"滕头没有贫困户,没有暴发户,家家都是小康户、富裕户"。说的都是共同富裕的社会风尚,不让一户掉队。

近年来,村里着力兴办集体福利事业,建立了社会养老、合作医疗等制度,并为全体村民进行人身、财产保险,真正实现了"少有教、老有靠、病有医、户户有保险"的目标。如今,滕头正以崭新的姿态,向世人展示"处处生态、家家富裕、人人文明"的和美家园的崭新画卷。

### 三、滕头农业旅游发展的优势

从1998年起,滕头村充分挖掘联合国"全球生态500佳"、首批全国文明村等资源优势,着力发挥浙江省爱国主义教育基地、全国环境教育基地、全国青少年科技教育基地、国家级农业综合开发示范区等的品牌效应,紧紧围绕让游客"感受与享受自然、认识与研究自然、保护与发展自然"这一主题,大力开发生态旅游与农业观光。

(一)植物生态旅游

在浙江省农科院专家们的帮助指导下,滕头村建成了全长1000余米的"全国第一条柑橘观赏林",从10多个国家和地区引种嫁接,共培育出130多个品种的柑橘在这里安家落户,并用中文、拉丁文等文字标明产地、科类、品种及用途。此外,滕头村还专门规划建造了精品盆景园。在园艺师们的精心培育下,摆设10000多盆盆景、3000多个品种。精品盆景园集众家之所长,优势互补,精心制作,有一种自然、真实的天然美。一盆盆或古朴,或飘逸,或雄奇,或玲珑,其多姿多彩、生机盎然的景观常常让游客叹为观止。同时旅游区根据不同盆景的造型、流派还推出了学制盆景和盆景取名等参与项目,让游客劳有所获、游有所得,深受游客特别是青少年游客或亲子游家庭的欢迎。

(二)田园风光旅游

旅游区将1.1万平方公里的景区划分为黄花梨基地、花卉苗木观赏区、江南风情园等若干个区域,每个区域通过搭建长廊进行分隔,廊内配置宽敞、结实的木凳,长廊两边种上北瓜、南瓜、葫芦、佛手等十余种蔬果和茶树、罗汉松等有造型、观赏性强的绿化树,使长廊藤蔓攀绕、绿叶覆盖,两边硕果挂立,为游客提供一个休息、观光的好去处,成为旅游区一道亮丽的风景线。同时根据不同的季节推出了葡萄、黄花梨、草莓采摘等一系列旅游活动,让游客充分体验农业观光的独特乐趣。

### （三）生态环境旅游

作为"全球生态500佳"、全国环境教育基地,旅游区有着丰富的生态旅游资源。首先充分利用内环、外环两条河道。在内环河道两侧种葡萄,葡萄架下养珍鸟,碧水河中养青鱼,河底养河蚌,让鸟粪喂青鱼,鱼粪喂河蚌,建立起了一个空间上多层次的立体生态农业种养殖模式,实现了物质的循环利用;在外环河道上建造了碧水廊桥,饲养野水鸭、天鹅、鸳鸯等动物;在滕头公园内移植草坪穿插亭台、拱桥,放置石凳,间隔花卉盆景等,使旅游区内曲径回廊,景色迷人。

### （四）历史文化旅游

旅游区根据当地农村实际,建造了具有浙东沿海地区历史文化特色的"博物馆"——耕作园。在古色古香的小竹楼内收集了300多种从7000多年前的原始社会末期到近代、现代、当代的农村生产生活用具,这是浙东地区几千年来农业生产发展的历史见证,充分体现了我国劳动人民的技术和智慧,也进一步说明了科教兴农、科教兴国的重要性。

### （五）民族文化游

舞龙舞狮、中华武术是集观赏性与实用性于一体的颇具我国民族文化特色的体育活动项目。为了丰富旅游区的内涵,滕头村在不同时段安排了中华武术、舞龙舞狮等民族文化表演。通过拳术、剑术、棍术及双狮夺绣球等表演,让游客亲身体验中华武术的奥妙及舞龙舞狮精彩热闹的场面。

### （六）农俗文化游

在旅游区的江南风情园中,可以让游客亲身参与脚踏水车、手拉水碓、悠荡竹排、纺纱织布、椿稻碾米等一系列集休闲、娱乐、参与性的项目;此外,旅游区还推出了犟牛猛斗、笨猪赛跑、温羊角力、凤鸡争雄等动物竞技表演,让游客切身感受农家特有的风味。

可以说,生态给滕头村带来了良好的经济效益和丰厚的社会效益,实现了生态与村庄建设发展、村民生活方式的良性互动。

## 四、滕头的现在和未来

滕头村原是一个远近闻名的穷村,生产条件和生活水平相当落后。为摆脱贫穷,从1965年起,村里先后迈出了改土造田、旧村改造、兴办企业、发展三产"四步走"战略,较快地实现了由温饱到小康、由小康到富裕的跨越式发展。近十年里,滕头村又进入了农村现代化建设的新阶段,谱写了滕头发展史上新的一页。

### （一）第一、二、三产全面发展

实体经济是经济发展之本。对于实体经济,滕头人有自己的理解:一是必须看得见、摸得着;二是必须直接产生效益;三是必须让群众得到实惠。在长期的实践中,滕头人这样想,也是这样做的。他们深深扎根实体经济,走出了一条以高效农业为基础、村办工业为主体、第三产业为新增长点的协调发展之路,成为第一、二、三产业全面发展的社会主义现代化新农村。

#### 1.做强"二产"

滕头人深知"无工不富"的道理,他们的发展也是从工业起步的,同时他们也懂得工业可能带来的环境污染,因此,在20世纪80年代发展工业之初,他们就把发展的重点放在服装等清洁型工业上。从十几个工人、若干台缝纫机起步的滕头服装厂，现已发展成为爱伊美集团，是全国最大的羊绒服饰出口生产基地和全国服装销售、利税"双百强"企业。在现有滕头村众多的企业中，爱伊美依然是龙头企业。

2. 做精"一产"

滕头的绿色生态农业包含了科技、立体、高效等要素，借助高科技生态大棚、植物组培中心等载体，向有限的土地要更高的效益。他们重点发展园林绿化产业，在20世纪90年代花木业陷入低谷的时候，凭借着超前的意识和捕捉商机的敏锐性，他们逢低介入。现在，滕头园林已经是全国同行中的佼佼者，获得了城市绿化一级资质和风景园林甲级资质，进入全国同行前十甲行列。据权威部门统计，滕头近千亩耕地的综合效益是传统农业效益的150多倍。

3. 做大"三产"

其最大亮点是生态旅游业。滕头村依托美丽的乡村风景和浓郁的乡村风情，开发农业观光、采摘、参与等休闲旅游项目，建设农家乐园、将军林、明清石窗馆等几十处生态景点，推出民间杂耍、乡村大舞台等一系列风俗表演，吸引的城里人越来越多，范围越来越广，不仅增加了旅游收入，还带动了村民参与旅游产业致富。2010年，滕头村成为上海世博会上唯一入选乡村案例。滕头村在声名鹊起的同时，带动了村旅游业的大幅度增长，还成功创建了国家ＡＡＡＡＡ景区。

现在，滕头村党委班子把进一步发展实体经济的目标定位在："做大"企业规模，"做专"生产技术，"做实"发展基础，"做强"滕头品牌。并且把做强实体与发展虚拟经济有机地统一起来。村党委书记傅企平说："在做强实体的基础上发展虚拟经济，使两者融合在一起，让滕头这个实体更加强壮、更加可持续。"

坚持做实体经济，坚持做自己熟悉的行业，注重产业结构的不断优化、竞争能力的不断增强，才能确保滕头村经济总量年年有新的突破。现在，滕头村已初步构筑起生态农业、低碳工业、特色三产联动发展的产业新格局，开启了一条农村可持续发展的新路。

(二)坚持环境优先，全力打造生态滕头

生态，是滕头村最大的特色，也是滕头村最大的资源。

有位村民曾在自己的博客里这样写道："我得意，我能住在这美丽的村庄。在未来的日子里，我要用我的思想、我的双手，给村庄筑一道诗歌的围墙，让村庄布满花香，充满阳光。"滕头村从原先的"田不平，路不平，亩产只有二百零"的贫困村，到如今的"口袋富，脑袋富，家家都是小康户"的富裕村，走过的正是这样一条绿色、生态的文明发展道路。

1. 理念创新，生态立村

20世纪80年代，在滕头村刚起步时，在一些地方还在温饱和环保之间纠结的时候，滕头人就喊出了"既要金山银山，更要绿水青山"的响亮口号，义无反顾地选择了生态立村的发展之路。

在20世纪90年代初期，滕头村成立了全国最早的村级环保委员会，出台了环保一票否决制，实行保护生态"二让路"。"二上路"是指为保护生态，经济效益再高也让路，GDP再高也让路；不破坏生态的服装业等清洁产业可上路，有利于生态的如园林可优先上路。任何进入滕头村的项目，如果在环保方面通不过审核，则实行"一票否决制"。

把绿色生态作为立村之本，还体现在滕头村生态理念的广泛覆盖上，村里实行全程生态、全域生态和全民生态,即村里生产生活全过程生态,村里全境生态和村民人人生态,全村100%的村民使用了太阳能等无污染的能源,提倡步行、骑行等低碳出行方式,生活用水重复利用,使用节水、高效的星级厕所等。可以说,绿色生态理念已经融入了村民的血液。

2.加大投入,低碳环保

为营造宜人的绿色家园,长期以来,滕头村以星级景区的要求来建设村庄,多年来投入上亿元,持之以恒美化家园。如投资建设了雨污分流系统,让全村的生活污水通过地下管道直接排入城区的污水处理系统;居住区内营造了草坪、灌木、乔木等层次分明的绿化系统;在村里主干道路上安装了"风光能"环保灯,不仅外形美观,还能利用风能和太阳能发电储电;为监控村内空气质量,建造了环境空气质量自动检测站,24小时提供实时数据。2013年,村里又增设了PM2.5监测设备,成为全国首测该数值的村庄。此外,在滕头村前的小河边,有一座小楼,村民称之为生态楼。实际上,这是一座集国内生态科技之大成的科技生态楼,是国内生态建筑之典范。

通过实施"蓝天、碧水、绿色"三大工程,现在的滕头村,绿树葱茏,百鸟和鸣,屋舍俨然。"乡村,让城市更向往",正在一步一步地变为现实。滕头村20多年来获得70多个国家级大奖的历程,充分说明滕头的每一步发展,都与"生态"二字息息相关。生态,是滕头村的血液,也是滕头村的灵魂。

(三)坚持开放发展,全力打造连锁滕头

农村的可持续发展离不开空间的支撑。经过近40年的发展,滕头村区域面积小的桎梏逐渐显现出来,继续发展面临着空间不足的严重制约。要实现可持续发展,必须突破这个瓶颈,只有走出滕头,才能发展滕头。一路从创新中走来的滕头人,以自己的胆识创造了"连锁滕头"模式,以先进理念赢得了可持续发展的空间。

1.开创"连锁滕头"发展模式

2010年,上海世博会滕头馆受游人追捧的情形启发了滕头人:随着城市化进程的加快,人们对于绿色生态环境有了更多的追求,如果能在全国各地复制多个滕头村的模板,应该会受到欢迎。于是决定走出去打造"连锁滕头"。

"连锁滕头"的试水之作是滕头东方恬园生态酒店。滕头村在宁波郊区租赁了土地,兴建了生态酒店、生态农场和生态宾馆,以绿色美景、生态美食、乡村风貌为卖点,相当于在当地再造一个微缩版的滕头村。2011年5月19日,一期投资3000万元的生态酒店开业。按照规划,二期建设集生态餐饮、生态住宿、特色乡村旅游、休闲功能于一体的新型生态实验基地。开业至今,这个微缩版的滕头村受到城里人的热捧,"连锁滕头"取得了开门红。

村党委书记傅企平说:"如果可行的话,滕头这种生态酒店将以连锁的模式在全国推广,经普及滕头的生态理念,进一步拉长滕头的生态产业链。"现在,城市建设中十分流行城市综合体,将滕头这种农业综合体融入城市闹市区,既能传播绿色生态理念,又能发展生态经济,应该是一条城乡结合、经济与生态双赢的好路子。

2.滕头苗木,绿遍全国

花卉苗木作为绿色产业,集"一产种植、二产施工、三产设计"于一身,既是实体,又是创意,在我国具有广泛而良好的发展空间。滕头村起步早、行动快,发挥20多年花卉苗木栽培的技术优势,通过在全国各地租赁土地,大力发展花卉苗木业,其园林已成长为奉化市首家农业产业化国家重点龙头企业。目前,滕头园林已在全国各省市建立了3万多亩花卉苗木基地,不但让更多村庄的土地与资源环境得到充分利用,实现土地效益最大化,而且吸纳了苗木基地周边地区农民劳动力 3000 多人就业。

"没有倒闭的行业,只有倒闭的企业。只要你的企业、产品做到这个行业的全国第一、全国一流,你就是朝阳;你如果被挤到后面,你就是夕阳。"滕头的花卉园艺企业已经成为全国龙头企业,滕头园林借着北京奥运会、上海世博会、广州亚运会的东风,还成为 2014 年青岛世界园艺博览会的主要供应商,之后又与安徽合肥市肥西县签署了长三角园林观赏苗木基地及研发中心、农林生态科技示范园投资项目协议。不久的将来,滕头园林将建成长三角地区规模最大的园林观赏苗木基地。

3. 鼓励滕头人外出创业

近年来,随着滕头村经济的持续、快速发展,随着村民收入的提高和财富的积累,已有越来越多的村民走出去到全国各地创业。村党委坚持开放发展的理念,尽可能多地提供各种帮扶,鼓励支持有能力的村民走出去寻求更大的发展空间。

走出去创业,带来的是滕头人创业经济日益强劲的发展势头;转变观念,创新思路,大胆地走出去,一定可以为滕头村的可持续发展拓展更加广阔的发展空间。

(四)坚持以人为本,全力打造幸福滕头

科学发展观的核心是以人为本。坚持发展为了人民、发展依靠人民、发展成果由人民共享,不断使人民群众得到更多的实惠,使全体人民朝着共同富裕的方向稳步前进。滕头村党委书记傅企平常说的一句话是:"我们建设生态环境,发展滕头经济,营造和谐滕头,归根到底一句话,一切为了群众日子过得好,生活更美满。"

1. 铺设共富之路,实现全面小康

滕头村有一个最过硬的指标,就是村民的最低收入水平。傅企平说:"我们检查自己的工作,不看富的人有多少,平均数是多少,而是看最穷的人还有多少,他们的收入水平怎样。"实现全村的共同富裕,是滕头村党委的主要目标。村党委始终把群众冷暖疾苦放在心里,随着集体经济的发展,经济实力的增强,提出了"基本福利靠集体,发家致富靠自己"的口号,2006 年村里开始发福利金,当年是每人每年 2000 元,以后逐年增加。到 2012 年是每人每月 1300 元。其中女性年满 60 岁、男性年满 65 岁,每人每月可再增加 500 至 860 元的退休金。至 2015 年,全村所有村民都已经住上了第二代别墅。如今已开始建设第三代的公寓房,使群众真正得到了实惠。目前全村没有一户困难户,家家都是小康、富裕户,基本实现了共同富裕。

2. 搭建致富平台,提升村民收入

发放福利只是解决了村民的基本收入问题,最根本的途径是让村民自己生产或经营致富。滕头村的做法是让村民享受到生态产业发展的甜头,积极融入生态产业链之中,从而实现村民收入的可持续增长。对于有着经济头脑和经营能力的村民,按照产业发展规划的要求,有序地安排到各类生态产业中。现在已经有 100 多户村民吃上了"生态饭",有的从事餐饮业,有的从事旅游宾馆,也有的从事旅游农产品的种植和加工等。据统计,全村 1/3 以上的村民从事与生态旅游相关的产业,并从中获得了丰厚的回报。

3. 完善公共服务,提高幸福指数

长期以来,滕头村重视物质文明、精神文明和生态文明的齐头并进,重视人的全面发展,不断完善农村公共设施,提高服务能力,促进村民幸福指数的提高。他们致力于社会保障体系的建设,全面实施了免费义务教育和计划生育补助、健全社会养老等制度,给全体村民进行人身、财产保险,真正实现了"少有教、老有养、病有医、户户有保险"的目标。如今,村民们安居乐业,和谐幸福。

滕头村,被江泽民誉为"一个了不起的村庄",为社会主义新农村建设引领了前进的方向。

### (五)坚持文化富民,全力打造和谐滕头

滕头村流行着这样一句话:"口袋富了不算富,脑袋口袋一起富,才是真正的富。"在建设物质富裕、精神富有的现代化新农村的征程中,滕头不断加强精神文明建设,始终坚持文化富民,持续发展乡土文化,全力打造和谐滕头。

#### 1.着力弘扬滕头精神

"一犁耕到头,创新永不休"的滕头精神,是改革开放以来滕头村持续发展乡土文化的生动写照,也是滕头持续发展的精神动力。傅企平说:"耕地的时候必须认准前面的目标,否则就会跑到岔路上去。"滕头村能有今天的成就,内在的支撑动力就是滕头精神。从20世纪60年代矢志不渝地改土造田到今天认准生态发展目标不放松,先人一步地建设社会主义新农村,靠的就是这种精神。村中耸立的那尊高大的雕塑,其外形是中国古代农具犁的前身——"耒",这是滕头人心目中永远追求的精神图腾。

#### 2.重视村民道德建设

长期以来,滕头村从自身实际出发,十分重视村民道德建设,广泛开展颇具特色的以"精神立家、勤劳富家、科技兴家、守法持家、绿化美家"为主题的"五好文明家庭"创建活动。1995年,村里又开展了"滕头人形象"大讨论,制定出"滕头人形象"8条标准,用以规范村民行为。这些活动,既弘扬了健康向上的新风尚,丰富了群众的精神文化生活,又提升了村民素质,有利于凝聚力量共同打造自己的美好家园。

上海世博会之后,滕头人还趁热打铁,将世博会的先进理念引入村子,倡导"文明礼貌、谦虚向上、求知奋进、健康卫生、和谐和乐"的良好乡风,广泛开展球类、棋类、健身等群体性文娱体育活动,丰富了村民的业余生活,组织了各类培训与学习项目,关心外来务工人员的工作与生活,进一步提高村民的文明素养,和睦乡村邻里,密切干群关系,树立文明新风,建设文明乡村。

#### 3.文化富民,科教强村

近年来,滕头村先后投入上亿元,新建了滕头小学、村史展览厅、多功能文化中心、图书馆、农民音乐广场等科教文化设施,建成了农民公园、老年活动中心、电子阅览室、灯光球场、室外健身中心、门球场等文体场所。丰富多彩的文体活动,使滕头人的生活锦上添花。村里还先后承办了全国象棋比赛、全国甲级女子篮球赛等体育赛事,组织了篮球队、门球队等,更好地满足了村民的精神文化需求,丰富了群众的业余文化生活。

尊师重教,爱护人才,已成为滕头的村风。为此,村里专设"滕头村育才基金会",每年7月10日表彰一批优秀学生、优秀教师、优秀家长,重奖考取大学、硕士和博士的村民。对考取本科的给予2000～10000元的奖励,对考取硕士的奖励20000元,对考取博士的奖励50000元;同时,村里还积极组织、鼓励村民,特别是青年一代再学习、再提高,对参加自学考试、电大、函授等人员,毕业后获得相应文凭的一律报销学费等,深受村民的拥戴。到2013年止,全村已有66人获得了学士学位,6人获得了硕士学位,2人获得了博士学位。

### 4.民主理村,依法治村

为确保村务运行规范化、民主化,村党委严格落实"五议二公开"的重大村务阳光决策法,对涉及大规模公益事业建设、村民自治章程和村规民约的修改、经济发展项目、涉及群众切身利益的事项等,都能按照党员或村民代表建议、党委会提议、村"两委"会商议、党员大会审议、村民代表大会决议的程序进行酝酿、讨论、决策,实行决议公开、实施结果公开。同时,全面推行重大村务公决制、村级事务民主听证制、村务财务公示制和村干部工作报告评议制等做法,使村党委和党员群众在工作上同心、步伐上同向,从而为滕头村的可持续发展注入了不竭的动力。

先富起来的滕头人还有一种十分可贵的心态,那就是"包容"。目前,滕头只有约340户,村民近900人,而外来打工人员却有1万多人,他们能够一直和谐共处、各展其能、各得其所,这也是不少村庄很难做到的。

在2014夏季天津的达沃斯论坛上,与会代表普遍认为"财富向少数人集中,污染向多数人扩散"的发展模式已被证明是不可持续的,由此提出了"达沃斯之问"——如何用可持续的方式建造房屋、建设城市和利用能源?可以说,滕头人用自己的行动已经做出了回答:滕头是7亿中国农民梦寐以求的和美家园,是全球关注的生态文明建设的生动范例,是人类践行和谐理念的先行者。我们有理由期待:在中国奔赴"两富"的现代化征程中,一定会有更多的乡村建成滕头这样可持续发展的社会主义新农村。

# 参考文献

[1] 杨华,刘聪.休闲农业与乡村旅游异同辨析[J].品牌,2015(7).

[2] 鲁怀坤.观光农业及其发展研究[J].农业经济导刊,2002(9).

[3] 黄志刚.浅析乡村旅游的发展意义与发展规划[J].科技经济市场,2007(6).

[4] 朱志泉.浙江休闲观光农业的现状与对策研究[N].农村工作通讯,2006-06-29.

[5] 张艳芳,李开宇.中国发展观光农业的资源分析及对策[J].人文地理,1999(1).

[6] 熊旅鑫,谢正根.我国休闲农业的主题内容与景观设计原则[J].现代农业科技,2011(18).

[7] 李继东,徐寒梅,陈雪梅.论观光农业的创新功能[J].生产力研究,2003(6).

[8] 李德明,杨开福.我国乡村旅游研究进展及其展望[J].皖西学院学报,2006(5).

[9] 周玲强,黄祖辉.我国乡村旅游可持续发展问题与对策研究[J].经济地理,2004(4).

[10] 骆高远,刘笑.地方特色文化旅游资源的开发与管理[C].21世纪旅游·中国,2008.

[11] 姚治国,苏勤.我国乡村旅游研究的主要内容[J].忻州师范学院学报,2006(1).

[12] 余美珠,袁书琪.观光农业旅游开发模式及开发对策初探[J].福建师范大学学报,2004(6).

[13] 王真,莫建林,泮进明.休闲观光农业园区规划探讨[J].农机化研究,2006(3).

[14] 邹统钎.中国乡村旅游发展模式研究——成都农家乐与北京民俗村的比较与对策分析[J].旅游学刊,2005(3).

[15] 余昌国.我国乡村旅游发展模式及对策思考[J].浙江旅游职业学院学报,2005(1).

[16] 骆高远.城市郊野旅游资源的开发与管理[J].经济地理,2006(5).

[17] 王帅,伍进.国内外十年乡村旅游研究综述[J].现代商贸工业,2015(9).

[18] 练红宇.关于中国农业旅游的几个问题[J].成都大学学报(自然科学版),2003(4).

[19] 骆高远,刘旭.浙江省观光农业与乡村旅游发展现状与对策研究[J].中国集体经济,2007(9).

[20] 柯立,余德贵.观光休闲农业策划的思路和方法研究[J].现代农业科技,2008(16).

[21] 邓爱民.对我国发展乡村旅游的思考[J].财贸经济,2006(5).

[22] 吴兰卡.基于国际经验的我国乡村旅游的思路与措施研究[J].农业经济,2015(12).

[23] 俞益武,李健,张建国.休闲观光农业经营管理方案研究[J].生态经济,2007(1).

[24] 张玲,蔡洁,赵毅.论民俗旅游及营销策略[J].西南农业大学学报(社会科学版),2005(9).

[25] 骆高远.绍兴的黄酒文化与旅游[J].经济地理,2005(5).

[26] 陈奕捷.新时期、新"三农"、新起点——对乡村旅游发展的新思考[J].中国乡镇企业,2013(8).

[27] 周心琴,陈丽,张小林.近年我国乡村景观研究进展[J].地理与地理信息科学,2005(2).

[28] 刘黎明.乡村景观规划的发展历史及其在我国的发展前景[J].农村生态环境,2001(1).

[29] 刘黎明,李振鹏,张虹波.试论我国乡村景观的特点及乡村景观规划的目标和内容[J].生态环境,2004(13).

[30] 付华,吴雁华,穆建怡.中国休闲农业的特点、模式与发展对策[J].中国农学通报,2007(12).

[31] 齐增湘,龙岳林.乡村景观规划研究进展[J].湖南科技学院学报,2007(4).

[32] 周心琴.西方国家乡村景观研究新进展[J].地域研究与开发,2007(3).

[33] 李岳云.都市农业的理论与实践[J].南京社会科学,2002(S1).

[34] 向建州.中西方休闲伦理规范的对比研究[R].经济可持续发展博士后学术论坛,2013.

[35] 王伟,胡宝贵,李华.论都市农业的形成与发展[J].北京农学院学报,2000(2).

[36] 徐梦洁,王丽娟,李娜.发展中国家的都市农业[J].城市问题,2006(1).

[37] 李娜,徐梦洁,王丽娟.发达国家的都市农业[J].国外农业,2006(8).

[38] 杨良山,胡豹.发展创意农业的意义、路径与对策思考[J].农业经济,2013(1).

[39] 丁圣彦,尚富德.都市农业研究进展[J].生态经济,2003(10).

[40] 刘金兰.论我国都市型农业的发展[J].广西师范学院学报(自然科学版),2001(2).

[41] 严煤,冷海涛.发展创意农业存在的问题和对策[J].团结,2008(4).

[42] 陆彦,孙俊华.论我国都市农业发展模式的选择[J].山东农业大学学报(社会科学版),2006(3).

[43] 于晓燕.中国创意农业旅游发展现状研究[J].旅游纵览,2014(9).

[44] 曹俊杰,刘国华.发展现代农业:国际经验与中国模式[J].世界经济与政治论坛,2004(4).

[45] 陈志兴,楼洪兴.中国发展现代农业的对策选择[J].中国农学通报,2005(9).

[46] 苗洁.我国创意农业发展的现状、思路及对策研究[J].中州学刊,2011(6).

[47] 王洋,李东波,齐晓宁.现代农业与生态农业的特征分析[J].农业系统科学与综合研究,2006(5).

[48] 卢良恕.加快现代农业建设步伐[J].农产品加工,2005(8).

[49] 刘立辉.创意农业价值几何[J].农民科技培训,2011(2).

[50] 孙浩然.国外建设现代农业的主要模式及其启示[J].社会科学家,2006(3).

[51] 杨世琦,孙小文,孙兆敏,等.现代农业发展特征透视[J].中国农学通报,2004(4).

[52] 严安.国内外创意农业的主要发展模式[J].经济研究导刊,2015(16).

[53] 浙江省发展生态旅游产业对策研究课题组.发展生态旅游浙江的必然选择[J].今日浙江,2004(14).

[54] 骆高远.旅游资源开发与评价[M].杭州:浙江科学技术出版社,2003.

[55] 宋京城,顾金峰,时忠明,等.浅议中国台湾现代农业特点及对内地的启示[J].中国农业信息,2013(16).

[56] 李晓珍.我国农业生态旅游未来发展[J].合作经济与科技,2005(16).

[57] 杨晓华.我国农业生态旅游可持续发展探讨[J].资源调查与环境,2004(2).

[58] 王京歌.我国自然保护区的现状与问题[J].生态经济,2015(3).

[59] 张壬午.生态旅游与开发农业生态旅游[J].农业环境与发展,2005(3).

休闲农业与乡村旅游

[60] 骆高远.开展生态旅游是贫困山区脱贫致富的有效途径[C].中国人口资源环境与可持续发展战略研究,2000.12.

[61] 梁留科,吴次芳,曹新向,等.发展观光农业的条件及对策研究[J].西北农林科技大学学报(社会科学版),2002(4).

[62] 马勇,舒伯阳.区域旅游规划——理论、方法、案例[M].天津:南开大学出版社,1999.

[63] 王祥玉.试论民俗文化旅游资源的开发利用[J].旅游经济,1998(2).

[64] 张海鹰.民俗旅游可持续发展策略研究[J].高师理科学刊,2004(2).

[65] 谢科.民俗旅游开发刍议[J].经济师,2005(1).

[66] 魏勤芳.美国农业科技体系及运行机制[J].中国农业大学学报,2005(2).

[67] 方志远.乡村聚落景观的旅游价值研究及开发模式探讨[J].江西社会科学,2004(12).

[68] 胡文婧.关于我国生态观光农业园区发展与规划的思考[J].北京农业,2015(6).

[69] 骆高远.加强生态建设,促进社会经济协调发展[J].贵州大学学报(农业与生物科学版),2002(2).

[70] 杨桂华,钟林生,明忠庆.生态旅游[M].北京:高等教育出版社,2000.

[71] 鲁君悦,石媛.北京市乡村旅游发展现状及对策研究[J].安徽农学通报,2013(12).

[72] 巴兆祥.试论民俗旅游[J].旅游科学,1999(2).

[73] 何平.农业生态旅游资源及其分析[J].社会科学家,2002(1).

[74] 陆明华,方法林,丁洁.基于乡土景观的休闲农业旅游规划研究[J].现代园艺,2013(3).

[75] 方怀龙.生态旅游资源研究综述[J].北京林业管理干部学院学报,2005(2).

[76] 郭贞,胡晓立.对我国民俗旅游发展的思考[J].当代经理人,2006(11).

[77] 杨宇杰,粟建.休闲农业的发展前景与规划[J].辣椒杂志,2013(3).

[78] 王小梅.论民俗旅游的魅力[J].金融经济,2006(16).

[79] 苏志轩,孙景君.浅议生态旅游[J].集团经济研究,2007(9).

[80] 杨俊杰.新型生态旅游业:观光农业[J].云南科技管理,2002(6).

[81] 谢彦君.基础旅游学[M].北京:中国旅游出版社,1999.

[82] 廖森泰,梁荣.广东观光旅游农业的现状及发展对策[J].广东农业科学,2001(5).

[83] 温绵英.文化、民俗.旅游开发的灵魂[J].广东民族学院学报(社会科学版),1997(3).

[84] 余青,吴必虎.生态博物馆:一种民族文化持续旅游发展模式[J].人文地理,2001(6).

[85] 高阳,陈俊安.略论民俗文化旅游资源的开发[J].沿海企业与科技,2006(4).

[86] 陈红玲.论民俗旅游——兼论桂北民俗旅游长廊的开发[D].南宁:广西大学,2003.

[87] 胡海胜.论民俗旅游开发研究的一般方法[J].桂林旅游高等专科学校学报,2001(2).

[88] 王志成,于凤丽,张立波.现代农业科技园区科学管理对策[J].现代农业科技,2013(19).

[89] 印开蒲,鄢和琳.生态旅游与可持续发展[M].成都:四川大学出版社,2003.

[90] 张建萍.生态旅游——理论与实践[M].北京:中国旅游出版社,2001.

[91] 骆高远.自然保护区:开发保护可否兼得[N].科学时报,2006-09-11.

[92] 万钢.农业科技园区要向社会化管理转变[J].创新科技,2014(1).

[93] 钟敬文.民俗学概论[M].上海:上海文艺出版社,1998.

[94] 刘德谦.关于乡村旅游、农业旅游和民俗旅游的几点辨析[J].旅游学刊,2006(3).

[95] 范智军.我国民俗旅游现状与开发策略初探[J].集团经济研究,2006(16).

[96] 颜廷武.农业科技园区建设发展的国际模式借鉴[J].科学管理研究,2004(6).

[97] 洪秀明.世界现代农业科技发展的特点、趋势及我国农业发展的对策[J].农村经济与科技,1998(6).

[98] 刘长远.国外都市农业发展经验对我国的启示[J].世界地理研究,2006(2).

[99] 涂国平.绿色制造理念与农业科技园建设[J].中国农业科技导报,2005(2).

[100] 李里特.现代农业示范园区的几个关键问题[J].科技与经济,2004(1).

[101] 李文荣.农业观光园发展模式研究[J].农机化研究,2006(8).

[102] 蒋和平.中国农业科技园区的特点和类型分析[J].湖南农业大学学报(社会科学版),2000(1).

[103] 蒋和平.农业高新技术园区发展问题与对策[J].中国改革,2000(3).

[104] 曾希柏.农业科技园区管理体制与运行机制[J].农村实用工程技术,2002(10).

[105] 何婉.法美两国乡村旅游的发展及对我国的启示[J].中共杭州市委党校学报,2006(2).

[106] 王兵.从中外乡村旅游的现状对比看我国乡村旅游的未来[J].旅游学刊,1999(2).

[107] 戴斌,周晓歌,梁壮平.中国与国外乡村旅游发展模式比较研究[J].江西科技师范学院学报,2006(1).

[108] 蒋和平.农业科技园的建设理论与模式探索[M].北京:气象出版社,2002.

[109] 许越先.中国农业科技园区建设与发展[C].北京:中国农业出版社,2001.

[110] 邹德秀.绿色的哲理——对农业的起源、演化、体系及农耕文化、农业社会学的新探索[M].北京:中国农业出版社,1990.

[111] 丁文峰.关于杨凌农业高新技术产业示范区城市发展趋向的思考[J].当代陕西,1998(12).

[112] 李明芳.农业科技示范园区现状及发展战略[J].现代农业,2007(7).

[113] 华岳朝晖,王志民.发挥杨凌农业科技优势,推进特色现代农业建设[N].陕西日报,2015-07-05.

[114] 王瑞花,张兵,尹弘.国外乡村旅游开发模式初探[J].云南地理环境研究,2005(2).

[115] 骆高远."观光农业"是我国乡村旅游发展的方向[C].新世纪中国观光农业与乡村旅游发展,2000.

[116] 杨雁.中外乡村旅游发展的现状对比[J].兰州学刊,2003(3).

[117] 王秦俊,雷丽君.农业科技示范园产生的原因、现状和发展对策[J].中国农业科技导报,2004(1).

[118] 刘广峰.创建一流农业示范园区[J].河南科技,2000(11).

[119] 许越先.我国现代农业科技示范园的发展[J].中国农业资源与规划,2000(5).

[120] 徐建国.论农业现代化进程中的农业科技园建设[J].农业与科技,2002(4).

[121] 丁小伦.国外农业科技园类型[J].世界农业,2002(9).

[122] 雷玲,成艳梅.杨凌现代农业示范园综合效益评价[J].西北农林科技大学学报(社会科学版),2015(3).

[123] 唐代剑,池静.中国乡村旅游开发与管理[M].杭州:浙江大学出版社,2005.

[124] 王云才.中国乡村旅游发展的新形态和新模式[J].旅游学刊,2006(4).

[125] 何景明,马泽忠,李辉霞.乡村旅游发展中存在问题的调查与思考[J].农村经济,2004(7).

[126] 李伟.论乡村旅游的文化特性[J].思想战线,2002(6).

[127] 李小平.滕头为什么"了不起"[J].宁波通讯,2014(21).

[128] 王云才.乡村景观旅游规划设计的理论与实践[M].北京:科学出版社,2004.

[129] 何景明.国外乡村旅游研究述评[J].旅游学刊,2003(1).

[130] 乌恩,蔡运龙,金波.试论乡村旅游的目标、特色及产品[J].北京林业大学学报,2002(3).

[131] 骆高远,刘旭,童海芳.安吉竹文化与旅游[J].浙江师范大学学报(社会科学版),2007(5).

[132] 马文军.我国农业科技示范园区发展的三大历史阶段[J].经济论坛,2005(12).

[133] 蒋和平,何忠伟.生态旅游农业开发模式的研究[J].古今农业,2004(3).

[134] 唐先文,提升核心能力,建好农业科技园[N].农民日报,2006-07-14.

[135] 蒋和平,辛岭.中国农业现代化发展阶段的评价[J].科技与经济,2006(4).

[136] 滕头村党委.滕头志高远,巨变成奇观[J].小城镇压建设,2009(6).

[137] 李小建.经济地理学[M].北京:高等教育出版社,2006.

[138] 查爱苹.旅游地生命周期理论的深入探讨[J].社会科学家,2003(1).

[139] 马兰,张曦.农业区位论及其现实意义[J].云南农业科技,2003(3).

[140] 曹艳英,马润花,徐民英.论我国观光农业存在的问题与发展方向[J].福建地理,2004(3).

[141] 孙爱丽.上海观光农业的现状和开发措施研究[D].上海:上海师范大学,2003.

[142] 余美珠,袁书琪.观光农业旅游开发模式及开发对策初探[J].福建师范大学学报(哲学社会科学版),2004(6).

[143] 梁花林,刘黎明,赵英伟.乡村景观评价体系与评价方法研究[J].农业现代化研究,2003(2).

[144] 徐峻,谢正法.滕头村:中国农村可持续发展的样本[N].浙江日报,2012-11-05.

浙江大学出版社
ZHEJIANG UNIVERSITY PRESS

## 互联网+教育+出版

立方书

教育信息化趋势下，课堂教学的创新催生教材的创新，互联网+教育的融合创新，教材呈现全新的表现形式——教材即课堂。

 轻松备课　 分享资源　 发送通知　 作业评测　 互动讨论

## "一本书"带走"一个课堂"　教学改革从"扫一扫"开始

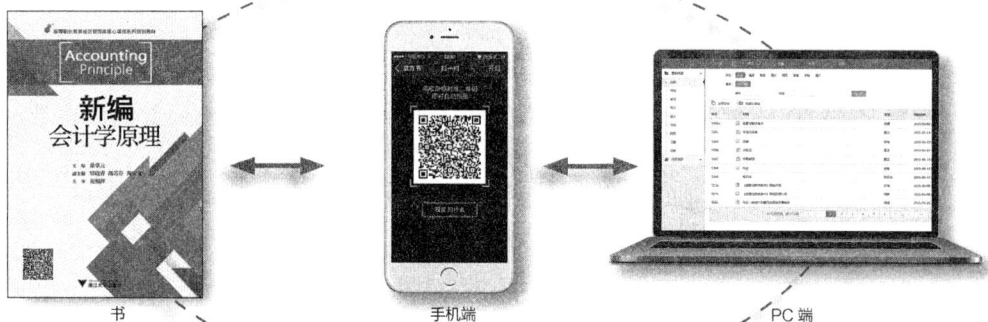

书　　　　　　　　手机端　　　　　　　　PC端

## 打造中国大学课堂新模式

**【创新的教学体验】**

开课教师可免费申请"立方书"开课，利用本书配套的资源及自己上传的资源进行教学。

**【方便的班级管理】**

教师可以轻松创建、管理自己的课堂，后台控制简便，可视化操作，一体化管理。

**【完善的教学功能】**

课程模块、资源内容随心排列，备课、开课，管理学生、发送通知、分享资源、布置和批改作业、组织讨论答疑、开展教学互动。

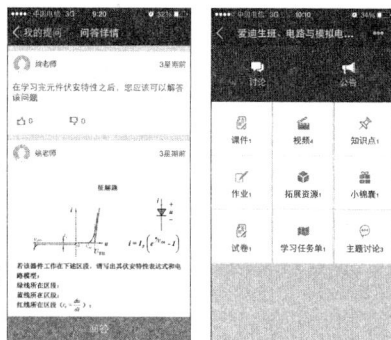

扫一扫　下载APP

教师开课流程

➡在APP内扫描封面二维码，申请资源

➡开通教师权限，登录网站

➡创建课堂，生成课堂二维码

➡学生扫码加入课堂，轻松上课

网站地址：www.lifangshu.com
技术支持：lifangshu2015@126.com；电话：0571-88273329